GraphQL in Action

in Action

그래프QL 인 액션

단 한 번에 필요한 정보만 불러오는
효율적인 API 구축하기

그래프QL 인 액션

단 한 번에 필요한 정보만 불러오는 효율적인 API 구축하기

초판 1쇄 발행 2021년 12월 24일

지은이 사메르 부나 / **옮긴이** 김완섭 / **펴낸이** 김태헌
펴낸곳 한빛미디어(주) / **주소** 서울시 서대문구 연희로2길 62 한빛미디어(주) IT출판부
전화 02-325-5544 / **팩스** 02-336-7124
등록 1999년 6월 24일 제25100-2017-000058호 / **ISBN** 979-11-6224-504-0 93000

총괄 전정아 / **책임편집** 서현 / **기획** 서현 · 이민혁 / **편집** 이민혁
디자인 표지 박정우 내지 박정화 / **전산편집** 김민정
영업 김형진, 김진불, 조유미 / **마케팅** 박상용, 송경석, 한종진, 이행은, 고광일, 성화정 / **제작** 박성우, 김정우

이 책에 대한 의견이나 오탈자 및 잘못된 내용에 대한 수정 정보는 한빛미디어(주)의 홈페이지나 아래 이메일로
알려주십시오. 잘못된 책은 구입하신 서점에서 교환해드립니다. 책값은 뒤표지에 표시되어 있습니다.

한빛미디어 홈페이지 www.hanbit.co.kr / 이메일 ask@hanbit.co.kr

GraphQL in Action

지금 하지 않으면 할 수 없는 일이 있습니다.
책으로 펴내고 싶은 아이디어나 원고를 메일(writer@hanbit.co.kr)로 보내주세요.
한빛미디어(주)는 여러분의 소중한 경험과 지식을 기다리고 있습니다.

GraphQL
in Action

그래프QL
인 액션

단 한 번에 필요한 정보만 불러오는
효율적인 API 구축하기

사메르 부나 지음
김완섭 옮김

M MANNING **HB** 한빛미디어
Hanbit Media, Inc.

지은이 · 옮긴이 소개

지은이 **사메르 부나**^{Samer Buna}

소프트웨어 설계, 개발, 최적화 분야에서 20년 넘는 실무 경험을 가지고 있으며, 부동산, 정부, 교육, 출판 등 다양한 영역의 기업에서 재직했다. Node.js, 리액트, 그래프QL 관련 기술서를 집필했으며 플러럴사잇^{Pluralsight}이나 링크드인 러닝^{LinkedIn Learning}에서 온라인 강의도 진행했다. 최근에는 jsComplete.com이란 플랫폼을 만들어 재미있고 실용적인 코딩 학습법을 제시한다. 트위터나 SNS에서 @samerbuna라는 계정으로 활동 중이다.

옮긴이 **김완섭**^{jinsilto@gmail.com}

네덜란드 ITC에서 Geoinformation for Disaster Risk Management 석사 학위를 취득했다. 약 9년간 일본과 한국의 기업에서 IT 및 GIS/LBS 분야 업무를 담당했으며, 일본에서는 세콤^{SECOM} 계열사인 파스코^{PASCO}에서 일본 외무부, 국토지리정보원 같은 정부기관을 대상으로 한 시스템 통합(SI) 업무를 담당했다. 이후 야후 재팬으로 직장을 옮겨 야후맵 개발 담당 시니어 엔지니어로 근무했으며, 한국으로 돌아와 SK에서 내비게이션 지도 데이터 담당 매니저로 근무했다. 현재는 싱가포르에 있는 독일계 회사에서 아키텍트로 재직 중이다. 저서로는 『나는 도쿄 롯폰기로 출근한다』가 있으며, 역서로는 『알고리즘 도감』, 『처음 만나는 HTML5 & CSS3』, 『인공지능 70』, 『처음 만나는 자바스크립트』, 『다양한 언어로 배우는 정규표현식』, 『그림으로 공부하는 IT 인프라 구조』, 『그림으로 공부하는 시스템 성능 구조』 등 40여 종이 있다. 블로그를 통해 IT 번역 관련 이야기와 싱가포르 직장 생활을 소개하고 있다.

IT 기술은 참 빠르게 변한다. 클라우드가 유행하면서 함수형 프로그래밍^{functional programming}이 다시 대세가 되고 있는 듯하다. 이와 함께 한동안 메인 기술로 사용되는 듯했던 REST API의 한계를 인식한 회사(페이스북)가 금세 다른 기술을 들고 나왔다. 바로 이 책에서 다루는 그래프QL이다. 개인적으로 이 책을 번역한 것이 큰 기회였다고 본다. 이 책을 접하지 않았다면 이런 유용한 기술의 존재를 모르고 지나칠 뻔했기 때문이다. REST API는 API 사용자 입장에서 사용하기 쉽다는 이점이 있지만 유연성이 많이 떨어지는 것이 사실이다. 그래프QL은 REST API의 편리함에 유연성까지 겸비한 기술이다.

그래프QL은 유연한 그래프형 구조를 통해 데이터를 요청하거나 변경, 구독할 수 있는 강력한 도구이다. 클라이언트가 지정한 구조대로 데이터를 받을 수 있으며, 변경 시에도 여러 데이터베이스에 있는 데이터를 동시에 수정할 수도 있다. 심지어 NoSQL과 일반 관계형 데이터베이스를 동시에 변경할 수도 있다.

REST API에 익숙한 개발자라면 그래프QL에 익숙해지는데 시간이 걸리겠지만, 그만한 가치가 있으리라 믿는다. 여러분도 이 책을 통해 그래프QL을 실제 업무에 적용해볼 수 있기를 바란다. 역자도 그렇게 하려고 계획 중이다.

퇴근 후 번역하는 일은 쉽지 않다. 업무에선 C#과 리액트와 씨름하다가 퇴근 후에는 그래프QL과 씨름하고 있는 나를 발견하면 뭐하고 있나 싶기도 하다. 정말 '이 책만 끝나면 번역 일을 그만 해야지'하고 수만 번 생각하다가도 어느새 다른 책을 번역하고 있다. 그래프QL처럼 신기술을 계속 접할 수 있는 수단이 번역이기 때문에 놓을 수 없는 것 같다.

다음 책도 기대가 되며, 여러분도 내가 어떤 책을 선택하는지 기대해주길 바란다. 심심해서 세어봤는데, 이번 책을 번역하면 35권째가 된다(영서, 일서 합쳐서). 기네스북 등재를 노려볼 수 있을까?

김완섭

그래프QL^{GraphQL}은 기술의 판도를 뒤바꿀 수 있는 막강한 툴이다. 2015년 페이스북이 처음 이 프로젝트를 발표했을 때부터 필자의 관심을 끌었다. 당시 수많은 REST(를 흉내낸) API들을 관리하고 사용하는데 진절머리를 느끼고 있었던 터였고, 페이스북 엔지니어들이 데이터 API가 가진 공통의 문제를 그래프QL 언어를 사용해서 해결하고자 한다는 얘기를 들었다. 이것이 필자가 그래프QL을 배우게 된 계기이다.

그래프QL은 많은 장단점을 가지고 있다. 다양한 기술적 문제를 아름답게 해결하지만 그 중에서 압권은 백엔드 서비스와 프런트엔드 사이의 커뮤니케이션 처리를 놀랍게 향상시켜준다는 것이다. 그래프QL을 사용하면 프런트엔드와 백엔드 양쪽의 커뮤니케이션이 효율적으로 변할 뿐만 아니라 양 쪽에서 풍부하면서 선언적인^{declarative} 언어로 소통할 수 있게 된다. 그래프QL 서비스는 어떤 데이터를 제공할 수 있는지를 표현하고 그래프QL 클라이언트는 어떤 데이터가 필요한지 표현한다. 또한, 프런트엔드 개발자의 영역과 백엔드 개발자의 영역을 완전히 분리한다(이것만으로도 큰 장점이 된다). 즉, 프런트엔드 개발자는 더 높은 자유도를 누릴 수 있을 뿐 아니라 자신이 사용하는 데이터 API에 큰 영향력을 끼칠 수도 있다.

그래프QL은 특정 프로그래밍 언어에 종속되지 않는다. 자바스크립트^{JavaScript}, 자바^{Java}, 루비^{Ruby}, 파이썬^{Python}, C#, PHP, 고^{Go} 등 다양한 언어를 사용해 그래프QL 서비스를 만들 수 있다. 하지만 이 책에서 프로젝트를 진행하기 위해 현재 가장 인기 있으면서 대중적인 언어인 자바스크립트를 선택했다. 따라서 이 책의 가치를 100퍼센트 경험하려면 최신 자바스크립트 기술 (ECMAScript 2015+)과 Node.js 런타임 등 자바스크립트와 관련된 지식이 필요하다. 참고로 9장과 10장에선 리액트^{React} 자바스크립트 라이브러리도 다룬다. 모든 코드를 설명과 함께 제공하기 때문에 걱정할 필요는 없다.

그래프QL 관련 학습 자료는 차고 넘치지만, 실제로 필자가 학습을 시작했을 때는 실용적이면서도 구체적인 자료를 찾기는 어려웠다. 이 책을 풀스택^{fullstack}의 그래프QL 기반 프로젝트들로 구성한 이유도 이 때문이다.

이 책이 나오기까지 많은 시간이 걸렸다. 다양한 개념들을 가장 이상적인 순서와 흐름을 거쳐 학습할 수 있도록 연구하는데 많은 시간을 투자했기 때문이다. 또한, 여러분의 학습을 돕기 위해서 다양한 재료를 제공한다. 깃허브^{GitHub} 리포지터리를 통해서 책 전체적으로 중요한 중간 결과물들을 깃^{Git} 브랜치로 확인할 수 있게 했다. 이를 통해 코드를 쉽게 이해할 수 있고, 중간부터 예제를 따라하더라도 쉽게 코딩을 시작할 수 있다.

그래프QL을 배우는데 할애한 시간은 내 인생에서 가장 잘한 투자다. 그래프QL은 아이디어를 빨리 구현할 수 있게 도와주며, 프로젝트의 성과도 향상시켜준다. 그래프QL을 사용해서 일하는 것 자체가 매우 즐거운 경험이며, 이 책을 통해 그래프QL 생태계에서 모든 그래프QL 애호가가 누리고 있는 모든 즐거움을 여러분도 함께 즐길 수 있게 되기를 바란다.

사메르 부나

이 책에 대하여

이 책은 그래프QL 실용 입문서이다. 그래프QL은 오픈소스로, API를 위한 데이터 쿼리인 동시에 조작 언어이며, API가 생성한 데이터를 사용하는 런타임이기도 하다.

그래프QL은 페이스북^Facebook 내부에서 사용할 목적으로 개발됐지만 이후 오픈소스로 공개됐으며, 현재는 전 세계의 많은 웹, 모바일 애플리케이션이 사용한다.

이 책의 목적은 그래프QL을 사용해서 현실적이면서 실제로 동작하는 예제를 보여주는 것이다. 이 책의 예제를 진행하기 위해서는 최신 버전의 Node.js 런타임과 코드 편집기, 브라우저가 설치된 PC가 필요하다(맥OS나 GNU/리눅스를 권장). 이 책의 가치를 100퍼센트 경험하려면 책을 순서대로 읽을 것을 권장하며 코드 진행도 한 번에 하나씩 하는 것이 좋다.

이 책이 여러분에게 유용한 책이 되고, 그래프QL을 빠르고 효율적으로 배울 수 있는 길잡이가 됐으면 하는 바람이다.

대상 독자

이 책은 데이터 API를 사용하는 프런트엔드 개발자와 효율적인 데이터 API를 만들어야 하는 백엔드 개발자를 대상으로 한다. 어느 정도 프로그래밍에 대한 기본적인 지식과 (이 책에서 사용하는 언어인) 자바스크립트에 대한 기초 지식이 필요하다. PostgreSQL이나 몽고DB^MongoDB 를 접한 경험이 있다면 도움이 되겠지만, 필수는 아니다.

이 책의 구성

이 책은 그래프QL 언어에 대한 소개로 시작하며 그래프QL API 서비스(예: 깃허브)를 사용한 실용적인 예제를 통해 다양한 기능을 배울 수 있게 구성했다.

1부는 그래프QL에 대한 다양한 질문을 왜, 무엇을, 어떻게의 관점으로 답한다.

- 1장: 그래프QL이 정확히 무엇이며 어떤 문제를 해결할 수 있고, 어떤 문제가 발생할 수 있는지 소개한다. 또한, 그래프QL의 설계 컨셉과 REST API와의 차이점에 대해 설명한다.

- 2장: 그래프QL을 가지고 놀 수 있는 인터랙티브 환경을 소개한 후, 그래프QL 요청을 실제 작성하고 테스트 해본다.
- 3장: 그래프QL의 기본 내장 기능에 대해 소개하고 직접 데이터 요청과 응답을 구성하고 변경해보도록 한다.

다음은 효율적인 그래프QL API 서비스를 만들기 위한 기술을 깊이 있게 보도록 한다.

2부에서는 실제 웹 애플케이션에서 동작하는 데이터 API를 만들어본다. 이를 통해 그래프QL 서비스 구축 방법과 그래프QL 언어가 무엇인지 이해할 수 있다.

- 4장: UI 기능들을 API 처리와 연계하는 방법을 배우고 이를 이용해서 그래프QL 스키마를 설계해본다.
- 5장: 데이터베이스 전용 Node.js 드라이버와 그래프QL.js를 사용해서 실행 가능한 그래프QL 스키마를 만든다.
- 6장: API 쿼리를 구현하기 위해서 데이터베이스 필드를 연동하는 방법을 배운다.
- 7장: 6장에서 만든 쿼리를 바탕으로 그래프QL 쿼리 최적화 방법을 살펴본다.
- 8장: 데이터베이스 개체를 생성, 변경, 삭제하기 위한 API 변경 처리에 대해 배운다.

마지막으로 3부에서는 그래프QL API를 프런트엔드 웹 애플리케이션에 사용하는 방법을 보여준다.

- 9장: 그래프QL 클라이언트 라이브러리에 의존하지 않고 그래프QL API를 사용해서 직접 Ajax 요청을 처리한다.
- 10장: 유명한 그래프QL 클라이언트 라이브러리 중 하나인 아폴로 클라이언트(Apollo Client)의 강력한 기능에 대해 다룬다.

코드에 대해서

이 책은 많은 예제 코드를 제공하며 각각에 번호를 부여하고 있다. 코드는 고정폭 폰트를 사용해 표현하고 있다. 대부분의 경우는 원본 소스 코드의 형식을 책의 지면에 맞추어 편집한 상태이다. 따라서 줄바꿈이나 들여쓰기가 원본 코드와 다를 수 있다. 코드 주석에는 중요한 개념을 강조해서 표시하고 있으며, 예제 코드에서 변경된 부분은 **code**처럼 굵게 표시해 쉽게 구분되도록 했다. 또한, 책 앞 부분의 코드에는 변경해야 할 부분을 주석으로 자세히 하고 있으니 참고하기 바란다.

이 책은 깃 리포지터리repository와 도커Docker 파일을 제공하므로 깃 버전 관리 시스템과 도커 소프트웨어가 필요하다. 도커는 바로 사용할 수 있는 PostgreSQL과 몽고DB 환경을 제공하기 위한 것으로, 원한다면 직접 익숙한 환경에 두 DB를 구축해서 사용해도 좋다. 깃 리포지터리에 셋업 파일이 포함돼 있으므로 쉽게 자신만의 데이터베이스 환경을 구축할 수 있다.

기타 온라인 자료

그래프QL에 집중하기 위해서 연관 글이나 자료는 외부 링크로 제공하고 있다. 이 링크들을 활용하면 개념을 확장하거나 더 깊이 있게 이해할 수 있다.

예제를 실행하는 중에 막힌다면 웹에서 검색해보도록 하자. 해당 문제나 또는 비슷한 경험을 한 사람이 분명 하나 쯤은 있고, 그 사람이 이미 스택 오버플로Stack Overflow 같은 곳에 질문을 올려서 답을 찾았을 것이다.

인터넷에는 그래프QL과 관련한 다양한 동영상 강의가 존재한다. 플루럴사이트Pluralsight 같은 동영상 강좌 플랫폼에는 필자의 강의를 비롯한 다양한 강의들이 올라와있다. 이외에도 jsComplete.com에 많은 동영상 자료가 있으며 그래프QL과 연관된 기능들을 설명했다. 여기에는 슬랙Slack 헬프 채널도 있어서(jscomplete.com/help), 그래프QL이나 자바스크립트 관련 질문을 자유롭게 올릴 수 있다.

감사의 말

이 책은 많은 분들의 도움으로 이 세상에 나올 수 있었다. 이 분들을 알게 된 것은 큰 특권이며, 이 책을 최고의 책으로 만들어 준 것에 대해 깊이 감사하는 바이다.

먼저 이 책을 쓰는 내내 인내해주고 길잡이가 되어준 매닝Manning 출판사에 감사를 표하고 싶다. 특히, 효율적이면서 깔끔하게 글 쓰는 법을 알려준 개발 편집자 캐런Karen Miller과 교열 편집자 티파니Tifany Taylor에게 감사한다. 또한, 프로젝트 편집자인 디어드레Deirdre Hiam와 교정 담당자 케이티Katie Tennant, 그리고 검수 편집자인 알렉산더Aleksandar Dragosavljevic에게 고마움을 전하고 싶다. 이들의 지치지 않는 열정으로 언어적 문제와 책의 외형을 개선할 수 있었다.

많은 개발자가 이 책의 리뷰어로 참여해서 소중한 의견을 주었으며 이를 통해 더 좋은 책이 나올 수 있었다. 모든 분들에게 감사하며, 특히 기술 감수자인 발렌틴Valentin Crettaz에게 고마움을 전한다. 발렌틴은 필자가 발견하지 못한 문제들을 찾아주었다. 또한, 친구 카일Kyle Holden과 레이몬드Raymond Ly, 그리고 아내 샬레나에게 감사한다. 이 책을 교정하고 문법과 문장을 정확하게 수정해서 필자의 생각을 더 정확하게 전달하도록 도와주었다.

필자에게 많은 것을 가르쳐준 그래프QL 커뮤니티의 멘토들에게도 감사를 전한다. 영감과 용기를 주었으며 이 책이 나올 수 있도록 지속적으로 응원해주었다. 특히 수많은 질문에 답해주고 주제들이 자연스럽게 연결되도록 도와준 리Lee Byron에게 감사한다.

이외에도 리뷰어로 도움을 준 분들에게 고마움을 전한다. 아담Adam Wendell Åslund, 앤드류Andrew Eleneski, 앤디Andy Kirsch, 데리Dary Merckens, 데이브Dave Cutler, 엔릭Enric Cecilla, 에티엔Ethien Daniel Salinas Dominguez, 이안Ian Lovell, 아이삭Isaac Wong, 제임스James Black, 제이슨Jason Down, 제레미Jeremy Lange, 존John Guthrie, 조나단Jonathan Twaddell, 켈빈Kelvin D. Meeks, 크리스토프Krzysztof Kamyczek, 루이스Louis Aloia, 필립Philip Patterson, 리치Rich Cook, 리차드Richard Tobias, 로날드Ronald Borman, 러셀Russel Dawn Cajoles, 웨인Wayne Mather 이들의 의견덕에 더 나은 책이 나올 수 있었다. 모두에게 너무 고맙다. 여러분들 모두가 너무 훌륭한 사람들이며, 여러분의 도움 덕에 천 배는 더 나은 책이 나올 수 있었다.

책 표지에 대하여

표지 그림은 「Jardinière Française」라는 제목으로 '프랑스 농부'를 그린 작품이다. 이 그림은 자크 그라세 드 생 소뵈르Jacques Grasset de Saint-Sauveur (1757-1810)가 여러 나라의 드레스 의상을 손으로 정교하게 그리고 채색해 1797년 프랑스에서 출간한 화집 『Costumes de Différents Pays(여러 나라의 의상들)』에 수록되어있다. 드 생 소뵈르의 작품들은 불과 200년 전만 해도 세계 각 도시와 지역의 문화가 얼마나 다양했는지를 생생하게 보여준다. 지리적으로 떨어져 있는 지역의 사람들은 서로 다른 언어와 방언을 사용했다. 도시에서나 시골에서나, 옷차림만으로도 사는 지역부터 직업, 직위 같은 정보를 알 수 있었다.

지금은 옷 입는 방식이 달라져 그토록 풍부했던 지역별 다양성은 더이상 찾아볼 수 없게 됐다. 이제 옷차림만으로는 도시나 마을, 국가를 구별하기 힘들고 심지어는 대륙별 차이도 찾아볼 수 없다. 아마도 문화적 다양성을 더욱 다채롭고 빠르게 발전하는 기술이 제공하는 각 개인적인 생활 방식과 맞바꾼 것일지도 모른다.

요즘은 수많은 컴퓨터 책이 쏟아져 나와 서로 구분하기가 힘들 정도이다. 매닝 출판사는 두 세기 전 지역의 다양성을 보여주었던 드 생 소뵈르의 그림처럼 IT 업계의 독창성과 창의성을 모색하고자 하는 의미로 이 그림을 표지로 선정했다.

CONTENTS

PART ┃ 그래프QL 경험해보기

CHAPTER 1 그래프QL 소개

CONTENTS

PART II 그래프QL API 작성법

CHAPTER 4 그래프QL 스키마 설계

CONTENTS

CONTENTS

CHAPTER **8 변경 작업의 구현**

CONTENTS

그래프QL 경험해보기

1부에서는 그래프QL의 대한 질문을 왜^{Why}, 무엇을^{What}, 어떻게^{How} 형식으로 답한다. 그래프QL은 사람에 따라 다르게 해석하기도 하지만, 기본적으로는 API 사용자가 데이터를 요청할 때 사용하는 '언어^{language}' 다. 1부는 이 언어의 기본에 다가갈 수 있도록 도와줄 것이다.

1장에서는 그래프QL이 정확하게 무엇인지, 그래프QL로 어떤 문제를 해결할 수 있는지, 그리고 어떤 문제를 초래할 수 있는지 배운다. 이를 위한 설계 방식과 REST API와의 차이점에 대해서도 다룬다.

2장에서는 그래프QL 기능을 가지고 놀아볼 수 있는 환경을 소개한다. 이 환경은 그래프QL이 가진 장점을 보여준다. 그래프QL이 무엇을 할 수 있는지 경험할 수 있으며, 그래프QL의 요청을 작성하고 테스트해볼 수도 있다.

3장에서는 그래프QL이 제공하는 다양한 기능을 소개하며 데이터 요청과 응답을 구성하거나 변경하는 방법을 배운다. 또한, 필드와 인수, 별칭, 지시문, 조각화, 인터페이스, 결합에 대해서도 살펴본다.

Part I

그래프QL 경험해보기

CHAPTER 1

그래프QL 소개

> **이 장의 목표**
>
> ◆ 그래프QL과 그래프QL의 설계 방식 이해하기
>
> ◆ 그래프QL과 REST API의 차이
>
> ◆ 그래프QL 클라이언트와 서비스 언어 이해하기
>
> ◆ 그래프QL의 장단점 이해하기

발명은 필요에서부터 시작된다. 페이스북이 그래프QL을 만들기로 한 이유는 모바일 애플리케이션 개발 시 발생하는 여러 기술적 문제를 해결하기 위해서였다. 하지만 현재 그래프QL이 인기를 얻고 있는 이유는 기술적 문제보다는 커뮤니케이션 문제를 해결하기 때문이다.

커뮤니케이션은 아주 어려운 기술이다. 커뮤니케이션 능력을 키우면 다양한 방면에서 삶이 더 윤택해진다. 마찬가지로 소프트웨어의 각기 다른 부품 간에 발생하는 커뮤니케이션의 품질을 향상시키면 해당 소프트웨어를 이해하기 쉬워질 뿐만 아니라, 개발, 유지관리, 확장도 쉬워진다.

그래프QL이 판도를 바꿀 수 있다고 생각하는 것도 이 때문이다. 서로 다른 소프트웨어(프런트엔드와 백엔드)가 커뮤니케이션하는 방법을 바꿔버리는 게임체인저인 것이다. 프런트엔드와 백엔드에 동등한 힘을 실어주면서, 서로 독립할 수 있게 해준다. 또한, 둘 사이의 커뮤니케이션 프로세스를 기술적 전송 채널에서 분리해주며, 말로는 한정된 단어밖에 사용할 수 없는 일반 커뮤니케이션 언어를 대체하도록 표현력이 풍부한 언어를 제공한다.

그래프QL은 페이스북의 다양한 애플리케이션에서 그 진가를 발휘하고 있다. 페이스북의 메인 웹 애플리케이션뿐만 아니라 페이스북 모바일 애플리케이션, 인스타그램 등도 포함된다. 많은 개발자들이 그래프QL에 관심을 가지고 있으며, 실제로 사용하는 개발자도 빠르게 늘고 있다. 페이스북 외에도 깃허브^{GitHub}, 에어비앤비^{AirBnb}, 옐프^{Yelp}, 핀터레스트^{Pinterest}, 트위터^{Twitter}, 뉴욕타임즈$^{The\ New\ York\ Times}$, 코세라^{Coursera}, 쇼피파이^{Shopify} 등 유명 웹/모바일 애플리케이션도 그래프QL을 사용한다. 최근에 나온 기술이지만 벌써 이렇게 많은 서비스가 그래프QL을 사용하고 있다는 사실은 놀랍기만 하다.

이 장에서는 그래프QL이 무엇이며 어떤 문제를 해결하고 어떤 문제를 불러올 수 있는지 보도록 한다.

1.1 그래프QL이란?

그래프QL의 그래프^{Graph}는 현실 세계의 데이터를 표현하는 가장 적합한 방법이 그래프라는 사실에서 착안했다. 크든 작든 데이터 모델을 분석하게 되면 객체 간의 관계를 그래프로 표현한 것을 보게 된다.

이것이 필자가 그래프QL을 처음 접하고 감탄한 부분이다. 그래프로 생각하면 더 쉬운 것을 왜 굳이 (URL에 포함된) 리소스나 테이블로 생각하는 것일까?

그렇다고 그래프QL을 '그래프 데이터베이스'에서만 사용할 수 있는 것은 아니다. 문서형 데이터베이스(몽고DB)나 관계형 데이터베이스(PostgreSQL)는 물론이고 API 데이터를 그래프 형태로 표현할 때도 사용할 수 있다.

그래프QL의 QL은 쿼리 언어$^{Query\ Language}$를 의미해 오해를 불러일으킬 수도 있다. API를 사용하는 프런트엔드 입장에서만 보면 그래프QL은 데이터 API용 쿼리 언어가 맞지만, 한편으로는 백엔드에서 구현돼야 하는 런타임 계층의 역할도 한다. 프런트엔드는 이 런타임 계층이 제공하는 새로운 언어를 사용해서 데이터를 받는다.

그래프QL 언어는 선언적이며 유연하고 효율적으로 설계됐다. 데이터 API를 사용하는 클라이언트(모바일이나 웹 애플리케이션) 개발자는 서버에 저장된 데이터 구조나 데이터 관계를 이해할 필요가 없다. 머리 속에 떠오른 그대로 유사한 언어를 사용해서 원하는 데이터를 요청하면 된다.

백엔드에는 그래프QL 기반의 런타임이 필요하다. 이 런타임은 API를 통해 제공될 데이터의 구조를 관리한다. 이 구조를 그래프QL에서는 스키마^{schema}라고 부른다. API 사용자는 그래프 QL 언어를 사용해서 필요한 데이터를 정확하게 요구하기 위한 텍스트를 구성하고 클라이언트는 이 텍스트 요청을 전송 채널(예: HTTPS)을 통해 API 서비스에 전달한다. 그러면 그래프 QL의 런타임 계층이 이 텍스트 요청을 받아서 백엔드에 있는 다른 서비스들과 커뮤니케이션 하고 그 결과들을 모아서 적합한 데이터를 만든다. 그렇게 만들어진 데이터를 JSON 같은 형식 으로 API 사용자에게 반환하는 것이다. [그림 1-1]이 이 과정을 요약해서 보여준다.

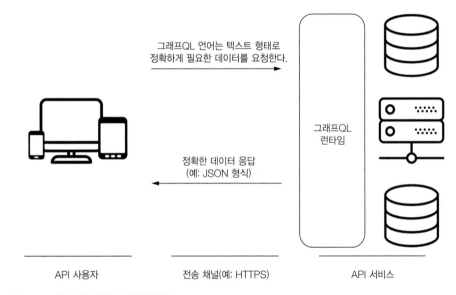

그림 1-1 그래프QL은 언어이자 런타임이다.

> ### 그래프QL을 다른 라이브러리와 함께 사용하기
>
> 그래프QL은 백엔드나 프런트엔드 프레임워크, 기술 스택, 데이터베이스 등 어떤 것에도 종속되지 않는다. 즉, 아무 프런트엔드, 백엔드 환경에서든 어떤 데이터베이스를 사용해도 된다는 의미이다. 전송 채널이나 데이터 형식에도 제한이 없다.
>
> 프런트엔드 웹 또는 모바일 애플리케이션에선 Ajax 호출을 직접 그래프QL 서버에 던지거나 아폴로Apollo나 릴레이Relay 등의 클라이언트를 사용할 수도 있다. 또한, 리액트React 또는 리액트 네이티브React Native 등의 라이브러리를 사용해서 뷰view에서 그래프QL 서비스가 반환한 데이터를 사용하는 방법을 관리할 수 있다. 물론 UI 환경(DOM API나 네이티브 iOS 컴퍼넌트)의 네이티브 API에서 사용할 수도 있다.
>
> 그래프QL을 사용하기 위해 리액트나 아폴로, 릴레이가 필요한 것은 아니지만, 이런 라이브러리들을 함께 사용하면 복잡한 데이터 관리 작업을 알아서 해주므로 그래프QL의 활용도를 높여준다.

1.1.1 전체 구성

일반적으로 API란 애플리케이션 상에 있는 다수의 컴포넌트 간의 커뮤니케이션을 원활하게 만드는 인터페이스interface를 의미한다. 예를 들어, 어떤 API는 웹 클라이언트와 데이터베이스 서버 간 커뮤니케이션을 가능하게 해준다. 클라이언트는 필요한 데이터를 서버에 요청하고 서버는 클라이언트가 요구한 데이터를 객체로 반환한다(그림 1-2).

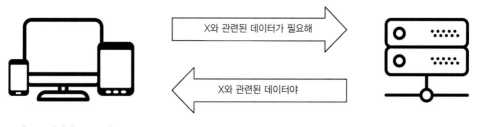

그림 1-2 데이터 API 구성

API에는 여러 종류가 있으며 규모가 큰 애플리케이션은 모두 API를 가지고 있다. 그래프QL에서 말하는 API는 데이터를 읽고 수정하기 위한 API로 이것을 데이터 API라고 한다.

그래프QL은 프로그래밍 가능한 많은 인터페이스 중 하나로 애플리케이션이 필요로 하는 데이터를 읽고 수정할 수 있게 해준다. 그래프QL 외에도 REST, SOAP, XML 등의 인터페이스가 있으며 SQL도 여기에 포함된다.

SQL^{Structured Query Language}은 QL이라는 이름 때문에 그래프QL과 직접 비교 대상이 되기도 한다. SQL과 그래프QL 모두 데이터 스키마를 요청할 수 있는 언어이며, 양쪽 모두 데이터를 읽고 수정할 수 있다. 예를 들어 회사의 임직원 정보를 테이블로 가지고 있다면, SQL의 경우 다음과 같이 한 부서의 사원 정보를 불러올 수 있다.

예제 1-1 데이터 요청을 위한 SQL 구문

```
SELECT id, first_name, last_name, email, birth_date, hire_date
FROM employees
WHERE department = 'ENGINEERING'
```

다음은 SQL을 사용해서 신규 사원 정보를 추가하는 방법이다.

예제 1-2 데이터 변경을 위한 SQL 구문

```
INSERT INTO employees (first_name, last_name, email, birth_date, hire_date)
VALUES ('Jane', 'Doe', 'jane@doe.name', '01/01/1990', '01/01/2020')
```

[예제 1-1]과 [예제 1-2]에서 보았듯 SQL을 사용해 데이터 처리를 위한 커뮤니케이션을 할 수 있다. 이 SQL문을 받은 데이터베이스 서버는 그 종류에 따라 다른 형식의 응답을 반환하며, SQL 종류에 따라 응답 자체가 달라지기도 한다. 예를 들어 **SELECT** 처리는 한 줄만 반환하거나 여러 줄을 반환할 수 있으며 **INSERT** 처리는 처리 완료 메시지 또는 추가한 레코드를 반환하거나 오류 메시지를 반환할 수도 있다.

> **TIP_** SQL은 데이터 교환을 위해 모바일이나 웹 애플리케이션에서 사용하기에 적합하지 않다(SQL 자체가 그런 용도로 사용하기 위한 것이 아니다). SQL은 강력하면서도 유연성이 높으므로 오히려 문제를 초래할 수도 있다. 예를 들면 데이터베이스 구조를 노출시켜서 심각한 보안 문제를 불러오기도 한다. 이런 문제를 보완하기 위해 SQL을 다른 서비스 계층에 둘 수 있지만, 사용자의 SQL 쿼리를 서버에 보내기 전에 처리할 수 있는 파서^{parser}나 분석기^{analyzer}를 만들어야 한다. 이 파서와 분석기의 역할을 대체하는 것이 그래프QL 서버이다.

대부분의 관계형 데이터베이스는 SQL을 직접 지원하지만 그래프QL은 아직 지원하지 않는다 (이후에 지원할 가능성은 있다). 특정 데이터베이스에서 그래프QL 언어로 만들어진 쿼리를 실행하려면 런타임이 있어야 한다. 즉, 그래프QL을 지원하는 서비스 계층을 설정하거나 직접 해당 기능을 구현해야 한다.

> **TIP_** 그래프QL을 사용해서 쿼리할 수 있는 데이터베이스도 있다. 예를 들면 Dgraph(az.dev/dgraph)가 그중 하나이다.

JSON은 데이터 교환을 위해 사용되는 언어이다. 다음은 제인[Jane]이라는 사원의 정보를 JSON 객체로 표현한 것이다.

예제 1-3 데이터를 JSON 객체로 표현한 예

```
{
    "data": {
      "employee": {
        "id": 42,
        "name": "Jane Doe",
        "email": "jane@doe.name",
        "birthDate": "01/01/1990",
        "hireDate": "01/01/2020"
      }
    }
}
```

> **NOTE_** 데이터 교환 시에 사용하는 데이터 구조는 데이터베이스와 달라도 된다. 필자는 카멜 케이스[camel case]를 사용해서 속성명을 지정했으며 first_name과 last_name을 합쳐서 name 속성에 넣었다.

JSON은 API 서버에서 클라이언트로 데이터를 전송할 때 자주 사용되는 언어이다. 대부분의 최신 API 서버는 JSON을 사용해서 클라이언트 애플리케이션이 요구하는 데이터를 전달한다. 그래프QL 서버도 예외는 아니다. JSON은 그래프QL의 데이터 요구 사항을 만족시켜주는 일반적인 옵션 중 하나이다.

JSON은 클라이언트가 API 서버에 데이터 요건을 전달할 때도 사용할 수 있다. 예를 들어 [예제 1-3]에서 본 사원(employee) 객체를 받으려면 다음과 같은 데이터 요건을 서버에 전달해야 한다.

예제 1-4 데이터 요청을 위한 JSON 예

```
{
  "select": {
    "fields": ["name", "email", "birthDate", "hireDate"],
    "from": "employees",
    "where": {
      "id": {
        "equals": 42
      }
    }
  }
}
```

마찬가지로 클라이언트용 그래프QL도 데이터 요건을 표현하기 위해 사용할 수 있다. 다음은 앞서 본 JSON 데이터 요건을 그래프QL 쿼리로 작성한 것이다.

예제 1-5 데이터 요청을 위한 그래프QL 예

```
{
  employee(id: 42) {
    name
    email
    birthDate
    hireDate
  }
}
```

[예제 1-5]의 그래프QL 쿼리는 [예제 1-4]에서 살펴본 JSON 객체와 같은 정보를 요구하고 있다. 보면 알겠지만 그래프QL이 더 짧은 구문을 사용한다. 그래프QL 서버는 이 구문을 해석해서 데이터 저장 엔진이 이해하는 언어로 변환한다(예: 쿼리를 해석해서 관계형 데이터베이스

에 SQL로 전달한다). 그리고 저장 엔진이 반환한 응답을 JSON이나 XML으로 변환해서 클라이언트에게 전달한다.

이런 방식은 어떤 저장 엔진을 사용하든 유용하다. 저장 엔진의 종류와 상관없이 API 서버와 클라이언트 애플리케이션이 공용 언어로 된 요청과 응답을 처리할 수 있다.

간단히 말하자면 그래프QL은 클라이언트와 서버 간 데이터 교환을 최적화하기 위한 툴이다. 구체적으로 살펴보면 클라이언트는 필요한 데이터를 서버에 요청하기 위한 커뮤니케이션을 수행하고, 서버는 이 요청에 응답하기 위한 데이터를 준비해서 클라이언트에게 반환한다. 그래프QL은 클라이언트가 필요한 데이터를 정확하게 요청할 수 있게 도와주며, 서버가 다수의 데이터 저장소로부터 필요한 데이터를 쉽게 추출할 수 있게 해준다.

그래프QL의 핵심은 데이터를 정의하고 API를 관리할 때 사용하는 강력한 타입type 시스템이다. 이 타입 시스템은 여러 면에서 서버와 클라이언트 양쪽에 유용하게 활용된다. 클라이언트는 요청할 수 있는 데이터 타입을 명확하게 제시하고 잘못된 경우에는 자세하고 유용한 오류 메시지를 제공한다. 또한, 클라이언트는 타입을 사용해서 데이터 요소를 전달하기 위한 수작업을 최소화한다. 그래프QL의 타입 시스템은 내향성introspective API 같은 고급 기능이나 클라이언트와 서버용 툴을 구축할 수 있게 해준다. 대표적인 툴 중 하나가 바로 그래피컬GraphiQL로 그래프QL 요청을 확인하거나 테스트하는 브라우저 기반의 편집기이다. 그래피컬에 대해선 2장에서 자세히 다룬다.

1.1.2 그래프QL은 사양이다

페이스북 엔지니어들이 그래프QL 개발을 시작한 것은 2012년이지만, 사양서를 대중에게 공개한 것은 2015년이다. 최신 사양서는 **az.dev/graphql-spec**에서 확인할 수 있으며 깃허브 상에서 활동하는 개인이나 조직에 의해 업데이트되고 있다. 그래프QL은 계속 업데이트되고 있지만, 프로젝트 시작 단계부터 사양서를 잘 정비해서 큰 문제가 없었다. 이 사양서에는 그래프QL 런타임이 지켜야 할 기본 규칙과 구현 방법을 정의하고 있어서 일관성을 가지고 발전할 수 있었던 것이다. 다양한 프로그래밍 언어를 사용해서 수많은 그래프QL 라이브러리가 개발됐지만 모두 이 사양을 기반으로 하며, 사양이 변경되면 라이브러리도 함께 새로운 사양에 맞추어 변경되고 있다. 루비Ruby 프로젝트에서 그래프QL을 사용하다가 스칼라Scala 프로젝트로 넘어가 그래프QL을 사용해도 문제가 없다. 구문은 다르지만 기본 규칙과 구현 방법은 동일하기 때문이다.

궁극적으로는 그래프QL 언어와 런타임 요건에 대한 모든 정보를 공식 사양서에서 찾을 수 있다. 사양서가 기술적인 내용이긴 하지만 도입부와 예제를 읽어보면 많은 것을 배울 수 있을 것이다. 이 책은 사양서의 모든 내용을 다루지 않으므로, 책을 다 읽고 난 뒤에 사양서를 한 번 쭉 훑어보기를 권한다.

참고로 사양서에선 그래프QL 언어의 구문부터 설명하므로 여기서도 구문을 먼저 보도록 하겠다.

그래프QL 서버 라이브러리

페이스북은 사양서와 함께 그래프QL 런타임용 라이브러리 개발 참고서(자바스크립트)를 공개했다. 자바스크립트는 가장 인기 있는 프로그래밍 언어이자 가장 모바일/웹 애플리케이션에 친화적인 언어이다. 그리고 모바일/웹 애플리케이션은 그래프QL이 큰 힘을 발휘할 수 있는 영역이기도 하다. 그래프QL의 자바스크립트 개발 참고서는 `az.dev/graphql-js`에서 볼 수 있으며, 이 책에서 참고하는 내용이기도 하다. 이 사양을 따라 개발된 내용을 책에서 언급할 때는 '그래프QL.js'라고 하고 있다.

그래프QL 서버 라이브러리의 리스트를 보고 싶다면 `az.dev/graphql-servers`를 참고하자.

1.1.3 그래프QL은 언어다

그래프QL의 이름에는 질의^{query}를 뜻하는 Query의 Q가 있지만 질의란 읽는 행위에만 국한된 단어다. 그래프QL은 데이터 읽기뿐만 아니라 수정도 할 수 있다. 그래프QL을 사용해서 데이터를 읽을 때는 쿼리를 사용하고 수정할 때는 변경^{mutation}(뮤테이션)을 사용한다. 쿼리와 변경은 모두 그래프QL 언어의 일부이다.

그래프QL은 SQL과 비슷하다. SQL에서 데이터를 읽을 때는 SELECT문을 사용하고 수정할 때는 INSERT, UPDATE, DELETE문을 사용한다. 또한, SQL에는 정해진 규칙도 있다. SELECT문을 사용할 때는 FROM을 지정해야 하며 옵션으로 WHERE를 지정할 수도 있다. 마찬가지로 그래프QL 언어에도 지켜야 할 규칙이 있다. 예를 들면 그래프QL 쿼리는 반드시 이름을 지정해야 하며, 이름이 없으면 요청을 보낼 때 해당 쿼리가 유일한 쿼리여야 한다. 이런 그래프QL 규칙은 다음 장에서 배우도록 한다.

> ### 그래프QL 작업
>
> 쿼리는 읽기READ 작업을 의미하고 변경mutation은 쓰고 읽기WRITE-then-READ 작업을 의미한다. 따라서 변경 작업은 부수 작업을 하는 쿼리라고 생각할 수 있다.
>
> 그래프QL은 쿼리와 변경 외에 구독subscription이라는 요청 타입도 지원한다. 실시간으로 데이터를 모니터링하는 요청 타입이다. 구독 요청은 보통 변경이 시발점이 되어 발생한다.
>
> 또한, 구독은 지속적으로 데이터를 전달할 수 있는 데이터 전송 채널을 필요로 하며, 웹 애플리케이션에선 보통 웹소켓WebSocket이 이 역할을 한다.

그래프QL(또는 SQL) 같은 쿼리 언어는 자바스크립트나 파이썬 같은 프로그래밍 언어와는 다르다. 그래프QL 언어를 사용해서 UIUser Interface(사용자 인터페이스)를 만들거나 복잡한 계산을 할 수는 없다. 쿼리 언어는 정해진 사용 용도가 있으며, 이를 위해 종종 프로그래밍 언어를 함께 사용해야 하는 경우도 있다. 여기서는 쿼리 언어를 프로그래밍 언어나 한국어 같은 일반 언어와 비교해서 보도록 하겠다. 좁은 범위의 비교이긴 하지만 이를 통해 그래프QL의 장점이 무엇인지 이해할 수 있을 것이다.

일반적으로 프로그래밍 언어는 진화를 거듭할수록 사람의 언어에 가까워진다. 과거에는 컴퓨터가 명령한 것만 이해할 수 있었으므로 명령형 패러다임imperative paradigm을 사용해서 프로그램을 만들었다. 하지만 현재 컴퓨터는 선언적 패러다임declarative paradigm을 이해하기 시작했으며, 우리가 원하는 것을 이해하는 프로그램을 만들 수 있게 됐다. 선언적 프로그래밍은 여러 장단점을 가지고 있지만, 무엇보다 의미가 있는 것은 사람이 어떤 문제의 원인을 생각할 때 선언적으로 접근한다는 것이다. 사람은 선언적으로 사고하는 데에 익숙하다.

> **NOTE_** (옮긴이) 명령형 방식은 어떤 문제를 해결할 때 단계별 과정을 거친다. 예를 들면, 냉장고가 비어있는 상황을 가정해보자. 냉장고가 비어있다는 문제를 해결하기 위해 다음과 같은 방식으로 생각한다.
>
> **1.** 어떤 물품이 필요한지 목록으로 정리한다.
> **2.** 어느 곳에 해당 물품이 있는지 검색한다.

필요한 데이터와 데이터 요건을 알리기 위해서 한국어를 사용할 수 있다. 예를 들어 존이라는 클라이언트와 제인이라는 서버가 있다고 해보자. 다음은 이 둘 사이의 한국어 데이터 처리 세션이다.

존: 안녕 제인. 태양빛이 지구에 도달하려면 어느 정도 걸려?

제인: 8분 조금 더 걸려.

존: 그러면 달빛은?

제인: 2초도 안 걸려.

존은 두 가지 질문을 한 문장으로 할 수 있으며, 제인은 몇 단어를 더 추가하면 두 가지 질문을 한 번에 답할 수 있다.

한국어를 사용해서 대화를 하면 '조금 더'나 '~도 안 걸려' 같은 구체적인 표현을 이해할 수 있다. 또한, 두 번째 질문은 불완전한 문장이지만 첫 번째 질문과 연관돼 있다는 것을 제인이 이해하고 있다. 반면 컴퓨터는 문맥에 숨겨진 의미를 잘 찾지 못한다. 더 구체적이며 구조화된 정보를 필요로 하는 것이다.

그래프QL은 존과 제인이 데이터 처리 세션에 사용할 수 있는 또 다른 언어이다. 한국어만큼은 아니지만 컴퓨터가 쉽게 전달해서 사용할 수 있는 구조화된 언어이다. 다음은 존이 던진 두 가지 질문을 그래프QL 쿼리 하나로 표현한 것이다.

예제 1-6 그래프QL로 표현한 존의 질문

```
{
  timeLightNeedsToTravel(toPlanet: "Earth") {
```

```
        fromTheSun: from(star: "Sun")
        fromTheMoon: from(moon: "Moon")
    }
}
```

[예제 1-6]은 몇 가지 그래프QL 언어를 사용하고 있다. `timeLightNeedsToTravel`과 `from`은 필드[field]이고 `toPlanet`, `start`, `moon`은 매개변수, 그리고 `fromTheSun`, `fromTheMoon`은 별칭이다. 이들은 우리말의 동사나 명사와 같다. 그래프QL 요청[request]에서 사용할 수 있는 구문은 2장과 3장에서 자세히 다루도록 하겠다.

1.1.4 그래프QL은 서비스다

클라이언트 애플리케이션에게 그래프QL 언어를 가르칠 수 있다면, 그래프QL 언어를 이해하는 백엔드 서비스와 데이터 요건에 관한 대화를 나눌 수 있을 것이다. 데이터 서비스가 그래프QL 언어를 이해하게 하려면 런타임 계층을 만들어서 클라이언트를 향해 노출하면 된다. 서버에 있는 이 계층을 그래프QL 언어의 통역기 또는 그래프QL 언어를 이해하는 데이터 서비스의 중개인이라고 생각하면 이해하기 쉽다. 그래프QL은 저장 엔진이 아니므로 그 자체를 DB같은 서버로 사용할 수 없다. 따라서 런타임 계층으로 별도의 층을 만들어서 언어를 변환하는 것이다.

그래프QL 서비스는 원하는 프로그래밍 언어를 사용해서 구현할 수 있으며, 개념적으로는 구조[structure]와 행동[behavior]으로 나뉜다.

- 구조: 강력한 타입의 스키마를 사용해서 정의한다. 그래프QL의 스키마는 그래프QL API가 처리할 수 있는 모든 작업을 정리해 둔 것이다. 간단히 말해서 API가 무엇을 할 수 있는지 기술한 것이다. 그래프QL 클라이언트는 이 스키마를 통해 어떤 질문을 서비스에게 할 수 있는지 알 수 있다. 스키마의 타입은 그래프QL의 핵심 개념이다. 스키마는 기본적으로 타입을 가진 필드들을 그래프로 나타낸 것이며 이 그래프는 데이터 서비스를 통해 읽고 수정할 수 있는 모든 데이터 객체를 보여준다.
- 행동: 함수를 통해 구현하며 그래프QL 세계에선 이 함수를 리졸버 함수[resolver function]라고 부른다. 리졸버 함수는 그래프QL의 뒤에서 움직이는 대부분의 처리 로직으로 강력한 기능성과 유연성을 지니고 있다. 또한, 그래프QL 스키마의 각 필드는 리졸버 함수와 연동되며, 리졸버 함수에는 각 필드가 어떤 값을 가져와야 하는지 정의한다.

리졸버 함수는 어디서, 어떻게 데이터를 가져올지를 지시한다. 예를 들면 관계형 데이터베이스에 SQL문을 던지거나, 운영 체제operating system(OS)에 있는 파일로부터 데이터를 바로 읽을 수도 있으며, 문서형 데이터베이스에 있는 캐시 데이터를 변경할 수도 있다. 하나의 리졸버 함수는 그래프QL 요청 안에 포함된 하나의 필드와 직접 연동되며, 단일 초깃값이나 객체, 값 또는 객체의 리스트를 표현할 수도 있다.

그래프QL과 레스토랑

그래프QL 스키마는 종종 레스토랑의 메뉴와 비교되기도 한다. 주문받는 사람을 그래프QL API의 인스턴스라고 생각하면 된다. 우리가 서버[1]라는 용어를 사용하는 것도 어찌 보면 당연하다.

테이블의 담당 서버가 주문을 받아서 주방에 전달한다(이것이 API 서비스의 핵심이다). 메뉴에 있는 음식은 그래프QL 언어에 있는 필드라고 볼 수 있다. 예를 들어 스테이크를 주문한다면 어떤 식으로 스테이크를 요리할지 서버에게 알려줘야 한다(이것이 필드 인수를 지정하는 것이다).

```
order {
  steak(doneness: MEDIUMWELL)
}
```

이 레스토랑은 너무 손님이 많아서 스테이크만 전담하는 요리사를 따로 고용했다. 이 요리사가 스테이크 필드용 리졸버 함수가 되는 것이다.

TIP_ 리졸버 함수는 종종 그래프QL과 원격 프로시저 호출remote procedure call(RPC)의 분산 컴퓨팅 개념이 비교되는 이유이기도 하다. 그래프QL은 클라이언트가 원격으로 리졸버 함수를 호출하는 수단이기 때문이다.

스키마와 리졸버 함수 예제

리졸버 함수를 이해하기 위해서 [예제 1-5]의 쿼리를 단순화한 버전을 보도록 하겠다. 이 쿼리를 클라이언트가 그래프QL 서비스에 보낸 것이라 가정한다.

---

1 옮긴이_ 레스토랑의 각 테이블을 담당하는 사람도 서버라고 표현한다.

예제 1-7 단순화한 쿼리 텍스트 예제

```
query {
  employee(id: 42) {
    name
    email
  }
}
```

서비스는 어떤 요청이든 받아서 전달할 수 있으며, 전달된 요청은 스키마를 사용해서 검증한다. 스키마는 employee 필드를 지원해야 하며 이 필드는 id 인수와 name 필드, email 필드를 가지고 있어야 한다. 그래프QL에서 필드와 인수는 반드시 타입(형)을 가져야 하므로, id 인수는 정수integer, name과 email 필드는 문자열string로 정의한다. 참고로 employee 필드는 id, name, email 구조를 가진 커스텀 타입이다.

그래프QL 커뮤니티에선 서버측 언어를 클라이언트측 쿼리 언어처럼 그래프QL 스키마 객체 생성용으로 표준화하고 있다. 이 서버측 언어를 스키마 언어schema language라고 하며 줄여서 SDLschema definition language 또는 IDLinterface definition language이라 부르기도 한다.

다음은 그래프QL의 스키마 언어로 Employee 타입을 정의한 것이다.

예제 1-8 그래프QL 스키마 언어 예

```
type Employee(id: Int!) {
  name: String!
  email: String!
}
```

Employee 커스텀 타입은 한 명의 사원을 모델model화한 것이다. 사원 객체 모델은 id(정수)값을 사용해서 찾을 수 있으며, 문자열인 name과 email 필드를 가진다.

필드의 타입 뒤에 있는 느낌표 기호(!)는 해당 항목이 필수임을 의미한다. 즉, 클라이언트가 employee 필드를 요청할 때는 반드시 id 인수를 지정해야 하며, 서버가 응답할 때는 name 문자열과 email 문자열을 반드시 포함해야 한다.

그래프QL 서비스는 **Employee** 타입을 근거로 [예제 1-7]에 있는 그래프QL 쿼리가 유효하다고 판단한다. 타입 구조가 일치하기 때문이다. 다음 단계에서는 클라이언트가 요청한 데이터를 준비하며, 요청에 포함된 각 필드의 리졸버 함수가 해당 필드의 데이터를 불러온다. 마지막으로 리졸버 함수들이 반환한 값을 모아서 하나의 응답을 구성하고 이를 클라이언트에 전달한다.

예제의 그래프QL 서비스는 적어도 세 개의 리졸버 함수를 필요로 한다. `employee` 필드용과 `name` 필드용 그리고 `email` 필드용이다.

`employee` 필드의 리졸버 함수는 SQL의 **SELECT * FROM employees WHERE id=42**와 같다. 이 SQL문은 **employees** 테이블에서 해당 사원 번호를 가진 사원 정보를 찾아서 모든 필드를 반환한다. **employees** 테이블이 다음과 같은 컬럼을 가지고 있다고 해보자.

```
id, first_name, last_name, email, birth_date, hire_date
```

`employee` 필드의 리졸버 함수는 사원 번호 42에 해당하는 데이터를 다음과 같은 객체로 반환한다.

예제 1-9 사원 번호 42에 해당하는 정보를 데이터베이스에서 추출한 응답

```
{
  "id": 42,
  "first_name": "Jane",
  "last_name": "Doe",
  "email": "jane@doe.name",
  "birth_date": "01/01/1990",
  "hire_date": "01/01/2020"
}
```

그래프QL 서비스는 이런 식으로 요청에 포함된 트리형태의 구조를 따라가며 개별 필드의 리

졸버 함수를 실행한다. 각 리졸버 함수는 부모 노드의 실행 결과를 이어받는다. 따라서 name과 email의 리졸버 함수는 [예제 1-9]의 객체를 첫 번째 인수로 받는다.

예를 들어 name과 email 필드의 리졸버 함수가 다음과 같은 자바스크립트 함수를 사용해서 정의됐다고 해보자.

```
//리졸버 함수
const name => (source) => `${source.first_name} ${source.last_name}`;
const email => (source) => source.email;
```

여기서 source 객체는 부모 노드를 가리킨다.

> **TIP_** 참고로 email의 리졸버 함수는 간이|trivial 리졸버라고 한다. email 필드의 이름이 부모 소스 노드에 있는 속성인 email과 일치하기 때문이다. 몇몇 그래프QL 구현에선(예: 자바스크립트) 간이 리졸버를 내장하고 있어서, 특정 필드의 리졸버 함수가 없으면 기본 리졸버를 사용한다.

[예제 1-7]의 요청을 받은 그래프QL 서비스는 세 개의 리졸버 함수가 반환한 결과를 모두 모아서 하나의 응답으로 만들어 반환한다.

예제 1-10 그래프QL 응답 객체의 예

```
{
  data: {
    employee: {
      name: 'Jane Doe',
      email: 'jane@doe.name'
    }
  }
}
```

리졸버 함수 작성법은 5장에서 자세히 다룬다.

> **TIP_** 그래프QL은 특정 데이터 직렬화|serialization 형식을 요구하진 않지만, JSON이 대중적으로 사용된다. 이 책의 모든 예제도 JSON 형식을 사용한다.

1.2 왜 그래프QL인가?

데이터 API를 만들 때 그래프QL이 유일한 (또는 가장 선호되는) 기술은 아니다. JSON 기반의 API 쿼리 언어와 함께 사용하거나 REST API를 오픈 데이터 프로토콜Open Data Protocol(OData)과 함께 구현하기도 한다. 경험 많은 백엔드 개발자는 그래프QL이 있기 훨씬 이전부터 다양한 기술을 사용해서 데이터 API를 만들어왔다. 그러면 왜 새로운 기술이 필요할까? 필자에게 "왜 그래프QL인가?"라 묻는다면, 한 단어를 답할 것이다. 바로 표준standard이다.

그래프QL은 관리와 확장이 용이한 API 기능을 광범위한 표준과 구조를 사용해서 구현할 수 있다. 그래프QL에선 데이터 API의 기능 범위를 반드시 문서(스키마)를 통해 공개할 것을 규칙으로 정하고 있다. 클라이언트는 이 스키마를 통해 해당 서버상에서 할 수 있는 모든 것을 파악할 수 있다. 그래프QL 표준 스키마는 모든 그래프QL API가 따라야 하며, 클라이언트는 이 스키마 정보를 그래프QL 언어를 사용해서 서비스에 요청할 수 있다. 관련 예제는 3장에서 보도록 한다.

물론 비슷한 문서를 추가하면 다른 툴도 그래프QL과 비슷한 기능을 가질 수 있다. 하지만, 그래프QL만이 가진 독창성은, 문서화가 API 서비스를 만드는 과정의 일부라는 점이다. 이렇게 만들어진 문서는 항상 최신 정보를 담으며, 특정 사용 용도에 대한 정보를 항상 기록하게 된다. 또한, 표준이 정해져 있으므로 문서에서 실제 API와 다른 사용법을 안내할 수 없다. 무엇보다도 문서와 API를 별도로 관리하지 않아도 된다. 그래프QL의 문서는 내장형이며 품질 수준도 높다.

필수 그래프QL 스키마는 그래프QL 서비스가 할 수 있는 작업과 제한 사항을 알려준다. 또한, 스키마가 노드 구조의 그래프로 구성돼 있어서 다양한 경로를 만들 수 있으며, 이는 스키마에게 유연성을 부여한다. 이 유연성은 그래프QL이 가진 큰 장점으로, 백엔드와 프런트엔드 개발자가 서로 별도의 논의 없이도 각자 개발을 진행할 수 있도록 만든다. 클라이언트와 서버를 분리시켜서 각자 독립적으로 발전, 확장할 수 있게 해줘서 결과적으로는 양쪽 제품의 개발 주기가 단축된다.

개인적으로는 이 표준 스키마가 그래프QL의 가장 큰 장점이라 생각한다. 하지만 이것이 전부가 아니다. 그래프QL이 주는 기술적 혜택도 살펴보도록 하자.

클라이언트-서버 구조에서 그래프QL을 선택하는 가장 중요한(그리고 아마 가장 인기 있는) 기술적 이유는 효율성이다. API 클라이언트는 종종 서버에게 여러 리소스를 요청해야 하지만

API 서버는 보통 하나의 리소스만 응답하는 방법을 안다. 결과적으로 필요한 모든 데이터를 얻기 위해선 클라이언트가 서버에게 여러 번 요청하게 된다(그림 1-3).

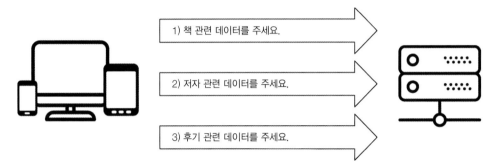

그림 1-3 여러 리소스를 요청하는 클라이언트

그래프QL은 이런 다중 요청의 복잡성을 백엔드에 부담시켜서 그래프QL 런타임이 처리하도록 만든다. 클라이언트가 그래프QL 서비스로 하나의 질문을 던지면, 서비스는 필요한 정보를 정확하게 하나의 응답에 담아서 반환한다(그림 1-4).

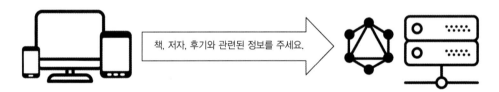

그림 1-4 다중 요청의 복잡성을 백엔드에게 부담시키는 그래프QL

REST 기반의 API도 뷰당 하나의 엔드포인트endpoint를 통해 동일한 처리를 하게 만들 수도 있지만 일반적인 방법은 아니다. 결국에는 표준 가이드에서 벗어난 방식으로 개발해야 한다.

그래프QL의 또 다른 기술적 이점은 여러 서비스와 커뮤니케이션 할 수 있다는 것이다. 클라이언트가 여러 데이터 저장소(예: PostgreSQL, 몽고DB, 레디스Redis 캐시 등)로부터 데이터를 요청할 때, 중간에 있는 그래프QL 계층이 커뮤니케이션을 단순화 및 표준화한다. 클라이언트는 여러 서비스에 직접 접속하는 것이 아니라 그래프QL과 커뮤니케이션 하며, 요청을 받은 그래프QL 서비스는 여러 데이터 서비스와 커뮤니케이션한다(그림 1-5). 이를 통해 클라이언트는 단일 언어만 사용해서 다양한 서비스와 데이터를 교환할 수 있다. 그래프QL 서비스는 클라이언트 요청 하나를 다른 언어를 사용하는 서비스 요청 여러 개로 변환한다.

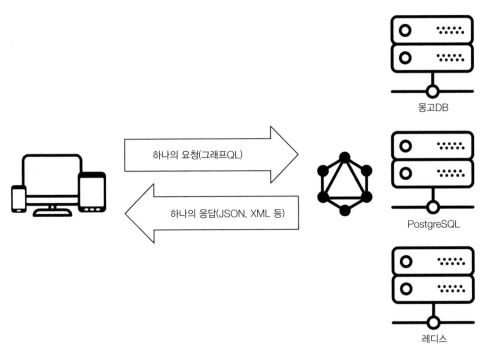

그림 1-5 그래프QL은 여러 개의 데이터 서비스와 커뮤니케이션 할 수 있다.

그래프QL은 프런트엔드 개발자의 작업 효율을 높여준다는 장점이 있지만 이는 가끔 과소평가 받기도 한다. 그래프QL 스키마를 사용하면 프런트엔드 개발자가 백엔드 개발자에 의존하지 않고서도 데이터 관련 처리를 생성하거나 확인하고 검증, 테스트할 수 있는 힘과 제어권을 가지게 된다. 이를 통해 서버에선 데이터의 형식이나 크기를 하드코딩하지 않아도 되며, 클라이언트와 서버 처리를 분리할 수도 있다. 결과적으로 클라이언트와 서버를 독립적으로 개발 및 관리할 수 있게 되며, 이 자체만으로 상당한 이익을 보는 셈이다.

무엇보다 개발자가 선언적 언어를 사용해서 UI 데이터 요건을 표현할 수 있다는 것이 특징이다. 개발자는 어떻게 데이터를 얻을지는 걱정하지 않고 무엇을 얻을지만 정의하면 된다. 그래프QL에는 UI가 필요로 하는 데이터와 개발자가 해당 데이터를 기술하는 방법이 밀접하게 연관되어있기 때문이다.

> **그래프QL은 통역사다**
>
> 세 명의 각기 다른 언어를 사용하는 사람이 서로 다른 종류의 지식을 갖추고 있다고 해보자. 그리고 세 명의 지식을 모두 합쳐야 답할 수 있는 질문이 나왔을 때, 세 언어를 모두 통역할 수 있는 사람이 있다면 세 명의 답을 얻어서 질문에 쉽게 답할 수 있을 것이다. 이것이 바로 그래프QL 서비스가 클라이언트를 위해 하는 일이다. 다른 데이터 API도 가능한 일이지만, 그래프QL만이 표준 구조를 사용해 이런 종류의 데이터 요청을 쉽게 처리하고 관리할 수 있다.

1.2.1 REST API와의 차이점

그래프QL API는 종종 REST API와 비교된다. REST API가 웹 및 모바일 애플리케이션용 데이터 API에서 가장 대중적인 기술이었기 때문이다. 그래프QL이 REST API를 대체할 수 있는 기술이라고 하는데, 대체 기술이 필요한 이유는 무엇일까? REST API에 어떤 문제가 있는 것일까?

REST API가 가진 가장 큰 문제점은 클라이언트가 여러 개의 데이터 API 엔드포인트와 커뮤니케이션 한다는 것이다. REST API는 클라이언트가 데이터를 받기 위해서 네트워크를 여러 번 왕복해야 한다. REST API는 리소스별로 엔드포인트를 가지므로 엔드포인트의 집합이라고 볼 수 있다. 따라서 여러 리소스에서 데이터를 가져와야 한다면, REST API에 여러 개의 네트워크 요청을 던져야 하며, 응답 역시 마찬가지로 여러 개의 응답을 받아 결합해야 한다. 특히 처리 성능이나, 메모리, 네트워크 등에 제약이 있는 모바일 장치에서 사용하는 앱을 개발할 때 큰 문제가 된다.

또한, REST API에는 클라이언트용 요청 언어가 없다. 클라이언트가 서버에 무엇을 원하는지 정확하게 알릴 수 있는 언어가 없으므로 서버가 반환하는 데이터를 제어할 수가 없다. 정확하게 말하면 있긴 있지만 매우 제한된 언어만 사용할 수 있다. 예를 들면, REST API에서 데이터를 읽으려면 `GET /ResourceName` 형식으로 리소스의 전체 데이터를 읽어 들이거나, `GET /ResourceName/ResourceID` 형식으로 지정한 ID의 단일 데이터만 읽어야 한다.

순수pure REST API(개조하지 않은 API)를 사용하면 클라이언트가 리소스에서 레코드를 추출할 때 특정 필드를 지정할 수 없다. 클라이언트가 필요로 하는 데이터와 상관없이 REST API

서비스는 항상 모든 필드를 반환한다. 그래프QL에선 이런 문제를 정보의 과다 추출^{overfetching}이라고 부르며 발생해서는 안 되는 문제로 간주한다. 클라이언트와 서버 양쪽의 네트워크 및 메모리 리소스를 낭비하는 것이다.

REST API의 또 다른 큰 문제는 버전 관리^{versioning}이다. 여러 버전을 제공해야 한다면, 엔드포인트도 여러 개 준비해야 한다는 의미다. 이것은 엔드포인트를 사용하고 관리할 때 더 문제가 되며 서버상의 코드 중복 문제도 초래할 수 있다.

> **NOTE_** 여기선 언급한 REST API 문제는 그래프QL이 현재 해결하려는 문제에 초점을 둔 것으로, REST API가 이런 문제를 모두 가지고 있는 것은 아니다.

REST API는 결국 여러 개의 REST 엔드포인트가 얽혀 있는 상태가 되며, 성능상의 문제로 임시 엔드포인트까지 추가되기도 한다. 이런 지점에서 더 나은 대체 기술로 그래프QL을 제시할 수 있다.

한편 REST API가 그래프QL보다 우수한 점도 있다는 것을 간과해서는 안 된다. 예를 들어 REST API의 응답을 캐싱하는 편이 그래프QL API의 응답을 캐싱하기보다 쉽다(이 장의 마지막 절에서 보도록 한다). 또한, 여러 REST 엔드포인트의 코드를 최적화하는 것이 그래프QL의 단일 엔드포인트를 최적화하는 것보다 쉽다. 새로운 기술을 도입하지 않고서 모든 문제를 해결할 수 있는 마법 같은 툴은 없다. REST API는 나름의 용도가 있으며 제대로 사용하면 그래프QL도 REST도 좋은 애플리케이션을 만들 수 있다. 또한, 동일 시스템 상에서 둘을 같이 사용해도 문제될 것은 전혀 없다.

REST스러운 API

여기서는 순수 REST API와 비교해서 설명하고 있음을 유의하자. 언급한 문제들 중에는 그래프QL이 아닌 커스터마이징된 REST API로 해결할 수 있는 것도 있다. 예를 들어 REST API를 수정해서 include 쿼리 문자열(쉼표를 구분자로 사용한 필드 목록)을 허용하게 만들 수도 있다. REST 기반의 시스템에 추가로 설치할 수 있는 툴들이 있으며, 이를 사용하면 이런 변경 처리를 쉽게 구현할 수 있다.

하지만 이런 접근법은 작은 규모의 시스템에서만 유효하다(개인적으로 적용해서 성공한 적도 몇 번 있다). 그래프QL과 비교하면 많은 작업을 요구할 뿐만 아니라 프로젝트의 일정에 영향을 줄 수도 있다. 또한, 표준화되지 않은 방법으로 큰 프로젝트의 경우 확장하는 것이 어렵다.

1.2.2 그래프QL의 방식

그래프QL이 REST API가 지닌 문제점을 해결하는 방식을 파악하기 위해서는 그래프QL의 배경이 되는 컨셉과 설계 이념을 이해해야 한다.

타입이 정해진 그래프 스키마

그래프QL API를 만들려면 타입이 정해진 스키마가 필요하다. 그래프QL 스키마는 타입을 가진 필드로 구성된다. 이 타입은 기본 타입일 수도 있고 개조된 타입일 수도 있다. 그래프QL 스키마 내에 있는 모든 것이 타입을 지니며 이런 타입 구조가 그래프QL 서비스를 예측하고 검색할 수 있게 해준다.

선언적 언어

그래프QL 데이터 요건을 표현하기 위해 선언적 방식을 사용한다. 클라이언트는 필요한 데이터를 표현하기 위해 선언적 언어declarative language를 사용한다. 이런 선언적 방식은 (데이터 요건을 한국어로 생각하는 것과 유사하게) 특정 모델을 그래프QL 언어로 생각할 수 있게 해주며, 다른 대체 기술보다 그래프QL API를 훨씬 사용하기 쉽게 만든다.

단일 엔드포인트와 클라이언트 언어

여러 번 왕복해서 통신하는 문제를 해결하기 위해서 그래프QL은 응답하는 서버를 단일 엔드포인트로 만든다. 기본적으로 엔드포인트 수정 원리를 최대한 활용해서 전체 서버를 한 개의 똑똑한 엔드포인트로 만들어 모든 요청에 응답하게 한다.

똑똑한 단일 포인트와 함께 중요한 역할을 하는 것이 풍부한 클라이언트 요청 언어이다. 클라이언트 요청 언어가 없으면 단일 엔드포인트는 무용지물이다. 즉, 언어를 사용해서 변경된 요청을 처리할 수 있어야 하며, 해당 요청이 필요한 데이터를 반환할 수 있어야 한다.

클라이언트 요청 언어는 클라이언트가 제어권을 갖도록 해준다. 클라이언트는 필요한 것을 정확하게 요청할 수 있으며, 서버 또한 요청받은 데이터를 정확하게 응답할 수 있다. 이것은 불필요한 데이터의 과다 추출 문제도 해결해준다.

또한, 클라이언트가 필요한 것을 정확히 요청할 수 있다면 백엔드 개발자 측면에서 어떤 데이터가 사용되고 데이터의 어떤 부분이 자주 요구되는지를 분석할 수 있게 된다. 이런 분석 정보는 사용 패턴을 기반으로 데이터 서비스를 확장하거나 최적화할 수 있게 해주므로 매우 유용하다. 뿐만 아니라 사용자의 이상 행동 패턴이나 클라이언트의 버전 변경 등도 감지할 수 있다.

간단한 버전 관리

버전 관리 측면에서 그래프QL은 흥미로운 구조를 가지고 있다. 따로 버전 관리를 할 필요가 없다. 그래프 구조를 가지고 있기 때문에 기존 필드를 삭제할 필요 없이 새 필드를 새로운 노드로 추가만 하면 된다. 즉, 이전 버전의 API에서 그래프QL 경로를 유지한 채 새 경로와 노드를 추가하면 되는 것이다. 새 엔드포인트를 추가할 필요 없이 API만 확장된다. 클라이언트는 이전 기능들을 그대로 사용할 수 있으며 새 기능을 사용하려면 기존 코드에 변경된 부분만 추가하면 된다. 하나의 버전이 계속 확장 및 진화해 나가므로 클라이언트는 기존 및 새 기능들을 지속적으로 사용할 수 있으며, 서버는 간결하고 관리하기 쉬운 코드를 유지할 수 있다.

이런 특징은 모바일 클라이언트에서 더 빛을 발한다. 모바일 앱에서 사용하는 API의 버전을 제어할 수 없기 때문이다. 모바일 앱은 한 번 설치되고 나면 동일한 API를 몇 년 동안 사용해야 할 수도 있다. 웹이라면 API 버전을 쉽게 제어할 수 있다. 클라이언트에 새 코드를 보내서 모든 사용자가 그것을 사용하게 만들면 된다. 하지만 모바일 앱에선 훨씬 어려운 방법을 거쳐야 한다.

그래프QL의 이런 버전 관리 접근법에는 문제점도 있다. 그중 하나는 이전 노드를 계속 유지하기 쉽지 않다는 것이다. 오래된 노드들이 제대로 동작하려면 많은 수고가 필요하다. 또한, API 사용자 입장에선 어떤 노드가 새것이고 어떤 것이 오래된 것인지 구분하기 어려워 혼란스러울 수도 있다. 이를 위해서 그래프QL에선 오래된 노드를 폐지하거나 숨겨서 스키마 사용자가 새 노드만 보도록 하는 기능을 제공한다. 유지보수 관점에서 생각할때 하나의 필드를 폐지하려면, 이전 사용자가 오래 해당 필드를 언제까지 사용할지를 알아야 한다. 그래프QL에선 클라이언트 쿼리 언어를 사용해 필드가 아직 사용되고 있는지, 얼마나 자주 사용되는지 알 수 있으므로 관리가 용이하다. 심지어는 사용되지 않고 있거나 폐지된 필드를 자동으로 제거할 수도 있다.

1.2.3 실행을 통한 REST API와 그래프QL API 비교

REST API와 그래프QL을 기능별로 비교해보도록 하겠다. 스타워즈 영화와 등장인물을 보여주는 애플리케이션을 개발한다고 해보자. 고민해야 할 첫 번째 UI는 한 명의 등장인물 정보를 보여주는 뷰view이다. 이 뷰에는 등장인물 이름, 출생연도, 출신 행성명, 등장인물이 출연한 모든 영화 제목 등이 표시된다. 예를 들어 다스 베이더Darth Vader라는 이름과 출생연도(41.9BBY)가 표시되고, 행성명인 타투인Tatooine, 그리고 등장한 영화 제목인 〈새로운 희망A New Hope〉, 〈제국의 역습The Empire Strikes Back〉, 〈제다이의 귀환Return of the Jedi〉, 〈시스의 복수Revenge of the Sith〉 등이 표시돼야 한다.

이를 위해서 뷰는 Person(인물), Planet(행성), Film(등장 영화)라는 세 개의 리소스를 필요로 한다. 리소스들 간의 관계는 단순해서 필요한 데이터를 쉽게 정의할 수 있을 것이다. person 객체는 하나의 planet 객체를 가지며 하나 이상의 films 객체를 가진다.

이 뷰를 JSON으로 표현하면 다음과 같을 것이다.

예제 1-11 UI 요소용 JSON 데이터 객체 예

```
{
  "data": {
    "person": {
      "name": "Darth Vader",
      "birthYear": "41.9BBY",
      "planet": {
        "name": "Tatooine"
      },
      "films": [
        { "title": "A New Hope" },
        { "title": "The Empire Strikes Back" },
        { "title": "Return of the Jedi" },
        { "title": "Revenge of the Sith" }
      ]
    }
  }
}
```

데이터 서비스가 이런 정확한 구조를 반환한다면, 다음과 같이 프런트엔드 라이브러리(리액트 등)를 사용해서 뷰를 만들 수 있다.

예제 1-12 리액트를 사용한 UI 뷰 예

```
// 컨테이너 컴포넌트:
<PersonProfile person={data.person}></PersonProfile>

// PersonProfile 컴포넌트:
Name: {data.person.name}
Birth Year: {data.person.birthYear}
Planet: {data.person.planet.name}
Films: {data.person.films.map(film => film.title)}
```

아주 간단한 코드로 스타워즈 영화에 대한 기본 정보 중에서 필요한 데이터를 구성하고 UI를 통해 표시할 수 있었다.

[예제 1-12]의 UI 뷰에서 한 가지 중요한 점은 바로 [예제 1-11]에 있는 JSON 데이터와 UI 사이 관계가 아주 명확하다는 것이다. UI 뷰는 JSON 데이터 객체의 모든 키key를 사용하고 있다(예제 1-12에서 { } 안의 값을 보자).

[예제 1-11]에 있는 데이터를 REST API를 사용해서 요청하려면 어떻게 해야 할까? 스타워즈 등장인물에 대한 정보가 있어야 한다. 등장인물의 ID를 알고 있다면, 다음과 같은 엔드포인트를 통해 REST API가 관련 정보를 전달할 것이다.

```
GET - /people/{id}
```

이 요청은 등장인물의 **name**과 **birthYear** 등의 관련 정보를 반환한다. REST API는 행성 ID 나 출현한 모든 영화의 ID에 접근할 수 있게 해준다.

이 요청에 대한 JSON 응답은 다음과 같다.

```
{
  "name": "Darth Vader",
  "birthYear": "41.9BBY",
  "planetId": 1
  "filmIds": [1, 2, 3, 6],
  .-..-.  ◁─────────────┐ 뷰와 관련 없는 정보들
}
```

> **TIP_** 이 책에서는 생략한 부분을 표시할때 ·-·-· 를 사용한다. 자바스크립트와 그래프QL에서 사용되는 3점 연산자(...)과 구분하기 위해서이다(**az.dev/js-intro**를 참고하자).

행성명을 찾기 위해서는 다음과 같이 요청해야 한다.

```
GET - /planets/1
```

영화 제목을 알기 위해서는 추가로 다음과 같이 요청해야 한다.

```
GET - /films/1
GET - /films/2
GET - /films/3
GET - /films/6
```

뷰가 필요한 데이터를 구성하려면 서버로부터 6개의 응답을 모두 받아 합쳐야 한다.

뿐만 아니라 6번의 왕복 네트워크 통신을 거쳐야만 간단한 UI의 데이터를 얻을 수 있다. 이 모든 과정은 명령형으로, 데이터를 추출하는 방법과 데이터를 처리해서 뷰에 출력하는 방법 등을 모두 구체적으로 지시해야 한다. 예를 들어 뷰는 행성 ID나 영화 ID가 필요 없지만 이 데이터를 받아서 처리해야 한다. 또한, 하나의 데이터 객체만 사용하는 단일 뷰를 위해서, 여러 개의 데이터 객체를 수동으로 결합해야 한다.

REST API를 사용해서 직접 스타워즈 데이터를 확인해보자. 스타워즈 데이터는 SWAPI(`az.dev/swapi`)라는 훌륭한 REST API를 제공한다. 데이터 요소가 약간 다를 수도 있지만 앞서 본 것과 유사한 데이터를 구성할 수 있다. 정확하게 6번의 API 호출이 필요하며 (뷰가 필요로 하지 않는) 불필요한 데이터도 함께 추출된다.

SWAPI는 스타워즈 데이터를 얻을 수 있는 순수 REST API의 한 예이다. 뷰가 필요로 하는 데이터를 좀 더 쉽게 제공하는 개선된 REST API가 있을 수도 있다. 예를 들어 API 서버가 중첩된 리소스를 처리하도록 구현하고, 인물과 영화 사이의 관련성을 이해한다면, 다음과 같은 방법으로 영화 데이터(인물 정보와 함께)를 얻을 수 있을 것이다.

```
GET - /people/{id}/films
```

하지만 순수 REST API의 경우 이 기능을 바로 사용할 수 없다. 백엔드 개발자에게 요청해서 여러분의 뷰를 위한 엔드포인트를 별도로 만들어 달라고 요청해야 한다. 이것이 REST API가 지닌 확장성의 한계이다. 클라이언트의 늘어나는 요청을 만족시키려면 별도의 엔드포인트를 추가해야 하며 이런 엔드포인트들을 일일이 관리하기는 매우 힘들다.

예를 들어 REST API의 엔드포인트를 변경해서 등장인물이 출현한 영화 데이터를 반환하게 만들었다고 하자. 이것은 여러분이 현재 작업하고 있는 뷰에선 문제없이 실행될 것이다. 하지만 이후에 등장인물의 정보를 함축적으로 또는 더 자세하게 반환하도록 수정해야 할 수도 있고, 또는 등장한 영화 중 하나만 보여주거나 영화명 밑에 영화 설명도 함께 출력하도록 변경해야 할 수도 있다. 이런 모든 변경 사항은 기존 엔드포인트를 수정해야 하며, 새로운 뷰가 만들어진다면 새 엔드포인트를 추가해서 필요한 커뮤니케이션을 최적화해야 한다.

그래프QL 접근법을 보도록 하자. 그래프QL 서버는 똑똑한 단일 엔드포인트를 사용한다. 전송 채널도 신경쓰지 않아도 된다. HTTP 위에서 처리한다면 물론 HTTP 메서드를 사용하면 된다. 단일 그래프QL 엔드포인트(`/graphql`)를 HTTPS 전송 채널 상에 공개해야 하는 경우를 생각해보자.

한 번의 네트워크 왕복만으로 필요한 데이터를 얻으려면, 복잡한 데이터 요건을 서버에게 전달할 방법이 필요하다. 이때 필요한 것이 그래프QL 쿼리이다.

```
GET or POST - /graphql?query={·-·-·}
```

그래프QL 쿼리는 단순한 문자열로 필요한 모든 데이터의 요건을 지정해야 한다. 이 부분이 바로 선언적 방식의 힘이 유감없이 발휘되는 부분이다.

앞서 본 간단한 뷰의 데이터 요건을 일반 언어와 그래프QL로 비교해서 표현한 것이 [표 1-1]이다.

표 1-1 그래프QL과 일반 언어의 유사성

일반 언어	그래프QL
뷰는 다음 정보를 필요로 한다 (view needs)	`{`
	`  person(ID: ·-·-·) {`
인물 이름(name)	`    name`
출생연도(birth year)	`    birthYear`
행성명(planet's name)	`    planet {`
	`      name`
	`    }`
등장한 모든 영화 제목(title of all their films)	`    films {`
	`      title`
	`    }`
	`  }`
	`}`

그래프QL 표현식과 일반 언어(영어)가 얼마나 비슷한지 볼 수 있다. 필요한 데이터를 정확하게 요청해서 받을 수 있을 정도로 자세하다. 그래프QL 쿼리를 원래 JSON 데이터와 비교해보자(표 1-2).

표 1-2 그래프QL 쿼리와 JSON 응답이 비슷한 구조를 가진다

그래프QL 쿼리 (질문)	필요한 JSON (답)

<pre>{
  person(ID: ·-·-·) {
    name
    birthYear
    planet {
      name
    }
    films {
      title
    }
  }
}</pre>
	<pre>{
	  "data": {
	    "person": {
	      "name": "Darth Vader",
	      "birthYear": "41.9BBY",
	      "planet": {
	        "name": "Tatooine"
	      },
	      "films": [
	        { "title": "A New Hope" },
	        { "title": "The Empire Strikes Back" },
	        { "title": "Return of the Jedi" },
	        { "title": "Revenge of the Sith" }
	      ]
	    }
	  }
	}</pre>

그래프QL 쿼리와 JSON 데이터 구조가 정확하게 일치하며, 차이점은 값 부분(표 1-2에서 볼드체로 표시한 부분)이다. 이것을 질문과 답이라는 관계로 생각하면, 질문은 답안지에서 답을 제외한 부분과 같다.

> **ID가 4인 스타워즈 등장인물의 이름은 다스 베이더이다.**

위와 같은 문장에서 답 부분만 제외하면 질문이 된다.

> **ID가 4인 스타워즈 등장인물의 이름은?**

그래프QL 쿼리에도 동일한 규칙이 적용된다. JSON 데이터에서 모든 답 부분(값)을 제거하면 그래프QL 쿼리가 되며 이것은 JSON 데이터를 요청하는데 적절한 질문이 된다.

그래프QL 쿼리를 UI 뷰와 비교해보면, 그래프QL 쿼리의 모든 요소가 UI 뷰에서 사용되며, UI 뷰에서 사용되는 모든 동적 부품들이 그래프QL 쿼리에 포함된다는 것을 알 수 있다. 이런

뷰와 데이터 간 명확한 연계는 그래프QL이 가진 아주 강력한 기능 중 하나이다. UI 뷰는 필요한 데이터를 정확하게 찾을 수 있으며, 뷰 코드에서 데이터 요건을 추출하는 것도 쉽다. 단순히 뷰에서 어떤 변수를 사용하는지만 찾으면 된다.

UI 컴포넌트가 다중으로 중첩된 경우에는 각각의 UI 컴포넌트가 필요한 데이터를 정확하게 요청한 후, 각 컴포넌트가 가진 데이터의 일부를 하나로 합쳐서 애플리케이션 전체가 필요로 하는 데이터를 구성할 수 있다.

> **TIP_** 그래프QL은 조각fragment이라는 기능을 사용해서 UI 컴포넌트가 필요한 데이터를 부분적으로 정의할 수 있다. 이에 대해선 3장에서 자세히 다룬다.

이 맵핑 모델을 역으로 생각하면 또 다른 강력한 기능을 볼 수 있다. 그래프QL 쿼리가 응답과 동일한 구조를 가지므로 쿼리만 보고서도 UI와 데이터를 어떻게 연결시켜야 하는지 알 수 있다. 즉, 데이터를 사용하기 위해서 응답을 볼 필요가 없으며 API 문서를 참고할 필요도 없는 것이다. 모든 정보가 쿼리에 이미 들어있기 때문이다.

스타워즈 데이터는 그래프QL API도 제공한다(**az.dev/swapi-graphql**). 그래피컬GraphiQL이라는 편집기를 사용해서 그래프QL 쿼리를 테스트해볼 수 있다. 그래피컬 편집기에 대해선 다음 장에서 다루겠지만, 여기서는 일단 예제의 person 객체를 작성해보도록 한다. 이 책에서 배우는 내용과는 약간 차이가 있긴 하지만, 다음 쿼리를 API에 사용하면 동일한 뷰(다스 베이더 예제 참고)를 얻을 수 있다.

예제 1-13 스타워즈 예제를 위한 그래프QL 쿼리(az.dev/gia)

```
{
  person(personID: 4) {
    name
    birthYear
    homeworld {
      name
    }
    filmConnection {
      films {
        title
```

```
            }
          }
        }
      }
```

TIP_ az.dev/gia 사이트에 접속하면 이 책에 나오는 모든 코드를 얻을 수 있다. [예제 1-13]에 있는 쿼리 도 해당 사이트에 있으면 예제 번호 옆에 링크가 기재돼 있는 다른 코드들도 찾을 수 있다.

이 쿼리를 복사해서 편집기의 왼쪽 창에 붙여넣기 하고 위에 있는 실행 버튼(화살표)을 클릭하면 된다. 이후 오른쪽 창에서 앞서 확인했던 뷰와 아주 유사한 응답 데이터를 볼 수 있다. 필요한 데이터 요건을 일반 언어와 비슷한 방식으로 표현했고, 한 번의 네트워크 통신으로 필요한 모든 데이터를 얻어냈다.

그래프QL은 REST의 킬러인가?

필자가 그래프QL을 처음 접했을 때 트위터에 다음과 같이 올렸다.

> REST API여! 고이 잠드소서(REST in Peace)

그래프QL 때문에 REST API가 사라질 거라 생각하지는 않는다. 하지만 웹이나 모바일 애플리케이션에서 많은 사람들이 REST API 대신 그래프QL을 선택하게 되리라 본다. REST API가 적합한 용도가 있지만, 웹/모바일 애플리케이션 용도는 아니다.

JSON이 XML을 앞질렀듯 그래프QL도 REST보다 우위를 점하게 될 것이다. XML은 여전히 많이 사용되지만, 최근에는 거의 모든 웹기반 API들이 JSON 형식을 사용하고 있다.

이처럼 그래프QL은 REST API에 비해 여러 장점을 가지고 있지만, 단점도 존재한다. 이에 대해 얘기해보도록 하자.

1.3 그래프QL의 문제점

완벽한 솔루션이란 없다. 그래프QL이 가진 유연성이 때론 문제의 원인이 되기도 한다.

1.3.1 보안

그래프QL API에 있어 큰 위협이 되는 것은 DDoS^{Distributed Denial-Of-Service attack}(분산 서비스 거부 공격)라고도 알려진 자원 잠식 공격^{resource-exhaustion attack}이다. 그래프QL 서버는 아주 복잡한 쿼리에 의해 공격받을 수 있으며, 이 경우 서버의 모든 자원을 잡아먹는다. 다중 중첩된 쿼리(사용자->친구->친구->친구…)를 쉽게 요청할 수 있으며, 필드 별칭을 사용해서 동일 필드에 대한 정보를 여러 번 요청할 수도 있다. 자원 잠식 공격은 그래프QL만이 지닌 문제는 아니지만 그래프QL을 사용할 때 유의해야 할 사항이다.

> **NOTE_** 자원 잠식 문제는 해커가 아닌 일반 클라이언트 애플리케이션을 통해서도 발생할 수 있다. 애플리케이션이 버그를 가지고 있거나 잘못된 방식으로 구현된 경우이다. 그래프QL 클라이언트는 데이터 요청에 제약이 없다는 것을 기억하자. 한 번에 아주 많은 데이터를 요청할 수도 있다.

이를 방지하기 위한 방법이 몇 가지 있다. 첫 번째는 쿼리의 효율성을 미리 분석해서 사용되는 데이터 양을 제한하는 방법이다. 두 번째는 타임아웃을 설정해서 처리 시간이 오래 걸리는 요청을 정지시키는 것이다. 세 번째는 그래프QL 서비스가 애플리케이션 스택의 한 계층이란 점을 사용해 그래프QL보다 낮은 계층에서 강제적으로 처리량을 제어하는 것이다.

그래프QL API의 엔드포인트가 외부에 공개되어있지 않고 클라이언트(웹 또는 모바일)에서 내부적으로 사용한다면 허용 리스트^{allow-list}를 만들어서 사전에 서버가 실행할 수 있는 쿼리를 지정해두는 방법이 있다. 이렇게 하면 클라이언트는 고유의 쿼리 식별자를 사용해서 서버에게 허용 목록에 있는 쿼리만 요청할 수 있다. 이 방법은 서버와 클라이언트 간 의존성을 요구하지만, 자동화를 통해 해결할 수 있다. 예를 들어, 프런트엔드 엔지니어에게 개발 환경에 있는 쿼리를 자유롭게 변경하도록 하고, 고유 ID를 사용해 해당 변경 내역이 자동으로 상용 환경에 적용되게 하는 것이다. 몇몇 클라이언트 그래프QL 프레임워크는 이미 비슷한 기능을 테스트하고 있다.

그래프QL을 다룰 때 인증과 권한 관리 또한 고려해야하며, 필드를 리졸브^{resolve}하기 전후나 리졸브 중에 할 수 있다. 어떤 시점에 하는 것이 적절할까?

이 질문에 답하려면 그래프QL을 백엔드의 데이터 추출 로직과 함께 도메인 특화 언어domain-specific language(DSL)로 생각해야 한다. 그래프QL은 단순히 클라이언트와 서버 사이에 둘 수 있는 하나의 층이다. 인증과 권한 관리는 다른 계층으로 생각해야 한다. 그래프QL은 인증이나 권한 관리 로직에 관여하지 않는다. 인증 및 권한 관리 계층을 그래프QL 뒤에 두고 싶다면, 그래프QL이 클라이언트와 인증 로직 사이에 있는 액세스 토큰에 접근하도록 하면 된다. 이 방식은 REST API에서 사용되는 인증 및 권한 관리 방법과 비슷하다.

그래프QL에 인증 계층을 설정하는 법은 8장에서 살펴보도록 한다.

1.3.2 캐시와 최적화

그래프QL에서 어려운 것 중 하나가 데이터의 캐싱caching이다. REST API의 응답은 딕셔너리 구조이기 때문에 훨씬 캐시가 쉽다. 특정 URL이 정해진 데이터를 반환하므로 URL 자체를 캐시키로 사용할 수 있기 때문이다.

그래프QL에서도 비슷한 방식을 사용할 수 있다. 쿼리 텍스트를 키로 사용해서 응답을 캐싱하는 것이다. 하지만 이 방법은 비효율적이며 데이터 일관성 문제를 초래할 수 있다. 여러 개의 그래프QL 쿼리 결과는 쉽게 중복될 수 있으며, 이 기본 캐시 방법으로는 중복 데이터를 가려낼 수 없다.

이 문제를 해결하기 위한 훌륭한 방법은 바로 그래프 캐시graph cache를 사용하는 것이다. 그래프QL의 응답을 평면 구조의 레코드 집합으로 일반화한 후 각 레코드에 전역 고유 ID를 부여하면 전체 응답이 아닌 개별 레코드를 캐싱할 수 있다.

하지만 이 처리가 쉽지는 않다. 다른 레코드를 참조하는 레코드가 있으면 순환 그래프를 관리해야 한다. 또한, 캐시를 생성하고 읽으려면 쿼리 구조를 구성해서 읽어야 하며 이를 위해선 별도의 계층을 만들어서 처리해야 할 수도 있다. 하지만 이 방법이 응답 기반 캐시보다 훨씬 효율적이다.

그래프QL을 사용하면서 겪게 될 또 다른 문제는 N+1 SQL 쿼리다. 그래프QL 쿼리 필드는 독립형 함수로 설계돼 있으며, 이 필드들을 데이터베이스의 데이터와 연계하기 위해서 새로운 데이터베이스 요청을 만들어야 할 수도 있다. 단순한 REST API 엔드포인트 로직은 SQL 쿼리를 개선하므로 쉽게 N+1 문제를 분석하고 해결할 수 있다. 하지만 필드를 동적으로 연계하는 그 래프QL에선 그렇게 쉽게 해결할 수 있는 문제가 아니다.

다행히 페이스북에서 데이터 로딩 최적화 문제를 위한 해결책으로 데이터로더DataLoader라는 툴을 제시했다. 이름에서도 알 수 있듯 데이터로더는 데이터베이스에서 데이터를 읽어 그래프QL의 리졸버 함수가 사용할 수 있게 준비해주는 유틸리티이다. 데이터베이스에 SQL 쿼리를 사용해서 데이터를 직접 요청하는 대신 데이터로더를 통해 읽는 것이다. 데이터로더는 중개인으로서 데이터베이스로 보내는 SQL 쿼리를 줄여준다(그림 1-6).

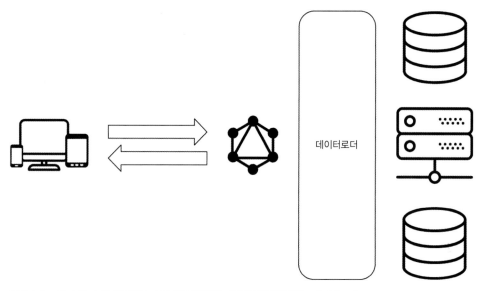

그림 1-6 그래프QL과 데이터베이스 사이에서 발생하는 요청을 최적화해주는 데이터로더

데이터로더는 일괄 처리batch와 캐시를 조합해서 문제를 처리한다. 데이터베이스에 여러 가지를 요구할 때는 데이터로더가 요청 내용을 하나로 통합해 한 번의 클라이언트 요청으로 데이터베이스의 데이터를 일괄적으로 불러온다. 또한, 데이터베이스의 응답을 캐시해두었다가 동일 리소스에 대한 요청이 들어오면 사용한다.

데이터로더의 실용적인 쓰임새에 대해선 7장에서 다시 보도록 하겠다.

1.3.3 학습 곡선

그래프QL은 다른 대체 기술보다 학습 난도가 높다. 그래프QL 기반의 프런트엔드를 개발하려면 그래프QL 언어를 배워야 한다. 그래프QL 백엔드 서비스를 개발하려면 언어 외에도 많은 것을 학습해야 한다. 그래프QL의 API 문법을 알아야 하며 스키마와 리졸버에 대해 이해하고 그래프QL 런타임의 다른 개념들도 알아야 한다.

REST API에서는 이런 문제가 적다. 클라이언트 언어나 표준화된 구현 방법을 필요로 하지 않기 때문이다. 특수 언어로 된 텍스트를 검증하거나 실행할 필요가 없어서 자유롭게 REST 엔드포인트를 수정할 수 있다.

정리

- 그래프 데이터 구조는 실세계의 데이터를 표현하는 최고의 방법이다. 그래프QL은 데이터 모델이 연관된 객체를 그래프로 표현하는 데 중점을 두고 있다.
- 그래프QL 시스템은 크게 두 가지 요소로 구성된다. 첫 번째는 쿼리 언어로, 데이터 API 사용자가 필요한 데이터를 정확하게 표현할 수 있게 해준다. 두 번째는 백엔드에 있는 런타임 계층으로 쿼리 언어와 API의 기능과 데이터 모델 요건을 기술한 스키마를 공개한다. 이 런타임 계층은 단일 엔드포인트를 사용하여 그래프QL 쿼리 언어로 작성된 요청을 받는다. 런타임은 이에 비슷한 형태로 데이터를 응답한다.
- 그래프QL은 클라이언트와 서버 간 데이터 통신을 최적화하는 기술이다. 클라이언트는 필요한 데이터를 선언적 방식으로 정확하게 요청할 수 있으며 서버는 표준 방식을 사용해 여러 데이터 소스로부터 데이터를 불러와서 하나로 결합한다.
- 그래프QL은 공식 사양서를 제공하며 런타임 구현 시에 따라야 할 모든 표준 규칙과 방법을 기술하고 있다.
- 어떤 프로그래밍 언어를 사용하든 그래프QL 서비스를 만들 수 있으며, 이 서비스는 개념상 두 가지 부분으로 나뉜다. 첫 번째는 API의 기능을 나타내는 강한 타입의 스키마 구조이고 두 번째는 리졸버라고 하는 함수

를 사용해서 자연스럽게 구현되는 동작이다. 그래프QL 스키마는 타입을 가진 필드 그래프로, 그래프QL 서비스를 통해 읽고 변경할 수 있는 모든 데이터 객체를 나타낸다. 그래프QL 스키마에서 각 필드는 리졸버 함수와 연동된다.

- 그래프QL은 기존 기술들과 달리 표준과 구조를 제공해 API의 기능을 관리 및 확장하기 쉽게 만든다. 또한, 불필요한 네트워크 통신이나 다수의 데이터 응답 처리같은 다양한 기술적 문제들을 해결해준다.

- 그래프QL은 보안과 최적화 관점에서 몇 가지 문제를 가지고 있다. 그래프QL의 유연성 때문에 API의 보안 취약성을 고려해야 한다. 그래프QL API의 캐시도 (REST API같은) 고정된 API 엔드포인트를 캐싱하는 것보다 훨씬 어렵다. 따라서 그래프QL을 배우는 데에는 다른 기술보다 많은 노력과 시간을 요한다.

CHAPTER 2

그래프QL API

이 장의 목표

◆ 그래프QL의 브라우저 IDE를 사용해서 그래프QL 요청 테스트하기

◆ 그래프QL 데이터 요청의 기본 배우기

◆ 깃허브 그래프QL API를 사용해서 읽기/쓰기 작업 작성하기

◆ 그래프QL의 내향성 API 살펴보기

그래프QL 언어의 강력한 기능을 배우기 위한 가장 쉬운 방법은 다양한 기능을 제공하는 브라우저 통합 개발 환경Integrated Development Environment(IDE)를 사용하는 것이다. 이 IDE를 사용하면 그래프QL의 타입 체계를 사용해서 그래프QL로 할 수 있는 작업을 경험할 수 있다. 또한, 브라우저 내에서 그래프QL 요청의 작성과 테스트가 가능하다. 이 장에서는 IDE를 통해 그래프QL 쿼리와 변경mutation 예제를 살펴보고 그래프QL 요청의 기반 기술을 설명한다. 그리고 깃허브에서 제공하는 그래프QL API를 사용해서 그래프QL 요청을 테스트해본다.

2.1 그래피컬 편집기

클라이언트가 서버에 요청하는 과정을 생각해보자. 클라이언트가 요청을 코드에 커밋commit하기 이전에 먼저 요청을 만들고 테스트를 거쳐야 한다. 이럴 때 요청을 만들고 테스트하는 과정을 도와주는 그래픽 툴이 있다면 도움이 된다. 이런 툴을 사용하면 요청을 검증하고 개선할 수 있으며 문제를 발견하면 디버깅도 할 수 있다. 그래프QL 세계에서는 브라우저 기반의 툴인 그

래피컬^{GraphiQL}(QL앞에 i가 있어서 그래피컬^{graphical}로 발음한다)을 사용한다.

그래피컬은 그래프QL이 유명해지는 데 한몫하기도 했다. 배우기 쉬우며 매우 유용해서 여러분도 이 툴을 좋아하게 될 것이다. 개인적으로도 가장 좋아하는 프런트엔드 개발 툴이며 그래프QL 기반 프로젝트에서 그래피컬이 없다는 것은 상상할 수도 없다.

그래피컬 편집기는 다운로드해서 로컬에서 실행할 수도 있지만, 툴이 가진 기능을 제대로 경험하려면 1장의 스타워즈 예처럼 기존에 존재하는 그래프QL API와 같이 사용해보는 편이 좋다.

az.dev/swapi-graphql에 접속하면 스타워즈 데이터를 활용한 그래피컬 편집기를 테스트해 볼 수 있다. [그림 2-1]은 그래피컬 화면이다.

이 편집기는 두 개의 화면으로 구성되어있고 왼쪽 화면은 편집기, 오른쪽 화면은 그래프QL 요청의 실행 결과가 표시된다.

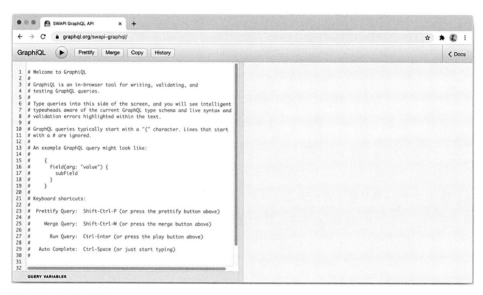

그림 2-1 그래피컬 편집기

다음 그래프QL 쿼리를 편집기에 입력해보자.

예제 2-1 person 필드용 쿼리

```
{
  person(personID: 4) {
    name
    birthYear
  }
}
```

이 간단한 쿼리는 ID가 4인 등장인물의 이름과 출생연도를 요청한다. 쿼리를 실행하려면 Ctrl+Enter 키를 누르거나 상단에 있는 실행 버튼(검정 삼각형 버튼)을 누르면 된다. 쿼리를 실행하면 요청한 데이터가 오른쪽 화면에 표시된다(그림 2-2).

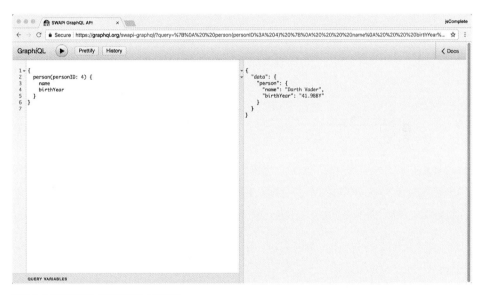

그림 2-2 그래피컬을 사용해 쿼리 실행하기

그래피컬 편집기의 가장 큰 장점은 그래프QL 타입 스키마를 인식해서 구문의 일부를 입력하면 자동으로 나머지 부분을 완성해준다. 앞의 예제에서 편집기는 person 객체가 존재하며 name과 birthYear 필드를 가지고 있다는 것을 완벽하게 인식했다. 또한, 구문이 유효한지 실시간으로 확인해서 잘못된 부분은 강조해서 표시해준다.

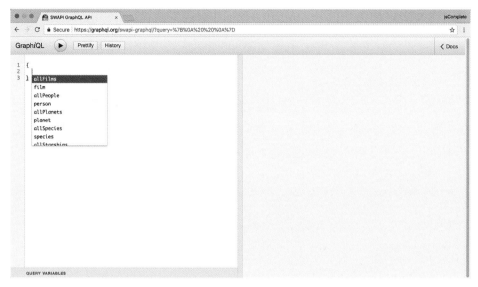

그림 2-3 그래피컬의 자동 완성 목록

이 기능들을 확인하고 싶다면, 편집기 화면(왼쪽 화면)을 모두 지운 후(전체 텍스트를 선택하려면 Ctrl+A 키를 누른다), 빈 중괄호({ })를 입력해보자. 커서를 괄호 안에 위치시킨 후 Ctrl+Space 키를 누르면 [그림 2-3]처럼 자동 완성 목록을 볼 수 있을 것이다.

어떤 요청을 구성할지 생각하는 동안 편집기를 통해 그래프QL API가 제공하는 필드들을 금방 확인할 수 있다. 앞서 사용했던 person 필드도 자동 완성 목록에 있는 것을 알 수 있다.

또한, 필드를 자동으로 입력할 때도 이 기능을 사용할 수 있다. p를 입력하면 목록은 p로 시작하는 필드들을 보여준다. 그 상태에서 e를 입력하면 person 필드만 강조돼서 목록에 표시된다. 현재 강조된 것(선택된 것)을 사용하려면 Enter 키를 누르면 된다.

자동 완성 목록이 좋은 이유는 문맥을 이해하기 때문이다. 예를 들면 입력하고 있는 레벨에 맞는 필드만 보여준다. 방금 추가한 person 필드 옆에 빈 괄호를 추가하고 커서를 새로 추가한 괄호 안에 위치시킨 후 Ctrl+Space 키를 눌러서 자동 목록을 표시해보자. person 객체에 속하는 모든 필드가 표시되는 것을 알 수 있다(그림 2-4).

문맥 인식 기능은 아주 유용하다. 단순히 타이핑 양이 줄어들어서가 아니라, 유효성이나 검색성 측면에서 더 빠르고 안정적이기 때문이다. 이것이 바로 앞 장에서 언급했던 힘과 제어권의 한 예이며 그래프QL이 다른 기술과 차별되는 장점이다.

그림 2-4 그래피컬의 자동 완성 목록은 문맥을 인식한다.

name과 birthYear를 입력하기 전에 person { }에서 닫는 괄호에 빨간색 밑줄이 표시되는 이유를 알아보자. 빨간 밑줄은 실시간 오류를 표시하는 기능이다. Esc 키를 눌러서 자동 목록을 빠져나온 후 마우스 커서를 닫는 괄호 위에 위치시켜보자. 예상하지 못한 구문이 들어와 오류가 발생한다고 알려준다. 편집기의 텍스트가 아직 유효한 그래프QL 구문을 사용하고 있지 않다는 의미이다. 중괄호를 사용해서 새로운 레벨(선택 세트selection set)을 추가할 때마다 해당 레벨에 맞는 필드도 함께 추가해야 한다.

person 필드에 속하는 name과 birthYear를 person 옆 괄호에 추가하자. 이제 쿼리 구문이 유효하므로 빨간색 밑줄이 사라지는 것을 확인할 수 있다. 하지만 이번에는 구문 문제가 아닌 중요한 정보의 누락으로 인한 오류가 발생한다.

언제든 쿼리를 실행해 서버가 어떤 응답을 하는지 확인할 수 있다. 서버가 쿼리를 거부하면 그 이유도 함께 알려준다. 현재 상태의 쿼리를 실행하면 다음과 같은 응답이 반환된다.

```
{
  "errors": [
    {
      "message": "must provide id or personID",
      "locations": [
        {
          "line": 2,
          "column": 3
        }
      ],
      "path": [
        "person"
      ]
    }
  ],
  "data": {
    "person": null
  }
}
```

[예제 2-2]의 응답이 일반적인 JSON 응답(200-OK)이라는 점에 주목하자. 두 개의 상위 레벨에는 errors 속성(에러 객체의 배열)과 data 속성(빈 응답)이 있다. 그래프QL의 응답은 부분적으로 데이터를 표시할 수 있다. 즉, 데이터 중 일부에 오류가 있다면 오류가 없는 부분을 정상적으로 출력한다. 이런 구조는 오류 처리를 쉽게 할 수 있게 도와주며, 응답을 예측할 수 있게 해준다.

[예제 2-2]의 오류는 이해하기 쉽다. "person" must provide id or personID("person"은 id나 personID를 지정해야 한다) 오류는 한 명에 대한 정보를 서버에 요청하므로 어떤 인물의 정보를 요청하는지 명시하라고 알려준다. 다시 강조하지만 이것은 구문 오류가 아니다. 필요한 값을 누락해 발생한 문제이다.

값을 전달하기 위해서 함수 호출과 비슷한 구문을 사용한다. person 바로 옆에 커서를 위치시키고 소괄호(())를 열자. 그러면 그래피컬이 자동 완성 목록을 보여주며 person 필드의 인수로 사용할 수 있는 값을 표시한다(그림 2-5).

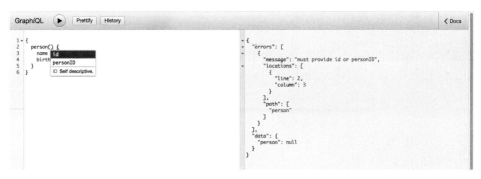

그림 2-5 자동 완성 기능으로 필드 인수 확인하기

personID를 선택하고 값을 4로 지정한다. 이제 [예제 2-1]에서 사용했던 쿼리와 같아졌다. 그 래피컬 편집기의 강력한 기능을 사용해서 필요한 요소들을 찾을 수 있었다.

입력하는 동안 필요한 구조와 타입을 자동으로 찾을 수 있는 기능 외에도 전체 목록과 상세 내 용을 확인할 수 있는 Docs 기능도 있다. 편집기의 오른쪽 상단에 있는 Docs 링크를 클릭하면 현재 그래프QL 스키마에서 타입을 검색할 수 있는 검색창이 표시된다. person을 입력해서 첫 번째 결과를 클릭하면 스키마 타입 Person에 대한 설명과 연관 필드가 표시된다(그림 2-6).

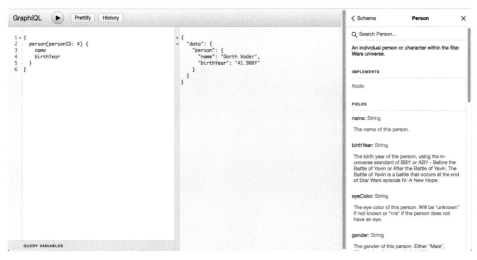

그림 2-6 그래피컬에서 스키마 문서를 볼 수 있다.

그래피컬 편집기에 어떤 기능들이 있는지 둘러보도록 하자. 다른 필드를 사용해서 쿼리를 수정 해보면 편집기가 얼마나 편리한지 느낄 수 있을 것이다.

2.2 기초 그래프QL 언어

그래프QL 서버에 데이터를 요청할 때는 그래프QL 쿼리 언어로 작성된 요청을 보낸다. 그리고 이 요청에는 트리형 필드field가 포함된다. 그래프QL 쿼리의 두 가지 핵심 개념이라 할 수 있는 요청과 필드에 대해 알아보도록 하겠다.

2.2.1 요청

그래프QL 커뮤니케이션의 핵심은 요청 객체이다. 그래프QL 요청은 문서document라고도 불린다. 문서는 쿼리, 변경, 구독 같은 작업 요청을 텍스트로 가지고 있다. 또한, 이런 주요 작업 외에도 기타 작업을 구성할 때 사용하는 조각도 텍스트로 저장된다(다음 장에서 자세히 다룬다).

그래프QL 요청에는 변수의 값을 나타내는 객체(문서에서도 사용된다)도 포함되며, 처리와 관련된 메타 정보meta-information도 포함될 수 있다(그림 2-7). 요청 문서에 작업이 하나만 포함돼 있다면, 서버는 해당 작업을 알아서 실행한다. 이 경우 작업에 이름을 붙일 필요가 없지만, 일반적으로는 모든 작업에 이름을 붙이는 편이 좋다.

그래프QL의 전체 요청을 보도록 하겠다. 다음은 가상의 예이다(새로운 구문이 나오지만 여기선 신경쓰지 않아도 된다).

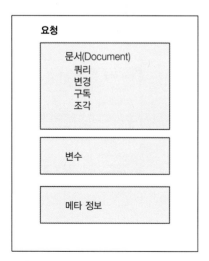

그림 2-7 그래프QL 요청의 구조

예제 2-3 그래프QL 요청 예: 문서

```graphql
query GetEmployees($active: Boolean!) {
  allEmployees(active: $active) {
    ...employeeInfo
  }
}

query FindEmployee {
  employee(id: $employeeId) {
    ...employeeInfo
  }
}

fragment employeeInfo on Employee {
  name
  email
  startDate
}
```

이 문서는 ($기호로 시작하는) 일반 변수를 사용하고 있어서 요청에 대한 구체적인 값을 표현하기 위해선 JSON 객체가 필요하다.

예제 2-4 그래프QL 요청 예: 변수

```json
{
  "active": true,
  "employeeId": 42
}
```

또한, 문서가 하나 이상의 작업(GetEmployee와 FindEmployer)을 가지고 있으므로, 어떤 작업을 실행할지를 지정해야 한다.

예제 2-5 그래프QL 요청 예: 메타 정보

```
operationName="GetEmployees"
```

세 가지 요청 요소를 모두 그래프QL 서버로 보내면, 서버는 문서 전체를 읽어 들인 뒤 해석해서 GetEmployee 쿼리를 선택하고 변수를 그에 맞는 값으로 채운다. 마지막으로 해당 쿼리에 대한 데이터를 반환한다.

그래프QL에선 세 가지 종류의 작업을 사용할 수 있다.

- 쿼리(query): 읽기 전용으로 데이터를 추출한다.
- 변경(mutation): 데이터를 변경한 후 추출한다.
- 구독(subscription): 실시간으로 데이터 변경 내용을 받는다.

[예제 2-3]은 쿼리 작업의 예이다. 나머지 작업들의 예를 살펴보도록 하겠다.

예제 2-6 그래프QL의 변경 작업 예

```
mutation RateStory {
  addRating(storyId: 123, rating: 5) {
    story {
      averageRating
    }
  }
}
```

[예제 2-6]은 변경 작업으로 소설의 평점에 별 5개를 준 후 새롭게 계산된 평균 별점을 반환한다. 이 작업은 변경을 진행한 후에 추출한다는 것을 기억하자. 모든 그래프QL의 변경 작업은 동일한 처리를 한다.

다음은 구독 작업의 예이다.

예제 2-7 그래프QL 구독 작업 예

```
subscription StoriesRating {
  allStories {
    id
    averageRating
  }
}
```

[예제 2-7]의 구독 작업은 서버상의 정보가 변경될 때마다 그래프QL 서버가 소켓을 열어서 클라이언트의 연결을 허용하고 소설 ID와 평균 별점을 반환하도록 요청한다. 이 기능은 UI 뷰가 최신 상태를 유지하도록 지속적으로 데이터를 폴링^polling하는 것보다 훨씬 효율적이다.

2.2.2 필드

그래프QL 작업에서 핵심이 되는 요소 중 하나가 필드이다. 그래프QL의 작업을 아주 간단하게 설명하면 객체의 필드를 선택하는 일이라 할 수 있다.

필드는 것이며, 항상 선택 세트(중괄호 안의 내용) 내에 포함되어야 한다. 추출해야 할 객체의 개별 정보 단위를 기술한 것이다. 필드는 스칼라값(이름, 출생연도 등)이나 객체(스타워즈 예의 출신 행성), 객체의 리스트(스타워즈 예의 등장 영화 목록)를 기술할 수 있다. 참고로 객체나 객체의 리스트는 객체와 필드에 관한 정보를 변경하기 위한 또 다른 선택 세트를 가질 수 있다.

다음은 다른 타입의 필드로 구성된 그래프QL 쿼리를 보여준다.

예제 2-8 그래프QL 필드

```
{
  me {
    email
    birthday {
      month
      year
    }
    friends {
      name
    }
  }
}
```

email, month, year 필드는 모두 스칼라^scalar 필드이다. 스칼라 타입은 기본 리프^leaf값을 나타내며 그래프QL 스키마에선 4개의 스칼라 타입인 Int, String, Float, Boolean을 지원한다. 기본 내장된 ID 스칼라값은 고유성을 표현하는 데 사용된다. 스칼라 타입은 4장에서 자세히 다룬다.

TIP_ 리프(잎)는 그래프 이론에서 차용한 용어이다. 자식이 없는 마지막 노드를 의미한다.

그래프QL 스키마를 변경해서 지정한 형식의 스칼라값을 사용할 수도 있다. 예를 들어 스칼라값 Time을 사용해서 시간을 표준 형식(ISO/UTC)으로 표현하도록 스키마를 설계할 수도 있다.

me와 birthday 필드는 객체를 기술한 것으로 속성을 표현하기 위해 내부에 자신만의 선택 세트를 지닌다. friends 필드도 마찬가지로 친구 객체의 목록을 기술한 것으로, 중첩된 선택 세트를 지정해서 친구의 속성을 지정한다.

모든 그래프QL 작업은 선택 세트를 필드에 기술해서 스칼라값(리프값)을 반환해야 한다. 즉, 선택 세트가 없는 객체를 필드로 작성할 수 없다. 해당 객체가 어떤 스칼라값을 추출해야 하는지 알 수 없기 때문이다. 또한, 필드의 마지막 중첩 단계에서는 스칼라값을 기술한 필드만 가질 수 있다. 예를 들어 [예제 2-8]에서 friends 필드의 선택 세트({ name } 부분)를 지정하지 않으면 오류가 발생한다. 마지막 중첩 단계의 필드가 스칼라값을 가지지 않기 때문이다.

루트root 필드는 보통 애플리케이션과 현재 사용자가 어디서든 접근할 수 있는 정보를 기술한다.

NOTE_ 이 책에서는 최상위 단계(첫 단계)의 필드를 루트 필드라고 부른다.

루트 필드의 전형적인 예로 현재 로그인한 사용자 정보가 있다. 이 필드는 viewer나 me라는 이름을 사용한다. 예를 들면 다음과 같다.

```
{
  me {
    username
    fullName
  }
}
```

고유 식별자를 사용해서 특정 타입의 데이터에 접근할 때도 루트 필드를 사용한다.

```
# ID가 42인 사용자 정보를 요청한다
{
  user(id: 42) {
    fullName
  }
}
```

이 쿼리에서 user 필드는 그래프 데이터 내에 있는 많은 사용자 정보 중 하나를 의미한다. 특정 사용자 한 명을 선택하라고 서버에게 지시하려면 사용자 필드의 고유 ID값을 사용하면 된다.

이 예에서는 #기호를 사용해서 쿼리에 주석을 작성했다. 이것은 그래프QL 문서에서 한 줄 주석을 작성하는 공식적인 방법이다(쿼리 옆에 #기호를 추가해도 주석을 작성할 수도 있다). 그래프QL에는 여러 줄의 주석을 지정하는 기능이 없지만, 각 줄마다 #를 붙여서 원하는 줄을 주석 처리할 수 있다. 서버는 주석을 모두 지나치고, 공백이나 줄바꿈 문자, 그리고 필드 사이의 불필요한 쉼표 등을 무시한다. 이런 문자들은 그래프QL 처리에 영향을 주지 않으므로 코드 텍스트의 가독성을 향상시키기 위해 사용할 수 있다.

2.3 깃허브 API 예제

앞서 요청과 문서, 작업, 필드가 무엇인지 배웠다. 이 개념들을 깃허브 API를 통해서 실제 그래프QL 요청에 적용해보자. 깃허브는 2017년까지 REST API를 사용하다가 그래프QL API로 변경했다. 깃허브 API는 **az.dev/github-api**에 접속하면 사용할 수 있다. [그림 2-8]에서 볼 수 있듯 그래피컬 편집기를 내장하고 있으며 API를 사용하려면 깃허브 인증을 거쳐야 한다(깃허브 계정으로 로그인해야 한다).

> **TIP_** 앞서 본 단독형 그래피컬 편집기를 통해서도 깃허브 API를 사용할 수 있다(az.dev/graphiql-app). 이때는 접속 토큰을 수동으로 추가해야 한다. 참고로 단독형 그래피컬 편집기에선 모든 그래프QL API 서비스를 사용할 수 있다.

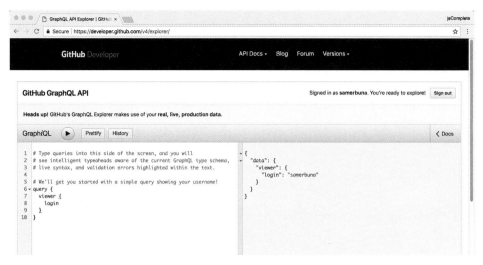

그림 2-8 깃허브 API용 그래피컬 편집기

먼저 이 API를 사용한 일반적인 쿼리를 보도록 하겠다.

> **WARNING_** 깃허브 API는 깃허브에 있는 실시간 프로덕션 데이터(실제 데이터)를 사용한다.

2.3.1 깃허브에서 데이터 읽기

깃허브의 그래프QL API 탐색기를 실행하면 여러분의 로그인 정보를 불러오는 쿼리가 기본으로 나타난다. 쿼리를 실행하면 현재 로그인한 사용자명이 `viewer` 필드에 표시된다. `viewer` 필드는 깃허브 사용자와 관련된 모든 정보를 불러온다.

다음 쿼리는 자신의 깃허브 계정에 (실제로) 존재하는 (자신이 가지고 있거나 기여한) 최근 10개의 리포지터리를 불러온다.

예제 2-9 최근 리포지터리(az.dev/gia)

```
{
  viewer {
    repositories(last: 10) {
      nodes {
```

```
      name
      description
    }
   }
  }
 }
```

다음 쿼리는 깃허브가 지원하는 모든 라이선스 정보를 URL과 함께 표시한다.

예제 2-10 깃허브가 지원하는 모든 라이선스(az.dev/gia)

```
{
  licenses {
    name
    url
  }
}
```

다음은 좀 더 복잡한 쿼리로 facebook/graphql 리포지터리에서 처음 10개의 이슈를 찾는다. 이슈 페이지의 작성자명과 제목을 해당 이슈가 생성된 날짜와 함께 반환한다.

예제 2-11 리포지터리의 첫 10개 이슈(az.dev/gia)

```
{
  repository(owner: "facebook", name: "graphql") {
    issues(first: 10) {
      nodes {
        title
        createdAt
        author {
          login
        }
      }
    }
  }
}
```

2.3.2 깃허브에서 데이터 업데이트하기

깃허브 그래프QL API를 사용해 데이터를 변경해보자. 가장 간단한 변경은 별점star 업데이트다. 로그인한 상태에서 다음 쿼리를 실행하면 github.com/jscomplete/graphql-in-action에서 상단의 Star 버튼을 누른 것과 같은 효과를 볼 수 있다.

예제 2-12 리포지터리 별점주기(az.dev/gia)

```
mutation {
  addStar(input: {starrableId: "MDEwOlJlcG9zaXRvcnkxMjU2ODEwMDY="}) {    ◁── starrableId에
    starrable {                                                              입력할 값을 찾으려면
      stargazers {                                                           [예제 2-13]을
        totalCount                                                           사용한다.
      }
    }
  }
}
```

리포지터리의 별점을 변경한 후 변경된 전체 별점 수(스타게이저stargazer)를 읽는다. 이 변경 작업의 입력값은 간단한 객체로 **starrableId**라는 값을 가진다. 이 값은 **graphql-in-action** 리포지터리의 노드 식별자로 다음 쿼리를 사용해서 확인할 수 있다.

예제 2-13 리포지터리 ID 찾기(az.dev/gia)

```
{
  repository(name: "graphql-in-action", owner: "jscomplete") {
    id
  }
}
```

다른 변경 작업을 시도해보자. 이번에는 리포지터리의 이슈에 댓글을 추가해보겠다. 이 작업을 위한 테스트용 이슈를 준비했다(github.com/jscomplete/graphql-in-action/issues/1). 이 이슈의 상세 내용은 다음 쿼리를 통해 확인할 수 있다.

예제 2-14 리포지터리의 이슈 확인하기(az.dev/gia)

```
query GetIssueInfo {
  repository(owner: "jscomplete", name: "graphql-in-action") {
    issue(number: 1) {
      id
      title
    }
  }
}
```

댓글을 추가하기 위한 **id** 필드값을 얻을 수 있다. 이제 id와 함께 다음 변경 작업을 실행하면 된다.

예제 2-15 리포지터리 이슈에 댓글 추가하기(az.dev/gia)

```
mutation AddCommentToIssue {
  addComment(input: {
    subjectId: "MDU6SXNzdWUzMDYyMDMwNzk=",
    body: "Hello from California!"   ← 댓글을 테스트할 때는 이 부분을 바꿔서
  }) {                                  자신이 어디서 왔는지 알려주세요 ^^
    commentEdge {
      node {
        createdAt
      }
    }
  }
}
```

[예제 2-15]를 실행하면 댓글을 이슈에 단 후 **createdAt**을 통해 해당 댓글이 언제 작성됐는지 알려준다. 이 테스트 이슈는 자유롭게 사용해도 좋으니, 원하는대로 댓글을 달아도 된다. 단, 깃허브 API 탐색기만 사용하자.

추가한 댓글과 다른 사람의 댓글은 github.com/jscomplete/graphql-in-action/is-sues/1에서 확인할 수 있다.

2.3.3 내향성 쿼리

그래프QL API는 내향성^{introspective} 쿼리를 제공해서 API 스키마에 대한 정보를 공개하고 있다. 이 내향성은 그래프QL 툴에 강력한 기능성을 부여하며, 지금까지 본 그래피컬 편집기의 밑바탕이 되기도 한다. 예를 들어 그래피컬의 자동 완성 목록은 이 내향성 쿼리를 기반으로 하고 있다.

내향성 쿼리는 __type 또는 __schema라는 루트 필드로 시작하는데, 이런 필드들을 메타 필드 ^{meta-field}라고 한다. __typename이라는 메타 필드도 있는데 객체 타입의 이름을 추출할 때 사용한다. 필드명이 두 개의 밑줄(__)로 시작하는 것은 내향성용으로 지정된 예약어^{reserved}이다.

> **NOTE_** 메타 필드는 암묵적 필드로 필드 목록에 표시되지 않는다.

__schema 필드는 타입이나 지시문 등 API 스키마 정보를 확인할 때 사용한다. 지시문^{directive}에 대해선 다음 장에서 자세히 다룬다.

깃허브 API 스키마가 어떤 타입을 지원하는지 물어보도록 하자. 다음은 이를 위한 내향성 쿼리이다.

예제 2-16 그래프QL의 내향성 쿼리 예(az.dev/gia)

```
{
  __schema {
    types {
      name
      description
    }
  }
}
```

이 쿼리는 해당 스키마가 지원하는 모든 타입을 반환하며 각 타입별 설명도 포함한다. 이 타입 목록은 깃허브 그래프QL 스키마에 정의된 타입을 확인할 때 유용하다. 예를 들면 깃허브 API 스키마가 Repository, Commit, Issue, PullRequest는 물론이고 이외에도 다양한 타입을 지원한다는 것을 알 수 있다(그림 2-9).

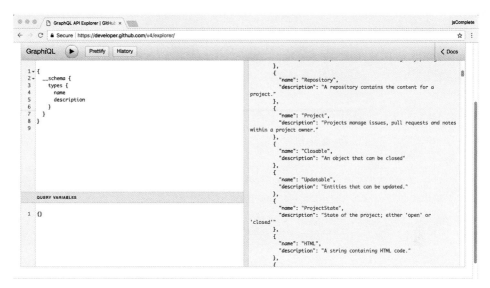

그림 2-9 깃허브 API 스키마가 지원하는 모든 타입의 목록

단일 타입에 대한 정보가 필요하다면 `__type` 메타 필드를 사용하면 된다. 다음 쿼리는 `Commit` 타입을 지원하는 모든 필드를 인수와 함께 반환한다.

예제 2-17 Commit 객체를 지원하는 모든 필드(az.dev/gia)

```
{
  __type(name: "Commit") {
    fields {
      name
      args {
        name
      }
    }
  }
}
```

그래피컬의 자동 완성 기능을 사용해서 다른 내향성 메타 필드들이 어떤 정보를 제공하는지 확인해보자.

정리

- 그래피컬은 브라우저 기반 IDE로 그래프QL 요청을 작성하고 테스트할 수 있다. 그래프QL 쿼리를 작성하고 검증 및 검사할 수 있는 다양한 기능을 제공한다. 이 기능들은 그래프QL의 내향성에 기반하며 필수 스키마에 포함된다.

- 그래프QL 요청은 작업과 변수용 객체, 메타 정보 요소로 구성된다.

- 그래프QL 작업은 트리형 필드를 사용한다. 필드는 정보의 단위이며 그래프QL 언어의 주요 역할은 객체상의 필드를 선택하는 것이다.

- 깃허브는 강력한 그래프QL API를 제공한다. 리포지터리와 사용자 관련 정보를 불러올 수 있고, 리포지터리에 별점을 부여하거나 이슈에 댓글을 다는 등의 변경 작업도 할 수 있다.

- 그래프QL 내향성 쿼리는 클라이언트가 그래프QL API의 메타 정보를 읽을 수 있게 해준다.

CHAPTER 3

그래프QL 작업 수정 및 구성

이 장의 목표

◆ 인수를 사용해서 요청 필드가 반환한 내용 변경하기

◆ 별칭을 사용해서 응답 속성 이름을 적절하게 변경하기

◆ 지시문을 사용해서 런타임 실행 작성하기

◆ 조각을 활용해서 중복 텍스트 줄이기

◆ 쿼리 구성하기 및 데이터 요건과 책임 분리하기

복잡한 정보를 다루는 애플리케이션에선 단순한 요청을 위해 서버에게 많은 정보를 제공하는 경우가 많다. 데이터 추출에는 보통 변수 및 응답 구조와 관련된 메타 정보를 필요하다. 또한, 서버가 반환한 데이터를 클라이언트 애플리케이션에 맞추어 수정하는 경우도 있다. 데이터의 일부분을 제거하거나 다른 부분을 달라고 서버에 다시 요청하는 때도 있다. 때로는 요청의 크기가 커서 애플리케이션의 어느 부분과 요청의 어떤 부분이 연결되는지 알 수 없어, 이를 위해 요청을 재분류하거나 재구성하는 일도 생긴다. 감사하게도 그래프QL 언어는 기본 탑재된 기능을 사용해서 이 모든 것들을 해결할 수 있다. 이번 장에서는 변경 및 재구성 기능들에 대해 다룬다.

3.1 인수를 사용해서 필드 변경하기

그래프QL의 필드는 함수와 같다. 함수는 입력과 출력을 매핑하며, 입력은 여러 개의 인수를 통해 받는다. 함수처럼 그래프QL 필드에도 여러 인숫값을 전달할 수 있다. 백엔드상의 그래프

QL 스키마는 이 인숫값에 접근할 수 있으며 인수를 사용해서 응답을 변경할 수도 있다. 변경된 응답은 해당 인수를 지정한 필드로 반환된다.

깃허브 그래프QL API(`az.dev/github-api`)를 사용해서 필드 인수의 사용 용도와 예제를 보도록 하겠다.

3.1.1 반환할 단일 레코드 지정하기

단일 레코드를 요구하는 모든 API 요청은 해당 레코드용 식별자를 지정해야 한다. 보통 식별자로는 데이터베이스에서 해당 레코드를 식별할 수 있는 고유 ID를 사용하는 것이 일반적이지만, ID 외에도 레코드를 식별할 수 있는 고유한 값이라면 어떤 것이든 괜찮다.

예를 들어 API에게 특정 사용자 정보를 요청한다면, 보통 해당하는 사용자의 ID를 함께 요청에 포함해서 보낸다. 또는, 이메일 주소나 사용자명, (페이스북 버튼을 사용해 로그인했다면) 페이스북 ID 등을 지정해 요청을 보낼 수도 있다.

다음은 이메일 주소가 `jane@doe.name`인 사용자의 정보를 요청하는 쿼리이다.

예제 3-1 필드 인수 사용하기

```
query UserInfo {
  user(email: "jane@doe.name") {
    firstName
    lastName
    username
  }
}
```

`user` 필드의 괄호 안에 있는 **email** 부분을 필드 인수field argument라고 한다.

API 필드는 단일 레코드를 표현해야 하며, 레코드를 식별하기 위한 인숫값이 반드시 데이터베이스상에 존재하는 고유한 값이어야 한다. 예를 들어 성과 이름을 전달하면 고유한 사용자를 찾을 수 없다. 데이터베이스에 동일한 이름의 사용자가 여러 명 존재할 수 있기 때문이다.

한편 여러 개의 인수를 조합해서 사용자를 식별할 수도 있다. 성과 이름 그리고 이메일 주소를 조합하면 한 명의 사용자를 찾을 수 있다.

단일 레코드 필드는 폭넓게 사용된다. 어떤 그래프QL API는 시스템상에 존재하는 모든 객체를 단일 레코드 필드로 관리한다. 이것을 그래프QL 세계에선 노드 인터페이스^{Node interface}라고 한다. 이 개념은 릴레이 프레임워크^{Relay Framework}(페이스북이 개발)에 의해 많이 알려졌다. 노드 인터페이스를 사용하면 시스템 전체에서 고유성을 지니고 있는 전역 ID를 통해 데이터 그래프에 있는 어떤 데이터든 찾아낼 수 있다. 찾아낸 후에는 인라인 조각^{inline-fragment}을 사용해서 노드의 종류에 따라 확인하고 싶은 속성을 지정하면 된다.

예제 3-2 단일 전역 노드 찾기

```
query NodeInfo {
  node(id: "A-GLOBALLY-UNIQUE-ID-HERE") {
    ... on USER {
      firstName
      lastName
      username
      email
    }
  }
}
```

이후 3.4.5 인터페이스와 유니온용 인라인 조각에서 [예제 3-2]의 인라인 조각에 대해 더 자세히 다루도록 한다.

깃허브 API에선 `user`, `repository`, `project`, `organization`이 단일 레코드 필드에 해당한다. 다음은 `jsComplete`이라는 조직^{organization}(`jsComplete.com`을 통해 오픈 소스를 제공하는 단체)의 정보를 읽어보겠다.

예제 3-3 특정 조직의 정보(az.dev/gia)

```
query OrgInfo {
  organization(login: "jscomplete") {
    name
    description
```

```
      websiteUrl
    }
  }
```

3.1.2 리스트 필드가 반환하는 레코드 수 제한하기

좋은 API라면 컬렉션에서 레코드 리스트를 요청할 때 항상 레코드 수^{limit}를 요구할 것이다. 몇 개의 레코드를 원하는가?

아무런 제약없이 컬렉션 내에 모든 레코드를 나열하는데 일반 API의 능력을 사용하는 것은 좋지 않은 생각이다. 서버 입장에서 클라이언트가 수 백 개의 데이터를 한 번에 추출하려고 한다면 난감하다. API 서버를 리소스 고갈의 위험에 빠트릴 수 있기 때문이다. 이런 이유로 깃허브 API는 레코드 리스트를 요구할 때 first(또는 last) 인수를 지정해야 한다. jsComplete 조직 내에 있는 모든 리포지터리 정보를 요청해보자. [예제 3-3]에 있는 OrgInfo 쿼리 안에서 organization 아래에 repositories 필드를 추가해보자. [그림 3-1]에서 볼 수 있듯 깃허브가 first값 또는 last값을 지정하라고 요구한다.

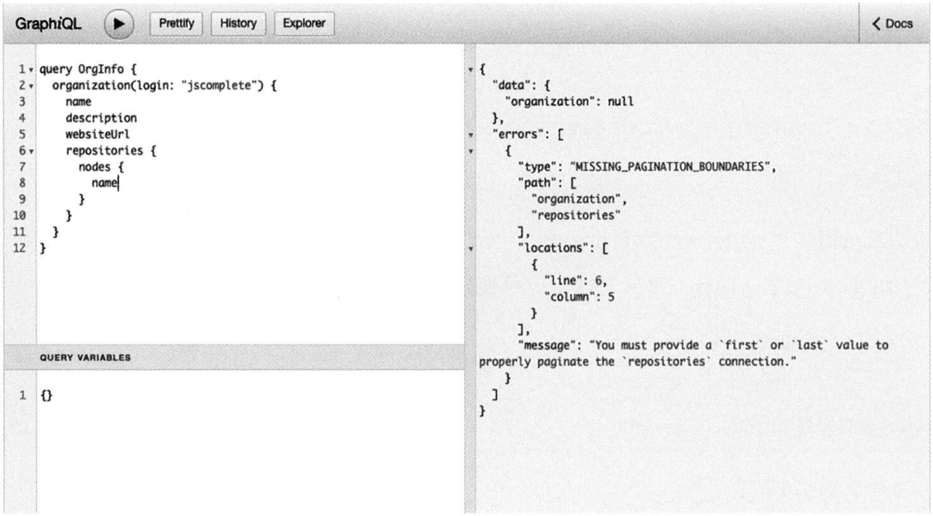

그림 3-1 리포지터리 필드가 first 또는 last 인수를 요구한다.

데이터베이스에 있는 모든 레코드에는 특정 순서가 있으므로, 요청 결과를 제한할 때는 해당 순서를 기준으로 받아올 데이터의 위치를 지정할 수 있다. 예를 들어 10개 레코드를 원한다면 처음(first) 10개인지 마지막(last) 10개인지를 이 인수를 사용해서 지정할 수 있다.

다음은 jsComplete 조직의 처음 10개 리포지터리를 추출하는 쿼리이다.

예제 3-4 특정 단체의 처음 10개 리포지터리(az.dev/gia)

```
query First10Repos {
  organization(login: "jscomplete") {
    name
    description
    websiteUrl
    repositories(first: 10) {
      nodes {
        name
      }
    }
  }
}
```

깃허브 API는 결괏값을 생성 날짜를 기준으로 내림차순으로 정렬해서 보여준다. 이 정렬 순서는 다른 필드 인수를 사용해서 변경할 수 있다.

3.1.3 리스트 필드가 반환한 레코드 정렬하기

앞의 예에서 깃허브 API가 jsComplete 조직의 리포지터리 리스트를 CREATED_AT를 기준으로 정렬해서 보여주었다. CREATED_AT는 정렬 시에 기본으로 사용되는 필드이다. API는 이외에도 UPDATED_AT, PUSHED_AT, NAME, STARGAZER 등 다양한 필드를 사용해서 정렬할 수 있다.

예제 3-5 처음 10개 리포지터리(az.dev/gia)

```
query orgReposByName {
  organization(login: "jscomplete") {
```

```
    repositories(first: 10, orderBy: {field: NAME, direction: ASC}) {
      nodes {
        name
      }
    }
  }
}
```

앞서 배운 깃허브 필드 인수를 사용해서 **jsComplete**에서 가장 인기 있는 상위 10개 리포지터리를 찾아보자. 리포지터리의 인기도는 별점을 기준으로 한다.

다음은 여러 방법 중 한 가지 예이다.

예제 3-6 가장 인기 있는 10개 리포지터리(az.dev/gia)

```
query OrgPopularRepos {
  organization(login: "jscomplete") {
    repositories(first: 10, orderBy: {field: STARGAZERS, direction: DESC}) {
      nodes {
        name
      }
    }
  }
}
```

3.1.4 레코드 리스트의 페이지 매김

레코드 최대 숫자를 지정하는 것 외에도 레코드를 페이지로 나눠서 추출해야 할 때는 페이지당 레코드 수를 지정해야 한다. 깃허브 API에선 **first** 인수를 사용한 경우에는 **after**를, **last**인수를 사용한 경우에는 **before**를 사용해서 페이지 매김pagination 기능을 구현할 수 있다.

이를 위해선 노드 식별자node identifier라는 데이터베이스의 레코드 ID와는 또 다른 식별자를 사용해야 한다. 깃허브 API가 사용하는 페이지 매김 인터페이스는 연결connection 인터페이스라고 한다(릴레이 프레임워크에서 유래한 것이다).

이 인터페이스에선 모든 레코드가 커서cursor의 노드 필드에 의해 식별된다(노드 인터페이스와 비슷하다). 커서는 기본적으로 각 노드의 ID 필드에 해당하며 **before**와 **after**의 인수로 사용되기도 한다.

노드 데이터용 커서를 사용하려면 연결 인터페이스에서 엣지edge라는 노드를 부모 노드로 추가해야 한다. 이 필드는 페이지 매김한 레코드의 리스트를 나타낸다.

다음은 edges 필드를 사용해서 커서값을 적용한 쿼리이다.

예제 3-7 엣지의 커서 사용하기(az.dev/gia)

```
query OrgRepoConnectionExample {
  organization(login: "jscomplete") {
    repositories(first: 10, orderBy: {field: CREATED_AT, direction: ASC}) {
      edges {
        cursor
        node {
          name
        }
      }
    }
  }
}
```

edges 필드 내에서 단일 노드 필드를 요청하고 있는 데에 주목하자. 노드 리스트가 아니라 노드와 커서로 구성된 엣지의 리스트로 변경됐기 때문이다.

이제 각 커서의 문자열값을 볼 수 있으므로 이 값들을 **after**와 **before** 인수를 사용해서 데이터를 페이지 단위로 나눌 수 있다. 예를 들어 **jsComplete**의 두 번째 페이지에 있는 리포지터리를 추출하려면 첫 번째 페이지에 있는 마지막 리포지터리의 커서를 알아야 한다. 그리고 이 커서값을 **after**값으로 지정하면 된다.

예제 3-8 리포지터리의 두 번째 페이지 추출하기(az.dev/gia)

```
query OrgRepoConnectionExample2 {
  organization(login: "jscomplete") {
```

```
    repositories(
      first: 10,
      after: "Y3Vyc29yOnYyOpK5MjAxNy0wMS0yMVQwODo1NTo0My0wODowMM4Ev4A3",
      orderBy: {field: CREATED_AT, direction: ASC}
    ) {
      edges {
        cursor
        node {
          name
        }
      }
    }
  }
}
```

edges 필드는 리스트와 관련된 메타 정보를 추가할 수도 있다. 엣지 리스트를 요청하는 계층과 같은 계층에서 전체 레코드 수를 요청할 수 있으며, 다음 페이지에 레코드가 존재하는지도 확인할 수 있다. 이전 쿼리를 수정해서 메타 데이터를 같이 보여주도록 해보겠다.

예제 3-9 페이지와 관련된 메타 정보(az.dev/gia)

```
query OrgReposMetaInfoExample {
  organization(login: "jscomplete") {
    repositories(
      first: 10,
      after: "Y3Vyc29yOnYyOpK5MjAxNy0wMS0yMVQwODo1NTo0My0wODowMM4Ev4A3",
      orderBy: {field: STARGAZERS, direction: DESC}
    ) {
      totalCount
      pageInfo {
        hasNextPage
      }
      edges {
        cursor
        node {
          name
```

```
              }
            }
          }
        }
      }
```

jsComplete 조직은 20개 이상의 리포지터리(이 예에서는 2페이지의 분량)를 가지고 있으므로 hasNextPage 필드는 true를 반환한다. 마지막 페이지를 추출하면 hasNextPage가 false를 반환해서 더 이상 데이터가 없다고 알려준다. 빈 페이지를 추출해 마지막 페이지에 도달했음을 확인하는 것보다 더 효율적이다.

3.1.5 검색 및 필터링

그래프QL의 필드 인수를 사용하면 필터링 조건이나 검색어를 지정해서 리스트가 반환하는 결과의 범위를 좁힐 수 있다. 예제를 통해 이 두 가지 기능을 확인해보도록 하자.

깃허브의 리포지터리에선 하나 이상의 프로젝트를 사용해서 해당 리포지터리와 관련된 작업을 관리할 수 있다. 예를 들어 깃허브에 있는 트위터 부트스트랩^{Twitter Bootstrap} 리포지터리는 한 번의 릴리즈와 관련된 모든 이슈를 관리하기 위해서 릴리즈 단위로 프로젝트를 사용한다. 다음 쿼리는 검색어를 사용해 projects에서 v4.1로 시작하는 트위터 부트스트랩 프로젝트를 검색한다.

예제 3-10 필드 인수를 사용한 검색(az.dev/gia)

```
query SearchExample {
  repository(owner: "twbs", name: "bootstrap") {
    projects(search: "v4.1", first: 10) {
      nodes {
        name
      }
    }
  }
}
```

projects 필드가 연결 인터페이스를 사용하고 있는 것에 주목하자.

어떤 필드는 특정 속성에 의해 반환된 결과를 필터링하게 해준다. 예를 들어 viewer 필드에 있는 리포지터리 리스트는 자신이 만들거나 기여한 모든 리포지터리를 포함하고 있다. 자신이 만든 리포지터리만 확인하고 싶다면 affiliations 필드 인수를 사용하면 된다.

예제 3-11 필드 인수를 사용한 필터링(az.dev/gia)

```
query FilterExample {
  viewer {
    repositories(first: 10, affiliations: OWNER) {
      totalCount
      nodes {
        name
      }
    }
  }
}
```

3.1.6 변경을 위한 입력값 지정하기

필드 인수 개념은 그래프QL 변경 작업의 입력값을 받기 위해서 사용된다. 앞 장에서 jsComplete에 속한 graphql-in-action 리포지터리에 별점을 추가하기 위해 다음 코드를 사용했다.

예제 3-12 인수를 사용해 변경 작업의 입력값 지정하기

```
mutation StarARepo {
  addStar(input: {starrableId: "MDEwOlJlcG9zaXRvcnkxMjU2ODEwMDY="}) {
    starrable {
      stargazers {
        totalCount
      }
    }
```

```
    }
  }
```

이 변경 작업의 **input**값 또한 필드 인수로 반드시 지정해야 한다. **input** 객체 없이 깃허브 변경 작업을 진행할 수 없다. 모든 깃허브 API 변경은 **input**이라는 단일 필수 인수(객체)를 필요로 한다. 또한, 키-값 형태로 다양한 입력값을 **input** 객체에 지정해서 변경 작업을 할 수도 있다.

> **NOTE_** 모든 인수가 필수 인수는 아니다. 그래프QL API는 어떤 인수가 필수이고 어떤 인수가 선택적인지 제어할 수 있다.

필드 인수는 다양한 곳에서 유용하게 사용된다. 깃허브 API나 다른 공개 그래프QL API를 보고서 필드가 어떤 식으로 사용되는지 보도록 하자.

3.2 별칭을 사용해서 필드 이름 변경하기

그래프QL의 별칭alias 기능은 아주 간단하지만 유용하다. 요청 자체를 사용해 서버가 반환하는 응답을 변경할 수 있기 때문이다. 별칭을 사용하면 응답된 이후의 데이터 처리를 최소화할 수 있다.

예제를 통해 확인해보자. 깃허브상에 프로필profile 페이지를 만들고 있다고 가정했을 때 다음 쿼리는 어떤 깃허브 사용자의 프로필 정보를 일부분만 추출한다.

예제 3-13 프로필 정보 쿼리(az.dev/gia)

```
query ProfileInfo {
  user(login: "samerbuna") {
    name
    company
    bio
  }
}
```

실행하면 사용자 객체가 포함된 응답이 반환된다(그림 3-2).

그림 3-2 ProfileInfo 쿼리를 통해 company 필드를 요청한다.

애플리케이션 UI는 응답에 포함된 이 **user** 객체를 사용해서 UI 템플릿의 값을 변경할 수 있다. 하지만 여러분은 곧 응답 구조와 애플리케이션 UI가 사용하고 있는 **user** 객체의 구조가 다르다는 것을 발견하게 된다. 애플리케이션 UI는 **companyName** 필드가 필요하지만 응답은 **company** 필드를 갖고 있다. 어떻게 하겠는가? 이 예에서는 애플리케이션 UI 코드 자체의 변경은 허용하지 않는다.

별칭을 사용할 수 없다면 응답 객체를 사용할 때마다 응답 데이터를 변경해야 한다. 응답의 **user** 객체를 UI 구조에 맞추어 변환하는 것이다. 처리해야 할 구조가 깊은 다단계 구조라면 변경 작업에 시간이 많이 소요된다.

다행히 그래프QL에선 별칭 기능을 통해 API 서버가 다른 이름으로 필드를 반환하도록 지시할 수 있다. 다음과 같이 원하는 필드의 별칭만 지정하면 된다.

별칭명: 필드명

단순히 필드에 별칭을 지정해두면, 서버가 해당 별칭을 사용한 새로운 필드 이름을 반환한다.

응답 객체를 변경할 필요가 없는 것이다. [예제 3-13]에 companyName이란 별칭을 지정하기만
하면 문제가 해결된다.

예제 3-14 별칭을 사용해서 프로필 정보 요청하기(az.dev/gia)

```
query ProfileInfo {
  user(login: "samerbuna") {
    name
    companyName: company
    bio
  }
}
```

이 쿼리를 실행하면 애플리케이션 UI가 바로 사용할 수 있는 객체가 반환된다(그림 3-3)

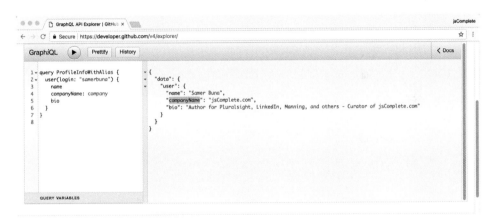

그림 3-3 그래프QL의 별칭 기능 사용해서 서버로부터 companyName 필드 얻기

3.3 지시문을 사용한 응답 변경

경우에 따라선 단순히 응답의 필드명을 바꾼다고 문제가 해결되지 않을 때도 있다. 응답 데이
터의 일부를 조건에 따라 포함하거나 제외해야 할 수도 있다. 이때 유용한 것이 그래프QL의
지시문directive이다.

그래프QL 요청에서 지시문은 그래프QL 서버에 추가 정보를 제공하기 위한 한 가지 방법으로, 실행 지시나 타입 유효성 검사 등의 정보를 그래프QL 문서로 제공한다. 필드 인수와 유사하지만 더 강력한 기능을 제공한다고 생각할 수 있다. 조건에 따라서 전체 필드를 추가 또는 제외시킬 수 있으며, 필드뿐만 아니라 조각과 최상위 작업에도 사용이 가능하다.

지시문은 그래프QL 문서에 @로 시작하는 문자열을 사용해 작성한다. 모든 그래프QL 스키마는 3가지 기본 지시문을 사용할 수 있다. @include, @skip, @deprecated이다. 특정 스키마는 더 많은 지시문을 사용할 수 있다. 다음과 같이 내향성 쿼리를 사용해서 특정 스키마가 지원하는 지시문 리스트를 확인할 수 있다.

예제 3-15 스키마가 지원하는 모든 지시문(az.dev/gia)

```
query AllDirectives {
  __schema {
    directives {
      name
      description
      locations
      args {
        name
        description
        defaultValue
      }
    }
  }
}
```

이 쿼리는 각 지시문의 이름과 설명을 보여주며, 해당 지시문이 사용되는 모든 위치를 배열로 보여준다(그림 3-4). 또한, 해당 지시문이 사용할 수 있는 모든 인수 리스트도 볼 수 있다. 각 지시문은 인수 리스트를 선택적으로 받을 수 있으며, 필드 인수처럼 어떤 인숫값은 API 서버가 필수로 요구한다. [예제 3-15]의 응답을 보면, 모든 그래프QL 스키마에서 @include와 @skip 지시문이 if를 인수로 사용한다는 것을 알 수 있다. @deprecated 지시문은 reason이라는 인수를 필요로 한다.

응답에 포함된 위치 리스트도 중요하다. 지시문은 지정한 위치에서만 사용할 수 있다. 예를 들어 @include와 @skip 지시문은 필드 또는 조각 뒤에서만 사용할 수 있다. 작업의 최상위 계층에선 사용할 수 없다. 마찬가지로 @deprecated는 그래프QL 서비스 스키마를 정의할 때 필드 정의 또는 ENUM값 뒤에 사용한다.

> **NOTE_** 열거ENUM 타입은 여러 개의 고윳값을 그룹으로 묶은 것이다. 다음 장에서 예를 보도록 한다.

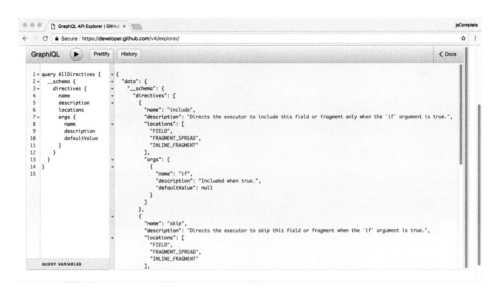

그림 3-4 특정 스키마가 지원하는 모든 지시문 리스트

지시문은 보통 인수와 함께 사용되므로 동적으로 값을 전달하기 위해 쿼리 인수와 짝을 이루기도 한다. 앞 장에서 약간의 변수 예제를 보았다. 여러분의 기억을 상기시키기 위해 변수에 대해 살펴보도록 하겠다.

3.3.1 변수와 입력값

변수는 그래프QL 문서에서 $기호로 시작하며, $login, $showRepositories 형태이다. $기호 뒤에 지정하는 이름은 어떤 것이든 상관없다. 그래프QL 작업을 재사용하거나 값이나 문자열의 하드코딩[2]을 방지하기 위해 변수를 사용한다.

그래프QL 작업에서 변수를 사용하려면 타입을 먼저 정의해야 한다. 변수의 타입 정의는 이름을 붙인 작업에 인수를 입력하면서 이뤄진다. 앞서 본 jsComplete 조직에 관한 정보를 읽는 쿼리를 떠올려보자. 앞에서는 로그인값을 하드코딩했지만, 여기서는 변수를 사용하겠다. 작업은 이름을 가져야 하며 이 이름 뒤에 인수를 사용해서 변수를 정의한다. 문자열을 저장하는 $orgLogin이라는 변수를 정의해보겠다. 인수의 타입은 Docs 탐색기를 사용해서 확인할 수 있다. organization 필드를 검색해서 login 인수의 타입을 찾자. Command 키(윈도우는 Ctrl 키)를 누른 상태에서 쿼리에 있는 organization 필드를 클릭하자.

[그림 3-5]에 있는 것처럼 login 인수는 String! 타입을 가지고 있다. 뒤에 있는 느낌표는 인수가 필수 인수임을 의미한다. 따라서 login 인수의 값을 반드시 지정해야 한다(null이 되어선 안 된다).

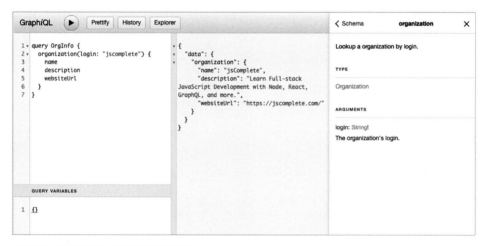

그림 3-5 스키마에 있는 특정 필드의 문서 찾기

이제 동일한 구문을 사용해서 새 변수를 정의할 수 있다. $orgLogin의 타입은 인수가 사용될 곳의 타입과 일치해야 한다. 다음은 $orgLogin 변수를 사용해 OrgInfo 쿼리를 작성한 것이다.

---

2 옮긴이_ 코드에 특정값을 심는 행위를 말한다.

```
query OrgInfo($orgLogin: String!) {
  organization(login: $orgLogin) {
    name
    description
    websiteUrl
  }
}
```

첫 번째 줄에서 쿼리가 $orgLogin을 String!으로 지정하는 것에 주목하자.

[예제 3-16] 쿼리는 현재 상태로는 실행되지 않는다. 실행하면 그래프QL 서버가 오류를 반환한다. 변수를 사용했으므로 서버상의 실행자executor에 변수에 사용할 값을 제공해야 한다. 그래피컬에서는 (왼쪽 하단에 있는) 변수 편집기를 사용해서 이를 구현할 수 있다. 이 편집기에서 실행자에게 보낼 모든 변수의 JSON 객체를 작업 내용과 함께 전달한다.

변수가 하나밖에 없으므로 JSON 객체는 다음과 같다.

```
{
  "orgLogin": "jscomplete"
}
```

이제 다른 조직에서도 재사용할 수 있는 쿼리를 JSON 객체를 사용해서 실행할 수 있다(그림 3-6).

그림 3-6 변수를 통해 그래프QL 쿼리를 재사용할 수 있게 만들 수 있다.

$orgLogin 같은 변수는 기본값을 가질 수도 있으며 이 경우 필수임을 의미하는 느낌표를 사용할 필요가 없다. 기본값은 변수의 타입 뒤에 등호(=)를 사용해 지정할 수 있다. 예를 들어 "jsComplete"을 $orgLogin의 기본값으로 사용하려면 다음과 같이 하면 된다.

예제 3-17 기본값을 사용해서 변수 정의하기(az.dev/gia)

```
query OrgInfoWithDefault($orgLogin: String = "jscomplete") {
  organization(login: $orgLogin) {
    name
    description
    websiteUrl
  }
}
```

이 OrgInfoWithDefault 쿼리는 변수용 JSON 객체를 지정하지 않고 실행할 수 있다. 지정하지 않으면 기본값을 사용한다. orgLogin용 JSON 객체를 지정하면 기본값 대신 지정한 값을 사용한다.

변수는 필드나 지시문에도 사용해서 입력값을 받게 만들 수도 있다. 입력값은 `Int`, `Float`, `String`, `Boolean`, `Null`같은 스칼라값을 사용할 수 있으며 `ENUM`이나 리스트 객체 등도 사용할 수 있다. `$orgLogin` 변수는 `organization` 필드 내의 `login` 인수를 위한 스칼라 문자열 입력값을 지정하기 위해 사용한다. 지금까지 본 다양한 그래프QL 작업 예를 보고 어떤 입력값이 사용되고 있는지 확인해보자. 객체를 입력값으로 사용하고 있는 예제를 찾아보는 것도 도움이 된다.

변수와 값을 정의하고 사용하는 방법을 배웠으니 이제 지시문에도 적용해보도록 하겠다.

3.3.2 @include 지시문

`@include` 지시문은 필드 또는 조각 뒤에 조건(`if` 인수)을 지정해 사용할 수 있다. 이 조건은 해당 필드 또는 조각을 응답에 포함시킬지 정하기 위해 사용한다. `@include`는 다음과 같은 형식으로 사용한다.

```
fieldName @include(if: $someTest)
```

`$someTest`가 `true`인 상태로 쿼리를 실행하면 해당 필드를 포함하고 `$someTest`가 `false`인 상태면 해당 필드를 제외한다. 깃허브 API를 사용한 예제를 보도록 하자.

앞의 `OrgInfo` 쿼리 예를 변경해서, 조직의 전체 정보가 필요한지 일부 정보가 필요한지에 따라 `websiteUrl`을 응답에 포함 또는 제외시키도록 하겠다. 이를 위해서 `$fullDetails`이라는 불린 변수를 정의하도록 한다.

이 `$fullDetails` 변수는 지시문의 조건을 지정하기 위해 사용하며, `OrgInfo` 쿼리의 첫 번째 줄에 다음과 같이 추가한다.

```
query OrgInfo($orgLogin: String!, $fullDetails: Boolean!) {
```

이제 $fullDetails가 true 인 상태에서 쿼리를 실행했을 때만 websiteUrl을 포함하도록 수정해야 한다. @include 지시문을 사용하면 간단히 구현할 수 있다. $fullDetails에 if 인수의 값을 지정하면 된다. 다음은 수정한 쿼리이다.

예제 3-18 @include 지시문(az.dev/gia)

```
query OrgInfo($orgLogin: String!, $fullDetails: Boolean!) {
  organization(login: $orgLogin) {
    name
    description
    websiteUrl @include(if: $fullDetails)
  }
}
```

$fullDetails를 true 또는 false로 바꿔가며 이 쿼리를 테스트해보자. 이 변수의 불린값에 따라 응답 객체에서 websiteUrl이 포함되거나 제외되는지 확인할 수 있을 것이다(그림 3-7).

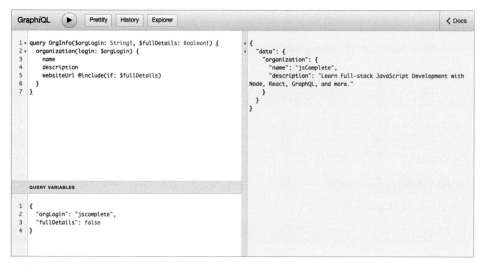

그림 3-7 @include 지시문과 변수 사용하기

3.3.3 @skip 지시문

이 지시문은 @include와 반대되는 개념이다. @include와 마찬가지로 필드 또는 조각 뒤에 if 인수와 함께 사용한다. 조건에 따라 필드 또는 조각을 응답에서 제외시키는 것이다. @skip의 사용 방법은 다음과 같다.

```
fieldName @skip(if: $someTest)
```

$someTest가 true인 상태에서 쿼리를 실행하면 해당 필드를 응답에서 제외한다. 반대로 $someTest가 false이면 해당 필드를 포함시킨다. 이 지시문은 불린값을 반대로 해석해야 할 때 (특히 변수 이름 자체를 부정적으로 선언했을 때) 유용하다.

예를 들어 불린 변수를 $fullDetails(전체 정보) 대신에 $partialDetails(일부 정보)라고 정했다고 가정해보자. JSON 객체에서 해당 불린값을 바꿀 필요 없이, @skip 지시문을 사용하면 $partialDetails값을 바로 사용할 수 있다.[3] @skip을 사용한 OrgInfo 쿼리는 다음과 같다.

예제 3-19 @skip 지시문(az.dev/gia)

```
query OrgInfo($orgLogin: String!, $partialDetails: Boolean!) {
  organization(login: $orgLogin) {
    name
    description
    websiteUrl @skip(if: $partialDetails)
  }
}
```

필드 또는 조각 뒤에 여러 개의 지시문을 사용할 수 있다. 같은 위치에서 @include를 여러 번 사용하거나 @include와 @skip을 함께 사용할 수도 있다. 단, 모든 지시문의 조건은 해당 필드 조각이 포함 또는 제외될 수 있도록 일관성을 유지해야 한다.

----

3 옮긴이_ partialDetails라는 이름 자체가 일부 정보라는 의미이므로, 일부 정보가 true이면 websiteUrl을 제외시킨다는 의미로 해석하기 용이하다.

@include나 @skip은 서로 간에 우선순위가 정해져 있지 않다. 같이 사용한다면, @include가 true이고 @skip이 false일 때만 해당 필드가 포함된다. @include가 false거나 @skip이 true이면 (둘 중 하나만 만족해도) 필드가 제외된다. 이번에 살펴볼 쿼리는 $partialDetails 값에 상관 없이 항상 websiteUrl을 포함시키지 않는다(@include가 false이기 때문이다).

예제 3-20 @include와 @skip 함께 사용하기(az.dev/gia)

```
query OrgInfo($orgLogin: String!, $partialDetails: Boolean!) {
  organization(login: $orgLogin) {
    name
    description
    websiteUrl @skip(if: $partialDetails) @include(if: false)
  }
}
```

3.3.4 @deprecated 지시문

그래프QL 서버에선 특수한 지시문을 사용해서 그래프QL 서비스의 폐지된 스키마를 사용자에게 알려줄 수 있다. 예를 들면 특정 타입의 필드나 ENUM값 등이 폐지된 경우이다.

그래프QL 스키마에서 필드를 폐지할 때는 @deprecated 지시문과 reason(이유) 인수를 함께 사용해서 폐지된 이유도 표시할 수 있다. 다음은 그래프QL 스키마 언어를 이용해 타입을 정의한 예시로 폐지된 필드를 포함하고 있다.

예제 3-21 @deprecated 지시문

```
type User {
  emailAddress: String
  email: String @deprecated(reason: "Use 'emailAddress'.")
}
```

3.4 그래프QL 조각

앞서 지시문을 설명할 때 계속해서 '또는 조각'이라는 부연 설명을 추가했었다. 필자가 좋아하는 그래프QL 언어의 기능인 조각fragment에 대해 알아보도록 하겠다.

3.4.1 왜 조각인가?

무엇이든 복잡한 것을 만들 때는 작은 부분으로 나누어 한 번에 한 부분만 집중하는 것이 좋은 접근법이다. 작은 부분들은 가능하면 서로 의존하지 않게 독립적으로 설계해야 바람직하며, 각 부분별로 테스트 및 재사용이 가능해야 한다. 규모가 큰 시스템은 이런 작은 부분들을 조합해 서로 간에 커뮤니케이션이 가능해야 한다. 예를 들어 UI 영역에선 리액트(나 다른 관련 라이브러리)가 작은 부품들을 조합해서 큰 UI를 만드는 것으로 유명하다.

그래프QL에서 조각이란 언어의 조합 단위로, 큰 그래프QL 작업을 작은 부분으로 나눌 수 있게 해준다. 간단히 말하자면 조각은 그래프QL을 작은 부품으로 나누어 재사용할 수 있게 만든 것이다.

개인적으로는 그래프QL 조각을 UI 컴포넌트와 비교하는 것을 좋아한다. 조각은 그래프QL 작업의 컴포넌트와 같다.

큰 그래프QL 문서를 작은 단위로 나눌 때 조각이 유용하게 사용된다. 또한, 조각은 그래프QL 작업에서 필드 그룹의 중복을 방지하기 위해서도 사용된다. 이 두 가지 용도에 대해선 뒤에서 보도록 하겠다. 먼저 조각을 정의하고 사용하는 방법을 보도록 하겠다.

3.4.2 조각 정의하고 사용하기

그래프QL 조각을 정의하려면 그래프QL 문서의 최상위 계층에서 fragment라는 키워드를 사용한다. 그리고 해당 조각의 이름과 조각이 사용될 타입을 지정한 후 해당 조각을 나타내는 부분 쿼리를 작성한다.

다음은 간단한 깃허브의 조직 정보 추출 쿼리이다.

```
query OrgInfo {
  organization(login: "jscomplete") {
    name
    description
    websiteUrl
  }
}
```

이 쿼리를 조각으로 만들려면 먼저 조각을 정의해야 한다.

예제 3-22 그래프QL에서 조각 정의하기

```
fragment orgFields on Organization {
  name
  description
  websiteUrl
}
```

orgFields 조각을 정의하고 있으며 이 조각은 organization 필드를 확장한 선택 세트 내에서 사용할 수 있다. on Organization 부분을 조각의 타입 조건^{type condition}이라고 한다. 조각은 본질적으로 선택 세트이므로 객체 타입에만 정의할 수 있다. 다른 말로 하면 조각을 스칼라값으로 정의할 수는 없다.

조각을 이해하기 위해서 쿼리 내에 필드가 있던 자리에 조각 이름을 전개해 보도록 하겠다.

예제 3-23 그래프QL에서 조각 사용하기

```
query OrgInfoWithFragment {
  organization(login: "jscomplete") {
    ...orgFields
  }
}
```

orgFields 앞에 있는 3개 마침표(3점 연산자라고도 함)는 조각을 전개^{spread}한다는 의미이다.

조각을 전개한다는 개념은 자바스크립트에서 객체 전개와 비슷하다. 자바스크립트에서도 동일하게 3점 연산자를 사용해서 특정 객체를 다른 객체에 전개해서 효과적으로 객체를 복사한다.

...orgFields처럼 3점 연산자와 조각 이름을 함께 사용하는 방법을 조각 전개[fragment spread]라고 한다. 조각 전개는 그래프QL 작업에서 일반 필드를 사용한 곳이라면 어디든지 적용할 수 있다. 또한, 조각 전개는 조각의 타입이 해당 조각을 사용하고자 하는 객체의 타입과 일치할 때만 사용할 수 있다. 그래프QL 문서에서 조각을 정의했다면 해당 조각은 반드시 사용해야 한다. 정의했지만 사용되지 않는 조각을 포함하고 있는 문서를 그래프QL 서버로 보낼 수 없다.

3.4.3 조각과 드라이(DRY)

조각을 사용하면 그래프QL 문서에서 중복된 텍스트를 줄일 수 있다. 다음과 같은 깃허브 API 쿼리가 있다고 해보자.

예제 3-24 반복되는 부분을 가진 쿼리(az.dev/gia)

```
query MyRepos {
  viewer {
    ownedRepos: repositories(affiliations: OWNER, first: 10) {
      nodes {
        nameWithOwner
        description
        forkCount
      }
    }
    orgsRepos: repositories(affiliations: ORGANIZATION_MEMBER, first: 10) {
      nodes {
        nameWithOwner
        description
        forkCount
      }
    }
  }
}
```

이 쿼리는 간단한 별칭과 필드 인수를 사용해서 동일한 구조를 가진 두 개의 리스트를 얻는다. 첫 번째 리스트는 현재 사용자의 리포지터리를 얻고 두 번째 리스트는 현재 사용자가 속해 있는 조직의 리포지터리를 얻는다.

간단한 쿼리이지만 개선할 수 있는 부분이 있다. 리포지터리 연결 아래에 있는 필드가 반복되고 있으므로 이 필드들을 조각을 사용해 한 번만 정의한 후 해당 조각을 두 곳의 nodes 필드에 사용하면 된다. nodes 필드는 깃허브의 RepositoryConnection이라는 특수한 연결(사용자와 리포지터리 리스트 간 연결)을 통해 정의된다.

다음은 조각을 사용해서 중복된 부분을 제거한 그래프QL 작업 예이다.

예제 3-25 조각을 사용해서 중복을 최소화하기(az.dev/gia)

```
query MyRepos {
  viewer {
    ownedRepos: repositories(affiliations: OWNER, first: 10) {
      ...repoInfo
    }
    orgsRepos: repositories(affiliations: ORGANIZATION_MEMBER, first: 10) {
      ...repoInfo
    }
  }
}

fragment repoInfo on RepositoryConnection {
  nodes {
    nameWithOwner
    description
    forkCount
  }
}
```

간결해지지 않았는가? 하지만 드라이(DRY)[4]는 조각이 가진 작은 이점 중 하나이다. 조각을 사용해서 얻을 수 있는 가장 큰 효과는 UI 컴포넌트 같은 조립 단위와 연동시킬 수 있다는 것이다.

---

4 옮긴이_ Don't Repeat Yourself. 코딩 시 중복 부분을 최소화 해야 한다는 원칙이다.

3.4.4 조각과 UI 컴포넌트

컴포넌트component라는 용어는 사람마다 생각하는 의미가 다르다. UI 영역에서 컴포넌트는 입력 텍스트박스가 될 수도 있고, 트위터의 140글자와 버튼, 카운터로 구성된 폼이 될 수도 있다. 애플리케이션에서 눈에 보이는 아무 부분이나 선택해서 컴포넌트라고 부를 수 있다. 컴포넌트는 작을 수도 있고 클 수도 있으며, 자체적으로 기능을 가지거나, 서로 조합해서 특정 기능을 구현할 수도 있다.

큰 컴포넌트는 작은 컴포넌트를 조합해서 만들 수도 있다. 예를 들어 트위터의 **TweetForm** 컴포넌트는 **TextArea** 컴포넌트와 **TweetButton** 컴포넌트, 이미지나 위치를 추가하기 위한 컴포넌트, 그리고 텍스트 영역의 글자를 세기 위한 카운터 등으로 구성된다.

모든 HTML 요소도 하나의 단순한 컴포넌트라고 볼 수 있다. HTML 요소는 속성과 동작을 지정할 수 있지만, 동적 데이터를 사용할 수 없다는 점에서 제약을 가지고 있다. UI 컴포넌트와 관련된 이야기는 컴포넌트가 데이터와 연계되기 시작할 때 흥미로워진다. 데이터 연계는 리액트React나 앵귤러Angular, 폴리머Polymer 등의 최신 라이브러리를 사용해서 구현할 수 있다. 이런 데이터 컴포넌트는 데이터 형태만 동일하다면 어떤 데이터건 연계해서 재사용할 수 있다는 이점이 있다. 데이터 컴포넌트는 어떤 데이터가 오는지는 관심이 없다. 중요한 것은 데이터 형태이다.

> **TIP_** 데이터 컴포넌트는 웹 컴포넌트web component라고 해서 브라우저용으로도 사용된다. 다양한 브라우저들이 웹 컴포넌트를 정의하고 사용하는데 필요한 기능들을 제공한다. 폴리머는 폴리필polyfill을 사용해서 어떤 브라우저에서건 웹 컴포넌트를 사용할 수 있게 해주며, 강화된 컴포넌트 기능을 제공한다.

고급 데이터 컴포넌트를 사용해서 트위터 같은 앱을 만들고, 이 앱에서 페이지 하나를 선택해서 컴포넌트와 데이터 요건을 분석한다고 가정해보자. 이 예에서는 사용자 프로필 페이지를 선택하도록 하겠다.

사용자 프로필 페이지는 단순하다. 사용자의 공개 정보와 상태, 트윗 목록 등을 표시한다. 예를 들어 **twitter.com/ManningBooks**에 접속하면 [그림 3-8]과 같은 화면을 볼 수 있다.

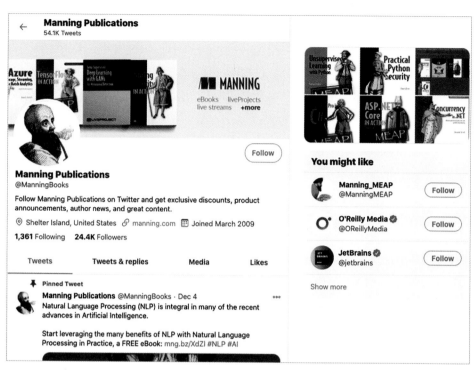

그림 3-8 트위터의 @ManningBooks 프로필 페이지

이 페이지에선 최소 12개의 컴포넌트를 찾을 수 있다.

- 헤더(Header) 컴포넌트: `TweetCount`, `ProfileImage`, `UserInfo`, `FollowingCount`, `FollowersCount`
- 사이드바(Sidebar) 컴포넌트: `UserMedia`, `MediaItem`, `SuggestedFollowing`
- 트윗리스트(TweetList) 컴포넌트: `Tweet` 컴포넌트 목록

이 컴포넌트 구성은 여러 방법 중 하나에 불과하다. 이 페이지는 더 많은 컴포넌트를 사용하거나, 또는 단 두 개의 컴포넌트만 사용할 수도 있다. 중요한 것은, 설계한 컴포넌트가 크든 작든 상관없이 공통적인 특성을 공유하고 있다는 점이다. 모든 컴포넌트는 특정 형태의 데이터에 의존하고 있다.

예를 들어 헤더 컴포넌트는 프로필을 표시하기 위한 데이터 객체가 필요하다. 데이터 객체의 형태는 다음과 같을 것이다.

예제 3-26 트위터 프로필 페이지의 데이터 객체(유추)

```
const profileData = {
  tweetsCount: ·--·-·,
  profileImageUrl: ·--·-·,
  backgroundImageUrl: ·--·-·,
  name: ·--·-·,
  handle: ·--·-·,
  bio: ·--·-·,
  location: ·--·-·,
  url: ·--·-·,
  createdAt: ·--·-·,
  followingCount: ·--·-·,
  followersCount: ·--·-·,
};
```

트윗리스트 컴포넌트는 아마 다음과 같은 형태의 데이터 객체를 필요로 할 것이다.

예제 3-27 트윗 목록을 보여주기 위한 데이터 객체(유추)

```
const tweetList = [
  { id: ·--·-·,
    name: ·--·-·,
    handle: ·--·-·,
    date: ·--·-·,
    body: ·--·-·,
    repliesCount: ·--·-·,
    tweetsCount: ·--·-·,
    likes: ·--·-·,
  },
  { id: ·--·-·,
    name: ·--·-·,
    handle: ·--·-·,
    date: ·--·-·,
    body: ·--·-·,
    repliesCount: ·--·-·,
    tweetsCount: ·--·-·,
```

```
        likesCount: ·-·-·,
    },
    ·-·-·,
];
```

이 컴포넌트들은 어떤 프로필이나 어떤 트윗 목록이건 표시할 수 있다. 동일한 트윗리스트 컴포넌트를 트위터의 메인 페이지나 사용자 목록 페이지, 검색 페이지 등에 사용할 수 있다.

이 컴포넌트가 요구하는 정확한 형태의 데이터만 제공할 수 있다면 어디에 있든 컴포넌트가 동작할 것이다. 이런 특성을 잘 살려주는 것이 바로 그래프QL이다. 그래프QL을 사용하면 애플리케이션이 요구하는 데이터 형태를 기술할 수 있다.

그래프QL 쿼리를 사용해서 애플리케이션의 데이터 요건을 정의할 수 있다. 애플리케이션이 필요로 하는 데이터는 애플리케이션의 개별 컴포넌트가 필요로 하는 모든 데이터를 조합한 것으로, 그래프QL 조각은 작은 단위의 쿼리를 조합해서 하나의 큰 쿼리를 만들 수 있게 해준다. 이것이 그래프QL 조각이 완벽하게 컴포넌트와 연계되는 이유이다. 조각을 사용해서 단일 컴포넌트의 데이터 요건을 표현하고 이 조각들을 모아서 전체 애플리케이션용 데이터 요건을 만드는 것이다.

트위터 예제를 단순화하기 위해서 4가지 주요 컴포넌트(헤더, 사이드바, 트윗리스트, 트윗)만 사용해서 프로필 페이지를 만들도록 하겠다. 프로필 페이지의 각 컴포넌트가 필요로 하는 데이터를 하나의 쿼리를 사용해서 구성해보자. 헤더 컴포넌트의 데이터는 다음 조각을 사용해서 선언할 수 있다.

예제 3-28 헤더 컴포넌트용 조각

```
fragment headerData on User {
    tweetsCount
    profileImageUrl
    backgroundImageUrl
    name
    handle
    bio
    location
    url
```

```
    createdAt
    followingCount
    followersCount
  }
```

사이드바 컴포넌트의 데이터는 다음 조각을 사용해 선언한다.

예제 3-29 사이드바 컴포넌트용 조각

```
fragment sidebarData on User {
  SuggestedFollowing {
    profileImageUrl
  }
  media {
    mediaUrl
  }
}
```

suggestedFollowing 부분과 media 부분은 앞에서 본 사이드바 컴포넌트의 서브컴포넌트에서 올 수도 있다는 점에 유의하자.

다음은 트윗 컴포넌트용 데이터를 선언한 것이다.

예제 3-30 트윗 컴포넌트용 조각

```
fragment tweetData on Tweet {
  user {
    name
    handle
  }
  createdAt
  body
  repliesCount
  retweetsCount
  likesCount
}
```

마지막으로 트윗리스트 컴포넌트용 데이터이다. 이 데이터는 여러 개의 단일 트윗 컴포넌트로 구성된 배열 형태이므로 tweetData 조각을 사용할 수 있다.

예제 3-31 트윗리스트 컴포넌트용 조각

```
fragment tweetListData on TweetList {
  tweets: {
    ...tweetData
  }
}
```

전체 페이지가 필요로 하는 데이터를 만들려면 조각 전개를 사용해서 조각들을 하나로 합친 그 래프QL 쿼리를 만들면 된다.

예제 3-32 조각을 결합해서 만들어진 UI 뷰 전용 쿼리

```
query ProfilePageData {
  user(handle: "ManningBooks") {
    ...headerData
    ...sidebarData
    ...tweetListData
  }
}
```

ProfilePageData 쿼리를 그래프QL 서버로 보내면 프로필 페이지상의 각 컴포넌트가 필요로 하는 모든 데이터를 받을 수 있다.

데이터를 받은 후에는 어떤 컴포넌트가 응답의 어떤 부분을 요청했는지 확인해서 해당 부분만 사용하도록 만들 수 있다. 이를 통해 컴포넌트가 필요로 하지 않는 데이터는 제외할 수 있다.

조각을 사용하는 가장 큰 이점은, 모든 컴포넌트가 필요한 데이터를 자율적으로 선언하게 하므로, 컴포넌트별로 부모 컴포넌트에 의지하지 않고 필요한 경우 데이터 요건을 자유롭게 변경할 수 있다는 것이다.

예를 들어 각 트윗 옆에 해당 트윗의 '좋아요' 수(likeCount)를 표시하는 기능을 추가한다고 해

보자. 이 UI 변경을 위한 새로운 데이터 요건을 반영하려면, `tweetData` 조각을 다음과 같이 변경하면 된다.

예제 3-33 한 개의 조각을 수정해 UI 컴포넌트에서 필요한 데이터를 제공한다.

```
fragment tweetData on Tweet {
  user {
    name
    handle
  }
  createdAt
  body
  repliesCount
  retweetsCount
  likesCount
  viewsCount
}
```

다른 컴포넌트들은 이 변화를 걱정하거나 신경 쓰지 않아도 된다. 예를 들어 이 변경에 맞추어 트윗 컴포넌트의 부모 컴포넌트인 트윗리스트를 수정할 필요가 없다. 트윗리스트 컴포넌트는 트윗 컴포넌트의 데이터 요건을 기반으로 항상 자신만의 데이터 요건을 구성하기 때문이다. 이런 특성이 앱의 기능을 더 쉽게 관리하고 확장할 수 있게 해준다.

조각은 UI 컴포넌트가 필요한 것을 요청해서 전체 애플리케이션을 구성하게 해준다. 모든 UI 컴포넌트를 그래프QL 조각과 연동시키므로 각 컴포넌트에게 강력한 독립성을 부여할 수 있다. 개별 컴포넌트가 자신만의 데이터 요건을 선언할 수 있고, 조각들을 결합해서 전체 애플리케이션이 필요로 하는 데이터를 구성할 수 있는 것이다.

3.4.5 인터페이스와 유니온용 인라인 조각

이 장의 앞부분에서 노드 인터페이스에 대해 얘기하면서 인라인 조각 예제를 보았다. 인라인 조각은 익명 함수(이름 없이 사용하는 함수)와 어떤 면에서 비슷하다. 인라인 조각은 이름이 없는 조각으로 정의한 위치에 바로 인라인으로 전개할 수 있다.

다음은 깃허브 API에서 인라인 조각을 사용한 예이다.

예제 3-34 인라인 조각 예(az.dev/gia)

```
query InlineFragmentExample {
  repository(owner: "facebook", name: "graphql") {
    ref(qualifiedName: "master") {
      target {
        ... on Commit {
          message
        }
      }
    }
  }
}
```

인라인 조각은 인터페이스^{interface}나 유니온^{union}을 요청할 때 타입 조건으로 사용할 수 있다. [예제 3-34]에서 굵은 글씨로 표시한 부분인 **target** 객체 인터페이스 내의 **Commit** 타입 인라인 조각이다. 인라인 조각의 값을 이해하려면 인터페이스와 유니온의 개념을 이해할 필요가 있다.

인터페이스와 유니온은 그래프QL의 추상^{abstract} 타입이다. 인터페이스는 공유^{shared} 필드의 리스트를 정의하고 유니온은 사용할 수 있는 객체 타입의 리스트를 정의한다. 그래프QL 스키마의 객체 타입은 인터페이스를 구현할 수 있으며 객체 타입이 구현한 해당 인터페이스가 정의한 필드 리스트도 함께 구현된다. 객체 타입을 유니온으로 정의하면 객체가 반환하는 것이 해당 유니온 중 하나라는 것을 보장한다.

앞의 예에서 **target** 필드는 깃^{Git} 객체를 나타내는 인터페이스이다. 깃허브 API에서 깃 객체는 커밋이나 태그^{tag}, 블롭^{blob}, 트리^{tree} 등을 포함하며 이 모든 객체 타입은 **GitObject** 인터페이스를 구현^{implement}한 것이다. 따라서 모든 깃허브 객체는 **GitObject**에 필요한 모든 필드를 구현했다는 것을 보장한다.

깃허브 API는 **ref** 필드를 사용해서 특정 리포지터리의 깃 참조^{Git Reference} 정보를 읽을 수 있다. 모든 깃 참조는 하나의 객체를 가리키며 이것을 타겟^{target}이라고 한다. 타겟은 **GitObject** 인터페이스를 구현한 4가지 객체 타입 중 하나가 될 수 있으며, 인터페이스 필드와 함께 선택 세트를 확장할 수 있다(객체 타입에 따라 선택 세트를 조건에 따라 확장할 수도 있다). 이 ref가 가리키는 객체가 커밋된다면, 여러분은 어떤 커밋 정보에 관심을 가지겠는가? 그리고 그 객체가 태그라면 어떻겠는가?

인라인 조각은 기본적으로 타입 조건을 나타내는 것으로 이런 때에 아주 유용하다. 다양한 인라인 조각으로 많은 조건을 추가할 수 있다. 앞의 쿼리에서 인라인 조각은 다음과 같은 조건을 건다.

"참조된 객체가 커밋된다면 커밋 메시지를 반환하라. 조건을 만족하지 않으면 타겟은 아무것도 반환하지 않는다."

유니온은 아마 인터페이스보다 이해하기 쉬울 것이다. 유니온은 기본적으로는 OR 로직과 같다. 즉, 어떤 타입이 A 또는 B가 될 수 있다는 뜻으로 실제로 어떤 유니온 타입은 XOrY라는 이름을 가지고 있다. 깃허브 API에선 리포지터리 필드 관련해서 issueOrPullRequest를 요청하는 예제가 있다. 이 유니온 타입에서 요청할 수 있는 유일한 필드는 __typename 메타 필드로, '이 처리가 이슈issue인가요? 아니면 풀 요청pull request인가요?'라는 질문에 대한 답을 준다.

다음은 facebook/graphql 리포지터리의 예이다.

예제 3-35 그래프QL 유니온 타입 예(az.dev/gia)

```
query RepoUnionExample {
  repository(owner: "facebook", name: "graphql") {
    issueOrPullRequest(number: 3) {
      __typename
    }
  }
}
```

이 쿼리를 실행하면 이 리포지터리의 3번째 issueOrPullRequest가 이슈라는 것을 확인할 수 있다. 만일 3대신 5를 입력한다면 5번째 issueOrPullRequest는 풀 요청임을 알 수 있다. 인라인 조각을 사용하면 issueOrPullRequest 안에 있는 필드를 타입에 따라 선별적으로 선택할 수 있어서 유용하다. 예를 들어 풀 요청의 병합merge 정보나 이슈의 클로징 정보에 관심이 있을 수도 있다. 다음은 이 정보들을 5번 issueOrPullRequest로부터 요청한 쿼리이다.

예제 3-36 유니온 타입과 인라인 조각 함께 사용하기(az.dev/gia)

```
query RepoUnionExampleFull {
  repository(owner: "facebook", name: "graphql") {
    issueOrPullRequest(number: 5) {
      ... on PullRequest {
        merged
        mergedAt
      }
      ... on Issue {
        closed
        closedAt
      }
    }
  }
}
```

이 리포지터리에서 5번은 풀 요청이므로 merged와 mergedAt 필드가 사용된다.

유니온 타입이 자주 사용되는 또 다른 예는 여러 타입을 대상으로 필드를 검색해야 할 때이다. 예를 들어 깃허브 사용자 검색은 사용자 객체뿐만 아니라 조직 객체를 반환할 수도 있다. 다음 은 "graphql"이라는 키워드를 사용해서 깃허브 사용자를 검색하는 쿼리이다.

예제 3-37 유니온 타입 검색 필드(az.dev/gia)

```
query TestSearch {
  search(first: 100, query: "graphql", type: USER) {
    nodes {
      ... on User {
        name
        bio
      }
      ... on Organization {
        login
        description
      }
    }
```

```
    }
}
```

프로필(예: name)이나 조직 정보(예: description)에 "graphql"이라는 키워드가 포함돼 있으면 해당 사용자 정보가 반환된다. 일치한 객체가 사용자(User)라면 name과 bio 필드가 반환되며, 조직(Organization)이라면 login과 description 필드가 반환된다.

정리

- 요청을 보낼 때 그래프QL 필드에 인수를 지정할 수 있다. 그래프QL 서버는 이 인수를 사용해서 단일 레코드를 찾거나 반환하는 레코드 수를 제한할 수 있다. 또한, 레코드 순서를 지정하거나 페이지 매김을 할 수 있으며, 검색과 필터, 변경을 위한 입력값 제공 등도 할 수 있다.
- 모든 그래프QL 필드에 별칭alias을 지정할 수 있다. 이를 통해 클라이언트 요청 텍스트만으로도 서버 응답 구조를 변경할 수 있다.
- 그래프QL 지시문을 사용하면 그래프QL 서버의 응답 구조를 애플리케이션이 선별적으로 변경할 수 있다.
- 지시문과 필드 인수는 요청 변수와 같이 사용할 수 있다. 이 변수를 통해 문자열 결합에 의존하지 않고 그래프QL 요청을 동적값과 함께 재사용할 수 있다.
- 그래프QL의 조립 단위인 조각을 사용해서 그래프QL 쿼리의 공통 부분을 재사용할 수 있으며, 여러 개의 조각을 합쳐서 전체 쿼리를 구성할 수도 있다. 이것은 UI 컴포넌트와 데이터를 연동시킬 때 아주 유용한 접근법이다. 또한, 인라인 조각을 사용하면 유니온 객체 타입이나 인터페이스를 구현한 객체 타입으로부터 정보를 선별해서 취할 수 있다.

Part II

그래프QL API 작성법

1부에서 배운 그래프QL 언어로 API 사용자는 그래프QL 서비스에 데이터를 요청하거나 데이터를 변경하도록 지시할 수 있다. 2부에서는 이 언어를 이해하는 그래프QL 서비스를 만들어 보겠다. 실제 웹 애플리케이션에 사용할 수 있는 데이터 API를 만들어보자.

4장에서는 UI 기능과 API 작업을 연계하는 방법을 배운다. 그래프QL 스키마의 구조를 실용적으로 처리하는 방법과 데이터베이스 모델 관점에서 이해하는 방법을 익힌다.

5장에서는 Node.js 데이터베이스 드라이버와 그래프QL.js를 사용해서 실행 가능한 그래프QL 스키마를 만들어본다. 리졸버 함수와 그래프QL 내장 타입에 대해 배운다.

6장에서는 API 쿼리를 구현하기 위해서 데이터베이스 필드를 리졸브하는 방법을 배운다. 7장에서는 그래프QL 쿼리 최적화 방법을 배우고, 8장에서는 데이터베이스 객체를 생성, 갱신, 삭제하기 위해서 API 변경 작업을 최적화하는 방법을 다룬다.

Part II

그래프QL API 작성법

CHAPTER 4

그래프QL 스키마 설계

> **이 장의 주요 내용**
>
> ◆ UI 기능을 계획하고 API 작업 연동하기
>
> ◆ 계획한 작업을 바탕으로 스키마 언어 작성하기
>
> ◆ API 기능을 데이터 소스와 연동하기

이 장에서는 실제 웹 애플리케이션에서 실행되는 데이터 API를 만들어 본다. 이 애플리케이션의 이름은 AZdev로 개발자에 유용한 정보를 A부터 Z까지 담고 있다는 의미이다.[5] AZdev는 소프트웨어 개발자를 위한 문서와 오류 및 해결책, 일반적인 팁 등을 검색할 수 있는 도서관 같은 웹사이트이다.

개인적으로는 실용성이 떨어지는 추상적인 예제나 자료를 좋아하지 않는다. 그러니 현실적이면서도 유용한 결과물을 만들어 보자.

4.1 AZdev가 필요한 이유

소프트웨어 개발자가 일반적인 업무를 진행할 때 종종 필요한 내용을 검색해야 할 때가 있다. 예를 들면 자바스크립트를 사용해서 배열의 숫자를 모두 더하는 방법 등을 검색해야 한다. 이런 간단한 샘플 코드를 찾기 위해 문서를 한 장씩 읽는 것은 즐거운 일이 아니다. AZdev는 이

---

5 옮긴이_ A부터 Z까지는 알파벳을 처음과 끝으로, '전부', '모두' 등의 의미가 있다

런 문제를 해결하는 웹사이트로, 예를 들어 '자바스크립트로 배열에 들어있는 모든 숫자 더하기' 같은 질문에 다양한 방법을 제시한다.

우리가 구현할 AZdev는 단순히 질문하고 답하는 지식인 같은 사이트가 아니다. 개발자가 일반적으로 찾는 정보를 갖추고 있는 도서관이다. 개발자가 현재 직면한 문제를 정확하게 처리할 수 있도록 다양하며 간결한 해결책을 제공한다.

다음은 AZdev에서 찾을 수 있는 정보의 예이다.

- 마지막 깃 커밋 이후에 아직 커밋되지 않은 변경 사항만 제거하기
- 노드에서 텍스트값(패스워드 등)용 단방향 해시 만들기
- 디렉터리 내에 있는 모든 파일의 파일명을 소문자로 바꾸는 리눅스 명령어

이런 정보들은 물론 문서를 읽거나 스택 오버플로Stack Overflow 등을 통해 얻을 수 있지만, 불필요한 정보를 걷어내 필요한 정보만 모여 있는 사이트가 있다면 효율적일 것이다.

AZdev는 필자가 늘 존재했으면 하고 바라던 사이트이다. 그 바람을 현실로 만들기 위한 첫 발을 내딛어보자. 바로 API를 만드는 것이다.

4.2 AZdev용 API 요건

그래프QL 스키마를 만들려고 할 때 가장 좋은 접근법은 UI와 필요한 데이터 관점에서 보는 것이다. 하지만 여기서는 이보다 먼저 API 서비스가 사용할 데이터 소스를 먼저 찾도록 하겠다. 그래프QL은 데이터 저장소 서비스가 아니라, 그런 서비스들과 커뮤니케이션 하기 위한 인터페이스다(그림 4-1).

AZdev 그래프QL API를 재밌게 만들기 위해서 두 개의 데이터 서비스와 연동되도록 해보겠다. 트랜잭션transaction 데이터를 저장하기 위한 관계형 데이터베이스 서비스와 동적 데이터를 저장하기 위한 문서형 데이터베이스 서비스를 사용한다. 그래프QL 스키마는 여러 서비스에서 받은 데이터를 리졸브할 수 있으며, 심지어 동일 쿼리에 있는 데이터도 리졸브할 수 있다.

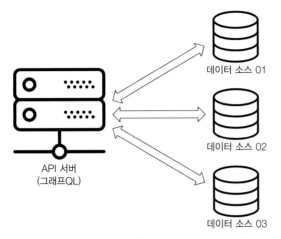

그림 4-1 API 서버는 동시에 많은 데이터 저장소 서비스와 커뮤니케이션한다.

동일 프로젝트에서 여러 개의 데이터 소스를 사용하는 것은 전혀 이상한 일이 아니다. 소스 또한 데이터베이스일 필요도 없다. 어떤 프로젝트는 키-값$^{key-value}$ 캐시 서비스를 사용하거나 다른 API를 사용해 데이터를 얻는다. 또는 파일 시스템상에 있는 파일로부터 직접 데이터를 읽기도 한다.

이 장에서는 API를 만들기 위해 몇 가지 용어를 사용하도록 한다. 태스크^{task}는 AZdev의 단일 문서를 의미하며 접근법^{approach}은 태스크를 해결하는 방법을 의미한다. 하나의 태스크는 여러 개의 접근법을 가질 수 있으며, 한 가지 접근법은 하나의 태스크에만 속할 수 있다.

> **NOTE_** 지금부터 데이터베이스나 API 개체를 가리킬 때는 아래와 같은 형식으로 첫 글자가 대문자인 영문으로 표기한다. '첫 번째 태스크는 **Tasks** 테이블을 만드는 것이다. 몇 가지 제약을 고려해 적절한 접근법을 **Approaches** 테이블에서 찾도록 한다.'

AZdev를 방문한 사람은 누구나 태스크와 접근법을 찾을 수 있다. 또한, 로그인한 사용자는 새 태스크와 접근법을 추가할 수 있으며 접근법에는 찬성 또는 반대 투표를 할 수도 있다.

AZdev의 태스크와 접근법 메인 엔트리는 관계형 데이터베이스(PostgreSQL)에 저장되며, 사용자 레코드도 여기에 저장된다. PostgreSQL 같은 관계형 데이터베이스는 관계relation에 특화되어있다. 하나의 태스크는 많은 접근법을 가질 수 있으며 이런 관계는 사용자가 정의한다.

> **NOTE_** 왜 PostgreSQL인가? PostgreSQL은 확장성이 좋은 오픈 소스, 객체 기반 관계형 데이터베이스로 설치 및 사용하기가 쉬운 무료 데이터베이스이다. 또한, 필요할 때 쉽게 사용할 수 있는 아주 편리한 고급 기능들을 제공한다. PostgreSQL은 오픈 소스 데이터베이스 중에서 가장 많이 사용되는 것 중 하나이다.

접근법의 추가적인 데이터 요소(설명, 경고, 참고 사항 등)는 문서형 데이터베이스에 저장되는데, 여기서는 몽고DB MongoDB를 사용한다. 몽고DB 같은 문서형 데이터베이스는 스키마를 가지지 않아서 동적 데이터를 다루기 좋다. 접근법에 따라 경고나 설명을 포함하는 경우도 있지만, 어떤 접근법은 나중에서야 알 수 있는 추가적인 데이터 요소를 가질 수도 있다. 예를 들어 접근법의 성능이나 관련 링크들을 어느 시점부터는 추가해야 할 수도 있지만, 데이터베이스 스키마는 변경할 필요가 없다. 몽고DB에게 단순히 데이터 요소를 저장하라고 지시만 하면 되는 것이다.

4.2.1 핵심 타입

AZdev의 API에 필요한 주요 객체는 사용자User, 태스크Task, 접근법Approach이다. 각각은 데이터베이스(PostgreSQL)의 테이블로 표현되며, 각 테이블은 고유한 ID 컬럼과 생성 시기creation를 자동으로 저장하는 날짜–시간 컬럼을 가진다.

그래프QL 스키마에서 테이블은 객체 타입object type으로 맵핑되며, 테이블 컬럼은 객체 타입의 필드field로 맵핑된다. 또한, API의 개체(그래프QL 타입으로 표현된 테이블)는 모델model이라는 용어를 사용하며, 모델에 속한 객체의 속성을 가리킬 때는 필드를 사용하도록 한다. 모델은 보통 대문자 카멜 케이스camelCase인 파스칼 케이스PascalCase를 사용해서 정의하며, 필드는 소문자 카멜 케이스인 단봉낙타 케이스dromedaryCase를 사용한다.

User 모델은 사용자 관련 정보를 나타내는 필드를 지닌다. 우선은 name과 username 필드만 포함시키도록 한다.

Task와 Approach 모델은 메인 텍스트를 저장하기 위한 컨텐츠content 필드를 포함한다. 다음은 스키마 언어 정의(SDL)로 세 개의 핵심 모델과 지금까지 언급한 필드를 정의한 것이다.

예제 4-1 세 개의 핵심 객체 타입용 SDL

```
type User {
  id: ID!
  createdAt: String!
  username: String!
  name: String
```

```
      #추가될 User 객체용 필드
  }

  type Task {
    id: ID!
    createdAt: String!
    content: String!

      #추가될 Task객체용 필드
  }

  type Approach {
    id: ID!
    createdAt: String!
    content: String!

    #추가될 Approach 객체용 필드
  }
```

TIP_ 코드 편집기를 열어서 [예제 4-1]에 있는 초기 스키마를 입력하고, 이후 AZdev API의 요건을 확인할 때마다 그 내용을 반영해 추가하도록 하자. 이 장의 나머지 SDL 코드들은 가독성을 위해서 일부 부분을 생략하고 있다.

id 필드를 ID 타입을 사용해 정의하고 있는 것에 주목하자. ID 타입은 특수한 타입으로 고유 식별자임을 의미하며, (정수값을 지정해도) String으로 저장된다. 자바스크립트 애플리케이션 에선 ID를 정수가 아닌 문자열로 지정하는 것이 좋다. 자바스크립트에선 정수 표현에 여러 가지 제약이 있기 때문이다.

createdAt은 날짜 필드이지만 String으로 정의한다. 그래프QL은 날짜-시간 필드를 기본형 으로 제공하지 않기 때문이다. 이를 해결하는 가장 쉬운 방법은 표준 형식(ISO/UTC 등)을 사용해서 문자열로 저장하는 것이다.

ID와 String 타입 뒤에 오는 느낌표 기호는 해당 필드가 null값을 가질 수 없다는 의미이다. 즉, 데이터베이스의 각 레코드는 항상 id값과 createdAt값을 가지고 있어야 한다.

id와 createdAt 필드는 그래프QL 스키마 타입과 데이터베이스 컬럼 타입이 정확하게 일치하지 않는 경우를 보여준다. 그래프QL은 데이터베이스의 특정 타입을 클라이언트에게 유용한 타입으로 제공할 수 있는 유연성을 가지고 있다. 이후 API 예제를 보면서 이런 특성을 찾아보도록 하자.

NOTE_ [예제 4-1]에 있는 객체 타입은 특정 작업의 출력값으로 사용되며 출력 타입^{output type}이라고도 한다. 또한, 변경 작업의 입력값으로 사용되는 입력 타입^{input type}과 구분되기도 한다. 입력 타입에 대해선 이 장의 후반부에서 예제를 보도록 한다.

세 가지 핵심 객체 타입이 준비됐다. 이 타입들과 UI 기능과의 관계를 보면서 필드를 더 추가해 나가도록 한다.

4.3 쿼리

구상 중인 UI를 기반으로 예비 작업(쿼리, 변경, 구독)을 만들고 이 작업을 지원하는 스키마 타입이나 필드를 설계하겠다.

쿼리 작업부터 시작하자.

4.3.1 최근 태스크 목록

AZdev의 메인 페이지 상에는 최근 태스크 목록을 표시하고 싶다. 그래프QL API는 이를 위한 쿼리 루트 필드를 제공해야 하며 리스트에는 최대 100개 레코드만 표시된다. 또한, 생성 시간을 기준으로 최근 레코드가 먼저 오도록 한다. 이 필드 이름을 taskMainList라고 한다.

예제 4-2 예비 쿼리 #1: taskMainList

```
query {
  taskMainList {
    id
    content

    # 태스크 객체 상의 필드
  }
}
```

루트 필드 이름을 mainTaskList같은 자연스러운 이름이 아니라 taskMainList라고 하고 있다. 취향의 문제이긴 하지만, 액션의 대상(여기선 task)을 먼저 작성하면, API 탐색기나 파일 트리에서 액션명이 자연스럽게 알파벳 순서로 나열된다. 이런 접근법은 여러 곳에서 유용하게 사용되며, 그 중 하나가 그래프QL의 자동 완성 기능이다. 태스크 모델이 어떤 기능을 하는지 알고 싶다면, 단순히 **task**만 입력하면 된다. 그러면 관련된 모든 액션이 자동 완성 목록에 순서대로 표시된다. 이 API에서는 모든 쿼리, 변경, 구독에 이 규칙을 적용하고 있다.

쿼리 루트 필드는 Query 타입 바로 아래에 정의되며 모든 그래프QL 스키마는 이 루트 필드로 시작한다. 또한, API 사용자가 데이터 질의를 요청하는 엔트리 포인트로도 사용된다.

다음은 **taskMainList** 루트 필드를 지원하는 간단한 스키마 설계이다.

예제 4-3 UI 주도 점진적 스키마 설계

```
type Query {
  taskMainList: [Task!]

  #추가 쿼리 필드
}
```

taskMainList의 타입은 [Task!]이다. 대괄호([])는 필드가 태스크 모델의 객체 리스트임을 알려준다. 따라서 이 필드의 리졸버는 배열과 연동돼야 한다. 대괄호 안에서 **Task** 뒤에 오는 느낌표는 이 배열의 모든 아이템이 값을 가져야 하고 null이 될 수 없다는 의미이다.

루트 필드의 null 특성

그래프QL 스키마에선 null과 빈 값^{empty}을 비교하는 목적이 아닌 이상 일반적으로 필드 타입을 null로 만들지 않는 것이 좋다. null이 아닌 타입은 아직 빈 값을 가질 수 있다. 예를 들어 null이 아닌 문자열은 빈 문자열이 될 수 있으며, null이 아닌 리스트는 빈 배열이, 그리고 null이 아닌 객체는 속성을 가지지 않는 객체가 될 수 있다.

null 필드를 사용하는 유일한 이유는 값이 없다는 것에 의미를 부여할 때이지만 예외가 있다. 바로 루트 필드이다. 루트 필드를 null로 사용할 때는 다른 의미가 있다. 그래프QL.js에선 필드 리졸버가 오류를 던지면 내장 실행자가 해당 필드를 null로 리졸브한다. null이 아닌 필드에 오류를 던진 경우 실행자는 null 속성을 해당 필드의 부모 필드에 전달한다. 만약 부모 필드도 null 필드가 아니면 실행자가 null 필드를 만날 때까지 계속 트리를 타고 올라간다.

즉, 루트 필드 **taskMainList**가 null이 아닌 필드로 만들어졌고 오류가 던져졌다면, null 특성이 **Query** 타입(부모)에게 전달된다. 따라서 쿼리가 다른 루트 필드를 가지고 있더라도, 이 필드를 요청하는 쿼리의 전체 데이터 응답이 null이 된다.

이상적이지 않다. 하나의 잘못된 루트 필드가 다른 루트 필드의 데이터 응답을 막을 수 있기 때문이다. 다음 장에서 그래프QL API를 만들면서 예시를 확인하겠다.

그렇기 때문에 **taskMainList**를 null 필드로 만들었으며, 다른 모든 루트 필드도 null 필드로 만들 것이다.[6] 이 방식에서 null이란 '루트 필드의 리졸버가 잘못되더라도 다른 루트 필드에 영향을 주지 않도록 부분적인 응답을 허용한다'는 의미이다.

메인 태스크 리스트를 구현하는 또 다른 방법은 일반형 **taskList** 루트 필드를 만들고 이 필드에 정렬이나 최댓값을 제어하도록 인수를 정의하는 것이다. 이 방식은 다양한 리스트를 만들 수 있어서 유연하다고 볼 수 있지만, 이 유연성에는 대가가 따른다. 공용 API를 설계할 때는 현재 구상 중인 UI에 맞추어 정확하게 기능을 구현한 후 나중에 UI의 변경이 발생하면 API를 최적화 또는 확장하는 것이 안전하다. 즉, 구체성(유연성의 반대 개념)이 나중에 더 변경을 용이하게 만든다.

4.3.2 검색 및 유니온/인터페이스 타입

AZdev UI의 주요 기능은 검색 폼이다(그림 4-2). 사용자는 이 폼을 사용해서 태스크와 접근법 객체를 찾을 수 있다.

---

6 옮긴이_ 앞서 살펴본 예시에서 [task!]는 대괄호([]) 밖에 !가 없다. 즉 필드 자체는 null이 가능하다. 옮긴이도 왜 task!로 했는데 null이 가능하다고 했는지 찾아내느라 한참 걸렸다.

그림 4-2 AZdev 메인 페이지의 틀

검색 폼을 지원하기 위해서 그래프QL API가 쿼리 루트 필드를 제공해야 한다. 이 필드를 search라고 하겠다.

이 **search** 루트 필드의 그래프QL 타입은 살펴보면 꽤 재미있다. 연관성에 따라 레코드를 찾고 정렬하기 위해서 텍스트로 된 SQL 쿼리를 실행해야 하기 때문이다. 뿐만 아니라 이 SQL 쿼리는 (서로 다른 필드를 포함하고 있는) 두 개의 모델을 사용해 일치하는 태스크와 접근법 객체를 섞은 리스트를 반환해야 한다.

예를 들어 UI에서 검색 결과가 태스크 레코드인 경우 해당 태스크에 속한 접근법 수를 표시하게 만든다거나, 반대로 검색 결과가 접근법 레코드인 경우 해당 접근법의 태스크 정보를 표시하게 만든다고 해보자.

이를 위해선 다음과 같이 **Task**와 **Approach** 타입에 새 필드만 추가하면 된다.

예제 4-4 approachCount와 task 필드

```
type Task {
  # .-.-.
  approachCount: Int!
}
```

```
type Approach {
  # ·-·-·
  task: Task!
}
```

하지만 검색 루트 필드는 태스크 레코드의 리스트나 접근법 레코드의 리스트가 될 수 없다. 이 두 모델을 하나의 새 타입으로 합쳐야 한다. 그래프QL에선 이 처리를 유니온 타입 또는 인터페이스 타입으로 사용해서 구현할 수 있다. 이 두 타입에 대해 설명하기 전에 먼저 왜 두 모델을 하나로 합쳐야 하는지 생각해볼 필요가 있다. 다음과 같은 쿼리를 지원하도록 API를 설계하면 안 되는 걸까?

예제 4-5 검색 필드를 위한 단순한 쿼리

```
query{
  search(term: "something") {
    taskList {
      id
      content
      approachCount
    }
    approachList {
      id
      content
      task {
        id
        content
      }
    }
  }
}
```

위 쿼리가 실행은 되더라도 큰 문제가 있다. 검색 결과로 두 개의 다른 리스트를 반환한다는 것이다. 즉, 검색 결과의 순위rank를 연관성에 기반해서 정확하게 반영할 수 없다. 각 리스트 안에서 순위가 매겨지고 전체적인 순위를 확인할 수 없다.

이 쿼리를 개선하려면 검색 키워드에 일치하는 모든 객체를 하나의 리스트로 반환해야 한다. 그러면 연관성을 기준으로 순위를 매길 수 있게 된다. 하지만 이 객체들은 각자 다른 필드를 가질 수 있으므로 모든 것을 결합한 새로운 타입이 필요하다.

이를 위한 방법 하나는, 모델에 따라 null이 가능한 필드를 가질 수 있도록 객체 배열을 표현하는 search필드를 만드는 것이다. 예를 들면 다음과 같다.

예제 4-6 search 필드용 개선된 쿼리

```
search(term: "something") {
  id
  content
  approachCount // 결과가 태스크일 때
  task {        // 결과가 접근법일 때
    id
    content
  }
}
```

이 방식이 더 나을 뿐 아니라 검색 순위 문제도 해결해준다. 하지만 API 사용자 입장에선 검색 결과를 표시하기 위해 어떤 필드가 null인지 확인해야 하므로 불편하다.

그래프QL에선 이 문제를 해결하기 위해서 유니온 또는 인터페이스 타입을 사용해 검색 결과를 합칠 수 있다.

유니온 타입 사용하기

유니온 타입은 OR 로직을 의미한다는 것을 기억하자(3장에서 다뤘다). 즉, 유니온 타입의 검색 결과는 태스크 또는 접근법 중 하나이다. 내향성 __typename을 사용해서 서버가 어떤 타입의 아이템을 찾았는지 확인할 수 있으며, (알아낸 타입을 기준으로) 인라인 조각을 사용해 UI가 요구하는 필드를 정확하게 선택할 수 있다(3장의 깃허브 issueOrPullRequest 예제에서 본 방식과 같다).

다음 쿼리는 유니온을 사용한 검색 기능을 구현했다.

```
query{
  search(term: "something") {
    type: __typename
    ... on Task {
      id
      content
      approachCount
    }
    ... on Approach {
      id
      content
      task {
        id
        content
      }
    }
  }
}
```

이 쿼리는 [예제 4-6]을 개선한 쿼리다. 인라인 조각을 사용하므로 **// 결과가 ~일 때** 라고 쓰여있던 주석을 정식 코드로 대체할 수 있다. 또한, **__typename** 내향성 필드를 사용하므로 사용자도 아이템의 정확한 타입을 알 수 있다.

그래프QL 스키마 언어에서 검색 루트 필드용 유니온 타입을 만들려면 union 키워드를 파이프 문자(|)와 함께 사용하면 된다.

예제 4-8 유니온 타입을 사용한 검색 기능

```
union TaskOrApproach = Task | Approach

type Query {
  #.-.-.
  search(term: String!): [TaskOrApproach!]
}
```

검색 필드 다음에 괄호를 사용해서 검색어(term)를 인수로 받는 필드임을 나타낸다. 검색 결과가 항상 배열이며 배열 아이템이 null이 될 수 없는 데에도 유의하자. 하지만 (일치하는 결과가 없다면) 배열 자체가 null이 될 수 있다.

4.3.3 인터페이스 타입 사용하기

[예제 4-7]의 쿼리는 중복된 부분이 있다. id와 content 필드가 태스크와 접근법 모델에 모두 존재한다. 3장에서 인터페이스 타입을 사용해 이런 공통 필드를 구현하는 방법을 보았다.

검색 아이템은 기본적으로 세 개의 속성(type, id, content)을 가진 객체라고 볼 수 있으며 이 객체가 메인 인터페이스가 된다. 또한, 타입에 따라 approachCount 또는 task 필드를 가질 수 있다.

검색 루트 필드를 사용하기 위해서 다음과 같이 쿼리를 작성할 수 있다.

예제 4-9 인터페이스 타입 검색 필드

```
query{
  search(term: "something") {
    type: __typename
    id
    content
    ... on Task {
      approachCount
    }
    ... on Approach {
      task {
        id
        content
      }
    }
  }
}
```

이 쿼리에는 중복된 필드가 없으므로 이전 버전보다 낫다. 하지만 언제 유니온을 사용하고, 언제 인터페이스를 사용해야 하는 것일까?

이것을 정하기 위해서 다음과 같은 질문을 할 필요가 있다. '모델이 다른 필드를 가져도 서로 비슷한가(그룹화할 수 있는가)? 아니면 공통 필드가 없는 전혀 다른 모델인가?'

공통 필드가 있다면 인터페이스가 낫다. 유니온은 모델 그룹이 공통 필드를 가지지 않을 때만 사용한다. 그래프QL 스키마 언어에서 검색 루트 필드용 인터페이스 타입을 구현하고 싶다면 interface 키워드를 사용해서 공통 필드를 정의한 새로운 객체 타입을 만들면 된다. 그리고 implements 키워드를 사용해서 모든 모델이 새로 만든 타입을 구현하게 하면 된다.

예제 4-10 인터페이스를 사용한 검색 기능 구현하기

```
interface SearchResultItem {  ◁——— 유니온 타입 TaskOrApproach를 대체
  id: ID!
  content: String!
}


type Task implements SearchResultItem {
  # ·-·-·
  approachCount: Int!
}


type Approach implements SearchResultItem {
  # ·-·-·
  task: Task!
}


type Query {
  # ·-·-·
  search(term: String!): [SearchResultItem!]
}
```

인터페이스를 사용하면 쿼리가 더 간단해진다는 이점이 있으며, 필자가 인터페이스를 선호하는 이유도 바로 여기에 있다. 쿼리를 보면 알겠지만 **Task/Approach** 타입이 다른 타입의 일부라는 것을 한 눈에 알 수 있다. 유니온에서는 이것이 불가능하다(어떤 타입이 **Task/Approach**

타입을 사용하는지 일일이 코드를 찾아야 알 수 있다).

> **TIP_** 그래프QL 타입은 여러 개의 인터페이스를 구현할 수 있다. SDL에서는 단순히 구현할 인터페이스 타입들을 쉼표로 연결해서 기술하면 된다.

4.3.4 태스크 하나를 위한 페이지

AZdev UI 사용자는 홈페이지(또는 검색 결과 페이지)에서 하나의 태스크를 선택해서 단일 태스크 정보를 보여주는 페이지로 이동할 수 있다. 이 페이지는 선택한 태스크의 접근법 리스트를 포함한 전체 정보를 보여준다.

그래프QL API는 사용자가 하나의 태스크 객체를 얻을 수 있도록 쿼리 루트 필드를 제공해야 한다. 이 루트 필드 이름을 taskInfo라고 하자.

예제 4-11 예비 쿼리 #2: taskInfo

```
query {
  taskInfo (
    # 태스크 레코드를 식별하기 위한 인수
  ) {
    # 태스크 레코드에 포함되는 필드
  }
}
```

단일 태스크 레코드를 식별하려면 id 인수를 받게 하면 된다. 이 루트 필드를 지원하려면 다음을 스키마 텍스트에 추가하면 된다.

예제 4-12 UI 주도 점증적 스키마 설계

```
type Query {
  # ·-·-·
  taskInfo(id: ID!): Task
}
```

이렇게 함으로써 API 사용자가 단일 태스크 객체에 대한 모든 정보를 추출할 수 있다. 하지만 태스크 객체에 속한 접근법 객체는 어떻게 해야 할까? 사용자가 접근법 정보를 추출하려면 어떻게 해야 하는 것일까?

또한, AZdev 애플리케이션의 사용자는 접근법에 투표를 할 수도 있으므로 API가 선택된 접근법의 투표 수도 반환하게 해야 한다. 접근법의 투표 수를 처리하기 위한 가장 쉬운 방법은 필드를 추가해서 각 접근법 객체가 가진 현재 투표 수를 추적하게 하는 것이다.

예제 4-13 voteCount 필드

```
type Approach implements SearchResultItem {
  # ·-·-·.
  voteCount: Int!
}
```

이제 개별 태스크 객체가 가지고 있는 접근법 리스트를 반환할 차례이다. 이를 위해선 개체 관계entity relationship를 이해할 필요가 있다.

> **TIP_** 그래프QL 타입은 항상 해당 타입을 사용하는 UI 관점에서 생각해야 한다. 필요할 때 기능을 추가하는 것은 쉽지만, 필요 없게 돼서 기능을 삭제해야 할 때는 훨씬 많은 노력이 필요하다.

4.3.5 개체 관계

태스크 객체 아래에 있는 접근법 리스트는 관계relationship를 나타낸다. 하나의 태스크는 다수의 접근법 객체를 가질 수 있기 때문이다.

이외에도 다음과 같은 관계를 고려해야 한다.

- UI상에 태스크 레코드를 표시할 때 해당 태스크를 만든 사용자도 함께 표시해야 한다. 접근법도 마찬가지다.
- 애플리케이션이 각 접근법의 상세 정보 목록을 표시해야 한다. 이 관계를 표현하기 위해 새로운 객체 타입인 접근법 상세Approach Detail 타입을 만드는 것이 좋다.

따라서 API는 다음 4개의 관계를 표현할 수 있어야 한다.

- 하나의 태스크는 다수의 접근법을 가진다.
- 하나의 태스크는 한 명의 사용자(태스크를 만든 사용자)를 가진다.
- 하나의 접근법은 한 명의 사용자(접근법을 만든 사용자)를 가진다.
- 하나의 접근법은 다수의 접근법 상세 레코드를 가진다.

데이터베이스에선 이런 관계들이 **id** 컬럼(기본키 또는 외래키)의 정수값으로 표현된다. API의 클라이언트는 이런 ID가 나타내는 데이터에 관심이 있다. 예를 들어 태스크 레코드를 만든 사람이 누구인지, 또는 접근법을 정의한 사람이 누구인지 등이다. 클라이언트가 관계 필드(ID)를 그래프QL 쿼리에 포함시키는 이유도 바로 ID에 연계된 하부 필드의 리스트를 얻고 싶기 때문이다.

예제 4-14 taskInfo에 속하는 관계 필드

```
query {
  taskInfo (
    # 태스크 레코드를 식별하기 위한 인수
  ) {
    # 태스크 레코드 아래에 있는 필드

    author {
      # 사용자 레코드 아래에 있는 필드
    }

    approachList {
      # 접근법 레코드 아래에 있는 필드

      author {
        # 사용자 레코드 아래에 있는 필드
      }

      detailList {
        # 접근법 상세 레코드 아래에 있는 필드
      }
    }
  }
}
```

스키마에서 이 관계를 지원하려면 핵심 타입의 참조를 추가해야 한다.

예제 4-15 UI 주도 점진적 스키마 설계

```
type ApproachDetail {          접근법 상세 객체를 표현하기 위한 새로운 핵심 타입
  content: String!
  # 접근법 상세 레코드용 추가 필드
}

type Approach implements SearchResultItem {
  # .-.-.
  author: User!
  detailList: [ApproachDetail!]!
}

type Task implements SearchResultItem {
  # .-.-.
  author: User!
  approachList: [Approach!]!
}
```

author 필드를 위해 User 타입을 사용한 것에 주목하자. 동일한 User 타입을 me 필드 범위 아래에서도 사용할 예정이지만 문제가 있다. User 타입 아래에 정의해야 하는 taskList 필드 때문이다(4.3.8 참고). 사용자가 자신에게 속한 태스크 레코드를 요청할 때는 괜찮지만 API가 공개 태스크 레코드의 author 상세 정보를 전달할 때는 해당 author의 taskList는 포함해서는 안 된다. 이 문제를 해결하려면 me 필드 범위를 사용하면 된다(7장에서 자세히 다룬다).

4.3.6 ENUM 타입

접근법 상세 레코드는 단순한 텍스트 필드이지만(content라는 이름을 사용하고 있다), 다른 필드와는 달리 특정 카테고리에 속한다는 특성을 가지고 있다. 우리 API는 초기 카테고리로 NOTE(참고), EXPLANATION(설명), WARNING(경고)를 사용한다. 접근법 상세 카테고리의 값은 앞선 세 가지 카테고리만 사용할 수 있으므로, 그래프QL의 특수한 타입인 ENUM을 사용하도록 한다. 다음은 스키마 정의 언어에서 ENUM을 사용한 예이다.

예제 4-16 ApproachDetailCategory ENUM 타입

```
enum ApproachDetailCategory {
  NOTE
  EXPLANATION
  WARNING
}
```

ENUM 타입은 특정 필드에 사용할 수 있는 모든 값을 열거할 수 있게 해준다. 반대로 말하면, 해당 필드가 열거한 값만 사용할 수 있게 제한하므로 필드에 검증 로직을 추가할 수 있다. 이것은 특히 사용자가 입력한 값을 받아서 열거형 필드에 적용할 때 유용하며, 타입 체계에서 필드가 지정한 값만 받게 하므로 필드 간 커뮤니케이션에도 도움을 준다.

이제 ApproachDetail 타입을 수정해서 ENUM 타입을 사용하게 만들어보자.

예제 4-17 접근법 상세 데이터용 그래프QL 타입

```
type ApproachDetail {
  content: String!
  category: ApproachDetailCategory!
}
```

이것으로 UI용 쿼리를 위한 그래프QL 타입이 어느 정도 준비됐다. 하지만 시작에 불과하다. API를 만들어가면서 핵심 타입용 추가 필드뿐만 아니라 추가 타입도 고려해야 한다.

4.3.7 스칼라값 리스트

태스크 객체를 쉽게 찾을 수 있도록 API 사용자가 태스크를 만들 때 태그를 추가할 수 있게 해보자. 예를 들면 git, javascript, command, code 등의 태그를 사용할 수 있다. 이 태그들을 태스크 객체를 반환하는 각 필드의 응답에 포함시켜보자. 단순히 문자열 배열을 만들면 된다.

예제 4-18 태그 필드

```
type Task implements SearchResultItem {
  # .-.-.
  tags: [String!]!
}
```

4.3.8 태스크 레코드용 페이지

로그인한 사용자가 자신이 저장한 태스크 레코드 목록을 볼 수 있게 해보자. 이를 위한 필드를 taskList라고 하도록 한다.

하지만 taskList를 루트 필드로 만들면 데이터베이스의 모든 태스크 레코드를 반환할 수 있다고 오해할 수도 있다. 이런 문제를 방지하려면 이름을 다르게 지을 수도 있지만, 더 나은 방법이 있다. 쿼리 루트 필드의 범위를 현재 로그인 사용자로 제한하고 taskList 필드 아래에 두는 것이다.

그래프QL API에선 이런 필드를 보통 me라고 부르지만, 정해진 규칙은 아니므로 다른 이름을 사용해도 된다.

```
query {
  me (
    # 사용자 접속을 검증하긴 위한 인수
  ) {
    taskList {
      # 태스크 레코드 아래에 있는 필드
    }
  }
}
```

me 필드 아래의 모든 필드는 현재 로그인한 사용자의 데이터로 제한된다. 필요하면 이후에 me 필드 아래에 필드를 추가할 수도 있다. me 필드는 현재 사용자와 관련된 여러 필드를 정리할 때 유용한 방법이다.

me{taskList} 기능을 지원하려면 스키마에 필드 두 개를 추가해야 한다. User 타입을 반환하는 루트 me 필드와 User 타입에 있는 taskList 필드이다.

예제 4-20 UI 주도 점진적 스키마 설계

```
type User {
  # ·-·-·
  taskList: [Task!]!
}

type Query {
  # ·-·-·
  me: User
}
```

> **NOTE_** me 필드를 null이 가능하도록 만들었다. 백엔드 세션에서 타임아웃이 발생하면 me 필드를 가진 쿼리 전체에 null 응답을 반환하는 것이 아니라, 타임아웃된 me 필드만 null을 반환하고 쿼리의 나머지 부분은 정상적으로 반환하도록 하는 것이다.

이제 로그인 사용자는 자신만의 태스크 레코드를 볼 수 있다. 하지만 사용자가 API에 로그인하려면 어떻게 해야 할까? 특정 쿼리가 로그인한 사용자가 보낸 것인지 어떻게 알 수 있을까? 이를 위해선 그래프QL의 인증과 권한 관리에 대해 살펴볼 필요가 있다.

4.3.9 인증과 권한 관리

me 필드는 접속 토큰을 지정해야 한다. 이 프로젝트에선 인증 수단으로 간단한 문자열 토큰을 사용하도록 하며 이 토큰을 authToken이라고 부르도록 하겠다. 이 문자열값은 사용자 레코드와 함께 데이터베이스에 기록되며 me나 search 같은 개인 쿼리 필드와 변경용으로 사용할 수 있다.

> **TIP_** 이 간단한 문자열 토큰을 전달자 토큰bearer token이라고 한다. 요청 헤더에서 인증 토큰을 식별할 때 사용되기도 한다.

authToken을 요청에 포함해서 전달하면 API 서버는 이 토큰을 사용해서 요청을 생성한 사용자가 누구인지 식별한다. 이 토큰은 세션 쿠키와 비슷한 개념이다. 사용자 세션 단위로 기억되며 해당 세션이 만든 그래프QL 요청과 함께 전달된다. 그리고 사용자가 AZdev 애플리케이션에 로그인할 때 갱신돼야 한다.

권한 관리

권한 관리Authorization는 비즈니스 로직으로 특정 사용자가 데이터를 읽거나 특정 처리를 실행할 수 있는 권한이 있는지를 결정한다. 예를 들어 AZdev API에선, '태스크 레코드의 소유자만 해당 레코드를 삭제할 수 있다'는 규칙을 정하는 것이다.

AZdev에선 서버가 authToken값을 사용해서 API 사용자를 식별하고, 이를 바탕으로 해당 사용자에게 특정 권한을 부여한다.

---

authToken값은 그래프QL 요청 텍스트에 포함시킬 수 있다. 필드의 인수로 지정할 수도 있지만, 접속 토큰은 일반적으로 별도로 분리한다. 웹 API에선 요청 헤더를 사용해 이런 토큰을 포함시킨다.

또한, 그래프QL API 서비스의 필드 리졸버에 직접 인증이나 권한 관리 로직을 포함시키는 것은 좋지 않다. 대신, 별도의 계층에 이 작업을 위임시키고, 해당 계층은 오직 이 작업만 신경 쓰도록 하는 것이 일반적이다. AZdev API에선 데이터베이스를 (인증과 권한 관리) 전용 계층으로 사용하도록 하며, 이를 위한 SQL 문은 별도로 제공하겠다.

authToken값은 임시 패스워드와 같으며, 전송 또는 저장 시에 안전하게 보호돼야 한다. 즉, 애플리케이션은 HTTPS 연결을 통해서만 토큰을 전달해야 하며 데이터베이스에 authToken 값을 일반 텍스트로 저장해서는 안 된다.

> **TIP_** 문자열 토큰 개념은 인증에 사용할 수 있는 가장 간단한 방법이다. 접근과 권한에 대해 더 깊이 있게 배우고 싶다면, JSON 웹 토큰JSON Web Token(JWT)을 보도록 하자. JWT는 JSON을 사용해서 제목, 생성자, 유효 기간 등의 공통 필드를 전달한다. JWT는 JSON 웹 전자서명JSON Web Signature(JWS)나 JSON 웹 암호화JSON Web Encryption(JWE) 같은 사양과 함께 사용하므로 유효한 토큰값을 안전하게 보호할 수 있다. JWT에 관련해선 **az.dev/jwt**를 보도록 하자.

4.4 변경

AZdev에 콘텐츠(태스크, 접근법, 상세 정보, 투표)를 추가하려면, 사용자가 계정을 만들고 로그인해야 한다. 이를 위해선 API가 사용자 정보를 저장할 users 데이터베이스에 접근할 수 있어야 한다. 즉, 그래프QL API는 사용자 정보를 생성하고 해당 사용자가 권한 토큰을 얻을 수 있도록 변경 기능을 제공해야 한다.

예제 4-21 예비 변경 작업 #1: userCreate

```
mutation {
  userCreate (
    # 신규 사용자 레코드 입력
  ) {
    # 실패/성공 응답
  }
}
```

```
mutation {
  userLogin (
    # 신규 사용자 식별을 위한 입력
  ) {
    # 실패/성공 응답
  }
}
```

userCreate 변경 작업은 사용자가 AZdev 애플리케이션용 계정을 생성하며, userLogin은 특정 쿼리나 변경 작업을 할 수 있는 사용자인지 식별한다.

각 변경 작업은 이후에 실패와 성공 응답을 처리할 수 있다. 변경 작업은 사용자 입력값이 유효한지에 따라 성공 여부가 결정되는 것이 일반적이다. 잘못된 변경 작업에 의해 발생하는 오류는 그래프QL API 사용자에 의해 발생하는 루트root 오류들과 구분하는 것이 좋다. 예를 들어 존재하지 않는 필드를 요청하면 루트 오류가 발생하지만, id가 이미 시스템상에 존재하는 사용자를 생성하면 입력 오류가 발생하므로 두 오류를 다르게 처리해야 한다.

페이로드 오류

루트 오류 필드는 서버 측에 문제가 있을 때 사용하지만(5xx HTTP 오류와 같다), 경우에 따라선 클라이언트 측 문제에도 사용된다. 예를 들어 API 제한 사용량을 초과하거나 권한 없이 접근한 경우이다. 또한, 클라이언트가 스키마 검증에 실패하는 요청을 보낸 경우에도 루트 오류 필드가 사용된다. 페이로드 오류payload error는 사용자가 잘못된 입력값을 제공한 경우 사용자 친화적인 메시지를 전달할 때 유용하다.

페이로드 오류에 사용자 친화적인 메세지를 전달하면 페이로드를 오류 표시의 경계선으로 삼을 수 있다. 어떤 개발자는 심지어 쿼리 필드에 페이로드 오류를 사용하기도 한다. 페이로드 오류를 이용해 API 사용자가 상세 구현 내용이나 서버 오류를 보지 못하도록 할 수 있다.

실패/성공 응답은 유니온 타입이나 결과 페이로드output payload라는 특수한 타입을 사용해서 구현할 수 있다. AZdev API 변경 작업에선 페이로드 개념을 사용하도록 하겠다.

변경 결과 페이로드는 오류나 변경 작업 대상 개체, 그리고 API 사용자에게 유용한 값들을 포함할 수 있다. 예를 들어 userLogin 변경은 생성된 authToken값을 결과 페이로드의 일부로 포함시킬 수 있다. 다음과 같이 하면 된다.

예제 4-23 UI 주도 점진적 스키마 설계

```
type UserError {
    message: String!
}

type UserPayload {
    errors: [UserError!]!
    user: User
    authToken: String
}
# 추가 개체 페이로드

type Mutation {
    userCreate(
        # 변경 작업 입력
    ): UserPayload!

    userLogin(
        # 변경 작업 입력
    ): UserPayload!
    # 추가 변경 작업
}
```

authToken 필드를 UserPayLoad의 user로부터 분리시킨 것에 주목하자. API를 더 간결하게 만들어준다. authToken값은 사용자 레코드의 일부가 아니다. 사용자를 위한 임시값으로 이후 작업을 위한 인증용으로 때가 되면 갱신해주어야 한다.

이 스키마는 두 개 변경 작업(userCreate, userLogin)의 결과를 처리해주지만 아직 입력값에 대한 아무런 정보가 없다.

4.4.1 변경 작업 입력값

변경 작업은 항상 입력값을 가지며 일반적으로 입력값은 여러 개의 요소로 구성된다. 그래프QL은 다중 필드 입력값의 구조를 검증하고 표현할 수 있도록 input이라는 특수한 타입을 제공한다. 이 타입은 스칼라 입력값 그룹을 한 개의 객체로 만들어준다.

예를 들어 userCreate 작업에서 사용자가 성, 이름, 사용자명, 패스워드를 지정할 수 있다고 하자. 모든 필드는 문자열이다.

userCreate을 위한 4개의 스칼라 인수를 정의하는 대신에 이 입력값들을 하나의 입력 객체 인수로 묶을 수 있다. 이때 사용하는 것이 input 키워드이다.

예제 4-24 UI 주도 점진적 스키마 설계

```
# 입력 타입 정의하기
input UserInput {
    username: String!
    password: String!
    firstName: String
    lastName: String
}

# 입력 타입을 변경 작업의 유일한 인수로 사용한다
type Mutation {
    userCreate(input: UserInput!): UserPayload!
    # 추가 변경 작업
}
```

이 새로운 타입에 관해 몇 가지 사실을 알아두어야 한다.

- 입력 객체 타입의 이름과 인수의 이름은 원하는 대로 사용할 수 있다. 하지만 일반적으로는 이름으로 <Model>Input과 input을 사용하는 것이 규칙이며, AZdev 스키마 또한 이 규칙을 사용하고 있다.
- firstName과 lastName은 선택 항목으로 계정을 등록할 때는 이름 없이 사용자명(username)과 패스워드만 지정하면 된다.

UserInput 타입은 앞서 쿼리용으로 설계한 User 타입과 비슷하다. 사용자용 핵심 객체 타입이 있음에도 불구하고 입력 객체를 만든 이유가 궁금할 수도 있다.

입력 객체 타입은 기본적으로 결과 객체 타입을 단순화한 것이다. 입력 필드는 결과 객체 타입(또는 인터페이스나 유니온 타입)을 참조할 수 없으며 스칼라 입력 타입 또는 다른 입력 객체 타입만 사용할 수 있다.

입력 객체 타입은 데이터베이스 스키마보다 작거나 비슷하지만, 다른 타입들은 관계나 사용자 로직을 표현하기 위해서 더 많은 필드를 사용하는 것이 일반적이다. 예를 들어 id 필드는 User 타입에 필요하지만 UserInput 타입에는 필요 없다. 데이터베이스가 생성하는 값이기 때문이다. 필드가 입력 객체 타입에 포함된다고 해서 반드시 결과 타입에 포함돼야 하는 것은 아니다. password 필드가 이에 해당한다. 사용자 계정을 만들어야 (또는 로그인해야) 하지만, 해당 정보를 외부에 노출해서는 안 된다.

username과 firstName, lastName값은 직접 변경 작업에 전달해도 되지만, 입력 객체 타입을 사용해서 하나의 객체로 전달하는 편이 효율적이다. 이는 해당 변경 작업을 사용하는 코드의 복잡도를 낮춰주며 코드 가독성을 높여준다. 또한, 입력 객체를 사용하면 코드 재사용성 측면에서도 이점이 있다.

> **TIP_** 입력 객체 타입의 장점은 대부분 여러 개의 스칼라 입력값이 있을 때의 얘기지만, 스칼라값이 하나 일 때도 모든 변경 작업에 동일한 방식(입력 객체 타입)을 사용할 것을 권한다.

userLogin 작업을 위해 사용자명과 패스워드를 전달해야 한다. 이를 위해 AuthInput 타입을 만들도록 하겠다.

예제 4-25 UI 주도 점진적 스키마 설계

```
input AuthInput {
  username: String!
```

```
    password: String!
  }

  type Mutation {
    # ..-..-
    userLogin(input: AuthInput!): UserPayload!
  }
```

4.4.2 사용자 레코드 삭제하기

AZdev API 사용자에게 사용자 프로필을 삭제할 수 있는 기능도 제공해보자. 이를 위해서
userDelete 변경 작업을 만들도록 한다.

예제 4-26 예비 변경 작업 #3: userDelete

```
  mutation {
    userDelete {
      # 실패/성공 페이로드
    }
  }
```

이 변경 작업은 입력값을 가지지 않는다. authToken값을 통해 사용자를 식별하기 때문으로 이
값은 요청의 헤더로 전달된다.

페이로드는 작업이 성공한 경우 삭제한 사용자의 ID를 반환하면 된다. 다음은 이를 위한 SDL
텍스트이다.

```
  type UserDeletePayload {
    errors: [UserError!]!
    deletedUserId: ID
  }

  type Mutation {
```

```
    # ·-·-·.
    userDelete: UserDeletePayload!
}
```

4.4.3 태스크 객체 만들기

AZdev 애플리케이션에서 신규 태스크를 만들 수 있도록 API에 taskCreate 작업을 만들겠다. 이 작업은 다음과 같이 구성된다.

예제 4-27 예비 변경 작업 #4: taskCreate

```
mutation {
  taskCreate(
    # 신규 태스크 레코드용 입력
  ) {
    # 실패/성공 페이로드
  }
}
```

이 작업을 지원하려면 태스크 입력과 페이로드 타입을 정의하고, 이를 사용하는 신규 변경 필드를 만들어야 한다.

입력 객체의 메인 필드는 태스크 레코드의 content 필드로 단순한 텍스트 필드이다. 문자열 배열을 사용하는 tags 필드도 필요하며 외부 검색에 노출되지 않는 비공개 태스크도 지정할 수 있게 한다(비공개 태스크는 자신이 검색할 때만 노출된다).

> **TIP_** 비공개 태스크 속성은 개인 프로젝트에 있는 것만 참조하게 할 때 유용하다. 단, API 사용자가 태스크를 소유한 경우가 아니라면 해당 태스크를 제외해야 하므로 처리가 복잡해진다는 단점이 있다.

다음은 태스크 개체를 변경하기 위한 SDL 텍스트이다.

```
input TaskInput {
  content: String!
  tags: [String!]!
  isPrivate: Boolean!
}

type TaskPayload {
  errors: [UserError!]!
  task: Task
}

type Mutation {
  # ·-·-·
  taskCreate(input: TaskInput!): TaskPayload!
}
```

4.4.4 접근법 만들기 및 투표하기

기존 태스크에 속하는 신규 접근법을 만들기 위해서 **approachCreate**이라는 변경 작업을 API
에 추가하도록 한다.

예제 4-29 예비 변경 작업 #4: approachCreate

```
mutation {
  approachVote (
    # 접근법 레코드를 식별하기 위한 입력
    # "Vote(투표)"용 입력
  ) {
    # 성공/실패 접근법 페이로드
  }
}
```

다음은 이 두 변경 작업을 지원하기 위한 스키마 텍스트이다.

예제 4-31 UI 주도 점진적 스키마 설계

```
input ApproachDetailInput {
  content: String!
  category: ApproachDetailCategory!
}

input ApproachInput {
  content: String!
  detailList: [ApproachDetailInput!]!
}

input ApproachVoteInput {
  up: Boolean!
}

type ApproachPayload {
  errors: [UserError!]!
  approach: Approach
}

type Mutation {
  # ·-·-·

  approachCreate(
    taskId: ID!,
    input: ApproachInput!
  ): ApproachPayload!

  approachVote(
    approachId: ID!,
    input: ApproachVoteInput!
  ): ApproachPayload!
}
```

찬성과 반대 투표를 위해서 두 값으로 구성된 ENUM이 아니라 단순한 불린boolean 필드를 사용한다. 값이 정확히 두 개만 허용된다면 이처럼 불린을 사용할 수도 있다. ENUM도 나쁘지 않지만, 여기서는 불린에 명확한 설명을 기술해서 사용하겠다. 단순히 설명이 필요한 필드 앞에 3연속 따옴표(""")를 입력한 후 내용을 작성하면 된다.

예제 4-32 설명문 추가하기

```
input ApproachVoteInput {
  """ true: 찬성, false: 반대 """
  up: Boolean!
}
```

그래프QL 스키마에서 이런 텍스트를 설명문description이라고 하며 스키마의 일부이다. 주석이라기 보다는 해당 타입의 속성으로 보는 것이 맞다. 그래피컬 같은 툴은 이 설명문을 사용해서 자동 완성 목록이나 문서 탐색기에 표시한다. 부가적인 설명이 필요한 필드라면 설명문 속성을 추가하는 것이 좋다.

> **TIP_** userUpdate나 approachUpdate 변경을 추가하는 것도 좋다. 이후 장을 진행하면서 시도해보도록 하자. 이 장에서는 이 변경 작업들을 호출하는 방법과 SDL 텍스트로 작성하는 방법을 고민해볼 필요가 있다.

모든 변경 작업의 이름은 '액션<모델명>'(예: createTask)이 아니라 '<모델명>액션'(예: taskCreate) 형식으로 정하기로 한다. 이렇게 하면 모든 태스크 레코드 관련 액션(처리)을 알파벳순으로 정렬할 수 있다. taskMainList, taskInfo, taskCreate, taskUpdate 작업이 서로 인접해 있어서 쉽게 찾을 수 있다.

> **TIP_** ApproachDetailInput 타입(예제 4-31)은 ApproachDetail 타입(예제 4-17)과 같다. 하지만 출력 타입을 입력 타입으로 재사용해서는 안 된다. 나중에 접근법 상세 내용에 고유 ID나 생성 일시 같은 내용을 추가할 수도 있다. 또한, 가능하면 일관성을 유지하는 것이 매우 중요하다.

4.5 구독

여러분이 트위터나 다른 소셜미디어에서 글을 보고 있는 사이에 댓글, 공유, 좋아요 수가 자동으로 업데이트된다. 비슷한 기능을 투표에 적용해보도록 하자. 태스크 페이지의 접근법 목록을 보고 있는 동안, 투표 수를 자동으로 업데이트하는 것이다.

이때 사용하는 것이 구독^{subscription} 작업이다. 이 작업은 **taskId**를 입력값으로 받아서 (시스템 상의 모든 접근법이 아닌) 단일 태스크 객체에 속하는 접근법의 투표 수를 구독한다. 이 구독 작업을 **voteChanged**라고 하자.

예제 4-33 예비 구독 작업 #1: voteChanged

```
subscription {
  voteChanged (
    # 태스크 레코드를 식별하기 위한 입력값
  ) {
    # 접근법 레코드 아래에 있는 필드
  }
}
```

최근 태스크 목록을 보여주는 AZdev 홈페이지에도 구독 기반 기능을 추가할 수 있다. 신규 태스크 레코드가 추가되면 그것을 알림 기능을 통해 사용자에게 알려주는 것이다. 사용자가 알림 버튼을 클릭하면 신규 태스크를 볼 수 있다. 이 구독 작업을 **taskMainListChanged**라고 하자.

예제 4-34 예비 구독 작업 #2: taskMainListChanged

```
subscription {
  taskMainListChanged {
    # 태스크 레코드 아래에 있는 필드
  }
}
```

이 구독 작업을 지원하려면 **Subscription**이라는 신규 타입을 새 필드와 함께 정의해야 한다.

```
type Subscription {
  voteChanged(taskId: ID!): Approach!
  taskMainListChanged: [Task!]
}
```

이것으로 API에 필요한 모든 기능을 갖추었다. 이제 실제로 동작하게 만들어보자!

> **NOTE_** 실제로 작동하는 AZdev API에는 이 책에서 다룬 기능 외에도 다른 기능이 추가되어있다. 이 책에서는 간단하고 이해할 수 있는 정도의 수준만 수록하고 있다. 실제 프로덕션 버전의 AZdev API는 **az.dev/api**에서 확인할 수 있다. 필자가 추가한 쿼리, 변경, 구독 작업을 볼 수 있을 것이다.

4.6 전체 스키마 텍스트

눈치 챈 독자도 있겠지만, 지금까지 UI를 기준으로 전체 스키마를 설명할 수 있었다. 이건 정말 놀라운 일이다. 이 간단한 스키마 언어를 프런트엔드 개발자에게 전달만 하면 바로 앱을 만들 수 있다. 여러분이 서버 개발을 끝낼 때까지 기다릴 필요가 없는 것이다. 또한, 그래프QL 서버를 시뮬레이션 하는 툴을 이용하면 임의의 테스트 데이터를 사용해 타입을 리졸브할 수도 있다.

> **TIP_** 스키마는 종종 계약에 비유되기도 한다. 무엇을 진행하든 계약을 가장 먼저 해야한다.

이 책에서 다루는 AZdev 그래프QL API의 전체 스키마 텍스트는 **az.dev/gia-schema**에서 볼 수 있다.

> **TIP_** 이 스키마 텍스트에 대해선 관련 기능을 개발하면서 다시 설명하도록 한다.

그래프QL 스키마가 준비됐으니 이를 지원하기 위한 데이터베이스를 설계해보자.

4.7 데이터베이스 모델 설계하기

지금까지 다룬 내용을 기준으로 4개 데이터베이스 모델이 필요하다.

- PostgreSQL: User, Task, Approach
- 몽고DB: ApproachDetail

먼저 PostgreSQL의 User 모델부터 시작해보자. PostgreSQL 데이터베이스에 새 스키마를 만들도록 하겠다. 기본 퍼블릭^{public} 스키마에 테이블을 만드는 것보다 별도 스키마를 사용하는 것이 좋다. 이렇게 하면 동일한 PostgreSQL 데이터베이스를 여러 애플리케이션에 사용할 수 있기 때문이다.

> **NOTE_** PostgreSQL 스키마는 그래프QL 스키마와 아무 관련이 없다. PostgreSQL 데이터베이스가 테이블이나 뷰 또는 다른 객체를 정리하는 방식이다.

PostgreSQL 스키마를 생성하려면 다음 명령을 사용하면 된다.

```
CREATE SCHEMA azdev;
```

> **NOTE_** 이 절에 있는 코드는 실행하지 않아도 된다. 5장에서 AZdev 프로젝트에 필요한 모든 SQL, NoSQL 구문을 프로젝트 템플릿 형태로 제공한다. 또한, 여기서 다루는 모델을 구현해둔 데이터베이스 컨테이너도 제공한다. 단순히 다운로드해서 실행하면 모든 데이터베이스 관련 데이터가 담긴 환경을 쉽게 구성할 수 있다. 하지만, 이 절에서 다루는 내용을 잘 읽어 보고 넘어가도록 하자. 데이터베이스를 어떤 기준으로 설계하는지 제대로 이해하는 것이 좋다.

4.7.1 사용자 모델

users 데이터베이스 테이블은 등록된 사용자 정보를 기록한다. 고유 ID와 필드의 생성 시간뿐 아니라 사용자명(username)과 패스워드(password) 필드도 저장해야 한다(이 두 가지 필드는 필수 필드이다).

그래프QL 사용자 타입이 name 필드를 가지도록 설계했었지만, 여기서는 데이터베이스 테이블이 성(last-name)과 이름(first-name)을 별도로 저장하도록 설계한다.

사용자가 매번 패스워드를 보내지 않고서도 그래프QL API가 요청을 인증할 수 있게 하는 방법이 필요하다. 이를 위해선 authToken값(해쉬값)을 임시로 저장할 수 있는 컬럼이 필요하다.

다음은 User 모델을 만들기 위한 SQL문이다.

예제 4-35 azdev.users 테이블

```
CREATE TABLE azdev.users (
  id serial PRIMARY KEY,
  username text NOT NULL UNIQUE,
  hashed_password text NOT NULL,
  first_name text,
  last_name text,
  hashed_auth_token text,
  created_at timestamp without time zone NOT NULL
    DEFAULT (now() at time zone 'utc'),

  CHECK (lower(username) = username)
);
```

id 필드는 serial 타입으로 설정했고 PRIMARY KEY(기본키) 제약을 주었다. serial 타입은 연속된 정수를 사용해서 자동으로 필드를 채운다(즉, 이 테이블용으로 자동으로 정수값을 생성 및 관리한다). 기본키 제약이란 해당 컬럼의 값이 항상 고유해야 하며 null이 되면 안 된다는 의미를 갖는다. 또한, 이 컬럼이 참조 무결성 제약referential integrity constraint(참조하는 레코드가 반드시 존재해야 한다는 제약)용으로도 사용되므로 다른 모든 테이블도 동일한 id컬럼 정의를 가지고 있어야한다.

> **TIP_** username 필드도 고윳값이며 null이 돼서는 안 되므로 기본키로 사용될 수 있다. 사용자명을 기본키로 사용하고 싶다면(나쁜 생각은 아니다), 사용자명을 변경하려고 할 때 참조 무결성 제약도 함께 업데이트되도록 해야 한다. PostgreSQL은 이를 위한 전용 기능을 제공한다.

created_at 필드는 PostgreSQL이 DEFAULT 키워드를 통해 자동으로 업데이트해준다. 각 레코드가 생성되는 시간은 UTC 타임존을 기준으로 저장한다. id나 created_at 필드는 그래프QL API를 통해 변경할 수 없다. 필요한 경우 값을 읽을 수는 있다.

> TIP_ 무엇이든 단순하게 좋다. **시간-날짜**값은 타임존 정보 없이 항상 **UTC**값을 바로 저장하는 것이 훨씬 간단하다. 타임존의 **시간-날짜**값을 처리하거나 변환하려고 허송세월을 보내기에는 인생이 너무 짧다.

username 필드에 있는 CHECK 제약은 사용자명이 항상 소문자로 저장되는지를 확인한다. 대소문자 구분 없이 필드가 고윳값을 가져야 할 때 유용한 기능이다. 참고로 필자는 이 기능을 익히기까지 꽤 오랜 시간이 걸렸다(여러분은 아주 쉽게 좋은 정보를 얻은 것이다).

hashed_auth_token 필드는 로그인 후에 그래프QL API에 보내는 요청을 인증하기 위한 것이다. HTTP API는 상태 정보를 저장하지 않으므로[stateless], 로그인이 성공한 후에 계속해서 사용할 수 있는 임시 인증 정보(문자열)를 저장해두는 것이다. 이것이 없으면 그래프QL 작업 요청을 보낼 때마다 패스워드를 함께 보내서 매번 인증해야 한다. 서버는 이 토큰값을 사용해서 사용자와 요청 정보를 식별한다. hashed_auth_token값은 세션 단위로 갱신돼야 하므로, 세션 시간이 경과한 후에는 현재 토큰을 사용할 수 없다는 것을 확인해야 한다.

> TIP_ API의 보안성을 강화하기 위한 다양한 방법이 있지만, 이 책에서는 최소한의 방법만 구현해서 단순화하고 있다. 예를 들면, 패스워드나 접속 토큰은 절대 평문으로 데이터베이스에 저장해서는 안 된다. 단순히 암호화[encrypt]하는 것도 충분하지 않으며, 항상 단반향으로 해싱해야 한다. 필드명을 hashed_ 라고 정한 것도 이 때문이다.

PostgreSQL의 컬럼명을 정의할때, 그래프QL 필드에 사용한 카멜 케이스가 아닌 스네이크 케이스[snake_case](밑줄을 사용해서 단어 사이를 구분)를 사용함에 주목하자. PostgreSQL 컬럼명은 대소문자를 구분하지 않기 때문이다(인용 기호를 사용한 경우에는 구분한다). 컬럼명을 createdAt이라고 하면 createdat으로 인식된다. 스네이크 케이스는 PostgreSQL의 일반적인 규칙으로 그래프QL의 카멜 케이스 필드와 맵핑하려고 하면 어려움이 생겨난다.

4.7.2 태스크/접근법 모델

tasks 테이블은 AZdev 애플리케이션에 등록한 Task 객체를 저장한다. Task 객체는 content 텍스트 필드와 tags 리스트, approachCount 정수 필드를 가진다. 또한, isPrivate 속성을 지원하기 위한 필드도 추가해야 한다. 이 속성은 Task 객체를 생성할 때 변경 작업에서 사용한다.

Task 객체는 여러 태그를 가질 수 있으므로 신규 tags 데이터베이스 테이블을 만들어서 다대다^many-to-many 관계를 설정해야 한다. 하지만 여기서는 각 태스크 레코드에 해당하는 여러 개의 태그를 쉼표로 연결해서 하나의 데이터로 저장하기로 한다. 그래프QL 타입은 데이터 소스와 일치하지 않아도 된다는 것을 기억하자. 그래프QL 태그 필드를 문자열 배열을 사용해서 리졸브할 수 있다.

> **TIP_** PostgreSQL은 단일 레코드에 여러 개의 아이템을 사용할 수 있는 고급 기능을 제공한다. array라는 데이터 타입을 컬럼에 사용할 수 있다. 개인적으로는 쉼표로 구분되는 값(csv)을 사용해서 단순하게 만드는 것을 좋아하지만, array 데이터 타입을 사용해서 PostgreSQL 컬럼을 그래프QL 필드로 맵핑하는 방법도 시도해보자.

하나의 태스크(또는 접근법) 레코드는 하나의 사용자 레코드에 속해야 한다. 로그인한 사용자만 신규 레코드를 추가할 수 있기 때문이다. 이를 위해선 FOREIGN KEY(외래키) 제약을 사용해서 태스크와 사용자 간 관계를 검증하면 된다. 접근법에도 동일한 제약이 필요하다.

다음은 태스크 모델용 테이블을 생성하는 SQL문이다.

예제 4-36 태스크 테이블

```
CREATE TABLE azdev.tasks (
    id serial PRIMARY KEY,
    content text NOT NULL,
    tags text,
    user_id integer NOT NULL,
    is_private boolean NOT NULL DEFAULT FALSE,
    approach_count integer NOT NULL DEFAULT 0,
    created_at timestamp without time zone NOT NULL
    DEFAULT (now() at time zone 'utc'),
```

```
      FOREIGN KEY (user_id) REFERENCES azdev.users
  );
```

approaches 테이블은 태스크 **Approach** 객체를 저장한다. **Approach** 객체는 content 텍스트 필드, voteCount 정수 필드를 가지며, 각 객체는 유효한 User 레코드 아래에 저장되어야 하며 하나의 태스크 레코드와 연동해야 한다. 이 테이블은 user_id와 task_id에 외래키 제약을 설정하고 있다.

다음은 접근법 모델용 테이블을 생성하기 위한 SQL문이다.

예제 4-37 접근법 테이블

```
CREATE TABLE azdev.approaches (
  id serial PRIMARY KEY,
  content text NOT NULL,
  user_id integer NOT NULL,
  task_id integer NOT NULL,
  vote_count integer NOT NULL DEFAULT 0,
  created_at timestamp without time zone NOT NULL
    DEFAULT (now() at time zone 'utc'),

  FOREIGN KEY (user_id) REFERENCES azdev.users,
  FOREIGN KEY (task_id) REFERENCES azdev.tasks
);
```

[그림 4-3]은 이 세 가지 테이블을 요약한 것으로 서로 간의 관계성도 보여준다.

여기서는 PRIMARY KEY, NOT NULL, UNIQUE, CHECK, FOREIGN KEY 등 여러 가지 데이터베이스 제약을 사용하고 있다. 이 제약들은 지금 우리가 설계하기 위한 내린 결정들을 미래의 개발자들이 이해할 수 있도록 도와준다. 또한, 클라이언트가 이상한 데이터를 데이터베이스에 추가하려고 할 때 최후의 방어자가 되어 준다. 데이터 무결성 문제에 있어선 가능한 모든 것을 해야 한다. 데이터베이스 검증(제약)은 여러분이 해야 할 최소한의 작업이다. 이상한 데이터를 추가하려 할 때 API 계층에서도 더 의미 있는 오류 메시지를 보여주도록 해야 한다. 또한, 그래프QL 계층에서도 데이터 검증 처리를 추가할 수 있다.

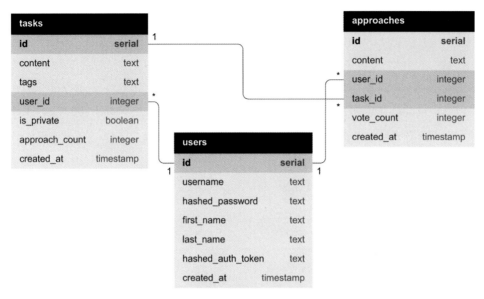

그림 4-3 PostgreSQL상의 3개 테이블을 관계 다이어그램으로 표현한 것

4.7.3 접근법 상세 모델

이 데이터 모델은 몽고DB에 사용하는 첫 모델이므로 AZdev용 몽고DB 데이터베이스를 생성해야 한다. 몽고DB에선 연관된 데이터베이스 개체를 그룹화하기 위한 스키마 개념이 없다. 단순히 데이터베이스를 만들고 데이터를 추가하면 되지만, 첫 데이터를 추가할 때 자동으로 데이터베이스를 만들어주기도 하니 편한 방법을 사용하면 된다.

몽고DB 클라이언트에서 다음 명령을 입력하면 신규 데이터베이스를 사용할 수 있다.

```
use azdev
```

몽고DB에서 모델은 컬렉션^{Collection} 객체로 표현되며, 데이터베이스처럼 컬렉션도 만들 필요가 없다. 몽고DB가 컬렉션이 존재하든 하지 않든, 형식이나 형태와 상관없이 모든 데이터를 저장한다. 신규 문서 타입을 추가하려고 하면 몽고DB가 자동으로 새 컬렉션을 만들어주는 것이다.

TIP_ 문서 기반 데이터베이스의 유연성은 아주 편리하지만 큰 문제의 단초가 되기도 한다. 간단한 철자 오류가 신규 컬렉션을 실수로 생성해버릴 수 있다. 유연성에는 책임이 따르니 주의하자.

원한다면 몽고DB 내에 빈 컬렉션을 만들 수 있으며, 데이터베이스 사용자가 특정 컬렉션에 대해 특정 처리만 할 수 있게 권한을 제한할 수도 있다. 이를 통해 의도한 곳에 데이터가 저장되도록 조절할 수 있다. 권한에 대해선 넘어가도록 하고, 접근법을 지원하기 위해 동적으로 데이터를 추가할 수 있는 컬렉션을 설계해보자.

몽고DB는 컬렉션에 문서를 추가(또는 변경)할 때 데이터 검증을 할 수 있다. 문서상의 특정 필드가 특정 타입이나 구조를 가져야 할 때 유용하다. 하나의 접근법이 몽고DB에서 여러 가지 요소를 가지게 하려면 몽고DB 레코드를 PostgreSQL ID와 연결해서 두 데이터 소스가 매칭되게 해야 한다(그림 4-4).

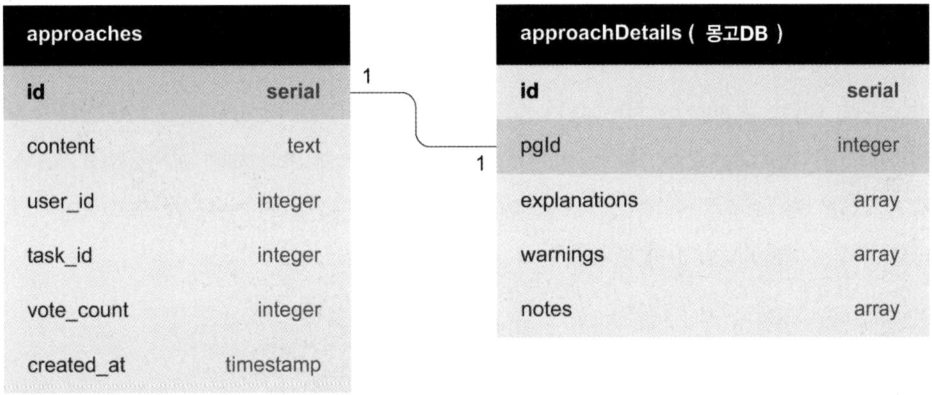

approaches
id serial
content text
user_id integer
task_id integer
vote_count integer
created_at timestamp
1
1
approachDetails (몽고DB)
id serial
pgId integer
explanations array
warnings array
notes array

그림 4-4 접근법 컬렉션을 표현한 관계 다이어그램

몽고DB 스키마 검증을 사용해서 각 접근법 문서가 잘 매칭됐는지 확인하도록 한다. 다음 몽고DB 명령은 `approachDetails` 컬렉션을 생성하고 수치형 `pgId`가 있는지 확인하는 검증자 `validator`를 정의한다.

예제 4-38 `approachDetails` 컬렉션

```
db.createCollection("approachDetails", {
  validator: {
```

```
        $jsonSchema: {
          bsonType: "object",
          required: ["pgId"],
          properties: {
            pgId: {
              bsonType: "int",
              description: "must be an integer and is required"
            },
          }
        }
      }
  });
```

이 명령은 approachDetails 컬렉션을 생성한다. 이 컬렉션은 azdev 데이터베이스에서 처음으로 만들었으므로 데이터베이스도 함께 생성한다. show dbs 명령을 사용해서 확인할 수 있다. 또한, show collections 명령을 통해 approachDetails이 생성된 것을 볼 수 있다.

각 접근법 레코드는 approachDetails 컬렉션에 단일 레코드로 저장된다. 그리고 접근법 상세 레코드는 explanations, warnings, notes와 이후 추가할 기타 카테고리 필드를 가진다. 각 필드들은 텍스트 아이템 배열로 구성된다. 이 특수한 저장소 스키마는 그래프QL API가 접근법 상세 정보를 리졸브할 때 변환할 필요가 있다.

> **TIP_** azdev 데이터베이스에 더 많은 테이블과 컬렉션을 추가할 수 있다. 예를 들면, 투표 수나 누가, 언제 투표를 했는지 정보를 저장하는 것이다. API 기능을 확장하고 싶거나 더 어려운 것에 도전해보고 싶다면 이런 기능이나 테이블 추가를 시도해보자.

정리

- 하나의 API 서버는 하나 이상의 데이터베이스와 연동된다. 그래프QL은 저장소 엔진이 아니라 API 서버의 기능을 강화해주는 런타임이다.

- API 서버는 여러 종류의 데이터 서비스와 대화할 수 있다. 데이터는 데이터베이스나 캐시 서비스, 또는 다른 API나 파일 등에서 추출할 수 있다.

- 그래프QL API를 설계할 때 중요한 첫 단계는 여러분이 설계하고 있는 애플리케이션을 이론적으로 만족시켜 줄 수 있는 작업들을 나열해보는 것이다. 작업의 종류에는 쿼리, 변경, 구독이 있다.
- 관계형 데이터베이스(PostgreSQL)는 관계와 잘 정의된 데이터를 특정 제약을 사용해 저장할 때에 적합하다. 문서형 데이터베이스(몽고DB)는 동적으로 데이터 구조가 바뀔 때 유용하다.
- 그래프QL 작업의 초안을 사용해서 테이블이나 컬렉션을 설계할 수 있으며 초기 그래프QL 스키마 언어 텍스트도 정의할 수 있다.
- 데이터베이스가 기본으로 제공하는 강력한 데이터 무결성 제약과 스키마 검증자를 활용하도록 하자.

스키마 리졸버 구현

앞 장에서는 그래프QL API 스키마를 설계하고 전체 SDL 텍스트를 만들었다. 5장에서 8장까지는 스키마를 실제로 사용할 수 있도록 만들 것이다. `Node.js` 데이터베이스 드라이버와 그래프QL.js를 사용해서 리졸버 함수가 사용할 데이터베이스 개체를 외부에 노출해보자.

5.1 개발 환경 실행하기

프로젝트를 진행함에 있어서 독자가 그래프QL에 집중할 수 있도록 그래프QL 이외의 작업은 모드 깃^{Git} 리포지터리^{repository}로 제공한다. 5장부터 10장까지는 이 리포지터리를 활용하겠다. 리포지터리에는 5장부터 8장까지에서 구축할 API 서버와 9장과 10장에서 구축할 웹 서버의 초기 구성이 포함된다. 다음 명령을 통해 리포지터리를 클론^{clone}[7] 하자.

---

7 옮긴이_클론이란 온라인에 있는 리포지터리를 로컬 PC로 복사한다는 의미이다.

```
$ git clone https://github.com/jscomplete/graphql-in-action.git
```

Node.js와 리눅스

최신 버전의 Node.js가 PC에 설치돼 있어야 한다. Node.js가 설치돼있지 않거나 설치 버전이 12 미만의 오래된 버전이라면 nodejs.org에서 최신 버전을 받아서 설치하도록 하자.

이 실습을 위해선 Node.js 런타임에 대한 기본적인 지식이 필요하다. 사용해본 적이 없다면 이 장을 진행하기 전에 기초적인 내용을 먼저 학습할 것을 권한다(전문 지식까지는 필요 없다). 필자가 집필한 Node.js 입문서를 az.dev/node-intro에서 볼 수 있다.

이 책의 모든 명령은 리눅스Linux를 기준으로 하고 있다. 맥OS도 리눅스 기반이므로 맥에서도 실행된다. 마이크로소프트 윈도우를 사용하고 있다면 리눅스에 해당하는 윈도우 명령을 찾아야 한다. 또는 WSLWindows Subsystem for Linux(az.dev/wsl을 참고하자)을 사용하는 방법도 있으며, 이것도 여의치 않다면 버추얼박스VirtualBox 같은 가상 하드웨어 환경에서 동작하는 리눅스 장비를 실행하는 것도 방법이다.

만일 윈도우 장비밖에 없다면 CMD(명령 프롬프트) 툴 대신 파워셸PowerShell을 사용할 것을 권한다. 파워셸은 리눅스 기반 셸 명령어 대부분을 실행할 수 있기 때문이다.

노드 기반 애플리케이션을 개발할 때 윈도우는 좋은 환경이 아니다. Node.js 자체가 리눅스를 기반으로 설계됐으며 내부 최적화 작업도 리눅스의 원시 API를 사용하고 있기 때문이다. 윈도우 환경 지원은 Node.js가 처음 릴리즈된 후 몇 년이 지난 후에 이루어졌으며, 개선을 위한 많은 노력이 있었다. 하지만 리눅스에서 실행하는 것만큼 최적화되진 않았다. 노드를 윈도우상에서 실행할 수는 있지만 문제를 일으킬 수도 있으므로, 윈도우 서버Windows server 상에서 프로덕션 환경을 운영해야 할 때만 윈도우 환경에서 개발하도록 하자.

리포지터리를 클론하면 현재 디렉터리 아래에 graphql-in-action라는 디렉터리가 생성될 것이다. 해당 리포지터리가 필요로 하는 패키지를 설치하자.

예제 5-2 명령어: 리포지터리 의존 패키지 설치하기

```
$ cd graphql-in-action
$ npm install
```

`package.json` 파일에서 초기에 추가한 패키지를 확인할 수 있다. 이 패키지는 모두 API 서버가 사용한다(이후 웹 서버에서도 사용된다). 또한, 이 파일에는 두 서버를 실행하기 위한 스크립트도 포함되어 있다.

예제 5-3 `package.json` 안의 스크립트

```
{
  "name": "az.dev",
  "version": "0.0.1",
  "private": true,
  "scripts": {
    "start-dbs": "docker-compose -f dev-dbs/docker.yml up",      ← 제공된 도커
                                                                  이미지를 실행하기 위한
                                                                  명령(6장에서 사용)
    "api-server": "(cd api && nodemon -r esm src/server.js)",    ← API 서버를 실행하기 위한
                                                                  명령(5장에서 사용)
    "web-server": "(cd web/src && rimraf .cache dist && parcel index.html)",  ←
    "start-blank-dbs": "docker-compose -f dev-dbs/docker-blank.yml up"  ← 웹 서버를 실행
                                                                  하기 위한 명령
  },                                                              (9장에서 사용)
  .-.-.
}
```

> **TIP_** npm run 실행 스크립트는 원하는 만큼 추가할 수 있으며, 프로젝트에 추가하는 모든 태스크는 이 스크립트를 사용해야 한다. npm 실행 스크립트를 사용하면 팀 내에 있는 모든 개발자들이 일관된 기준을 가지고 태스크를 실행할 수 있다.

리포지터리 내부를 보면 세 개 디렉터리가 있는 것을 알 수 있다.

- api 디렉터리: 5장~8장에서 사용한다. API 서버 구현 로직을 두는 곳으로 예제 엔드포인트가 설정된 익스프레스Express.js 서버가 존재한다. 또한, 이 책에서 사용되는 모든 데이터베이스의 설정과 SQL문도 이 디렉터리에 넣어 두었으니 살펴보도록 하자.

- web 디렉터리: 9장~10장에서 사용한다. 웹 애플리케이션 내에서 API 서버를 사용할 때 필요한 로직과 예제 데이터를 사용해 설정된 리액트React 앱이 포함돼 있다.

- dev-debs 디렉터리: 개발용 데이터베이스 서버를 실행하기 위한 모든 것이 저장돼 있다. 여기에 있는 파일들을 사용해서 자신만의 DB를 만들 수 있으며, 예제 데이터를 불러오거나 모든 것이 설정된 도커 이미지를 실행할 수도 있다.

> **TIP_** 그래프QL 생태계는 빠르게 변하고 있으며 라이브러리도 업데이트되고 있다. 책의 설정이나 예제 코드가 실행되지 않는다면 **az.dev/gia-updates**를 방문해서 변경된 내용을 확인하도록 하자. 책에 있는 코드 외에도 추가 작업이 필요할 수도 있다.

5.1.1 Node.js 패키지

그래프QL 런타임 서비스가 PostgreSQL나 몽고DB 같은 데이터베이스와 커뮤니케이션하려면 드라이버가 있어야 한다. 여기서는 노드의 **pg**와 **mongodb** 패키지를 드라이버로 사용하도록 한다. 다른 드라이버도 사용할 수 있지만 이 둘이 노드 생태계에서 가장 인기 있는 패키지다. 이 패키지들은 자바스크립트 API를 노출시켜 PostgreSQL과 몽고DB 작업을 실행할 수 있게 해준다. 이를 위해선 패키지를 설정해 데이터서비스와 연결해야 한다.

웹 서버가 API 엔드포인트를 노출시키도록 익스프레스를 사용한다. 익스프레스와 관련된 추가 패키지도 필요하지만 리포지터리에 이미 모두 설치돼 있다.

그래프QL API 서버를 만들려면 두 개의 신규 패키지가 필요하다.

예제 5-4 명령어: 새 의존 패키지 설치하기

```
$ npm install graphql express-graphql
```

graphql 패키지는 그래프QL.js을 설치하기 위한 것이다. 그래프QL.js는 그래프QL을 자바스크립트로 구현해주며 그래프QL 작업의 검증 및 실행을 담당한다.

그래프QL 런타임을 사용하려면 인터페이스가 필요하며, 이때 **express-graphql** 패키지를 사용한다. HTTP(S) 리스너 함수를 제공하며, 익스프레스 같은 미들웨어 기반 웹 프레임워크와 함께 사용하도록 설계돼 있다. 또한, 그래프QL 스키마용 인터페이스로도 사용된다.

5.1.2 환경 변수

api 디렉터리에 .env 파일이 있다. 이 파일엔 프로젝트에 사용되는 기본 환경 변수가 저장되어 있다. 프로젝트의 기본 설정을 변경하려면 여기에 있는 변수들을 변경하면 된다. 이 파일은 자동으로 불러오기 되며 변수들은 api/src/config.js에 기록된다.

5.2 그래프QL 런타임 설정하기

이제 그래프QL 런타임 계층을 구축해보자. 먼저 아주 간단한 예제를 통해서 런타임 계층을 테스트해 보고 그 핵심 기능을 살펴보도록 하겠다.

(클라이언트 시간에 의존하지 않고) 서버가 사용하고 있는 현재 시간을 요청하는 웹 애플리케이션을 만든다고 가정해보자. API에 다음과 같은 쿼리 요청을 보낼 수 있을 것이다.

예제 5-5 서버의 현재 시간 요청하기

```
{
  currentTime
}
```

이 쿼리에 응답하기 위해서 서버는 ISO UTC 시간 문자열을 "HH:MM:SS" 형식으로 사용한다.

```
{
  currentTime: "20:32:55"
}
```

단일 작업(쿼리 작업)을 하는 아주 간단한 그래프QL 요청이다. 그래프QL 요청은 여러 작업을 포함할 수 있으며 작업과 관련된 정보(예: 변수)도 정의할 수 있다.

서버는 다음 작업을 통해 현재 시간을 반환한다.

1 그래프QL 요청을 받을 수 있는 인터페이스를 만든다.

2 전송된 요청이 그래프QL 언어 규칙을 따르고 있는지 검증하고 해석한다.

3 schema로 요청을 검증한다. 그래프QL 서버에선 아무 요청이나 처리할 수 없으며, 스키마가 허용한 요청만 처리해야 한다. 또한, 요청에 필요한 모든 정보가 들어있는지 검증해야 한다. 예를 들어 쿼리에서 변수를 사용한다면 서버는 해당 변수가 있는지, 변수의 타입이 정확한지 검증해야 한다. 요청이 하나 이상의 작업으로 이루어져 있다면, 서버는 해당 요청에 이름이 있는지 확인해 특정 응답용으로 실행될 수 있는지 검증해야 한다.

4 요청 안에 있는 모든 필드를 스칼라 데이터로 리졸브한다. 요청이 변경 작업이라면 서버는 해당 변경 작업과 관련된 부가적인 처리를 실행해야 하며 구독 작업이라면 데이터가 변경되는 시점에 정보를 얻을 수 있도록 채널을 열어 두어야 한다.

5 응답용 데이터를 모두 수집해서 JSON 등의 형식으로 변환한다. 변환된 응답은 요청 구조와 리졸브한 데이터를 포함해야 한다(서버에서 발생한 오류도 포함한다).

6 응답 텍스트를 요청자가 받을 수 있도록 인터페이스를 만든다.

이 모든 작업은 서버가 처리해야 할 모든 그래프QL 요청에 공통적으로 적용된다. 사실 스키마와 리졸버를 제외한 모든 작업은 모든 그래프QL 서비스 내에서 공유된다. 즉, 작업들이 추상화되고 재사용되기 때문에 서비스별로 작업하지 않아도 된다.

다행히 위에 언급한 작업은 이미 구현된 상태이다. 스키마와 리졸브를 처리하기 위한 작업 외에는 다시 만들지 않아도 된다. 나머지 부분은 그래프QL 구현(그래프QL.js) 관련 부분이다.

'그래프QL 구현'이란 정확히 무엇을 의미할까? 기본적으로 특정 언어로 작성된 코드를 의미하며, 앞서 언급한 6단계 작업을 일괄적으로 실행하기 위한 것이다. 코드 API를 노출하면 사용자는 이 API를 사용해서 그래프QL 서버가 해야 할 일반적인 작업을 실행할 수 있다. 자바스크립트를 사용한 그래프QL 구현의 또 다른 예는 아폴로Apollo 서버다. 아폴로 서버는 그래프QL.js

를 래핑하여 SDL 주도 구현, 구독 전송 채널 등 다양한 기능을 제공해 성능을 높인다. 아폴로 서버에 대해선 10장에서 다룬다.

그래프QL 서비스 개발자로서 그래프QL 요청의 해석, 검증, 실행 같은 무거운 처리는 그래프 QL 구현에 맡기면 된다. 이를 통해 여러분은 애플리케이션 로직 자체에 집중할 수 있다. 어떻게 스키마를 작성하고 스키마의 일부를 어떻게 리졸브할지에 집중하는 것이다. `azdev` 스키 마는 앞 장에서 설계했으며 이 장에서는 이를 위한 리졸버를 만들 것이다. 이에 앞서 간단한 `currentTime` 필드 예제부터 해결하도록 하자.

5.2.1 스키마 객체 만들기

그래프QL.js의 첫 번째 예제를 진행하려면 `graphql` 패키지의 두 함수가 필요하다.

- `buildSchema` 함수: 스키마 언어 텍스트를 기반으로 스키마를 만든다.
- `graphql` 함수: 생성된 스키마를 대상으로 그래프QL 쿼리를 실행한다. 다른 `graphql`과 구분하기 위해서 `graphql` 실행 함수executor function라 부르기로 한다.

스키마와 리졸버 정의를 호스팅하기 위한 파일과 쿼리 텍스트를 사용해 스키마를 실행하는 파일을 만들기로 한다. 예제를 단순화하기 위해서 (HTTP 서버 같은) UI를 사용하지 않고 명령어 인터페이스를 사용해서 쿼리 텍스트를 읽는다.

`api/src` 아래에 `schema` 디렉터리를 만들고 거기에 `index.js`라는 파일을 만들자.

예제 5-7 신규 파일: api/src/schema/index.js

```
import { buildSchema } from 'graphql';
```

`buildSchema` 함수는 그래프QL 스키마 언어로 작성된 문자열을 받는다. 이 문자열은 여러 개의 타입type을 나타낸다. 그래프QL 스키마의 모든 객체는 명시적 타입을 가져야 한다. 예를 들어 스키마가 일반적인 쿼리를 받으려면 `Query` 타입이 정의되어야 한다. 스키마가 쿼리 작업 내에 있는 `currentTime` 필드를 받으려면 필드를 쿼리 타입 안에 추가하고 `String`으로 정의해야 한다.

다음은 우리가 만들고 있는 단순한 스키마를 위한 스키마 텍스트이다.

```
export const schema = buildSchema(`
  type Query {
    currentTime: String!
  }`
);
```

[예제 5-8]의 문자열은 스키마 언어 텍스트이다. 백틱(`)을 사용해서 여러 줄에 걸쳐 텍스트를 작성하고 있다.[8] buildSchema를 실행하면 graphql 실행 함수에서 사용할 수 있도록 설계된 자바스크립트 객체가 반환된다.

5.2.2 리졸버 함수 만들기

스키마를 만들었으며 이 스키마에 대한 모든 요청을 검증할 수 있게 됐다. 하지만 아직 그래프QL 서비스에게 currentTime 필드를 어떤 데이터와 연동할지는 알려주지 않았다. 클라이언트가 이 필드를 요청하면 서버는 어떻게 응답해야 할까?

이때 필요한 것이 리졸버 함수이다. 스미카에 정의된 각 필드는 리졸버 함수로 연결돼야 한다. 서버가 필드에 해당하는 데이터를 반환할 때 필드의 리졸버 함수를 실행한다. 그리고 리졸버 함수의 반환값을 필드의 응답 데이터로 사용하는 것이다. 객체를 만들어서 이후 모든 리졸버 함수를 이 객체에 포함시키도록 한다. 다음은 currentTime 리졸버를 구현하는 한 가지 방법을 보여준다.

```
export const rootValue = {
  currentTime: () => {
    const isoString = new Date().toISOString();
    return isoString.slice(11, 19);   ◁─── ISO 형식은 규칙적이다. 시간을 표현하는
  },                                        부분인 11~19 사이의 텍스트를 자른다.
};
```

---

8 옮긴이_ 백틱은 작은따옴표와는 다르다. 보통은 키보드에서 숫자1 바로 왼쪽에 있다.

이후 API에 기능을 추가하면 rootValue 객체의 함수도 늘어나게 된다. rootValue라고 한 이유는 그래프QL.js가 그래프의 루트로 사용하기 때문이다. rootValue 객체 내에 있는 함수들은 그래프QL의 최상위 노드용 리졸버들이다.

리졸버 함수 내에선 여러분이 원하는 것은 무엇이든 할 수 있다. 예를 들어 특정 데이터를 추출하기 위해 데이터베이스에 쿼리를 실행할 수 있다(AZdev API를 위해 필요한 기능이다).

> **NOTE_** schema와 rootValue 객체를 export로 정의하고 있다. 서버에 있는 다른 모듈들이 이 객체들을 임포트import해서 사용해야 하기 때문이다.

5.2.3 요청 실행하기

schema와 rootValue 객체는 그래프QL 서비스의 핵심 요소이다. graphql 실행 함수에 쿼리 또는 변경 텍스트와 함께 전달하면, 실행 함수가 이를 해석, 검증, 실행해서 결과를 반환한다. 이것이 currentTime 필드를 사용하기 위해 우리가 해야 할 다음 과제다.

graphql 실행 함수를 테스트하려면 api/src/server.js에 다음 import 코드를 추가하면 된다.

> **NOTE_** api/src/server.js에는 주석 처리된 코드들이 있다. 익스프레스 서버를 실행하기 위한 기본 설정으로 지금은 무시하고 넘어가도 좋다.

예제 5-10 api/src/server.js 수정

```
import { graphql } from 'graphql';
```

graphql 실행 함수는 여러 개의 인수를 사용한다. 첫 번째는 schema 객체이고 두 번째는 요청(작업 텍스트), 그리고 세 번째는 리졸버의 rootValue 객체이다. 다음은 함수 호출 예를 보여준다.

예제 5-11 graphql 실행 함수 호출 예시

```
graphql(schema, request, rootValue);
```

> **TIP_** graphql 실행 함수는 더 많은 위치 인수positional argument를 사용해서 고급 기능을 구현할 수 있다. 하지만 이 함수를 바로 호출하지 않고 HTTP(S) 래퍼를 사용해서 호출할 예정이며 이때는 위치 인수가 아닌 명명된 인수named argument를 사용할 것이다.

graphql 실행 함수는 프로미스promise를 반환한다. 자바스크립트에선 **await** 키워드를 함수명 앞에 두고 **async** 키워드로 해당 코드를 묶으면, 프로미스의 확인된(리졸브된) 값에 접근할 수 있다.

예제 5-12 async/await 패턴 예시

```
async () => {
  const resp = await graphql(schema, request, rootValue);
};
```

> **NOTE_** 위 예제들 중에서 제목이 '예시'로 끝나는 예제는 코드에 추가할 필요가 없다.

프로미스는 JSON 형식의 그래프QL 응답을 리졸브한다. 각 그래프QL 응답은 **data** 속성을 가지며, 여기에는 성공적으로 리졸브된 데이터 요소(오류가 발생한 경우는 **error** 속성)가 저장된다. 간단히 **resp.data** 속성을 출력해보자.

graphql 실행 함수의 세 인수에는, 앞서 작업한 파일에서 **schema**와 **rootValue** 객체를 불러오면 된다. 그런데 **request** 텍스트는 어디서 얻을 수 있을까?

request 텍스트는 이 API를 사용하는 클라이언트가 제공한다. HTTP(S) 채널을 통해 제공해야 하지만, 여기서는 명령줄 인수를 통해 읽어서 **server.js**을 테스트하도록 한다.

예제 5-13 명령어: 명령줄을 통해 쿼리 작업 테스트하기

```
$ node -r esm api/src/server.js "{ currentTime }"
```
이 명령은 다음 예제에 나오는 코드를 적용한 후에 실행할 수 있다. -r esm 부분은 오래된 버전의 Node.js에서 ECMAScript 모듈을 실행할 수 있게 해준다.

이 테스트에선 (npm run 스크립트를 실행하기 위해) 요청 텍스트가 명령줄의 세 번째 인수로 사용된다. 노드 스크립트에서 세 번째 인수를 가져오려면 process.argv[2]를 이용한다.

---

process.argv 배열

노드에서 process.argv는 단순한 배열로 각 요소는 명령줄에서 위치값으로 접근할 수 있다. 위치값은 명령어부터 시작한다(위의 명령어에서는 node가 0). [예제 5-13]의 process.argv는 다음과 같다.

```
["path/to/node/command", "api/src/server.js", "{ currentTime }"]
```

다음은 테스트를 위해 api/src/server.js에 적용해야 할 코드이다.[9]

예제 5-14 api/src/server.js 수정

```
import { graphql } from 'graphql';
import { schema, rootValue } from './schema';

const executeGraphQLRequest = async request => {
  const resp = await graphql(schema, request, rootValue);
  console.log(resp.data);
};

executeGraphQLRequest(process.argv[2]);
//
```

---

9 옮긴이_ [예제 5-14]의 코드는 server.js에서 /** GIA NOTES 앞 시작 부분에 추가해야 한다. 코드 중간에 추가하면 주석 처리돼서 실행되지 않는다.

앞에서 만든 schema와 rootValue를 임포트하고 graphql 실행 함수를 async 함수로 래핑한 후 process.argv[2]를 사용해서 그래프QL 요청 텍스트를 읽고 있다.

이 예제는 이것으로 완성이다. [예제 5-13]의 명령을 실행해서 확인해보자. 서버가 UTC 시간을 알려준다.

```
$ node -r esm api/src/server.js "{ currentTime }"
[Object: null prototype] { currentTime: '18:35:10' }
```

> **TIP_** 그래프QL.js는 데이터 응답을 위해서 null 프로토타입 객체를 사용한다. [Object: null proto-type]이 같이 표시되는 이유도 이 때문이다. 노드의 console.log 함수는 보이는 것을 그대로 출력한다. null 프로토타입 객체는 빈 상태로 시작할 수 있고 기본 속성을 상속하지 않는다는 점에서 맵map이나 리스트list보다 낫다. 예를 들어 ({}).toString()는 사용할 수 있지만, Object.create(null).toString() 는 사용할 수 없다.

> **NOTE_** 현재 코드: git checkout 5.1 명령을 사용해서 여러분의 로컬 리포지터리를 현재 상태의 코드 (currentTime 테스트가 끝난 상태)로 동기화할 수 있다.
> '5.1'은 깃의 브랜치명이다. 처음 코드를 클론했을 때는 main이라는 이름의 브랜치로 시작한다. 다음 브랜치를 체크아웃[10]할 때까지 진행한 내용을 커밋할 수도 있다. 필자의 코드와 여러분이 커밋한 코드의 차이를 비교하고 싶다면 git diff 명령을 사용하면 된다.
> 지금까지 로컬에서 코드를 변경했다면, 새로운 브랜치로 체크아웃하기 전에 변경한 내용을 커밋하거나 또는 제외시켜야 한다. 또는 git add . && git stash 명령을 사용해서 커밋한 내용을 임시로 다른 곳에 저장해두는 방법도 있다.

5.3 HTTP 통신

API에 필드를 추가하기에 전에, 단순한 명령줄이 아닌 편리한 인터페이스를 사용해보도록 하자. 그래프QL 서비스와 HTTP를 통해서 커뮤니케이션 하는 것이다. 이를 위해선 HTTP 서버가 필요하다.

....
10 옮긴이_ 체크아웃은 브랜치를 변경한다는 의미이다.

> **TIP_** 그래프QL 서비스는 HTTPS 서비스상에서 호스팅해야 한다. 노드를 사용해서 HTTPS 서버를 만들수 있지만 NGINX같은 웹 서버(또는 클라우드플레어^{Cloudflare}같은 웹 서비스)를 사용하는 것이 좋다. HTTP 서비스를 보호할 수 있을 뿐만 아니라 HTTPS상에서만 실행되게 만들 수 있기 때문이다.

express 패키지를 사용해서 HTTP 서버를 만들고 express-graphql 패키지를 사용해서 서버를 그래프QL 서비스와 연결시키도록 한다.

> **TIP_** 기본 익스프레스 서버를 실행하기 위한 코드는 **api/src/server.js**에 주석으로 처리돼 있다.

(api/src/server.js 파일 내에) executeGraphQLRequest 함수와 graphql 실행 함수는 제거하고, 대신 graphqlHTTP 함수를 express-graphql 패키지에서 불러온다.

예제 5-15 api/src/server.js 수정

```
import { graphqlHTTP } from 'express-graphql';
import { schema, rootValue } from './schema';

// 기본 익스프레스 서버를 실행하기 위해서 주석을 제거한다¹¹

import express from 'express';
import bodyParser from 'body-parser';
import cors from 'cors';
import morgan from 'morgan';

import * as config from './config';

async function main() {
  // ……
}

main();
```

----

11 옮긴이_ server.js 파일 맨 위의 주석 세 줄과 맨 아래 주석 한 줄을 제거하면 된다.

express 패키지의 기본 엑스포트export는 함수이다. 익스프레스 서버를 만들려면 해당 함수를 호출하기만 하면 된다. 그리고 생성한 서버에 listen 메서드를 사용해서 서버가 특정 포트로 들어오는 요청을 처리할 수 있게 한다. 이 부분은 이미 main 함수에 적용돼 있다.

이 코드를 실행하면 HTTP 서버가 포트 4321을 통해 통신을 한다. 서버가 특정 HTTP URL+ 액션(예: GET/)을 수신하려면 server.get 메서드(또는 .post, put, .delete)를 추가하거나 server.use 메서드를 추가해서 모든 HTTP 액션을 처리할 수 있다.

예제 코드의 main 함수에선 server.use 방식을 사용하고 있다. 다음은 server.use 메서드의 기본 틀과 그 안에서 정의할 수 있는 처리들을 보여주고 있다.

예제 5-16 익스프레스 API에서 라우트와 처리기를 정의하는 예시

```
server.use('/', (req, res, next) => {
    // 요청에서 무언가를 읽기
    // 응답에 무언가를 쓰기
    // 처리를 끝내거나 다음 함수 호출하기
});
```

.use 메서드의 첫 번째 인수는 서버가 연결을 허락하기 시작하는 URL이다. 두 번째 인수는 서버가 지정한 URL을 통해 연결을 허락할 때마다 호출되는 함수이다. 이 함수를 보통 리스너 listener 함수라고 한다.

리스너 함수는 인수를 통해 req와 res라는 두 개의 중요한 객체를 노출한다(next 객체는 보통 응답 처리기에선 사용되지 않는다).

- req 객체는 서버가 HTTP 요청으로부터 정보를 얻어오는 방법을 정의한다. 예를 들어, 쿼리나 변경(또는 관련 객체) 작업의 텍스트를 API를 사용하는 클라이언트로부터 받아야 하며, 이때 사용하는 것이 req이다.

- res 객체는 서비스가 요청을 보낸 클라이언트에게 데이터를 반환하는 방법을 정의한다. 즉 그래프QL 요청을 해석해서 API 서버가 반환하는 내용 및 데이터이다.

요청 읽기와 응답 쓰기 과정 사이에는 명령줄 테스트와 마찬가지로 graphql 실행 함수가 처리된다. 이 모든 과정은 그래프QL 요청이 올 때마다 반복되며, 일반적인 프로세스이기 때문에 추상화 및 재사용이 가능하다.

express-graphql에서 불러오기한 graphqlHTTP 함수가 바로 이 작업을 대신해준다. HTTP 요청을 해석한 후 graphql 함수를 실행하고 응답을 기다렸다가 리졸브한 데이터를 클라이언트에게 반환한다. 사용할 schema와 rootValue 객체를 알려주기만 하면 된다.

다음은 .use 메서드를 graphqlHTTP 함수와 연결한 것이다. 이 코드를 api/src/server.js의 server.use('/', …) 부분에 바꿔넣자.

예제 5-17 api/src/server.js

```
// ·-·-·

async function main() {
  // ·-·-·

  // 기존 server.use를 다음으로 변경
  server.use(
    '/',
    graphqlHTTP({
      schema,
      rootValue,
      graphiql: true,
    })
  );

  server.listen(config.port, () => {
    console.log(`Server URL: http://localhost:${config.port}/`);
  });
}


main();
```

이것으로 HTTP를 통해 스키마를 전달할 수 있으며 graphiql: true 설정을 통해서 강력한 그래피컬 편집기를 해당 URL에 탑재할 수 있다(이 편집기는 우리가 만든 스키마를 처리할 수 있다).

준비가 됐으면 테스트해보자. 다음 명령을 통해 API 서버를 실행한다.

예제 5-18 명령어: API 서버 실행하기[12]

```
$ npm run api-server
```

다음과 같은 메시지를 볼 수 있을 것이다.

```
Server URL: http://localhost:4321/
```

브라우저를 열어서 localhost:4321에 접속해보자. 브라우저에서 그래피컬 편집기를 볼 수 있고 currentTime 필드 쿼리를 테스트해볼 수도 있을 것이다(그림 5-1).

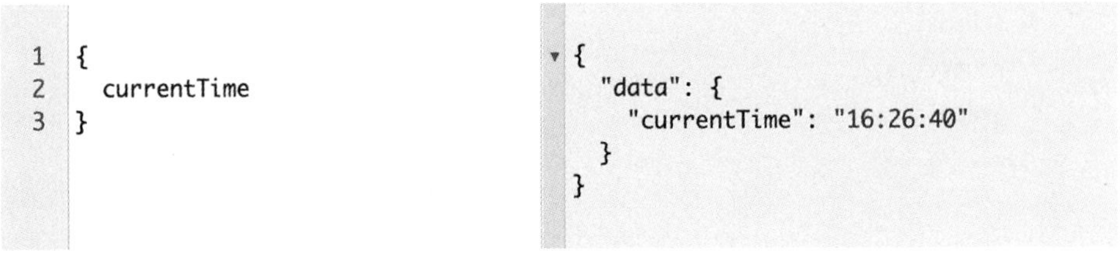

```
1  {
2      currentTime
3  }
```

```
▾ {
      "data": {
          "currentTime": "16:26:40"
      }
  }
```

그림 5-1 express-graphql은 그래피컬 편집기를 내장하고 있다.

----

12 옮긴이_ nodemon 관련 오류가 발생한다면 다음 명령어로 nodemon을 설치해야 한다.
 `$ npm install -g nodemon`
설치 시에 오류가 발생한다면 다음 명령어로 npm 버전을 업데이트한다.
 `$ npm install -g npm`
13 옮긴이_ 변경한 내용을 바로바로 확인할 수 있다는 이점이 있다

참고로 서버와 커뮤니케이션 할 때 사용되는 전체 HTTP 채널은 그래프QL 서비스와는 아무런 관련이 없다. 그래프QL 서비스 계층과 쉽게 커뮤니케이션 하게 해주는 또 다른 서비스 계층이다.

이제 웹 애플리케이션이 Ajax 요청을 사용해서 그래프QL 서비스로부터 데이터를 추출할 수 있게 됐다. 대규모 그래프QL API 서비스에선 이런 HTTP 전송 계층은 독립적으로 관리 및 확장할 수 있도록 별도의 개체로 존재한다.

> **TIP_** 운영 서버에선 그래피컬 편집기를 끌 수도 있으며, graphqlHTTP용으로 .use 대신 .post를 사용할 수도 있다. 이렇게 하면 서비스가 Ajax 포스트 요청에 대해서만 반응하게 된다.

> **NOTE_** 현재 코드: git checkout 5.2 명령을 사용하면 여러분의 로컬 리포지터리를 현재 책의 진행 상황에 맞추어 업데이트할 수 있다.

5.4 생성자 객체를 사용한 스키마 생성

그래프QL 스키마 언어는 특정 언어에 구애받지 않고 그래프QL 스키마를 작성할 수 있게 하는 편리한 도구이다. 사람이 읽을 수 있는 형태여서 해석하기 쉬우며, 그래프QL 스키마를 작성할 때 가장 인기있는 형식이지만 제약 사항도 있다.

그래프QL 스키마를 작성할 수 있는 또 다른 형식으로 그래프QL.js가 있다. 스키마 언어로 작성된 텍스트 대신에 자바스크립트 객체를 사용할 수 있다. 이 객체는 호출에 의해 다양한 생성자 클래스로 인스턴스화된다. GraphQLSchema 생성자를 사용해서 스키마 객체를 생성하고 GraphQLObjectType 생성자를 사용해서 객체 타입을 만든다. 또한, GraphQLUnionType을 사용해서 유니온 타입을 만들 수도 있으며 이외에도 다양한 클래스가 제공된다.

그래프QL.js 형식은 프로그래밍으로 스키마를 생성할 때에 유용하며, 테스트 및 관리, 확장하기가 쉽다.

> **NOTE_** 객체를 사용해서 그래프QL 스키마를 생성하는 방식은 아직 특별한 명칭을 가지고 있지 않다. '코드 우선code-first'이나 '리졸버 우선resolver-first'이라고 부르는 경우도 있지만. 정확한 의미 전달을 위해 책에서는 객체 기반 방식object-based method이라는 명칭을 사용하겠다.

지금까지 만든 (currentTime만 지원하는) 스키마를 이 객체 기반 방식을 사용해서 변환해보도록 하겠다.

5.4.1 쿼리 타입

객체 기반 방식을 사용해 스키마를 만들 것이므로 api/src/schema/index.js 파일에 있는 모든 내용을 지워도 된다.

이 방식을 사용해 그래프QL 스키마를 만들려면 다음과 같이 graphql 패키지에서 몇 가지 패키지를 불러와야 한다.

예제 5-19 api/src/schema/index.js를 신규 코드로 변경

```
import {
  GraphQLSchema,
  GraphQLObjectType,
  GraphQLString,
  GraphQLInt,
  GraphQLNonNull,
} from 'graphql';
```

이 타입 기반 객체들은 스키마를 생성할 때 함께 사용할 수 있도록 설계됐다. 예를 들어 스키마 객체를 인스턴스화하려면 다음과 같이 하면 된다.

예제 5-20 스키마 객체 생성하기

```
const schema = new GraphQLSchema({
  query: new GraphQLObjectType({
    name: "Query",
```

```
    fields: {
      // 루트 쿼리 필드가 여기에 정의된다
    },
  }),
});
```

GraphQLSchema와 GraphQLObjectType을 호출하면 graphql 실행 함수에서 사용할 수 있는 특수한 객체가 반환된다.

GraphQLObjectType을 인라인으로 호출하지 않고 변수로 빼내보자. QueryType이라는 변수를 사용하도록 하겠다. 이 타입의 fields 속성에는 currentTime 필드와 타입, 그리고 리졸버 함수를 추가한다.

예제 5-21 api/src/schema/index.js 수정

```
const QueryType = new GraphQLObjectType({
  name: "Query",
  fields: {
    currentTime: {
      type: GraphQLString,
      resolve: () => {
        const isoString = new Date().toISOString();
        return isoString.slice(11, 19);
      },
    },
  },
});

export const schema = new GraphQLSchema({
  query: QueryType,
});
```

> **TIP_** 생성자나 타입 헬퍼 사용법을 암기할 필요는 없다. 어떤 기능을 하는지 그리고 어떻게 활용할 수 있는지를 이해하도록 하자.

하나의 객체 타입은 name과 fields 리스트(객체로 표현된)를 가지며, 각 필드는 type 속성과 resolve 함수를 가진다.

이 코드는 앞서 만든 스키마 언어 버전과 일치하는 것으로 문자열이 아닌 객체를 사용하고 있다. currentTime: String 대신에 currentTime 속성을 정의하고 거기에 GraphQLString 이라는 타입의 설정 객체를 추가했다. 또한, rootValue 객체 대신 resolve 함수를 정의하고 있다.

resolve 함수는 rootValue 객체에 있던 것과 같은 함수로 여기서는 스키마 객체의 일부로 사용되고 있다. 객체 기반 방식을 사용하면 rootValue 객체가 필요 없다. 모든 리졸버 함수가 해당되는 필드 내에 정의되기 때문이다. GraphQLSchema에 의해 생성된 스키마 객체는 자체 실행 가능한 객체이다.

GraphQLString 타입을 currentTime에 사용했는데, 그래프QL.js는 이외에도 GraphQLInt, GraphQLBoolean, GraphQLFloat 등의 스칼라 타입을 제공한다.

코드를 테스트하기 위해서 api/src/server.js 파일에서 rootValue 제거해야 한다.

예제 5-22 api/src/server.js 수정

```
// ·-·-·
import { schema } from './schema';   ⟵ rootValue 제거
// ·-·-·
async function main() {
 server.use(
    '/',
    graphqlHTTP({
      schema,
      graphiql: true,   ⟵ rootValue 객체 제거
    })
  );

  server.listen(config.port, () => {
    console.log(`Server URL: http://localhost:${config.port}/`);
  });
}

main();
```

이제 그래피컬을 사용해서 currentTime 필드를 지원하는 서비스(객체 기반 방식)를 테스트할 수 있다.

> **NOTE_** 현재 코드: **git checkout 5.3** 명령을 사용해서 로컬 리포지터리를 현재 책의 진행 상황에 맞추어 업데이트할 수 있다.

5.4.2 필드 인수

그래프QL.js API를 좀 더 살펴보기 위해서, 예제의 범위를 넓혀 보도록 하겠다. 여기서는 sumNumbersInRange 라는 필드를 지원하는 API를 만들도록 한다. 이 필드는 숫자의 범위를 나타내는 두 개의 인수(begin과 end)를 받아서 해당 범위에 있는 모든 숫자(시작값과 종료값 포함)를 더한 값을 반환한다. [그림 5-2]는 이 필드의 입력값과 출격값 예를 보여준다.

```
1  {
2      sumNumbersInRange(begin: 2, end: 5)
3  }
4
```

```
▼ {
     "data": {
       "sumNumbersInRange": 14
     }
   }
```

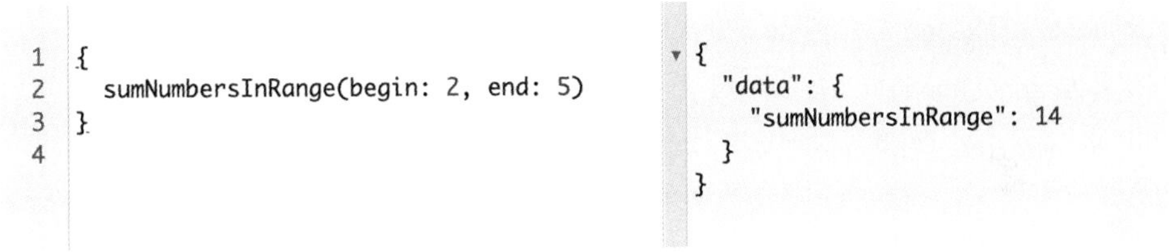

그림 5-2 sumNumbersInRange 필드

다음은 sumNumbersInRange를 간단하게 구현한 것이다. QueryType의 필드 속성으로 추가하도록 하자.

예제 5-23 api/src/schema/index.js

```
fields: {
  currentTime: {
    type: GraphQLString,
    resolve: () => {
      const isoString = new Date().toISOString();
      return isoString.slice(11, 19);
    },
  },
```

```
      sumNumbersInRange: {
        type: new GraphQLNonNull(GraphQLInt),
        args: {
          begin: { type: new GraphQLNonNull(GraphQLInt) },
          end: { type: new GraphQLNonNull(GraphQLInt) },
        },
        resolve: function (source, { begin, end }) {
          let sum = 0;
          for (let i = begin; i <= end; i++) {
            sum += i;
          }
          return sum;
        },
      },
    },
```

sumNumbersInRange 필드는 new GraphQLNonNull(GraphQLInt)라는 타입을 가진다. 정수 타입을 GraphQLNonNull으로 래핑한 것은 해당 필드가 항상 값을 가진다는 의미이다. 즉, 쿼리에서 sumNumbersInRange 필드의 응답이 null이 되는 경우가 없다는 의미이다.

sumNumbersInRange의 정의는 인수와 그 타입을 받기 위한 args 속성을 포함하고 있다. 인수 타입도 GraphQLNonNull(GraphQLInt)를 사용하고 있으므로 해당 인수가 필수임을 의미한다. 클라이언트는 sumNumbersInRange를 begin과 end 숫자를 지정하지 않고 호출할 수 없다. 지정하지 않으면 그래프QL 서비스가 오류 처리를 한다.

sumNumbersInRange의 리졸버 함수도 인수를 받는다. 첫 번째 인수는 항상 부모 객체를 지정한다. sumNumbersInRange는 루트 필드로 부모 객체가 없다. 두 번째 인수는 API 사용자가 정의한 필드 인수값을 지정한다. 여기서는 필드의 필수 인수인 begin과 end를 사용하고 있다.

리졸버 함수는 단순히 지정한 범위를 반복하면서 값을 더한 후 결과를 반환한다. 다음 쿼리를 사용해서 API가 제대로 실행되는지 테스트해보자.

예제 5-24 sumNumbersInRange 리프 필드

```
{
  sumNumbersInRange(begin: 2, end: 5)
}
```

sumNumbersInRange 필드는 스칼라값으로 리졸브되는 리프 필드기 때문에 하위 선택 세트^{sub-}
_{selection set}가 없다. 하지만 사용자 지정 객체 타입을 배우기 위해서 필드가 하위 선택 세트를 가
지도록 변경하도록 한다.

> **NOTE_** GraphQLNonNull 헬퍼는 그래프QL.js가 타입 수정자를 지정하는 방법이며 스키마 언어의 느낌
> 표 기호와 같다. 또한, 리스트를 만들 때 사용한 대괄호([])는 **GraphQLList** 타입 수정자와 같다. 예를 들어
> 문자열 배열 필드를 정의하려면 **new GraphQLList(GraphQLString)**이라고 하면 된다.

5.4.3 사용자 지정 객체 타입

지금까지 쿼리 타입의 루트 필드를 위해서 하나의 객체를 만들었다. 사용자 지정 객체 타입을
사용해보기 위해 sumNumbersInRange 필드를 numbersInRange 객체 필드(동일한 begin과
end 인수 사용)로 변경해보도록 하겠다.

다음은 numbersInRange 필드를 쿼리하는 방법이다.

예제 5-25 numbersInRange 필드

```
{
  numbersInRange(begin: 2, end: 5) {
    sum
    count
  }
}
```

이것을 구현하기 위해 사용자 지정 객체를 정의해서 '범위의 숫자'를 표현하도록 하겠다. 이 객
체는 sum과 count라는 속성을 가지며 NumbersInRange라는 이름을 가진다.

그래프QL 객체 타입용 코드를 작성하기 위해서 객체별로 파일을 만들도록 한다. 먼저 만들어
볼 파일은 numbersInRange 필드용 신규 타입을 구현한 파일이다.

api/src/schema/types라는 새 디렉터리를 만들고 거기에 numbers-in-range.js 파일을
생성해서 NumbersInRange 타입을 구현하도록 한다.

```
import {
    GraphQLObjectType,
    GraphQLInt,
    GraphQLNonNull
} from "graphql";

const NumbersInRange = new GraphQLObjectType({
  name: "NumbersInRange",
  description: "Aggregate info on a range of numbers",
  fields: {
    sum: {
      type: new GraphQLNonNull(GraphQLInt),
    },
    count: {
      type: new GraphQLNonNull(GraphQLInt),
    },
  },
});

export default NumbersInRange;
```

name 속성 외에도 타입을 설명하기 위한 description(설명) 속성을 추가할 수 있다. 이 두 속성은 NumbersInRange 타입이 메인 스키마에서 사용될 때 그래프QL의 Docs 탐색기에 표시된다.

> **TIP_** 마크다운Markdown처럼 서식있는 텍스트를 설명 속성에 사용해 클라이언트 툴에서 더 보기 편하게 표시할 수 있다. 그래피컬은 설명문에 작성된 마크다운을 표시하는 기능을 가지고 있다.

NumbersInRange 타입의 sum과 count 필드는 리졸버 함수를 가지지 않는다. sum과 count를 리프 필드로 설계했지만 리졸버 함수가 필수는 아니다. 이 필드들은 부모 객체상에 정의된 속성의 기본 리졸버를 사용하기 때문이다. 이 구조가 작동하려면, 부모 객체(NumbersInRange 타입의 부모)로 리졸브된 객체가 sum과 count 메서드에 응답해야 한다.

begin과 end를 인수로 받는 함수를 만들고 합계(sum)와 개수(count)를 계산하게 만들도록 하자. 이 함수는 sum과 count 속성을 지닌 객체를 반환한다. 다음은 이 함수를 작성하는 한 가지 예를 보여준다(api/src/utils.js 파일에 코드를 추가하자).

예제 5-27 api/src/utils.js 수정

```
// ·-·-·
export const numbersInRangeObject = (begin, end) => {
  let sum = 0;
  let count = 0;
  for (let i = begin; i <= end; i++) {
    sum += i;
    count++;
  }
  return { sum, count };
};
```

TIP_ 반복loop을 사용하지 않고 더 효율적으로 연속된 수의 합계와 개수를 계산하는 방법이 있다. 바로 등차수열을 사용하는 방법이다. 다만, 여기서는 단순화하기 위해 반복을 사용했다.

이제 QueryType 객체를 변경해야 한다. numbersInRange라는 리프가 아닌 필드를 가지고 있으며 이것은 numbersInRangeObject 헬퍼 함수가 반환하는 객체로 리졸브돼야 한다.

예제 5-28 api/src/schema/index.js

```
// ·-·-·
import NumbersInRange from "./types/numbers-in-range";
import { numbersInRangeObject } from "../utils";

const QueryType = new GraphQLObjectType({
  name: "Query",
  fields: {
    // ·-·-·    // sumNumbersInRange 필드 삭제
    numbersInRange: {
      type: NumbersInRange,
```

```
      args: {
        begin: { type: new GraphQLNonNull(GraphQLInt) },
        end: { type: new GraphQLNonNull(GraphQLInt) },
      },
      resolve: function (source, { begin, end }) {
        return numbersInRangeObject(begin, end);
      },
    },
  },
});
// ·-·-·.
```

완성이다. 다음 쿼리를 실행해서 API를 테스트해보자.

```
{
  numbersInRange(begin: 2, end: 5) {
    sum
    count
  }
}
```

그러면 다음과 같은 결과를 얻을 것이다.

```
{
  "data": {
    "numbersInRange": {
      "sum": 14,
      "count": 4
    }
  }
}
```

NOTE_ 도전 과제: avg(평균) 필드를 NumbersInRange 타입에 추가해서 sum을 count로 나눈 값을 반환하게 해 보자.

5.4.4 사용자 지정 오류

그래프QL 실행 함수는 잘못된 쿼리나 타입을 사용한 경우 자동으로 처리해준다. 예를 들어 필요한 인수를 누락한다면 [그림 5-3]과 같이 오류가 표시된다. 또한, begin이나 end에 정수가 아닌 문자열을 사용한다면 [그림 5-4]와 같은 오류가 표시된다. 존재하지 않는 리프 필드를 쿼리하려고 하면 [그림 5-5]의 오류가 표시된다.

```
{
  numbersInRange(begin: 2) {
    sum
    count
  }
}
```

```
{
  "errors": [
    {
      "message": "Field \"numbersInRange\" argument \"end\" of type \"Int!\" is required, but it was not provided.",
      "locations": [↔]
    }
  ]
}
```

그림 5-3 모든 필수 인수가 요청에 포함돼야 한다.

```
{
  numbersInRange(begin: "A", end: "Z") {
    sum
    count
  }
}
```

```
{
  "errors": [
    {
      "message": "Int cannot represent non-integer value: \"A\"",
      "locations": [↔]
    },
    {
      "message": "Int cannot represent non-integer value: \"Z\"",
      "locations": [↔]
    }
  ]
}
```

그림 5-4 맞는 타입만 받는다.

```
1 ▾ {
2 ▾   numbersInRange(begin: 2, end: 5) {
3        sum
4        count
5        avg
6      }
7   }
8   |
```

```
▾ {
▾   "errors": [
▾     {
          "message": "Cannot query field \"avg\" on type
  \"NumbersInRange\".",
▸         "locations": [ ▣ ]
        }
      ]
  }
```

그림 5-5 스키마에 정의된 필드만 사용할 수 있다.

이것이 강력한 타입의 스키마가 주는 장점이다. 아주 훌륭한 검증 처리를 바로 적용할 수 있다. 문제는 사용자 지정 객체이다. 요청을 보낼 때 numbersInRange 필드에 잘못된 범위의 값을 지정하면 어떻게 될까? 예를 들면 end값에 begin보다 작은 값을 지정하는 것이다. 현재 API 는 이 오류를 무시하고 0을 반환한다(그림 5-6).

```
1 ▾ {
2       numbersInRange(begin: 5, end: 2) {
3          sum
4          count
5        }
6   }
7
```

```
▾ {
▾   "data": {
▾     "numbersInRange": {
          "sum": 0,
          "count": 0
        }
      }
  }
```

그림 5-6 오류인지, 아닌지 판단할 수 없다.

이 문제를 바로잡아 보자. API를 수정해서 입력값을 거절하고 0을 반환하는 대신에 사용자 지정 메시지를 반환하도록 하겠다. 입력값의 범위가 잘못된 경우는 클라이언트가 이 사실을 인지하게 만들어야 한다. 그렇지 않으면 코드 속에 아무도 모르는 버그가 기생할 수도 있다.

이 검증 처리는 numbersInRange 필드용 리졸버 함수에 추가하며 지정 메시지와 함께 오류를 던지는(throw) 처리를 작성한다.

예제 5-29 api/src/utils.js 수정

```
export const numbersInRangeObject = (begin, end) => {
  if (end < begin) {
```

```
    throw Error(`Invalid range because ${end} < ${begin}`);
  }
  // ·-·-·
};
```

이제 잘못된 범위의 쿼리를 작성하면 [그림 5-7]과 같은 오류 메시지를 보게 된다.

```
1 ▾ {
2     numbersInRange(begin: 5, end: 2) {
3       sum
4       count
5     }
6   }
7
```

```
▾ {
▾   "errors": [
▾     {
        "message": "Invalid range because 2 < 5",
        "locations": [ ▣ ],
        "path": [
          "numbersInRange"
        ]
      }
    ],
    "data": {
      "numbersInRange": null
    }
  }
}
```

그림 5-7 응답 속에 포함된 사용자 지정 오류 메시지

오류가 JSON 응답의 일부로 전달되는 것에 유의하자(HTTP 오류 코드를 사용하지 않는다).
경우에 따라선 오류와 정상적인 일부 데이터가 함께 JSON 응답에 포함될 수 있다. 쿼리 내부
에 currentTime 필드와 잘못된 범위를 지정한 numbersInRange를 포함시켜서 테스트해볼 수
있다(그림 5-8).

```
1 ▾ {
2     numbersInRange(begin: 5, end: 2) {
3       sum
4       count
5     }
6     currentTime
7   }
8
```

```
▾ {
▾   "errors": [
▾     {
        "message": "Invalid range because 2 < 5",
        "locations": [ ▣ ],
        "path": [
          "numbersInRange"
        ]
      }
    ],
    "data": {
      "numbersInRange": null,
      "currentTime": "21:51:08"
    }
  }
}
```

그림 5-8 응답 속에 오류와 정상 데이터가 함께 존재한다.

[예제 5-28]에서 numbersInRange 필드를 null이 가능하게 정의한 것을 눈치챘는가? 이 예처럼 범위가 잘못된 경우 numbersInRange 필드는 응답에서 제외시킬 수 있다. 이것이 필드의 null에 의미를 부여하는 또 다른 예이다. 뿐만 아니라 numbersInRange는 루트 필드이므로 null을 허용하지 않을 경우 다른 루트 필드(currentTime)의 정상적인 응답도 제외된다.

5.5 객체 기반 스키마로부터 SDL 텍스트 생성하기

객체 기반 방식을 통해 생성한 실행 가능한 스키마 객체는 (graphql 패키지에서 추가로 불러올) printSchema 함수를 사용해서 스키마 언어 형식으로 변환할 수 있다. 이 함수를 호출해서 실행 가능한 스키마 객체(api/src/schema/index.js에서 엑스포트export하는 객체)를 인수로 전달하면 된다.

예제 **5-30** api/src/schema/index.js 수정

```
import {
  // ·-·-.
  printSchema,
} from 'graphql';
// ·-·-.
export const schema = new GraphQLSchema({
  query: QueryType,
});
console.log(printSchema(schema));
```

다음은 실행 결과이다.[14]

예제 **5-31** printSchema 결과

```
type Query {
  currentTime: String
```

14 옮긴이_ 서버(localhost:4321)가 실행중인 터미널(또는 명령 프롬프트)에 출력된다.

```
  numbersInRange(begin: Int!, end: Int!): NumbersInRange
}


"""숫자 범위의 집계 결과"""
type NumbersInRange {
  sum: Int!
  count: Int!
}
```

리졸버 함수 없이 스키마를 표현한 것으로 함축적이면서 해석하기도 용이하다. 필자가 이 변환에서 가장 좋아하는 부분은 **numbersInRange** 필드의 인수가 스키마 언어 형식으로 정의된 부분이다.

```
(begin: Int!, end: Int!)
```

이 부분을 다음과 비교해보자.

```
args: {
  begin: { type: new GraphQLNonNull(GraphQLInt) },
  end: { type: new GraphQLNonNull(GraphQLInt) },
},
```

NumbersInRange의 설명이 **NumbersInRange** 바로 위에 3연속 따옴표로 표시되는 것에 주목하자. 다음은 설명이 잘 기입된 API 예이다.

---

15 옮긴이_ 'Please commit your changes or stash them before you switch branches.'나 'Please move or remove them before you merge.' 같은 메시지가 나온다면, git add . && git stash 명령을 통해 지금까지 작업한 것을 임시로 저장한 후 위 명령을 다시 실행해서 동기화하면 된다. 이후로도 자신의 PC에서 수정한 후에 체크아웃하려고 하면 동일한 메시지가 표시될 것이다. 그러면 위 명령을 실행한 후 체크아웃하면 된다.

```
""" API용 루트 쿼리 엔트리 포인트"""
type Query {
  "ISO UTC 형식의 현재 시간"
  currentTime: String

  """
  begin과 end값을 포함한 숫자 범위를 표현한 객체  """
  numbersInRange(
    "숫자 범위의 시작값"
    begin: Int!,
    "범위의 종료값"
    end: Int!
  ): NumbersInRange!
}

"""숫자 범위의 집계 결과"""
type NumbersInRange {
  "숫자 범위의 합"
  sum: Int!
  "숫자 범위의 개수"
  count: Int!
}
```

> **NOTE_** 현재 코드: **git checkout 5.4** 명령을 사용해서 여러분의 로컬 리포지터리를 현재 책의 진행 상황에 맞추어 업데이트할 수 있다.[15]

5.5.1 스키마 언어 vs 객체 기반 방식

스키마 언어는 프런트엔드 개발자가 API 설계에 참여할 수 있는 기회를 주며, 무엇보다 현재 상태의 실행할 수 있는 API를 바로 사용할 수 있게 해준다. 여러분 팀에 있는 프런트엔드 개발자들은 이 방식을 아주 좋아할 것이다. 자신들이 직접 API 설계에 참여할 수 있고, 실행 가능한 API를 사용할 수 있기 때문이다. 스키마 언어 텍스트는 마치 API 문서의 초기 버전 같은 역할을 한다.

하지만 그래프QL 스키마를 만들기 위해 전체가 텍스트로 된 스키마에 의존하는 데에는 몇 가지 단점도 존재한다. 코드를 정리해서 모듈화하려면 어느 정도 시간이 필요하며 리졸버 트리(리졸버 맵resolver map)와 함께 스키마 언어 텍스트를 일관성있게 유지하기 위해서 코딩 패턴이나 툴에 의존해야 한다. 하지만 이런 문제는 어느 정도 해결할 수 있다.

가장 큰 문제는 코드의 유연성을 잃는다는 것이다. 모든 타입이 스키마 언어 텍스트에 의존하는 특정 방식을 따라 작성돼야 한다. 특정 타입은 필요할 때 생성자를 사용할 수 없어 텍스트에 기반한 방법도 사용해야 한다. 스키마 언어 텍스트는 타입의 가독성을 높여주지만 대부분 경우는 가독성보다 유연성이 더 중요하다.

객체 기반 방식은 더 유연하며, 확장 및 관리가 더 쉽다. 또한, 위에서 언급한 문제들을 겪지 않아도 된다. 스키마가 많은 객체들로 채워지므로 코드는 모듈화되며 모듈들을 어떻게 병합할지 고민하지 않아도 된다. 객체들이 트리처럼 설계되고 실행되기 때문이다.

객체 기반 방식이 가진 유일한 문제는 모듈의 핵심 코드(타입과 리졸버) 외에도 관리해야 할 코드가 많다는 것이다. 많은 개발자가 이런 주변 코드들을 귀찮게 여기며, 필자도 그것을 부정하진 않는다.

규모가 작고 잘 정의된 그래프QL 서비스를 만든다면 텍스트 언어 방식이 나을 수 있다. 하지만 규모가 크고 빠른 개발이 요구된다면 객체 기반 방식이 더 유연하고 강력한 방법이라 생각한다.

> **TIP_** 객체 기반 방식을 사용하더라도 스키마 언어 텍스트를 계속 사용해야 한다. 예를 들어, `jsComplete.com`에서 객체 기반 방식을 사용해도 스키마가 만들어질 때마다 `printSchema` 함수를 통해 전체 스키마를 파일로 출력할 수 있다. 이 파일을 깃 리포지터리에 저장해서 커밋 및 변경 내역을 관리하는 것이다. 많이 쓰이고 있는 매우 유용한 방식이다.

5.6 비동기식 함수 사용하기

지금까지 만든 두 개의 필드는 일반적인 동기식synchronous 리졸버를 사용해서 맵핑된다. 하지만 필드가 데이터를 리졸브하기 위해서 많은 작업을 하게 될 경우, 비동기식asynchronous 리졸버를 사용한다. 그렇지 않으면 전체 API 서비스가 특정 필드를 처리하기 위해서 다른 요청을 처리할 수 없게 되기 때문이다.

이 문제를 실제로 재현하기 위해서 currentTime 필드 처리에 가짜로 지연을 발생시켜보겠다. 자바스크립트에는 sleep 함수가 없지만 날짜를 비교해서 쉽게 비슷한 기능을 구현할 수 있다. [예제 5-33]은 currentTime 리졸버 함수를 동기식으로 5초 지연 후에 실행되게 하는 코드이다.

예제 5-33 currentTime을 5초 지연해서 반환한다.

```
currentTime: {
    type: GraphQLString,
    resolve: () => {
      const sleepToDate = new Date(new Date().getTime() + 5000);
      while (sleepToDate > new Date()) {
        // sleep
      }
      const isoString = new Date().toISOString();
      return isoString.slice(11, 19);
    },
  },
```

이제 currentTime 필드를 요청할 때마다 서버는 5초 동안 쉬고 있다가 결과를 반환한다. 문제는 5초 동안 서버의 모든 노드 프로세스가 중단된다는 것이다. 두 번째 요청은 첫 번째 요청의 while 반복이 끝날 때까지 API로부터 어떤 데이터도 받을 수 없다(그림 5-9).

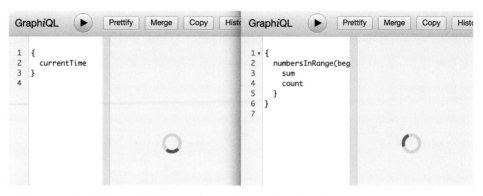

그림 5-9 두 번째 요청(오른쪽)이 첫 번째 요청 처리가 끝날 때까지 기다리고 있다.

절대 이런 식으로 작성하면 안 된다. 시간이 걸리는 모든 프로세스는 `Node.js`가 제공하는 기본 API나 패키지를 사용해서 비동기식으로 처리하거나, 작업을 스레드나 프로세스에 인계해야 한다.

예를 들어 `currentTime` 필드를 비동기식으로 5초 지연시키려면, `setTimeout` 메서드를 프로미스 객체로 래핑해두어야 한다.

예제 5-34 기존 코드를 변경

```
currentTime: {
    type: GraphQLString,
    resolve: () => {
      return new Promise((resolve) => {
        setTimeout(() => {
          const isoString = new Date().toISOString();
          resolve(isoString.slice(11, 19));
        }, 5000);
      });
    },
  },
```

NOTE_ 이 프로미스에는 `await`가 필요 없다. 리졸버 함수는 프로미스를 반환할 수 있으며 실행 함수는 이 프로미스를 `await`해서 데이터를 사용한다. 이런 방식은 그래프QL.js에 기본 내장되어 있다.

이렇게 하면 currentTime 필드를 요청할 때마다, 똑같이 API 서비스가 5초간 기다렸다가 반환하지만 다른 요청에 대해서도 반응할 수 있다. 예를 들어 첫 번째 요청인 currentTime 필드에 의해 대기하고 있는 상태라도 API에 다른 데이터를 요청한다면 바로 응답할 수 있다(그림 5-10).

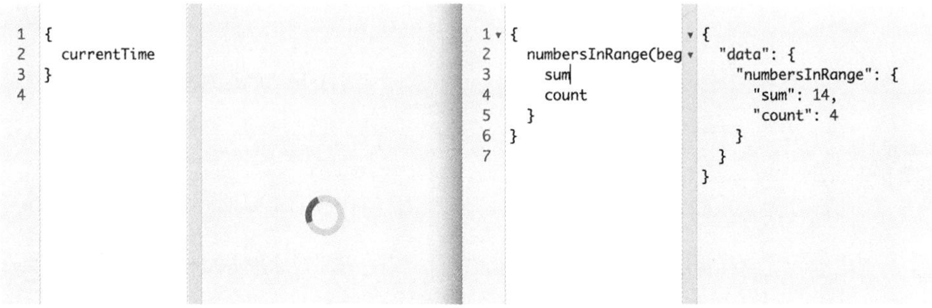

그림 5-10 첫 번째 요청이 대기 중인 상태에서도 두 번째 요청(오른쪽)의 응답을 받을 수 있다.

이 방식은 데이터베이스에서 오는 객체를 처리할 때 매우 유용하다. 모든 데이터베이스에 대한 모든 요청이 정상적으로 처리되려면 API를 비동기식으로 사용해야 하기 때문이다.

이것으로 우리가 만든 API도 비동기식으로 처리할 준비가 됐다.

> **NOTE_** 현재 코드: 여러분들이 참고할 수 있도록 현재 시간을 동기식, 비동기식으로 처리한 코드를 별도의 깃 브랜치에 넣어두었다. `git checkout 5.T1` 명령을 사용해서 체크아웃하면 된다.
> 해당 내용은 5.4 브랜치에 별도로 넣지 않았으니 필요하면 다시 5.4로 되돌리자 (`git checkout 5.4` 명령을 실행하면 된다).

정리

- 그래프QL 서비스는 스키마 개념이 핵심이며 스키마는 리졸버 함수를 통해서 실행 가능하게 만들 수 있다.

- 그래프QL.js 같은 그래프QL 구현은 실행 가능한 스키마를 처리하기 위한 일반적인 태스크를 구현할 때 사용한다.

- 통신 인터페이스에 제한받지 않고 그래프QL 서비스와 커뮤니케이션 할 수 있다. HTTP(S)는 가장 인기 있는 인터페이스로 웹과 모바일 애플리케이션용으로 설계된 것이다.

- 그래프QL.js 헬퍼 함수(buildSchema나 printSchema 등)를 사용해서 스키마 형식을 다른 형식으로 변환할 수 있다.

- 오랜 시간이 걸리는 처리는 동기식으로 해서는 안 된다. 그래프QL 서비스 프로세스가 다른 클라이언트의 요청을 처리할 수 없기 때문이다. 그래프QL.js의 리졸버 함수는 비동기식으로 프로미스 기반 작업을 바로 처리할 수 있다.

CHAPTER 6

데이터베이스 모델과 관계 사용

이 장의 주요 내용

◆ 데이터베이스 모델용 객체 타입 만들기

◆ 리졸버가 공유할 수 있는 전역 컨텍스트 정의하기

◆ 데이터베이스 모델을 사용한 필드 리졸브 및 필드 이름과 값 변형하기

◆ 일대일 관계를 일대다 관계로 리졸브하기

◆ 데이터베이스 뷰(view)와 연결(join) 사용하기

앞에서 간단한 '고정static' 스키마를 만들기 위한 핵심 개념과 필드를 리졸브하는 방법을 배웠다. 이 장에서는 좀 더 현실적인 접근법을 익히기 위해서 데이터베이스를 기반으로 필드를 리졸브하는 방법을 배운다. AZdev API로 다시 돌아가서 쿼리를 만들어보도록 한다. 4장에서 설계한 것처럼 단계별로 구현하며 이를 통해 필요한 핵심 개념들을 익히도록 한다.

> **NOTE_** 현재 코드: git checkout 6.0 명령을 실행해서 여러분의 로컬 리포지터리를 현재 진도에 맞춰 업데이트할 수 있다. 로컬(자신의 PC)에서 한 작업을 임시로 저장해두고 싶다면 git add. && git stash 명령을 실행하면 된다. 필요한 패키지가 설치돼 있지 않다면 npm install을 실행해서 설치하자.

6.1 데이터베이스 실행 및 연결하기

이 프로젝트에서 사용하는 데이터베이스를 예제 데이터와 함께 구축하는 가장 쉬운 방법은 도커^{Docker}를 사용하는 것이다. 도커는 가상 OS를 사용해서 컨테이너^{container} 형태로 소프트웨어를 제공한다. 참고로 3대 OS(맥, 윈도우, 리눅스)를 지원한다.

이 프로젝트를 위해서 두 개의 도커 컨테이너를 준비해두었다. 하나는 PostgreSQL용이고 다른 하나는 몽고DB용이다. 둘 다 이미 데이터베이스가 생성돼 있는 상태이며 예제 데이터도 저장돼 있다. 도커를 사용해본 적이 없더라도 괜찮다. 아주 간단하다. 자신의 OS에 맞는 도커 데스크톱^{Docker Desktop}(`az.dev/docker`)을 설치하고 백그라운드에 실행해두면 끝이다.

> **NOTE_** 자신이 만든 데이터베이스 서비스를 사용하고 싶다면 **dev-dbs/schema.*** 파일을 실행하면 된다. 데이터베이스 개체와 예제 데이터를 생성해준다.

도커 데스크톱을 실행한 후에 다음 명령을 실행하면 두 개의 데이터베이스가 실행된다.

예제 6-1 명령어: 데이터베이스 서버 실행하기[16]

```
$ npm run start-dbs
```

이 명령을 처음 실행하면 두 개의 컨테이너를 다운로드하기 때문에 시간이 꽤 걸릴 것이다. 다운로드가 끝나면 컨테이너를 실행해서 데이터베이스를 정해진 포트 번호를 노출시킨다. PostgreSQL은 포트 5432를 사용하고 몽고DB는 포트 27017을 사용한다.

> **NOTE_** 데이터베이스 스키마를 직접 생성하고 예제 데이터도 직접 저장해보고 싶은 독자도 있을 것이다. 이런 독자를 위해서 빈 데이터베이스만 가지고 있는 도커 파일도 함께 제공하고 있다.[17]

모든 테이블과 컬렉션에 예제 데이터를 준비해두면 그래프QL 쿼리를 테스트하기 위한 좋은 시작점이 된다. 테이블에 있는 데이터는 가능하면 현실적인 데이터를 사용하는 것이 좋다.

---

16 옮긴이_ 혹 오류가 발생한다면 도커 데스크톱이 제대로 설치돼 있지 않았거나 실행돼 있지 않은 것이다. 도커 데스크톱을 재시작해보자. 설정에 따라선 WSL2를 설치해야 할 수도 있다. 오류 메시지에 있는 링크를 따라가서 별도로 설치하도록 하자

17 옮긴이_ dev-dbs 폴더의 `docker-blank.yml` 파일을 사용하면 된다.

텍스트 편집기에서 **dev-dbs/schema.*** 파일을 열어서 테이블과 컬렉션 구조가 4장에서 설계한 구조와 같은지 확인하자. 참고로 **INSERT** 문들은 예제 데이터를 테이블에 추가한다.

> **TIP_** dev-dbs/schema.sql 파일은 **pgcrypto** 확장 기능을 사용해서 **users** 테이블의 패스워드와 토큰을 해시(암호화)한다. 이 확장 기능에 대해선 **az.dev/pgcrypto**를 참고하자.

데이터베이스 서버 실행에 성공했다면, 7개의 태스크와 접근법(PostgreSQL)과 각 접근법의 추가 동적 데이터(몽고DB)를 확인할 수 있다. 다음 SQL을 사용해서 먼저 PostgreSQL에 있는 데이터를 확인해보자.

예제 6-2 psql 명령상에서 실행: 데이터를 읽기 위한 쿼리

```
SELECT * FROM azdev.users;
SELECT * FROM azdev.tasks;
SELECT * FROM azdev.approaches;
```

몽고DB에서 데이터를 확인하려면 **find** 명령을 사용하면 된다.

예제 6-3 mongo 상에서 실행: 접근법 데이터를 읽기 위한 명령

```
db.approachDetails.find({});
```

> **TIP_** 데이터베이스 GUI 클라이언트를 사용해서 데이터베이스 구조를 확인하거나 예제 데이터를 확인할 수 있다. 필자의 맥에선 PostgreSQL용으로 포스티코Postico(**az.dev/postico**)를 사용하고 있으며, 몽고DB용으로 로보3T(**az.dev/robo**)를 사용하고 있다.

> **NOTE_** (옮긴이) 윈도우 사용자는 PostgreSQL 클라이언트로 pgAdmin(**pgadmin.org**)을, 몽고DB 클라이언트는 맥과 같은 로보3TRobo3T를 사용한다. 참고로 GUI 클라이언트로 연결할 때는 각자 다음과 같은 설정을 사용한다. **npm run start-dbs** 명령으로 데이터베이스 서버 실행해주는 것을 잊지 말자.
>
> PostgreSQL
> host: localhost, user: postgres, password: password, port: 5432, Maintenance

database: azdev

몽고DB
host: localhost, port: 27017 (패스워드 및 ID는 지정하지 않음)

데이터베이스 명령(쿼리 등)을 실행하거나 데이터를 추출하려면 데이터베이스와 연결돼 있어야 한다. 노드 드라이버를 사용해서 PostgreSQL과 몽고DB에 연결하는 방법은 여러 가지가 있다. pg 드라이버를 사용해서 SQL을 실행할 때마다 연결하는 방법도 있지만, 더 좋은 방법은 드라이브가 연결 풀connection pool을 관리하게 해서 필요할 때마다 연결을 재사용하게 하는 것이다(그림 6-1). 몽고DB와 PostgreSQL 드라이버 모두 이 기능을 지원한다.

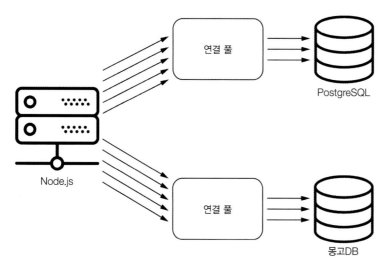

그림 6-1 데이터베이스 연결 풀을 열린 상태로 둔다.

이 두 DB에 연결하기 위한 코드는 apr/src/db에 있다. `pg-client.js`와 `mongo-client.js` 파일을 열어서 수정이 필요한 부분이 있는지 보자. 로컬에 있는 코드가 데이터베이스 연결에 실패한다면, 이 두 파일을 살펴보면 된다.

또한, 이 파일들에는 테이블 수와 컬렉션 수를 세서 두 DB가 정상적으로 연결됐는지 테스트하는 코드가 포함돼 있다. 이 과정은 필수는 아니지만, 데이터베이스를 실행한 후에 연결이 성공했는지 확인할 때 유용하다.

6.2 taskMainList 쿼리

그래프QL 스키마의 태스크 레코드를 처리하기 위해서는 사용자 지정 타입을 정의할 필요가 있다. numbersInRange에서 했던 것처럼 리프 필드를 리프 필드가 아닌 것으로 변환해주는 것 이다. AZdev API에 있는 각 개체 별로 사용자 지정 타입을 만들어야 한다. 즉, **Task** 타입, **Approach** 타입, **User** 타입이다.

먼저 메인인 **Task** 타입부터 시작해보자. 다음은 우리가 만든 앞에서 만든 **Task**용 SDL 텍스트 이다.

예제 6-4 Task 타입

```
type Task implements SearchResultItem {
  id: ID!
  createdAt: String!
  content: String!
  tags: [String!]!
  approachCount: Int!
  #author: User!
  #approachList: [Approach]!
}
```

이 **Task** 타입을 사용할 첫 번째 쿼리 필드는 **azdev** 앱의 메인 화면에 표시될 최신 태스크 목록 이다. 이 필드를 **taskMainList**라고 한다.

예제 6-5 쿼리의 taskMainList에서 Task 타입 사용하기

```
type Query {
  taskMainList: [Task!]
}
```

개념을 순서대로 배우기 위해서 Task 타입이 가진 5개의 리프 필드부터 시작하도록 하자. 바로 id, content, tags, approachCount, createdAt이다.

다음은 이 타입을 테스트할 수 있는 그래프QL 쿼리이다.

예제 6-6 taskMainList 쿼리

```
Query {
  taskMainList {
    id
    content
    tags
    approachCount
    createdAt
  }
}
```

이 쿼리는 태스크 레코드의 배열을 반환해야 한다. 이 배열의 각 아이템은 객체이며 5개의 속성을 가진다. 그리고 각 속성값은 PostgreSQL의 **azdev.tasks** 테이블에서 가져오며 테이블의 컬럼명은 5개의 필드명과 일치한다. 이 기능을 가장 간단한 코드로 구현해서 일단 실행되게 만든 후에 조금씩 개선해가도록 하겠다. 켄트 백[Kent Beck][18]이 말한 것과 같다.

> 동작하게 만들라. 그리고 나서 제대로 동작하게 만들고, 성능을 향상시켜라

이 기능을 구현하려면 다음 3단계를 거쳐야 한다.

1 Task라는 새 객체 타입을 정의한다. 이 타입은 5개의 스칼라 필드를 가진다.
2 Task 타입용 임시 리졸버를 작성한다. created_at 데이터베이스 컬럼의 날짜 데이터를 문자열로 변환해야 한다. 또한, tags 그래프QL 필드를 쉼표로 연결한 문자열이 아닌 문자열 배열로 노출해야 한다.
3 Query 타입을 수정해서 taskMainList 필드를 추가한다. 이 필드는 null이 아닌 Task 아이템 리스트이며 azdev.tasks 테이블의 레코드 배열로 리졸브해야 한다.

Task 타입 정의부터 시작해보자.

---

18 옮긴이_익스트림 프로그래밍(extreme programming)의 창시자

6.2.1 객체 타입 정의하기

다음은 Task 타입을 구현하는 한 가지 방법이다(리졸버는 없다). 이 코드를 api/src/schema/types/task.js 파일을 만들어서 추가하자.

예제 6-7 신규 파일: apr/src/schema/types/task.js

```
import {
  GraphQLID,
  GraphQLObjectType,
  GraphQLString,
  GraphQLInt,
  GraphQLNonNull,
  GraphQLList,
} from "graphql";

const Task = new GraphQLObjectType({
  name: "Task",
  fields: {
    id: { type: new GraphQLNonNull(GraphQLID) },
    content: { type: new GraphQLNonNull(GraphQLString) },
    tags: {
      type: new GraphQLNonNull(
        new GraphQLList(new GraphQLNonNull(GraphQLString))
      ),
    },
    approachCount: { type: new GraphQLNonNull(GraphQLInt) },
    createdAt: { type: new GraphQLNonNull(GraphQLString) },
  },
});

export default Task;
```

이 Task 객체는 [예제 6-4]에 있는 SDL 텍스트를 그대로 변형한 것이다. SDL에선 6줄이었던 코드가 객체 기반 방식에서 거의 세 배가 됐다. tags 필드의 타입을 정의하는 부분에서 가장 많이 코드가 늘어났다. 단순한 [String!]이 3개의 함수를 중첩해서 호출하는 형식으로 작성됐다.

```
new GraphQLNonNull(
  new GraphQLList
  (new GraphQLNonNull(
    GraphQLString)
  )
);
```

이 타입을 표현하기에 SDL 텍스트가 더 적합하다는 데에는 의심의 여지가 없다. 많은 툴들이 그래프QL 스키마를 SDL 텍스트를 기반으로 생성하는 것도 이런 이유 때문이다. 그래프QL.js 의 buildSchema 함수 자체는 이런 툴들에서 자주 사용된다. 어떤 툴은 SDL 구문을 확장해서 SDL 기반의 스키마를 여러 개의 모듈로 분리시켜준다. 그리고 이런 SDL 기반의 여러 스키마 를 하나로 병합하고 이때 발생하는 스키마 간의 충돌을 해결해주기 위한 툴이 만들어지고 했 다. 이런 툴들은 유용하면서 실용적이지만, 이 책에서는 그래프QL.js에만 집중하며 객체 기반 방식을 지원하는 기본 기능만 사용하도록 한다.

객체 기반 방식에 SDL 사용하기

언젠가는 그래프QL.js도 API를 통해 SDL 텍스트를 객체 기반 방식에 사용할 수 있게 만들 것이 다(두 기술을 같이 사용하는 것이다).

필자도 현재 그래프QL.js을 이런 방식으로 사용할 수 있게 해주는 패키지를 만들어서 공개했다. graphql-makers라는 패키지이며 관련 정보는 jsComplete.com/graphql-makers에서 볼 수 있다.

6.2.2 컨텍스트 객체

다음은 Query 타입을 변경해서 taskMainList 필드를 포함시키는 것이다. 이 필드는 null 이 아닌 아이템 목록으로 각 아이템은 [예제 6-4]에서 소개한 Task 타입을 가진다. 즉, task-MainList 필드의 타입이 newGraphQLList(new GraphQLNonNull(Task))이 돼야 한다는 의미이다. 이 필드를 리졸브하려면 다음 SQL문을 PostgreSQL상에서 실행해야 한다.

예제 6-8 taskMainList 필드용 SQL문

```
SELECT *
FROM azdev.tasks                    ┌─ Task의 private 객체는
WHERE is_private = FALSE  ◁─────────┘  포함시키지 않는다.
ORDER BY created_at DESC ◁──────────┐  Task를 생성 일시 기준으로 정렬한다.
LIMIT 100 ◁────────┐                └─ 최근 것이 먼저 온다.
                   └─ 100개의 Task 객체만 반환한다.
```

이 SQL문을 실행하기 전에 PostgreSQL의 연결 풀을 열어주어야 한다. 이를 위해서 `api/src/db/pg-client.js` 모듈을 불러와서 기본 엑스포트(`pgClient` 함수)를 실행할 필요가 있다. 문제는 어느 파일에 이것을 구현하느냐이다. 데이터베이스의 연결 풀은 서버가 시작될 때 함께 실행돼야 하며 모든 리졸버 함수가 이 풀을 사용하게 설정해야 한다. 이 방식이 개별 리졸버 함수에서 일일이 데이터베이스에 연결하는 것보다 훨씬 효율적이다.

그래프QL.js는 모든 리졸버에 전역적으로 사용할 수 있는 연결 풀 기능을 제공한다. 바로 컨텍스트^{context} 객체라는 것이다.

이 특수한 객체는 리졸버 함수의 세 번째 인수로 전달돼서 리졸버 함수 간 정보 공유를 돕는다. 리졸버 함수는 컨텍스트 객체를 읽을 수 있으며 필요하면 쓸 수도 있다. 여기서는 데이터베이스의 연결 풀을 공유하기 위해서 읽기 전용 컨텍스트만 사용한다.

모든 객체는 `graphql` 실행 함수나 `graphqlHTTP` 리스너 함수에 컨텍스트 객체로 전달할 수 있다. 여기서 우리가 전역 컨텍스트로 만들어야 하는 것은 `pgPool` 객체로 현재 `pgClient` 함수가 반환하는 객체이다.

예제 6-9 수정: `api/src/server.js`

```
// ·-··-·
import pgClient from './db/pg-client';

async function main() {
  const { pgPool } = await pgClient();
  const server = express();
  // ·-··-·

  server.use(
```

```
      '/',
      graphqlHTTP({
        schema,
        context: { pgPool },
        graphiql: true,
      }),
    );
  // ......
  }

  main();
```

이것으로 모든 리졸버 함수가 컨텍스트 객체에 접근할 수 있으며 **pgPool** 객체를 사용해서 데이터베이스 쿼리를 실행할 수 있다.

pgPool 객체는 SQL문을 실행할 수 있도록 query 메서드를 제공하며, 이것을 사용해서 [예제 6-8]의 **SELECT**문을 실행할 수 있다.

예제 6-10 pgPool을 사용해서 SQL문 실행하기

```
const pgResp = await pgPool.query(`
  SELECT *
  FROM azdev.tasks
  WHERE is_private = FALSE
  ORDER BY created_at DESC
  LIMIT 100
`);
```

이 query 메서드의 결과는 프로미스로 **pgResp**라는 이름의 객체로 리졸브된다. **pgResp** 객체는 rows 속성을 가지며 데이터베이스가 반환한 레코드의 배열을 가진다.

예제 6-11 pgResp.rows 속성의 형태

```
[
  { id: 1, content: 'Task #1', approach_count: 1, ......},
```

```
  { id: 2, content: 'Task #2', approach_count: 1, ·····},
  ·····.
]
```

pg 패키지는 모든 데이터베이스의 레코드를 자바스크립트 객체로 변환하는 것에 유의하자. 이 객체는 데이터베이스의 컬럼명을 키로 사용하며 각 레코드값을 해당 키의 값으로 사용한다. 또한, 키 이름에는 스네이크 케이스(approach_count 형태)를 사용한다.

컨텍스트 객체는 각 리졸버 함수의 세 번째 인수로 노출된다(source와 args 다음).

예제 6-12 리졸버 함수의 네 번째 인수

```
resolve: (source, args, context, info) => {}
```

> **NOTE_** 네 번째 인수인 info는 컨텍스트 실행에 관한 정보(어떤 필드, 타입이 이 리졸버와 연동되는지 등)를 지정한다. 이 인수는 거의 사용하지 않지만 몇몇 고급 로직에선 유용하게 사용된다.

taskMainList 필드는 태스크 레코드의 배열로 리졸브돼야 한다. [예제 6-10]에서 pgPool.query 응답의 rows 속성이 바로 이 배열이다. 앞 장에서 리졸버 함수가 프로미스를 반환하고 그래프QL.js이 이 처리를 하는 것을 보았다. 마찬가지로 taskMainList를 pgPool.query 함수가 반환한 프로미스로 리졸브하면 된다.

예제 6-13 수정: api/src/schema/index.js

```
import {
  // ·····
  GraphQLList,
} from 'graphql';
// ·····
import Task from './types/task';

const QueryType = new GraphQLObjectType({
  name: 'Query',
  fields: {
```

```
// ·-··-·

taskMainList: {
  type: new GraphQLList(new GraphQLNonNull(Task)),
  resolve: async (source, args, { pgPool }) => {
  const pgResp = await pgPool.query(`
    SELECT *
    FROM azdev.tasks
    WHERE is_private = FALSE
    ORDER BY created_at DESC
    LIMIT 100
  `);
  return pgResp.rows;
  },
  },
 },
});
// ·-··-·
```

API가 잘 실행되는지 테스트해보자. API가 다음 쿼리에 응답할 것이다(그림 6-2).

```
{
  taskMainList {
    id
    content
  }
}
```

NOTE_ (옮긴이) 혹시 실행 방법을 잊은 독자들을 위해서 서버 구동법을 다시 한 번 살펴보겠다. 먼저 npm run api-server를 실행해서 노드 서버를 실행해준다. 서버가 실행되면, 브라우저를 열어서 local-host:4321에 접속하면 그래피컬 화면이 보일 것이다.
다음은 데이터베이스 서버를 실행해주어야 한다. 도커 데스크톱을 열어서 'containers\app' 탭에 있는 dev-dbs를 클릭하면 그 아래에 두 개의 컨테이너가 보인다. 각각 플레이(삼각형) 버튼을 눌러서 실행해주면 된다. 또는, 도커 데스크톱이 실행된 상태에서 npm run start-dbs 명령을 실행하면 된다.

> **NOTE_** 예제 데이터에서 비공개 태스크로 설정한 `Task #5`는 `taskMainList` 쿼리의 결과로 반환되지 않는다.

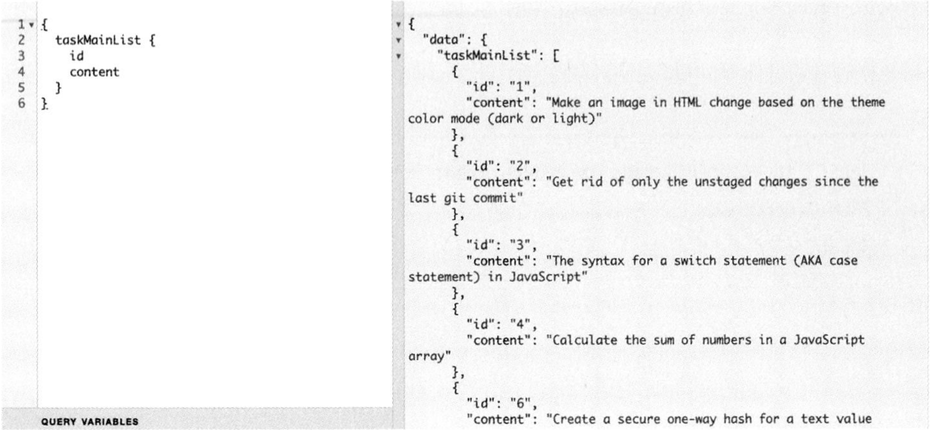

1 {
2 taskMainList {
3 id
4 content
5 }
6 }
QUERY VARIABLES
{
"data": {
"taskMainList": [
{
"id": "1",
"content": "Make an image in HTML change based on the theme color mode (dark or light)"
},
{
"id": "2",
"content": "Get rid of only the unstaged changes since the last git commit"
},
{
"id": "3",
"content": "The syntax for a switch statement (AKA case statement) in JavaScript"
},
{
"id": "4",
"content": "Calculate the sum of numbers in a JavaScript array"
},
{
"id": "6",
"content": "Create a secure one-way hash for a text value

그림 6-2 taskMainList 쿼리의 서버 응답

`tags`나 `createdAt` 필드를 요청하면 다음과 같은 오류가 발생한다.

- `tags` 필드: `"Expected Iterable, but did not find one from field Task.tags"`(`Iterable`을 기대했지만 `Task.tags` 필드에서 해당하는 요소를 찾을 수 없습니다.)
- `createdAt` 필드: `"Cannot return null for non-null field Task.createAt"`(`Task.createdAt` 필드는 `non-null` 필드이므로 `null`을 반환할 수 없습니다.) `approachCount` 필드에서도 같은 오류가 발생한다.

잠시 시간을 내서 이 오류가 무엇을 의미하는지 생각해보자. 다음 절에서 이에 대해 설명하겠다.

6.2.3 필드명 변경하기

경우에 따라선 데이터가 데이터베이스의 컬럼, 레코드 구조와 다른 구조로 API가 데이터를 제공해야 할 때도 있다. 예를 들면 데이터베이스가 이해하기 어려운 컬럼명을 사용한 경우나 API가 모든 필드명에 카멜 케이스를 사용했지만 데이터베이스에선 스네이크 케이스를 사용한 경우 등이다. 여기서 우리는 후자에 대처해보겠다. DB 내의 azdev.tasks 테이블 컬럼은 스네이크 케이스를 사용하고 있다(예: created_at). 반면 API에서는 모든 필드를 카멜 케이스로 제공하도록 설계했다(예: createdAt). 이것은 id나 content 필드에 했던 것처럼 기본 리졸버 함수를 사용할 수 없음을 의미한다.

카멜 케이스 필드에선 기본 리졸버가 데이터베이스가 반환한 레코드에서 createdAt 속성을 찾으려고 하지만 존재하지 않는다. 앞에서 createdAt을 요청했을 때 오류가 발생한 것도 바로 이 때문이다.

이 문제를 해결하기 위한 세 가지 방법이 있다.

첫 번째 방법

데이터베이스로부터 데이터를 받은 후 각 레코드의 모든 속성명을 케이스에 맞추어 맵핑하는 것이다. 이렇게 하면 Task 타입의 부모 소스 객체가 맞는 속성명을 가지며, 모든 필드는 기본 리졸버를 사용할 수 있다. 예를 들어 객체를 받아서 모든 속성을 카멜 케이스로 변환하는 caseMapper라는 함수가 있다고 하면, taskMainList의 리졸버를 다음과 같이 수정하면 된다.

예제 6-14 데이터베이스로부터 받은 데이터의 구조 변경하기

```
resolve: async (source, args, { pgPool }) => {
  const pgResp = await pgPool.query(
    // ·-·-·.
  );
  return pgResp.rows.map(caseMapper);
},
```

TIP_ caseMapper 함수의 코드는 생략하지만, 원한다면 humps 노드 패키지가 제공하는 camelizeKeys 같은 함수를 사용해도 좋다. 이 함수는 객체 배열의 변환도 지원하며 배열 내의 모든 객체가 가진 속성을 카멜 케이스로 변환할 수 있다.

이 방법의 문제점이 무엇인지 알겠는가? 사실 두 가지 문제가 있다. 반환된 데이터 세트의 각 레코드를 한 줄씩 읽어서 map 메서드에 전달해야 하며, caseMapper 함수는 다시 각 레코드 객체가 가진 모든 속성을 하나씩 읽어서 처리해야 한다.

데이터 세트 수가 적다면 큰 문제가 안 될 수도 있지만 그래프QL 트리/리졸버 구조가 이미 필드와 레벨을 반복해서 처리해야 한다. 다른 방법은 필드 리졸버를 사용해서 필요한 때만 수동으로 변환하는 것이다. 이것이 바로 방법 #2이다.

두 번째 방법

변환이 필요한 필드를 위해 사용자 지정 리졸버를 만들 수 있다. [예제 6-7]의 createdAt 필드에 다음과 같은 resolve 함수를 추가하는 것이다.

예제 6-15 사용자 지정 리졸버 사용하기

```
const Task = new GraphQLObjectType({
  name: 'Task',
  fields: {
```

```
    // .·-·-.
    createdAt: {
      type: new GraphQLNonNull(GraphQLString),
      resolve: (source) => source.created_at,
    },
  },
});
```

createdAt 필드를 부모 소스 객체(데이터베이스의 레코드 객체)의 created_at 속성을 사용해서 리졸브하므로 케이스 문제를 해결할 수 있다. 같은 방식으로 케이스를 적용한 모든 필드를 변경해야 한다.

위와 같이 변경했다면 API를 테스트해보자. taskMainList 필드상의 createdAt 필드를 요청해보자. 제대로 실행될 것이다(그림 6-3).

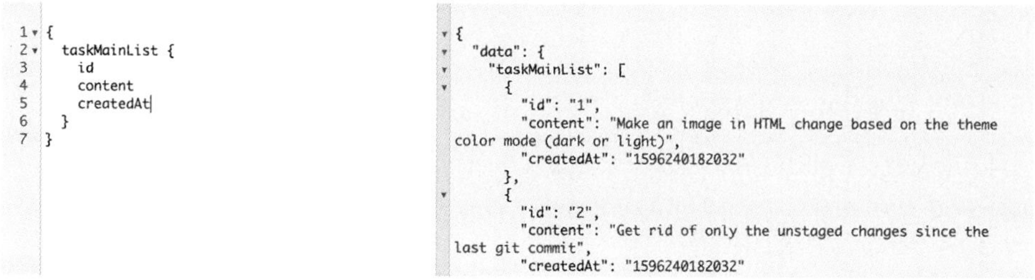

그림 6-3 createdAt 필드의 서버 응답

> **NOTE_** createdAt는 13자리 숫자를 반환한다. 1970년 1월 1일 UTC를 기준으로 한 밀리초^{millisecond} 표기이다. 다음 절에서 이 값을 변환해보겠다.

이 방법은 가독성 측면에서 훌륭하며, 단순히 이름 뿐 아니라 값을 변경할 수도 있다. 하지만 개인적으로 스네이크 케이스 변수명과 카멜 케이스 혼용하는 것을 좋아하지 않는다. API 서버가 스네이크 케이스 변수를 위해 특정 처리를 해야 한다는 사실 자체가 이상하다. PostgreSQL에서 앞장서서 이 변환 작업을 해준다면 아주 편해진다. 이것이 방법 #3이다.

> **NOTE_** 다음으로 넘어가기 전에 [예제 6-15]에서 변경한 resolve 함수를 다시 원상 복구하도록 하자.

세 번째 방법

PostgreSQL의 컬럼 별칭[alias] 기능을 사용해서 반환되는 레코드의 컬럼명을 카멜 케이스로 변경할 수 있다. 하지만 이 방법은 SELECT문의 모든 리프 필드 리스트를 필요로 한다. 다음은 이 방법을 사용해서 taskMainList를 구현한 것이다.

예제 6-16 수정: api/src/schema/index.js

```
resolve: async (source, args, { pgPool }) => {
  const pgResp = await pgPool.query(`
    SELECT id, content, tags,
           approach_count AS "approachCount", created_at AS "createdAt"
    FROM azdev.tasks
    WHERE // ·-·--
    `);
  return pgResp.rows;
},
```

AS "approachCount"와 AS "createdAt" 구문을 사용해서 반환된 컬럼의 이름을 변경하고 있다. PostgreSQL은 대소문자를 구문하므로 따옴표를 사용해서 별칭을 감싼다. 대소문자를 구분해서 별칭을 지으려면 따옴표를 사용해서 기입해야 한다.

PostgreSQL에서 오는 데이터를 정확한 형태로 변환해주므로, 이 방법이 앞의 방법들보다 낫다고 본다. 또한, SQL문에 필요한 컬럼들을 모두 나열하므로 파악하기가 쉽다. 이렇게 구체적으로 데이터를 표현하는 편이 항상 더 안전하다.

> **NOTE_** 이 예제 이후에는 SQL문이나 별칭을 작성할 일이 없다. 별칭의 포함한 모든 SQL문을 api/src/db/sqls.js에 준비해두었다.

6.2.4 필드값 변경하기

그래프QL에서 자바스크립트의 date 객체를 처리할 때는 기본 valueOf 메서드를 사용한다. 이 메서드는 getTime(13자리 밀리세컨드 숫자를 반환)과 같다. 필드(날짜 필드 포함)를 다른 방식으로 읽으려면 사용자 지정 함수를 활용하면 된다. 여기서는 AZdev API의 모든 날짜/시간 필드가 UTC ISO 형식을 따르도록 변경해보겠다. 자바스크립트의 **toISOString** 메서드를 사용해서 **createdAt** 필드의 리졸버 함수를 다음과 같이 수정해보자.

예제 **6-17** 수정: api/src/schema/types/task.js

```
createdAt: {
  type: new GraphQLNonNull(GraphQLString),
  resolve: (source) => source.createdAt.toISOString(),
},
```

> **NOTE_** source.createdAt을 사용한 것에 유의하자(**source.created_at**이 아니다). PostgreSQL
> 이 반환하는 데이터가 카멜 케이스로 된 명칭을 사용하고 있기 때문이다.

이제 API가 **createdAt**값을 ISO 형식을 사용해서 표기할 것이다(그림 6-4).

다음은 **tags** 필드를 보도록 하자. 이 필드를 요청하면 현재 API는 다음과 같은 오류를 표시한다.

> Expected Iterable, but did not find one for field Tasks.tags
> 'Iterable을 기대했지만 Task.tags 필드에서 해당하는 요소를 찾을 수 없습니다'

```
1 ▾ {
2 ▾   taskMainList {
3         id
4         content
5         createdAt
6     }
7   }
```

```
▾ {
▾   "data": {
▾     "taskMainList": [
        {
          "id": "1",
          "content": "Make an image in HTML change based on the theme
color mode (dark or light)",
          "createdAt": "2020-08-01T00:03:02.032Z"
        },
        {
          "id": "2",
          "content": "Get rid of only the unstaged changes since the
last git commit",
          "createdAt": "2020-08-01T00:03:02.032Z"
        },
```

그림 **6-4** ISO 문자열로 반환되는 createdAt 필드

tags 필드를 **GraphQLList** 타입으로 정의했기 때문이다. 그래프QL 실행 함수는 배열처럼 이터러블iterable로 값이 리졸브되기를 기대한다. **tags** 필드의 기본 리졸버는 **tags** 데이터베이스

컬럼에 있는 쉼표로 연결된 값(csv 형식, 예: "node, git")을 리졸브한다. 이 값을 문자열 배열로 변환할 필요가 있다(즉, ["node", "git"] 형식). 이때도 사용자 지정 리졸버 함수를 사용할 수 있다.

예제 6-18 수정: api/src/schema/types/task.js

```
tags: {
  type: new GraphQLNonNull(
    new GraphQLList(new GraphQLNonNull(GraphQLString))
  ),
  resolve: (source) => source.tags.split(','),
},
```

tags 데이터를 요청하면 [그림 6-5]와 같이 배열을 반환되는 것을 알 수 있다.

```
1 ▾ {
2 ▾   taskMainList {
3       id
4       content
5       tags
6     }
7 }
```

```
▾ {
  ▾ "data": {
    ▾ "taskMainList": [
      ▾ {
          "id": "1",
          "content": "Make an image in HTML change based on the theme
color mode (dark or light)",
        ▾ "tags": [
            "code",
            "html"
          ]
        },
      ▾ {
          "id": "2",
          "content": "Get rid of only the unstaged changes since the
last git commit",
        ▾ "tags": [
            "command",
            "git"
          ]
        },
```

그림 6-5 API에서 csv형태의 값을 배열 형태로 제공한다.

이처럼 그래프QL 스키마의 형태를 제어하기란 생각보다 간단하며, 강력한 변환 기능을 사용해서 데이터베이스가 반환하는 데이터를 쉽게 변경할 수 있다.

> **NOTE_** 현재 코드: git checkout 6.1 명령을 사용해서 로컬 리포지터리를 현재 진도에 맞추어 업데이트할 수 있다.

6.2.5 PostgreSQL 처리 분리시키기

Task 타입의 생성자author와 접근법approach 관계를 구현하기에 앞서 약간의 리팩터링refactoring을 해보도록 한다. SQL문을 리졸버 함수에 바로 사용하는 것이 아니라 별도의 모듈을 만들어서 PostgreSQL과 연동시키는 것이다. 즉, 모듈을 리졸버 함수 안에서 사용하는 방식이다.

이렇게 담당 역할을 분리시키므로 API 코드의 가독성을 높일 수 있다. PostgreSQL에서 데이터를 추출하는 처리와 데이터 변경 처리를 분리한다. 이렇게 모듈을 분리하면 코드의 유지관리 측면에서도 편리하다. 설령 데이터베이스 드라이버의 API를 변경하거나 다른 데이터베이스 드라이버를 사용한다고 해도, 여러 곳을 수정할 필요 없이 한 곳만 수정하면 된다. 또한, 데이터베이스 처리 관련 로그 등을 추가할 때도 한 곳만 수정하면 된다. 테스트 관점에서도 리졸버 함수의 다른 로직과 분리돼 있어서 훨씬 쉽게 테스트할 수 있다.

이 새 모듈을 **pgApi**라고 하겠다. 이 모듈은 드라이버의 기본 **pgPool** 객체 대신에 컨텍스트 객체로 노출해 PostgreSQL의 모든 읽기/쓰기 처리가 이 객체를 통과하도록 만든다.

api/src/server.js에서 **pgClient** 함수를 호출해서 **pgPool**을 얻는 코드도 신규 모델로 이동하도록 한다. 비동기식 작업이 필요하므로 **pgApi** 모듈은 async 함수로 래핑돼야 한다. 이 함수를 **pgApiWrapper**라고 부르며 신규 모듈의 기본 엑스포트로 지정한다.

api/src/pg-api.js 파일을 만들어서 다음 코드를 작성하자.

예제 6-19 신규 파일: api/src/db/pg-api.js

```
import pgClient from "./pg-client";
import sqls from "./sqls";

const pgApiWrapper = async () => {
  const { pgPool } = await pgClient();
  const pgQuery = (text, params = {}) =>
    pgPool.query(text, Object.values(params));

  return {
    taskMainList: async () => {
      const pgResp = await pgQuery(sqls.tasksLatest); ←──  api/src/db/sqls.js에
      return pgResp.rows;                                  미리 작성돼 있는
    },                                                     taskLatest SQL문을 사용한다.
```

```
  };
};

export default pgApiWrapper;
```

---

sql 객체를 ./sqls.js 파일에서 불러와서 sqls.tasksLatest를 사용하고 있는 것에 주목하자. [예제 6-16]의 SQL 쿼리와 같다. 모든 SQL문을 한 곳에 두면 모듈을 구성하기가 쉽다. 또다른 방법은 DB의 API 함수 별로 파일을 만들어서 SQL문을 정의하는 것이다. 후자는 규모가 큰 프로젝트에 적합하므로 여기서는 두 개 파일로 구성된 간단한 방식을 사용하도록 한다. 즉, pg-api.js 파일에 함수를 정의하고 sqls.js 파일에 SQL문을 정의하는 것이다.

이 모듈에는 pgPool.query의 래퍼 함수인 pgQuery라는 새로운 함수도 포함돼 있다. 현재 드라이버의 메서드인 pgPool.query 함수는 쿼리 변수를 배열로 받는다. pgQuery 함수는 필요한 때라면 언제든 제어할 수 있는 함수로 쿼리 변수를 객체로 받을 수 있다(이렇게 하면 코드 가독성이 다소 향상된다).

> **TIP_** 외부 API를 래핑하는 것은 좋은 접근법이지만 너무 자주 사용해서는 안된다. 예를 들어 그래프QL.js API는 아직 래핑하지 않았는데, 프로젝트의 전체 구조가 이 API에 의존하기 때문이다. AZdev의 API 코드는 단순히 그래프QL.js을 사용하는 것이 아니라 그래프QL.js를 근간으로 만들어진 것이다. 그래프QL.js에서 현재 API와 호환되지 않는 수정이 이루어진다면, 전체 프로젝트의 코드를 재점검해야 할 수도 있다. 그렇다고 외부 API를 래핑하는 것이 위험한 것만은 아니다. 예를 들어 타입 객체를 생성하는 구문을 변경해서 SDL 메서드와 비슷한 구문을 사용하고 싶다면 래퍼를 만들면 된다.

드라이버의 기본 함수인 pgClient 대신 새로 만든 pgApiWrapper 함수를 사용하려면 api/src/server.js의 컨텍스트 객체를 변경해야 한다.

예제 6-20 수정: api/src/server.js

```
// ·-·-·.
import pgApiWrapper from "./db/pg-api";    ◁──── 기존 pg-client import 코드를 지우고
                                                 이 코드를 추가한다.
async function main() {
  const pgApi = await pgApiWrapper();    ◁──── 기존 pgClient() 호출 코드를 지우고
  // ·-·-·.                                     이 코드를 추가한다.
```

```
server.use(
  "/",
  graphqlHTTP({
    schema,
    context: { pgApi },
    graphiql: true,
  })
);
// ......
}
```

마지막으로 taskMainList의 resolve 함수를 수정해서 SQL문 대신 pgApi를 사용하게 하자.

예제 6-21 수정: api/src/schema/index.js

```
taskMainList: {
  type: new GraphQLList(new GraphQLNonNull(Task)),
  resolve: async (source, args, { pgApi }) => {
    return pgApi.taskMainList();
  },
},
```

모든 작업이 끝났다. 앞서 본 쿼리를 사용해서 테스트해보자. API 서비스 자체는 바뀐 것이 없지만 코드는 많은 부분이 개선됐다. 개선된 코드를 가지고 다음 작업을 진행하도록 하겠다.

6.3 오류 보고

여기서 한 가지 기능을 추가하도록 하겠다. 기본 설정에선 그래프QL.js가 오류를 로그 파일에 기록하지 않아서 찾기가 힘들다. 오류가 발생하면 API 사용자에겐 전달하지만 백엔드 개발자는 확인하기 힘든 것이다.

코드에 가짜 오류를 심어 넣은 예를 보도록 하자. 다음은 taskMainList 필드의 데이터를 리졸브하는 곳에 잘못된 코드를 기입한 예이다.

예제 6-22 임시 수정: api/src/db/pg-api.js

```
const QueryType = new GraphQLObjectType({
  name: 'Query',
  fields: {
    // ·-·-·-
    taskMainList: {
      type: new GraphQLList(new GraphQLNonNull(Task)),
      resolve: async (source, args, { pgApi }) => {
      return pgApi.taksMainList();    ←─┐ 철자 오류
      },
    },
  },
});
```

이제 그래피컬에서 `taksMainList` 필드를 요청하면 어떤 일이 벌어지는지 보도록 하자(그림 6-6).

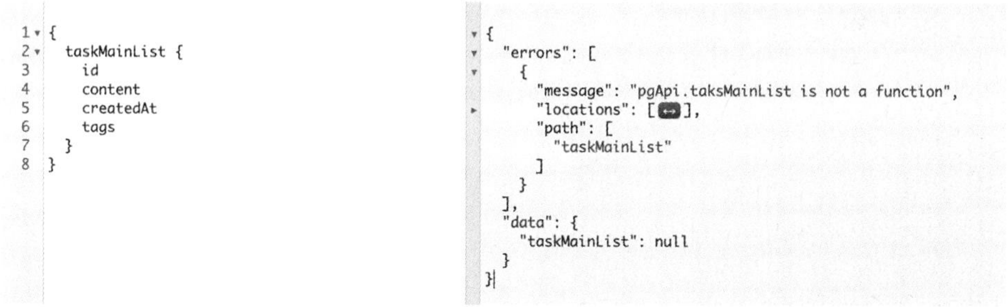

```
1 ▾ {
2 ▾   taskMainList {
3         id
4         content
5         createdAt
6         tags
7       }
8 }
```

```
▾ {
  ▾   "errors": [
  ▾     {
            "message": "pgApi.taksMainList is not a function",
            "locations": [ ██ ],
            "path": [
              "taskMainList"
            ]
          }
        ],
        "data": {
          "taskMainList": null
        }
      }
}
```

그림 6-6 프런트엔드 앱에 표시되는 백엔드 오류

[그림 6-6]처럼 API 사용자가 오류를 볼 수 있지만 백엔드는 오히려 아무런 오류를 볼 수 없다.

이 문제를 해결하려면 `express-graphql` 패키지의 `customFormatErrorFn` 함수를 사용하면 된다. 서버가 그래프QL 작업을 하는 동안 생성되는 오류의 형식을 지정하는 함수이다. 이 함수를 사용하면 오류를 보고할 수 있고 API 사용자에게 전달되는 오류(예를 들면, 운영 서버에서 발생하는 오류)의 내용도 다듬을 수 있다.

```
async function main() {
// ·-·-·

  server.use(
    '/',
    graphqlHTTP({
      schema,
      context: { pgApi },
      graphiql: true,
      customFormatErrorFn: (err) => {
          const errorReport = {
          message: err.message,
          locations: err.locations,
          stack: err.stack ? err.stack.split('\n') : [],    ◁── 개발 환경에서 오류 스택을 보여
          path: err.path,                                          주게 한다. 개발 시에 편리하다.
        };
        console.error('GraphQL Error', errorReport);    ◁── 서버 로그에 로그를 기록한다.
        return config.isDev
          ? errorReport                                           운영 서버에선 알기 쉬운
          : { message: 'Oops! Something went wrong! :(' };   ◁── 오류를 반환한다.
      },
    }),
  );
  // ·-·-·
}
```

앞의 taskMainList 쿼리를 다시 실행해보면 프런트엔드의 API 사용자는 일반화된 오류 메시지를 볼 수 있고 백엔드 개발자는 API 서버의 로그를 통해 유용한 메시지를 확인할 수 있다.

> **TIP_** API 사용자에게 발생한 오류를 그대로 노출시키는 것은 좋은 습관이 아니다. 코드 관련 상세 내용을 노출시킬 뿐더러 사용자에게 아무런 도움이 되지 못한다. API 사용자에겐 도움이 되는 오류 메시지만 제공하도록 하자. 이와 관련된 예는 변경 작업을 다룰 때 보도록 한다.

[예제 6-22]에서 일으킨 철자 오류를 다시 원상태로 돌려놓는 것을 잊지 말자.

데이터 관계^{relation}를 리졸브하는 방법에 대해 알아볼 차례다. 이를 위해선 그래프QL API를 만들 때 넘어야 할 가장 어려운 산인 N+1 쿼리 문제를 이해해야 한다.

6.4 관계 리졸브하기

Task 타입에서 남아 있는 필드는 author와 approachList이다. 이를 위해선 두 개의 신규 그래프QL 타입을 구현해야 하며, 각각 Author, Approach라는 이름을 부여하도록 하겠다.

이 필드들은 쿼리상에선 리프 필드가 아닌 관계^{relation}로 표현된다. 하나의 태스크는 한 명의 생성자^{author}와 여러 개의 접근법^{Approach}을 가진다. 각 필드를 리졸브하려면 그래프QL 서버가 여러 테이블에 SQL문을 실행해야 하며, 각 테이블의 결과를 객체로 반환해야 한다.

API 서버는 author와 approachList 필드의 구현을 끝내면 다음과 같은 쿼리에 응답할 수 있게 된다.

예제 6-24 taskMainList의 완성된 쿼리

```
{
  taskMainList {
    id
    content
    tags
    approachCount
    createdAt
    author {
      id
      username
      name
    }
    approachList {
```

```
          id
          content
          voteCount
          createdAt
          author {
            id
            username
            name
          }
        }
      }
    }
  }
```

이것은 API 서비스가 지원해야 할 완성된 쿼리이다. 쿼리를 살펴보면 Author가 두 가지 형태로 중첩되어 있음을 알 수 있다.

```
Task -> Author
Task -> Approach -> Author
```

> **NOTE_** 하나의 접근법은 하나의 생성자를 가진다. **taskMainList** 필드를 완료하려면 이 관계도 함께 구현해야 한다.

[예제 6-24]의 쿼리를 통해서 최신 태스크와 관련된 모든 정보를 얻을 수 있다. 예를 들면 누가 태스크를 생성했고, 그 태스크를 위한 접근법을 어떻게 정의했는지, 그리고 접근법은 누가 생성했는지 등이다.

> **NOTE_** 최신 태스크 UI 뷰는 접근법을 보여주지 않는다. 접근법은 단일 태스크 UI에서만 보인다. 단순화하기 위해서 여기서는 하나의 태스크 타입만 사용했지만 용도별로 타입을 나누거나 API에 맞추어 변경할 수도 있다. 이와 관련된 예는 me 루트 필드를 다룰 때 보도록 한다.

6.4.1 일대일 관계 리졸브하기

author 필드는 azdev.users 테이블에 의해 리졸브돼야 한다. 태스크 객체와 사용자 객체를 연결하는 외래키는 azdev.tasks 테이블에 있는 user_id 필드이다. taskMainList 필드를 태스크 객체 리스트와 함께 리졸브할 때 각 태스크 객체는 userId 속성에 값을 가지고 있다. 각 객체를 생성한 사용자 정보를 얻으려면 추가 SQL문을 실행해야 한다. 이 SQL문은 sqls. usersFromIds(api/src/db/sqls.js)에서 확인할 수 있다.

예제 6-25 두 번째 SQL문: api/src/db/sqls.js

```
// $1: userIds
usersFromIds: `
  SELECT id, username,
    first_name AS "firstName", last_name AS "lastName",
    created_at AS "createdAt"
  FROM azdev.users
  WHERE id = ANY ($1)
`,
```

이 SQL문은 $1이라는 새로운 구문을 포함하고 있다. pg 드라이버와 함께 사용하면 SQL문에 변수로 삽입할 수 있다(문자열 결합을 할 필요가 없다). 이 SQL문은 한 개의 변수를 사용해서 실행되며 변숫값이 SQL의 $1 부분을 채운다.

> **NOTE_** ANY는 ID 배열을 사용해서 여러 개의 레코드를 추출하는데 사용하고 있다. 이렇게 하면 API 서버가 실행할 SQL 쿼리 수를 줄일 수 있다. 자세한 예는 7장에서 보도록 한다.

다음은 sqls.usersFromIds 문을 실행하기 위한 함수를 pgApi 모듈 안에 정의해야 한다. userId를 인수로 받아 처리하도록 정의해보자.

예제 6-26 수정: api/src/db/pg-api.sql

```
const pgApiWrapper = async () => {
  // .-.-..
  return {
```

```
    // ·-·--·
    userInfo: async (userId) => {
      const pgResp = await pgQuery(sqls.usersFromIds, { $1: [userId] }); ◁──┐ $1을 [userId]로
      return pgResp.rows[0];                                                설정해 SQL문에
    },                                                                       전달한다.
  };
};
```

sqls.usersFromIds문은 여러 사용자 ID를 처리해서 연관된 사용자 레코드를 반환하도록 설계됐다. $1값으로 [userId]를 사용하는 것도 이 때문이다. 하지만 현재는 단 하나의 userId값만 전달하고 있어서 SQL문이 하나의 레코드만 추출하거나 해당하는 ID가 없으면 아무것도 추출하지 않는다. pg 드라이버는 응답으로 항상 rows 속성을 배열로 반환하며 대상 레코드(row)가 하나일 때도 배열로 반환한다. 이 때문에 반환된 값이 응답의 첫 번째 줄(pgResp.rows[0])이 된다.

지금 설계하고 있는 것은 그래프QL 타입이나 리졸버 함수가 아니라 PostgreSQL과의 연계 부분이다. 앞에서 taskMainList 필드를 만들 때 타입과 리졸버 함수를 먼저 만들고 PostgreSQL과 연계하는 부분을 만든 것과는 다른 순서이다. 중요한 것은 각 작업을 완벽하게 독립적으로 할 수 있다는 것이다.

그래프QL 서버가 신규 author 필드를 인식하려면 User 타입을 정의해야 한다. 그래프QL 스키마에 있는 모든 것은 타입을 가져야 한다. SDL 텍스트에서 User 타입용으로 다음과 같은 구조를 사용했었다.

예제 6-27 User 타입

```
type User {
  id: ID!
  username: String!
  name: String
  taskList: [Task!]! ◁──┐ me 루트 필드 아래에 taskList 필드를 구현할 것이다.
}
```

Task 타입을 만들기 위해 사용했던 3단계를 기억하는가? User 타입도 비슷한 방법으로 만들

도록 한다.

1 User라는 신규 객체 타입을 정의한다. 이 객체는 세 개의 스칼라 필드를 가진다.

2 User 타입의 모든 리졸버(기본 리졸버가 아닌)를 작성한다. azdev.users 테이블의 first_name과 last_name 컬럼을 하나로 필드로 합치도록 한다.

3 Task 타입을 수정해서 User 타입(신규 타입)의 non-null 객체인 author 필드를 포함시킨다. 그리고 이 필드를 userInfo 함수(예제 6-26)를 사용해서 azdev.users 테이블의 레코드로 리졸브한다.

다음은 User 타입을 구현한 것으로 name 필드용 리졸버 함수도 작성했다.

예제 6-28 신규 파일: api/src/schema/types/user.js

```
import {
  GraphQLID,
  GraphQLObjectType,
  GraphQLString,
  GraphQLNonNull,
} from "graphql";

const User = new GraphQLObjectType({
  name: "User",
  fields: {
    id: { type: new GraphQLNonNull(GraphQLID) },
    username: { type: GraphQLString },
    name: {
      type: GraphQLString,
      resolve: ({ firstName, lastName }) => `${firstName} ${lastName}`,
    },
  },
});

export default User;
```

name 필드의 resolve 함수에서 속성을 분해하고 있으며, 이것은 첫 번째 source 인수의 리졸버에서 사용된다.

이 User 타입을 사용하려면 Task 타입 내에서 불러오기해서 author 필드가 이 타입을 사용할 수 있게 해야 한다. author 필드를 리졸브하기 위해서 pgApi에 추가한 userInfo를 호출하기만 하면 된다.

예제 6-29 수정: api/src/schema/types/task.js

```
import User from './user';
const Task = new GraphQLObjectType({
  name: 'Task',
  fields: {
  // .-.-.
    author: {
      type: new GraphQLNonNull(User),
      resolve: (source, args, { pgApi }) =>
        pgApi.userInfo(source.userId),
    },
  },
});
```

이것으로 완성이다. 다음 쿼리를 사용해서 새롭게 만든 관계를 테스트해보자.

예제 6-30 Task/Author 관계를 테스트하기 위한 쿼리

```
{
  taskMainList {
    content
    author {
      id
      username
      name
    }
```

```
    }
  }
```

API가 각 태스크의 생성자(Author) 정보를 보여준다. 참고로 테스트 데이터상에선 생성자가 모두 동일한 계정인 test다(그림 6-7).

```
 1 ▾ {
 2 ▾   taskMainList {
 3       content
 4 ▾     author {
 5         id
 6         username
 7         name
 8       }
 9     }
10   }
```

```
 ▾ {
 ▾   "data": {
 ▾     "taskMainList": [
         {
           "content": "Make an image in HTML change based on the theme
 color mode (dark or light}",
           "author": {
             "id": "1",
             "username": "test",
             "name": "null null"
           }
         },
 ▾       {
           "content": "Get rid of only the unstaged changes since the
 last git commit",
           "author": {
             "id": "1",
             "username": "test",
             "name": "null null"
           }
         },
```

그림 6-7 각 태스크 객체의 생성자 정보 얻기

null값 처리하기

[그림 6-7]의 응답 결과에는 약간의 문제가 있다. 생성자 이름(name)이 null null이라고 표시 됐다. 이유는 무엇일까?

null이란 개념은 혼란을 주기 쉽다. 개발자에 따라서 null을 다른 의미로 사용하기 때문이다. 따라서 항상 null이 발생할 수 있는 상황을 고려해서 개발할 필요가 있다. 코드에 있는 모든 변수에 대해서 '만약 이 변수가 null이 된다면?'이라는 질문을 해야 한다. 타입스크립트^{TypeScript}나 플로우^{Flow}같은 언어가 인기있는 이유는 바로 이런 문제를 찾아주기 때문이다.

${firstName} ${lastName}이라는 템플릿 문자열을 사용했을 때 이 질문을 했어야 한다. '이 속성이 만약 null이라면?' 자바스크립트는 이런 경우 단순히 'null'이라는 문자열을 삽입한 다. 이 문제를 해결하려면 어떻게 해야 할까?

첫 번째로 데이터베이스에서 first_name과 last_name이 null 가능한 컬럼으로 설정할 필요 가 있는지 생각해봐야 한다. 이 컬럼들에서 null과 빈 문자열이 다른 의미를 지니는가? 그렇지 않다면(같은 의미라면) 이 컬럼들을 null이 불가능한 컬럼으로 설정하고 기본값으로 빈 문자열을 지정하는 것이 설계 관점에서 더 나은 결정이다.

하지만 여기서는 예제를 위해서 데이터베이스 테이블의 구조를 우리가 수정할 권한이 없으며 기존 데이터를 변경할 권한이 없다고 가정하겠다. 그렇다고 API가 null 문제를 사용자에게 노출해야 한다는 의미는 아니다. API의 name 필드를 null 불가능한 필드로 설정하고 서버가 항상 null이 아닌 빈 문자열을 반환하게 만들면 된다(이렇게 하지 않으면 'null'이라는 문자열이 반환된다).

여러 방법으로 이것을 구현할 수 있으며 다음은 그 중 한 가지 방법이다.

예제 6-31 name 필드 수정: api/src/schema/types/user.js

```
name: {
    type: new GraphQLNonNull(GraphQLString),
    resolve: ({ firstName, lastName }) =>
      [firstName, lastName].filter(Boolean).join(' '),
},
```

이렇게 하면 API는 firstName이나 lastName이 null인 경우 null값을 무시하고 문자열을 반환한다(그림 6-8).

```
1 ▾ {
2 ▾   taskMainList {
3         content
4 ▾       author {
5           id
6           username
7           name
8         }
9       }
10  }
```

```
▾ {
    "data": {
      "taskMainList": [
        {
          "content": "Make an image in HTML change based on the theme
color mode (dark or light)",
          "author": {
            "id": "1",
            "username": "test",
            "name": ""
          }
        },
        {
          "content": "Get rid of only the unstaged changes since the
last git commit",
          "author": {
            "id": "1",
            "username": "test",
            "name": ""
          }
        },
```

그림 6-8 name 필드가 항상 값을 반환하게 한다(빈 문자열이 될 수도 있다).

NOTE_ 현재 코드: git checkout 6.3 명령을 사용해서 로컬 리포지터리를 현재 진도에 맞추어 업데이트할 수 있다.

N+1 쿼리 문제

관계를 구현해서 그래프QL 서버가 여러 개의 SQL문을 실행할 수 있게 만들었다. 이것은 N+1 쿼리 문제와 관련이 있다. 그래프QL 서비스를 구현할 때 접하게 되는 첫 번째 큰 관문이다. 이 문제를 실제로 육안으로 확인하려면 PostgreSQL 서비스의 로그 기능을 활성해서 그래프QL 쿼리가 실행될 때 로그가 표시되도록 해야 한다.

> **NOTE_** PostgreSQL의 로그 기능을 활성화하는 방법은 사용하고 있는 플랫폼이나 OS 버전에 따라 다르며 고려해야 할 다양한 요소가 있으므로 설명하기가 쉽지 않다. 따라서 직접 그 방법을 찾아서 이해하려고 해 보자(함께 제공한 도커 이미지는 이미 이 설정이 완료된 상태이다). 유의할 것은 서버 로그가 PostgreSQL 서비스가 실행될 때마다 기록되도록 설정해야 한다는 것이다.

로그가 표시되도록 설정했다면 [예제 6-25]의 쿼리를 실행해서 SQL문과 관련된 모든 로그를 살펴보자. 다음은 필자가 PostgreSQL 서버상에서 실행한 쿼리의 로그이다.

예제 6-32 N+1을 보여주는 PostgreSQL 로그의 일부

```
LOG: statement:
SELECT ·-·-·
FROM azdev.tasks WHERE ·-·-·
LOG: execute <unnamed>:
SELECT ·-·-·
FROM azdev.users WHERE id = ANY ($1)
DETAIL: parameters: $1 = '1'
LOG: execute <unnamed>:
SELECT ·-·-·
FROM azdev.users WHERE id = ANY ($1)
DETAIL: parameters: $1 = '1'
LOG: execute <unnamed>:
SELECT ·-·-·
FROM azdev.users WHERE id = ANY ($1)
DETAIL: parameters: $1 = '1'        ←── '1'은 예제 데이터에서 사용한 사용자의 ID값이다.
LOG: execute <unnamed>:
SELECT ·-·-·
FROM azdev.users WHERE id = ANY ($1)
DETAIL: parameters: $1 = '1'
```

```
LOG: execute <unnamed>:
SELECT ···-·.
FROM azdev.users WHERE id = ANY ($1)
DETAIL: parameters: $1 = '1'
```

도커 데스크톱과 제공한 도커 이미지를 사용하고 있다면, PostgreSQL 로그를 확인할 수 있다. Container -> dev-dbs -> gia-pg -> Logs 화면을 열면 된다(그림 6-9). 또한 로그는 `npm run start-dbs` 명령을 실행한 터미널에도 표시된다.

> **TIP_** PostgreSQL 로그는 이 쿼리 실행과 관련해서 많은 양의 로그를 보여준다. 예를 들어 `parse/blind` 로그 등도 같이 표시되지만 무시하고 `statement`나 `execute` 항목을 확인하면 된다.

왜 6개의 쿼리를 실행하는 것일까? 하나의 메인 쿼리(태스크용)와 5개의 태스크 레코드가 예제 데이터에 있기 때문이다. 각 태스크 레코드별로 사용자 레코드와 연계하도록 데이터베이스에게 요청하고 있다. 따라서 5개의 쿼리가 사용자 정보를 요청하고 한 개의 쿼리가 메인 태스크 정보를 요청한다. 여기서 5+1이 바로 N+1 문제를 가리킨다. 만약 41개의 태스크 객체가 `azdev.tasks` 테이블에 있다면 SQL 쿼리를 42번 실행해야 하는 것이다.

그림 6-9 도커 컨테이너의 로그 화면

이것은 간과할 수 없는 큰 문제이다. 이를 해결할 수 있는 방법은 여러 가지가 있으며 그중 몇 가지를 소개하겠다. 다음 장에서는 더 나은 방법을 살펴보도록 한다.

이 문제를 해결할 수 있는 가장 쉬운 방법은 직접 데이터베이스를 조인[join]하거나 조인을 적용한 뷰[view]를 사용하는 것이다. 데이터베이스 조인은 두 개 이상의 테이블에서 필요한 정보를 하나의 SQL로 얻을 수 있는 강력한 기능이다. 예를 들어 하나의 태스크 레코드와 그와 관련된 사용자 정보를 하나의 SQL 응답을 통해서 얻고 싶다면, 다음과 같은 방식으로 조인할 수 있다 (**api/src/db/sqls.js**에 적용하면 된다).

예제 6-33 수정: api/src/db/sqls.js

```
const views = {
  tasksAndUsers: `
    SELECT t.*,
      u.id AS "author_id",
      u.username AS "author_username",
      u.first_name AS "author_firstName",
      u.last_name AS "author_lastName",
      u.created_at AS "author_createdAt"
    FROM azdev.tasks t
    JOIN azdev.users u ON (t.user_id = u.id)
  `,
};

export default {
// ·-·--·
```

taskAndUsers 문자열은 뷰처럼 사용되며 실제 데이터베이스 뷰 객체를 만들 때도 사용할 수 있다. 하지만 여기서는 예제를 위해서 인라인[inline]으로 사용하도록 한다.

PostgreSQL 클라이언트(**psql**이나 **pgAdmin**)에서 **SELECT**문을 사용해서 테스트할 수 있다. 도커 데스크톱의 컨테이너 화면에서 CLI 버튼을 사용하면 실행되고 있는 컨테이너의 명령줄에 접속할 수 있다[19](그림 6-10).

---

19 옮긴이_ PostgreSQL 컨테이너의 명령줄에 접속한 후 [그림 6-10]과 같이 명령을 입력하면 SQL을 실행할 수 있다.

```
/ # psql azdev postgres
psql (12.2)
Type "help" for help.

azdev=#        SELECT t.*,
azdev-#            u.id AS "author_id",
azdev-#            u.username AS "author_username",
azdev-#            u.first_name AS "author_firstName",
azdev-#            u.last_name AS "author_lastName",
azdev-#            u.created_at AS "author_createdAt"
azdev-#        FROM azdev.tasks t
azdev-#        JOIN azdev.users u ON (t.user_id = u.id);
 id |                              content
thor_id | author_username | author_firstName | author_lastName |
----+--------------------------------------------------------------
--------+-----------------+------------------+-----------------+-
  1 | Make an image in HTML change based on the theme color mode
      1 | test           |                  |                 |
  2 | Get rid of only the unstaged changes since the last git con
      1 | test           |                  |                 |
  3 | The syntax for a switch statement (AKA case statement) in :
```

그림 6-10 Task와 Author 정보를 같이 보여주는 SQL 뷰

users 테이블의 컬럼에는 'author_'라는 접두어를 컬럼명에 붙인 별칭을 적용했다. 이렇게 하지 않으면 컬럼명끼리 충돌이 발생한다(예: id 필드는 양 테이블에 모두 존재한다). 또한, 접두어를 적용하면 그래프QL 리졸버에서 관계를 쉽게 구현할 수 있게 해준다.

이제 sqls.tasksLatest SQL 쿼리에서 azdev.tasks 테이블이 아닌 tasksAndUsers 뷰에서 데이터를 추출하게 하면 된다.

예제 6-34 수정: api/src/db/sqls.js

```
tasksLatest: `
  SELECT id, content, tags, ·-·-·
    "author_id", "author_username", "author_firstName",
    "author_lastName", "author_createdAt"
  FROM (${views.tasksAndUsers})
  WHERE is_private = FALSE
  ORDER BY created_at DESC
  LIMIT 100
`,
```

이를 통해 Task 타입을 리졸브하기 위해 사용된 부모 객체도 author_가 접두어로 붙은 컬럼 (같은 객체에 인라인으로 포함된 생성자 정보)을 사용할 수 있게 된다. 즉, 추가 SQL 쿼리가 필요 없는 것이다. 다음은 이 접두어가 붙은 컬럼들을 추출해서 부모 객체(User 타입 리졸버)에 삽입해야 한다. 이를 위해 extractPrefixedColumns라는 이름의 유틸리티 함수를 만들도록 한다. 그리고 이 함수를 Task 타입에 적용하는 방법을 보여준다.

예제 6-35 수정: api/src/schema/types/task.js

```
// ·-·-·-

import { extractPrefixedColumns } from '../../utils';

const Task = new GraphQLObjectType({
  name: 'Task',
  fields: {
    // ·-·-·-

    author: {
      type: new GraphQLNonNull(User),
      resolve: prefixedObject =>
        extractPrefixedColumns({ prefixedObject, prefix: 'author' }),
    },
  },
});
```

extractPrefixedColumns 함수는 다음과 같이 간단한 reduce 호출이 된다. 지정한 접두어를 가진 모든 컬럼을 찾아서 반환할 때는 접두어를 제거한 후에 컬럼을 반환한다.

예제 6-36 신규 함수: api/src/utils.js

```
export const extractPrefixedColumns = ({
  prefixedObject,
  prefix,
})
=> {
  const prefixRexp = new RegExp(`^${prefix}_(.*)`);
  return Object.entries(prefixedObject).reduce(
```

```
    (acc, [key, value]) => {
      const match = key.match(prefixRexp);
      if (match) {
        acc[match[1]] = value;  ⟵── match[1]은 컬럼명에서 접두어를 제거한 값이 된다.
      }
      return acc;
    },
    {},
  );
};
```

이제 [예제 6–30]의 쿼리를 사용해서 테스트해보자. 결과는 같지만 로그에 N+1 쿼리문이 아니라 하나의 쿼리문만 표시될 것이다.

예제 6-37 PostgreSQL 로그의 일부. 하나의 쿼리만 실행되는 것을 볼 수 있다.

```
LOG: statement:
SELECT ·--··
  FROM (
  SELECT ·--··
  FROM azdev.tasks t
  JOIN azdev.users u ON (t.user_id = u.id)
) tau WHERE ·--··
```

이 방법은 아주 간단할뿐 아니라 PostgreSQL과의 커뮤니케이션 관점에서 보면 효율적이다. 하지만 반환된 각 레코드를 처리하기 위해서 루프를 돌려서 접두어 키를 추출해야 한다. 이는 **Author** 타입을 수정해서 접두어값을 바로 리졸브하면 해결할 수 있지만, 복잡도를 높여서 코드의 가독성도 떨어뜨릴 수 있다. 더 좋은 방법에 대해선 다음 장에서 살펴보도록 하겠다.

지금까지 다룬 N+1 문제를 해결하고자 뷰 기반으로 수정했던 모든 코드를 다시 원상태로 돌려놓고 다른 방법을 시도해보도록 한다. 단, 아직 남은 과제가 있다. 바로 **taskMainList**의 마지막 관계(접근법 목록과 접근법 생성자)를 리졸브하는 것이다.

6.4.2 일대다 관계 리졸브하기

approachList 필드를 위해 타입과 리졸버부터 만들도록 한다. Task 타입을 수정해서 approachList 필드를 추가해야 하며 이 필드는 null 불가인 Approach 객체(새로 만들어야 할 그래프QL 타입)의 null 불가 리스트이다. approachList 필드를 리졸브하려면 pgApi에 새 함수를 만들어야 한다. 이 함수는 taskId를 받으며 해당 id와 연계된 Approach 객체의 배열을 반환한다. 이 함수의 이름을 approachList라고 하겠다.

예제 6-38 수정: api/src/schema/types/task.js

```
// ·-·-·

import Approach from './approach';

const Task = new GraphQLObjectType({
  name: 'Task',
  fields: {
    // ·-·-·
    approachList: {
      type: new GraphQLNonNull(           ┌─ Approach는 신규 그래프QL
        new GraphQLList(new GraphQLNonNull(Approach))  ◄─┤  타입으로 별도로 만들어야 한다.
      ),
      resolve: (source, args, { pgApi }) =>
        pgApi.approachList(source.id),   ◄─┐ pgApi.approachList는 태스크 객체의
    },                                     │ ID (source.id)를 받으며 Approach 객체 리스트를
  },                                       │ 반환한다.
});
```

이제 **Approach** 타입을 만들어보자. 아래는 우리가 가지고 있는 스키마 언어 텍스트이다.

예제 6-39 스키마 언어 텍스트로 작성한 Approach 타입

```
type Approach implement SearchResultItem {
  id: ID!
  createdAt: String!
  content: String!
  voteCount: Int!
  author: User!
  task: Task!
  detailList: [ApproachDetail!]!    ◁─── task과 detailList 필드는 다음 장에서 만든다.
}
```

Approach 타입은 **Task** 타입과 유사하다. **id**와 **content**, **voteCount**는 기본 리졸버를 사용하고 **createdAt**은 동일한 ISO 변환 로직을, 그리고 **author** 필드도 동일한 코드를 사용하면 된다.

예제 6-40 신규 파일: api/src/schema/types/approach.js

```
import {
  GraphQLID,
  GraphQLObjectType,
  GraphQLString,
  GraphQLInt,
  GraphQLNonNull,
} from 'graphql';

import User from './user';

const Approach = new GraphQLObjectType({
  name: 'Approach',
  fields: {
    id: { type: new GraphQLNonNull(GraphQLID) },
```

```
      content: { type: new GraphQLNonNull(GraphQLString) },
      voteCount: { type: new GraphQLNonNull(GraphQLInt) },
      createdAt: {
        type: new GraphQLNonNull(GraphQLString),
        resolve: ({ createdAt }) => createdAt.toISOString(),
      },
      author: {
        type: new GraphQLNonNull(User),
        resolve: (source, args, { pgApi }) =>
          pgApi.userInfo(source.userId),
      },
    },
  });


export default Approach;
```

approachList 필드는 반드시 azdev.approaches 테이블을 사용해서 리졸브해야 한다. 태스크 객체와 접근법 객체의 리스트를 연결하는 외래키는 azdev.approaches 테이블의 task_id 필드이다. 접근법 객체의 목록과 연관된 정보를 얻으려면 리졸브된 태스크 객체마다 다음 SQL문(sqls.js 파일에 이미 존재한다)을 실행해야 한다.

예제 6-41 sqls.approachesForTaskIds문

```
approachesForTaskIds: `
  SELECT id, content, user_id AS "userId", task_id AS "taskId",    ┐ 카멜 케이스를 사용해서
         vote_count AS "voteCount", created_at AS "createdAt" ◄──┘ 컬럼명에 별칭을 부여하고 있다.
  FROM azdev.approaches
  WHERE task_id = ANY ($1) ◄───┤ 이 구문은 $1에 Task ID값을 전달한다.
  ORDER BY vote_count DESC, created_at DESC ◄──┐ 투표 수를 기준으로 정렬한다
`,                                             └ (투표 수가 같으면 생성 일시를 사용한다).
```

TIP_ 이름을 짓는 것은 어려운 일이며 개인적으로는 잘하지 못한다. AZdev API의 공식 소스 리포지터리에서 사용한 이름(함수명, 변수명, 컬럼명 등)과 책에서 사용한 이름이 다를 수도 있다. 깃허브 리포지터리에 있는 이름이 마음에 들지 않는다면 이슈를 작성하거나 풀 요청pull request을 해도 좋다. AZDev 프로젝트의 깃허브 리포지터리는 **az.dev/contribute**에 접속해 확인할 수 있다.

`sqls.approachesForTaskIds`는 다음의 `pgApi.approachList` 함수에서 사용된다.

예제 6-42 수정: `api/src/db/pg-api.js`

```js
const pgApiWrapper = async () => {
  // ·-·-·

  return {
    // ·-·-·
    approachList: async (taskId) => {
      const pgResp = await pgQuery(sqls.approachesForTaskIds, {
        $1: [taskId],  ⟵    $1을 [taskId]로 SQL에 전달한다.
      });
      return pgResp.rows;
    },
  };
};
```

개인적으로는 여러분들이 예제를 진행하면서 점점 쉽게 접근할 수 있기를 바란다. 아직 예제가 많이 남았지만 일단 **taskMainList** 예제는 이것으로 끝이다(그림 6-11). [예제 6-24]의 전체 쿼리를 사용해서 테스트해보자.

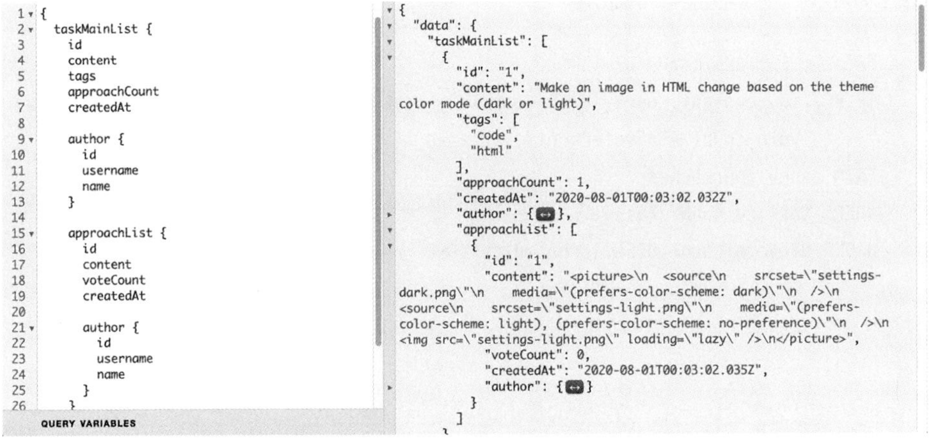

그림 6-11 taskMainList 전체 쿼리의 응답

이 그래프QL 쿼리를 만족시키기 위해서 얼마나 많은 SQL문을 PostgreSQL에 보내고 있는 것일까?

- 메인 태스크 리스트용 쿼리 하나
- 각 태스크별 생성자 정보용 쿼리 하나(총 5개)
- 각 태스크별 접근법 목록용 쿼리 하나(총 5개)
- 각 태스크상의 개별 접근법별 생성자 정보를 얻기 위한 쿼리 하나 (예제 데이터에는 총 6개의 접근법이 있음)

SQL문이 전체 17개가 있다. 이 문제는 데이터베이스 뷰를 사용해서 해결할 수 있지만, 코드의 복잡도를 증가시킨다. 데이터로더 개념을 사용한 더 나은 방법이 있으며 이에 대해선 다음 장에서 다루도록 한다.

> **NOTE_** 현재 코드: `git checkout 6.4` 명령을 사용해서 여러분의 로컬 리포지터리를 현재 진도에 맞춰 업데이트할 수 있다.

정리

- 개발할 때는 실제 운영에 사용되는 데이터나 현실적인 데이터를 사용해서 수동 테스트를 하는 것이 도움이 된다.
- 여러분이 생각할 수 있는 가장 간단한 방법으로 먼저 구현하자. 그리고 실제 실행되게 만든 결과물을 개선하도록 하자.
- 그래프QL 컨텍스트 객체를 사용하면 데이터베이스의 연결 풀을 모든 리졸버 함수에서 사용할 수 있다.
- 필드의 리졸버를 사용해서 데이터 요소의 이름이나 값을 변형할 수 있다. 그래프QL API의 데이터가 데이터베이스의 데이터 구조와 일치할 필요는 없다.
- 가능하면 리졸버 함수에서 데이터베이스 연동 로직과 다른 로직들을 분리시키자.
- 외부 API는 자체 호출로 래핑하는 것이 좋다. 그래야 외부 API의 동작을 제어하거나 코드를 관리하기 쉬워진다.
- 데이터베이스 관계를 리졸브하려면 많은 테이블에 영향을 주는 SQL문이 필요하다. 이것은 그래프QL의 리졸브가 가진 제약으로 인해 N+1 쿼리 문제를 초래한다. 데이터베이스 뷰를 사용하면 이 문제를 해결할 수 있지만 그래프QL 서비스가 코드를 복잡하게 만든다. 다음 장에서 데이터로더 라이브러리를 사용해서 이 문제를 해결하고 그래프QL 서비스를 더 효율적으로 만드는 방법을 배우도록 한다.

CHAPTER 7

데이터 추출 작업 최적화

이 장의 주요 내용

◆ 데이터 추출 작업을 캐시 및 일괄 처리(batch)하기

◆ 데이터로더 라이브러리를 기본키 및 커스텀 ID와 함께 사용하기

◆ 그래프QL의 유니온 타입 및 필드 인수 사용하기

◆ 몽고DB에서 데이터 읽기

이제 다중 모델 스키마의 그래프QL 서비스를 기반으로 그래프QL의 가장 유명한 문제인 N+1 쿼리 문제를 살펴볼 수 있다. 앞 장에서는 3개의 테이블에서 데이터를 추출하는 그래프QL 쿼리를 사용했다.

예제 7-1 N+1 쿼리 문제

```
{
  taskMainList {
    // .-.-.
    author {
      // .-.-.
    }
    approachList {
      // .-.-.
      author {
        // .-.-.
      }
    }
```

```
    }
  }
```

그래프QL 런타임이 트리상의 필드를 끝에서부터 역순으로 탐색하며 각 필드별로 리졸브가 진
행되므로 이 간단한 그래프QL 쿼리에서도 실제 필요한 것보다 훨씬 많은 SQL 실행이 발생
한다.

> **NOTE_** 현재 코드: git checkout 7.0 명령을 사용해서 로컬 리포지터리를 현재 진도에 맞춰 업데이트할
> 수 있다. 앞 장에서 파일을 수정했다면 git add . && git stash 명령을 사용해서 변경 내용을 모두 임
> 시 저장stash해야 한다. 또한, npm install을 실행해서 필요한 의존 라이브러리를 모두 설치하는 것을 잊지
> 말자.

7.1 캐시 및 일괄 처리

N+1 문제의 해결법을 분석하기 위해서 [예제 6-30]에서 사용한 간단한 쿼리를 다시 보도록
하자.

예제 7-2 taskMainList 쿼리

```
{
  taskMainList {
    content
    author {
      id
      username
      name
    }
  }
}
```

이 쿼리가 6개의 SELECT문을 데이터베이스상에서 실행하는 것을 앞에서 보았다. N+1 문제로 여기서 N은 5개의 태스크 레코드이다. 하나의 SQL문으로 줄이기 위해서 앞 장에선 데이터베이스 조인 뷰를 사용했었다. 하지만 이 방법은 관리나 확장성 측면에서 이상적인 방법이 아니다.

또 다른 방법은 캐시cache와 일괄 처리batch 개념을 사용해서 모든 SQL문을 하나의 그래프QL 작업으로 만드는 것이다.

- 캐시하기: 실행된 SQL문의 응답을 캐시해서 같은 SQL문이 다음에 실행될 때에 캐시해둔 것을 사용하는 방법이다. 데이터베이스에게 사용자 x에 대해 물었다고 하자. 동일한 정보를 다시 요청할 때는 데이터베이스에 묻지 않고 이전 응답을 사용하는 것이다. (한 명의 사용자에게서 오는) 단일 API 요청을 캐시할 때 고려할 것이 많지 않지만, 장기적으로는 다중 세션 캐시 등을 사용해야 최적화가 가능하다. 문제는 캐시 자체로는 충분하지 않다는 것이다. 동일 테이블의 데이터를 요청할 때는 쿼리를 그룹화할 필요가 있다.
- 일괄 처리하기: 리졸브가 필요한 모든 레코드의 ID를 알 때까지 데이터베이스 요청을 미룬다. 모든 ID가 식별된 후에 ID 목록을 받아서 해당 레코드를 반환하는 하나의 쿼리를 사용하면 된다. 이렇게 하면 테이블당 하나의 SQL문을 사용하면 되고 [예제 7-2]와 같은 간단한 쿼리의 경우 SQL문 수를 단 2개로 줄일 수 있다. 하나는 azdev.tasks 테이블용이고 다른 하나는 azdev.users 테이블용이다.

캐시와 일괄 처리 작업을 수동으로 관리하는 것은 많은 시간을 요한다. 사실 이런 작업은 독립된 라이브러리가 처리하는 것이 이상적이다. 페이스북 팀은 그래프QL.js 구현 설명서를 공개한 후에 캐시와 일괄 처리를 위한 라이브러리에 대한 설명서도 공개했다. 이 라이브러리의 이름이 데이터로더DataLoader이다(az.dev/data-loader).

> TIP_ 데이터로더 자바스크립트 프로젝트는 페이스북 내부에서 자체 데이터로딩 라이브러리를 참고해 만들었지만, 지금은 그래프QL 재단으로 이관되어 그래프QL 커뮤니티가 관리하고 있다. 이 프로젝트는 테스트가 완료된 안정적인 상태이며, 오래되지 않았지만 이미 수 천 개의 오픈 소스 프로젝트에서 사용되고 있고 매달 수 백만 회의 다운로드가 발생하고 있다.

데이터로더는 일반 자바스크립트 유틸리티 라이브러리로 애플리케이션의 데이터 추출 계층에 삽입한다. 데이터로더는 캐시와 일괄 처리 작업을 관리해준다.

AZdev API에 사용하려면 우선 데이터로더를 설치해야한다.

예제 **7-3** 명령어: 데이터로더 패키지 설치하기

```
$ npm install dataloader
```

이 npm 패키지는 기본 엑스포트를 가지고 있으며 보통 **DataLoader**로 임포트할 수 있다. 기본 엑스포트는 자바스크립트 클래스로 **DataLoader** 인스턴스를 만들 때 사용할 수 있다. 클래스 생성자 **DataLoader**는 함수로 된 인수를 받아 데이터 추출 작업을 한다. 키 ID의 배열을 받아서 연계된 모든 레코드를 한 번의 일괄 처리로 추출하므로 배치 로딩 함수batch-loading function라고 부른다. 반환하는 레코드 배열은 입력한 ID의 순서와 같은 순서를 유지한다.

다음은 데이터로더를 사용해서 사용자 레코드를 불러오는 예이다.

예제 **7-4** 데이터로더 구문

```
import DataLoader from 'dataloader';

const userLoader = new DataLoader(          userIds 인수는 배열이고 getUsersByIds는
  userIds => getUsersByIds(userIds)  ◀──    배치 로딩 함수로 ID 배열을 받아서 해당 ID와
);                                          연계된 사용자 레코드 배열을 반환한다.
```

ID 배열에 해당하는 사용자 레코드 추출 로직을 정의한 후에는 **userLoader** 객체를 사용해서 여러 사용자 정보를 불러올 수 있다. 예를 들어 API 애플리케이션의 요청에서 사용자 정보를 다음과 같은 순서로 불러와야 한다고 가정해보자.

예제 **7-5** DataLoader 객체 사용하기

```
const promiseA = userLoader.load(1);
const promiseB = userLoader.load(2);

// await on something async
const promiseC = userLoader.load(1);
```

DataLoader는 첫 번째와 두 번째 구문을 단일 SQL문으로 일괄 처리한다. 두 구문이 동일한 실행 프레임 내에서 발생하기 때문이다. 이것을 **Node.js**에서 이벤트 루프의 단일 틱tick이라고

한다(az.dev/event-loop).

세 번째 구문은 데이터로더가 기억해둔 .load() 호출의 캐시를 사용한다. 사용자1은 이미 데이터베이스에서 추출한 상태이므로(이전 실행 프레임에서 발생했지만 동일 요청 내에 있다), 이를 다시 추출하는 것은 불필요한 작업이다.

SQL문의 최소화와 중복 작업 제거는 데이터 저장소 서비스의 부담을 덜어준다. 또한, 전체적으로 적은 수의 객체를 만드므로 API 애플리케이션의 메모리 부담을 줄여줄 수도 있다.

데이터로더를 쓰는 이유

일괄 처리와 캐시를 수동으로 할 수도 있지만, 데이터로더를 사용하면 캐시 성능과 일괄 처리 최적화를 희생하지 않고서도 데이터 추출 로직을 분리할 수 있다. DataLoader 인스턴스는 다양한 데이터 소스(PostgreSQL, 몽고DB 등)에 일관된 API를 사용할 수 있게 해준다. 이를 통해 여러분은 애플리케이션 로직에 집중할 수 있고, 데이터베이스나 다른 데이터 소스의 사소한 요청에 연연하지 않고 데이터 추출을 안전하게 할 수 있다.

데이터로더는 단순한 단일 리소스 일괄 처리와 단기 캐시를 사용한다는 것에 유의하자. (캐시 없이) 다중 리소스 일괄 처리를 사용해서 비슷한 (때로는 더 나은) 성능 개선을 해주는 데이터 추출 라이브러리도 있다. 하지만 개인적으로는 데이터로더가 더 간단하고 유연하며 관리하기도 쉽다고 생각한다.

7.1.1 배치 로딩 함수

[예제 7-4]에서 본 getUsersByIds 같은 배치 로딩 함수는 ID 배열(또는 일반 키 배열)을 받아서 레코드 배열로 리졸브한 프로미스 객체를 반환한다. 데이터로더와 호환성을 유지하려면 배열 결과가 ID 배열의 길이와 같아야 하며 배열 결과의 첨자index도 ID 배열의 첨자와 일치해야 한다.

예를 들어 getUsersByIds 배치 함수가 [2, 5, 3, 1]이라는 ID로 구성된 배열을 받으면, 해당 ID와 연계된 모든 사용자 레코드를 추출하는 SQL을 생성해야 한다. 다음은 이 SQL을 PostgreSQL상에서 만든 예이다.

```
SELECT *
FROM azdev.users
WHERE id IN (2, 5, 3, 1);
```

> **TIP_** ORDER BY절을 SELECT문에서 지정하지 않으면 데이터베이스가 알아서 가장 효율적인 방법으로 추출한다. 따라서 반환되는 레코드의 순서가 보장되지 않는다.

이 예에서 데이터베이스가 다음과 같이 (4개가 아닌) 3개의 사용자 레코드를 다음과 같은 순서로 반환했다고 가정해보자.

```
{ id: 5, name: 'Luke' }  ◁──┐ 결과의 순서가 입력 ID 배열의 순서와 다르다.
{ id: 1, name: 'Jane' }
{ id: 2, name: 'Mary' }  ◁──┐ 데이터베이스가 ID 3에 해당하는 사용자 정보를 가지고 있지 않다.
```

getUsersByIds 배치 로딩 함수는 이 SQL문을 결과를 그대로 사용할 수 없다. 레코드 순서를 재정렬해서 각 아이템이 원래 ID 순서와 [2, 5, 3, 1]을 일치시켜야 한다. ID에 해당하는 레코드가 결과에 없다면 null값으로 표현된다.

```
[
  { id: 2, name: 'Mary' },
  { id: 5, name: 'Luke' },
  null,
  { id: 1, name: 'Jane' }
]
```

6장에서는 api/src/db/pg-api.js에 pgApi.userInfo 함수를 만들었다. 이것을 배치 로딩 함수로 변환하고 데이터로더와 호환성을 가지려면 무엇을 수정해야 하는지 보도록 하자.

첫 번째로 함수명을 usersInfo(복수인 users로 변경)로 변경해서 반환되는 데이터가 복수의 사용자 레코드(배열)인 것을 알려준다. 또한, 인수도 복수의 사용자 ID를 받으므로 usersIds

로 변경하도록 한다.

`sqls.usersFromIds`문은 이미 **ANY**를 사용해서 복수의 ID를 처리하도록 정의돼 있다.

ANY 비교 생성자

ID 배열을 사용해서 한 번에 여러 레코드를 추출하는 방법으로 여러 가지가 있다. 가장 쉬운 방법은 PostgreSQL의 경우 ANY 비교 생성자를 사용하는 것이다. 배열을 바로 사용할 수 있어 별도로 배열 처리 작업을 하지 않아도 된다. [예제 6-7]의 SQL문은 ANY를 사용해 아래와 같이 기술할 수 있다.

```
SELECT *
FROM azdev.users
WHERE id = ANY ('{2, 5, 3, 1}');
```

PostgreSQL은 배열 구문에 대괄호([])가 아닌 중괄호({})를 사용한다는 것에 유의하자. 형식이 이상하게 보일 수도 있지만 드라이브가 알아서 변환해주므로 크게 신경 쓸 필요는 없다.

전달하는 $1값을 배열인 새로운 인수 `userIds`로 변경해야 한다.

마지막으로 데이터베이스에서 받은 레코드의 순서가 입력값인 `userIds` 배열 순서와 같아지도록 재정렬해야 한다. 이것은 `.map/.find` 조합을 사용하면 쉽게 할 수 있다.

다음은 이 모든 것을 반영한 것으로 `pgAgi.usersInfo`를 데이터로더와 호환되는 배치 로딩 함수로 수정했다.

예제 **7-7** 수정: api/src/db/pg-api.js

```
const pgApiWrapper = async () => {
  // ·-·-·
  return {
    // ·-·-·
    usersInfo: async (userIds) => {          ← 이름이 복수다. (usersInfo, userIds)
      const pgResp = await pgQuery(sqls.usersFromIds, { $1: userIds });   ← $1을 userIds로
                                                                            전달한다. userIds는
                                                                            현재 배열이다.
```

```
        return userIds.map((userId) =>
          pgResp.rows.find((row) => userId === row.id)
        );
      },
      // ..-..-.
    };
  };
```

입력 배열에 .map 호출을 사용해서 출력 배열이 같은 길이와 순서를 가지게 한다. 이 작업을 하지 않으면 데이터로 더가 제대로 동작하지 않는다.

TIP_ [예제 7-7]의 처리에 있어 `.map/.find` 메서드가 가장 효율적인 방법은 아니지만 간단하다는 장점이 있다. `pgReps.rows` 배열을 객체로 변환한 후 `.map` 루프 내에서 일치하는 값을 찾는 것이 낫다. 이 방법은 여러분에게 숙제로 맡기겠다. 프로젝트의 최종 코드(`az.dev/contribute`)를 보면 어떻게 최적화했는지 볼 수 있다.

이것으로 배치 로딩 함수가 준비됐다. 사용해보자.

7.1.2 데이터로더 인스턴스 정의 및 사용하기

데이터로더의 캐시는 요청 간에 공유되는 애플리케이션 차원의 캐시와는 다르다. 단순한 구조를 사용해 애플리케이션의 단일 요청 내에서 발생하는 동일 데이터 처리를 방지하기 위한 것이다. 이를 위해선 애플리케이션에서 각 요청마다 로더 객체를 초기화하고 그것을 해당 요청만을 위해서 사용해야 한다.

익스프레스Express.js 프레임워크를 사용해서 AZDev API 요청을 관리하고 있으므로, 사용자 로더가 단일 요청에 대해서만 실행하려면 `ap/src/server.js` 내의 `server.use` 리스너 함수 안에 로더를 정의하면 된다.

하지만 현재 코드는 전체 리스너 함수 인수를 graphqlHTTP 함수에 위임하고 있다. 다음 예제는 이를 변경하기 위한 한 가지 방법을 보여준다.

예제 7-8 수정: api/src/server.js의 server.use

```
// ..-..-.
import DataLoader from 'dataloader';
```

```
async function main() {
  // ·-·-·.

  server.use('/', (req, res) => {
    const loaders = {
      users: new DataLoader((userIds) => pgApi.usersInfo(userIds)),
    };
    graphqlHTTP({
      schema,
      context: { pgApi, loaders },
      // ·-·-·.
    })(req, res);
  }
);
```

이 변경 작업은 server.use의 신규 리스너 함수를 필요로 한다. 이 함수는 요청 단위의 users 로더를 정의하며 나머지 작업을 다시 graphqlHTTP 함수에 위임한다. 이렇게 하면 신규 객체 인 loaders를 그래프QL 컨텍스트 객체의 일부로 만들 수 있다. loaders를 하나의 객체로 만들었으며 이 객체는 usersDataLoader 인스턴스를 속성으로 가진다. 뒤에서 추가 데이터베이 스 모델을 위해서 더 많은 로더를 만들어야 하기 때문이다.

또한, graphqlHTTP는 함수를 반환하는 고차 함수다. 반환된 함수는 익스프레스의 리스너 함수에서 오는 req와 res를 인수로 받는다. 기본적으로 이전과 처리는 같지만 여기서는 래퍼 리스너 함수를 사용해 수동으로 req와 res 객체를 전달한다.

> **TIP_** loaders 객체를 POST와 GET 요청용으로 정의했다. 운용(프로덕션) 환경에서는 POST 요청만 정의하는 것이 좋다. 이것은 여러분에게 맡기도록 하겠다.

로더 초기화는 이것이 전부다. 요청이 있을 때마다 사용자(User) 모델용 DataLoader 인스턴스를 만들고 pgApi.usersInfo 배치 로딩 함수를 실행한다. 수동으로 사용자 정보를 추출했던 부분을 이 데이터로더 인스턴스로 변경하도록 하자. pgApi.userInfo에서 사용했던 두 개의 그래프QL 타입(Task와 Approach)을 수정해야 한다.

다음은 usersDataLoader 인스턴스를 사용한 타입 수정 방법을 보여주고 있다. 먼저 Task 타입이다.

예제 7-9 수정: api/src/schema/types/task.js의 Task 타입

```
const Task = new GraphQLObjectType({
  name: 'Task',
  fields: {
  // ·-·-·

  author: {
    type: new GraphQLNonNull(User),
    resolve: (source, args, { loaders }) =>
    loaders.users.load(source.userId),
  },
  // ·-·-·
  },
});
```

다음은 Approach 타입이다.

예제 7-10 수정: api/src/schema/types/approach.js의 Approach 타입

```
const Approach = new GraphQLObjectType({
  name: 'Approach',
  fields: {
  // ·-·-·

  author: {
    type: new GraphQLNonNull(User),
    resolve: (source, args, { loaders }) =>
      loaders.users.load(source.userId),
  },
  // ·-·-·
  },
});
```

두 타입의 변경 내용이 같다. `loaders` 객체를 리졸버 컨텍스트 객체 내에서 사용하고 있으며(앞에서는 `pgApi` 객체에서 사용했다), `usersDataLoader` 인스턴스에 `.load`를 호출하고 있다.

이제 모든 처리는 데이터로더가 알아서 한다. 그래프QL 쿼리가 리졸브되는 동안 동일 실행 내에서 다수의 `.load` 호출이 이루어지면, 데이터로더가 이 호출들을 모아 일괄 처리한다. 모든 대상 ID를 배열로 만들어서 배치 로딩 함수를 한 번만 호출한다. 그리고 이 단일 호출의 응답을 사용해서 쿼리의 모든 데이터 요구 사항을 만족한다.

[예제 7-2]의 그래프QL 쿼리를 다시 실행하면 여러 개의 PostgreSQL 로그 대신에 다음과 같은 로그를 보게 된다.

```
LOG: statement: SELECT ... FROM azdev.tasks WHERE ...
LOG: execute <unnamed>: SELECT ... FROM azdev.users WHERE id = ANY ($1)
DETAIL: parameters: $1 = '{1}'  ←── 1은 예제 데이터에 포함된 테스트 사용자 정보의 ID값이다.
```

매개변수 {1}은 PostgreSQL에서 배열을 의미한다. 여기서 중요한 것은 이전과 달리 users 테이블에 5개가 아닌, 하나의 SQL문이 실행되고 있다는 것이다.

단지 몇 줄의 코드를 추가해 크게 개선할 수 있었다. 얼마나 큰 개선인지 실감하기 위해서 데이터로더 인스턴스를 사용해 더 많은 SQL문을 요구하는 ID 기반 데이터 추출을 해보자. 6장에서 본 17개의 SQL문이 실행된 그래프QL 쿼리를 기억하는가? 모든 데이터 추출 로직이 데이터로더를 거치도록 변환하면 몇 개의 SQL문이 실행되는지 보도록 하겠다.

> **NOTE_** 현재 코드: `git checkout 7.1` 명령을 실행하면 로컬 리포지터리를 책의 진도에 맞추어 업데이트할 수 있다.

7.1.3 approachList 필드용 로더

또 다른 ID 기반 데이터 추출은 `api/src/db/pg-api.js`의 `pgApi.approachList` 함수에 있다. 이 함수는 `pgApi.usersInfo` 함수와는 약간 다르다. 하나의 `taskId`를 받아서 Approach

레코드의 배열을 반환한다. 즉, 단일 키가 아닌 다중 키(taskIds)를 받으면 배열의 배열을 반환해야 한다. 각 배열은 태스크 하나에 대한 접근법 목록을 나타낸다.

이 경우 데이터로더는 상위 배열의 순서만 고려하며 하위 배열의 아이템 순서는 애플리케이션이 처리해야 한다.

sqls.approachesForTaskIds는 태스크 ID의 배열을 받으며 해당 태스크 ID에 속하는 모든 접근법을 하나의 리스트로 반환한다. 반환된 리스트는 다시 태스크 ID의 접근법 별로 그룹화할 필요가 있으며 이때 입력 배열과 결과의 상위 배열 순서가 일치해야 한다. 이 작업을 도와주는 것이 .map/.filter 조합이다.

다음은 언급한 모든 내용을 수정한 함수이다.

예제 7-11 수정: api/src/db/pg-api.js

```
const pgApiWrapper = async () => {
  // ·-·-·

  return {
    // ·-·-·
    approachLists: async (taskIds) => {        ◁── 이름이 복수(approachLists)다.
      const pgResp = await pgQuery(sqls.approachesForTaskIds, {
        $1: taskIds,        ◁── $1을 taskIds 배열로 전달한다.
      });
      return taskIds.map((taskId) =>
        pgResp.rows.filter((row) => taskId === row.taskId),        ◁── 레코드(row)를 나누고 일치하는 TaskID값으로 그룹화한다. 필터 호출은 taskID값을 사용해 응답 속에 있는 아이템을 그룹화한다. 반환된 결과는 접근법 배열의 배열이다.
      );
    },
  };
};
```

이것으로 pgApi.approachLists 배치 로딩 함수는 데이터로더와 호환성을 가진다. 사용하려면 api/src/server.js에 신규 로더 인스턴스를 만들어야 한다.

```
const loaders = {
  users: new DataLoader((userIds) => pgApi.usersInfo(userIds)),
  approachLists: new DataLoader((taskIds) =>
    pgApi.approachLists(taskIds),
  ),
};
```

이제 그래프QL 타입에서 접근법 리스트를 DB로부터 직접 추출하는 부분을 찾아서 이 신규 인스턴스로 교체해주면 된다. Task가 이 로직을 가진 유일한 타입이다.

예제 **7-13** 수정: api/src/schema/types/task.js

```
const Task = new GraphQLObjectType({
  name: 'Task',
  fields: {
    // ·-·-·

    approachList: {
      type: new GraphQLNonNull(
        new GraphQLList(new GraphQLNonNull(Approach))
      ),
      resolve: (source, args, { loaders }) =>
        loaders.approachLists.load(source.id),
    },
  },
});
```

이것으로 완성이다. 6장 마지막에서 테스트했던 쿼리(예제 6−24)를 사용해서 확인해보자. 앞에서는 다수의 PostgreSQL 로그가 생성됐지만, 여기서는 다음과 같이 적은 수의 로그를 볼수 있을 것이다.

```
LOG: statement: SELECT ... FROM azdev.tasks WHERE ...;
LOG: execute <unnamed>: SELECT ... FROM azdev.users WHERE id = ANY ($1)
DETAIL: parameters: $1 = '{1}'
```

```
LOG: execute <unnamed>: SELECT ... FROM azdev.approaches WHERE task_id = ANY
 ($1) ...
DETAIL: parameters: $1 = '{1,2,3,4,6}'
```

여기서 하나의 SQL 쿼리를 사용해서 모든 태스크의 접근법을 추출한다는 데에 주목하자. 이 쿼리는 태스크 수가 100개든 1,000개든 상관없이 사용할 수 있다.

신규 데이터로더 인스턴스를 사용하므로 17개의 SQL문을 사용했던 쿼리가 단 3개의 쿼리(테이블당 하나)만 사용하고 있다. join문이나 필드명 변경을 하지 않고서도 원하는 결과를 얻었다.

이 방법은 의도적으로 복잡한 쿼리를 사용하는 서비스 거부 공격Denial-of-Service(DoS)으로부터 서버를 지켜준다. 예를 들어 다음과 같이 그래프QL의 별칭을 사용해서 접근법 데이터를 여러 번 요청한다고 해보자.

예제 7-14 의도적으로 복잡한 쿼리를 사용한 예

```
{
  taskMainList {
    id
    author {
      id
    }
    a1: approachList {
      id
      author {
        id
      }
    }
    a2: approachList {
      id
      author {
        id
      }
    }
    a3: approachList {
      id
```

```
    author {
      id
    }
  }
}
}
```

데이터로더 인스턴스를 사용하면 별칭마다 여러 번에 걸쳐 데이터베이스에 접근하지 않아도 된다. 이렇게 의도적으로 복잡하게 만든 쿼리라도 데이터로더는 세 개의 SQL문만 실행하여 해결한다. 물론 공개 쿼리와 백엔드 스키마 사이에는 보안 계층을 두어야 하지만, 설령 이 보안 계층을 놓치더라도 약간의 방어막이 남아 있는 셈이다.

> **NOTE_** 현재 코드: git checkout 7.2 명령을 사용해서 로컬 리포지터리를 책의 진도에 맞추어 업데이트 할 수 있다.

sqls.tasksLatest는 ID에 의존하지 않으므로(그래서 일괄 처리가 불필요하다) 최적화하지 않았다. 하지만 데이터로더를 사용해서 taskMainList 필드를 요청하는 모든 쿼리를 캐시할 수 있다. 이 작업을 하기 전에 먼저 접근법 객체에 속한 task 필드를 구현해서 그래프QL 타입의 순환 의존성에 관해 배우도록 하겠다.

7.2 단일 리소스 필드

우리의 스키마 계획에선 API 사용자가 필드 인수로 지정한 ID를 받아서 taskInfo 루트 필드가 해당하는 단일 태스크 레코드를 반환하도록 되어 있다.

예제 7-15 taskInfo 루트 필드와 id 인수

```
type Query {
  taskInfo(id: ID!): Task
  // ·-··.
}
```

다음은 이 필드를 요청하는 쿼리이다.

예제 7-16 taskInfo 필드용 예제 쿼리

```
query taskInfoTest {
  taskInfo(id: 3) {
    id
    content
    author {
      id
    }
    approachList {
      content
    }
  }
}
```

이 필드는 중첩된 author와 approachList 정보를 지원해야 한다는 것에 유의하자. 다행히 우리가 할 것은 아무것도 없다. 이미 이 관계를 taskMainList를 통해 구현했기 때문이다. taskInfo 필드는 동일한 출력 타입인 Task를 사용한다.

taskInfo 필드가 단일 레코드를 다루므로 데이터로더를 사용할 필요가 없다고 생각할 수도 있다. 하지만 데이터로더는 여전히 여러모로 유용하다. 한 예로 모든 데이터베이스 추출 요청이 데이터로더를 지나가도록 해서 코드 추상화 관점에서 일관성을 유지할 수 있다. 단, 복잡한 쿼리에는 여전히 성능 문제가 존재한다. 예를 들어 다음 쿼리를 보도록 하자.

예제 7-17: taskInfo 필드용 예제 쿼리

```
query manyTaskInfoTest {
  task1: taskInfo(id: 1) {
    id
    content
    author {
      id
    }
  }
```

```
    task2: taskInfo(id: 2) {
      id
      content
      author {
        id
      }
    }
  }
}
```

taskInfo 필드에 데이터로더 인스턴스를 사용하지 않으면, 이 쿼리는 두 개의 SQL문을 사용해서 두 개의 태스크 레코드를 추출해야 한다. 반대로 데이터로더 인스턴스가 있으면 두 개의 쿼리를 하나의 일괄 처리로 통합할 수 있다.

taskInfo 필드를 구현하기에 앞서 약간의 코드 개선을 해보도록 하겠다. api/src/schema/index.js 파일은 현재 두 가지 처리를 나누어 하고 있다. 하나는 메인 Query 타입을 정의하고, 다른 하나는 그 쿼리를 사용해서 스키마를 만든다. 이 두 작업을 두 개의 파일로 분리시키도록 하자.

예제 7-18 신규 코드: api/src/schema/index.js

```
import { GraphQLSchema, printSchema } from 'graphql';

import QueryType from './queries';

export const schema = new GraphQLSchema({
  query: QueryType,
});

console.log(printSchema(schema));
```

나머지 코드는 api/src/schema/queries.js 파일로 모두 옮기고 QueryType으로 엑스포트하도록 한다.

```
import {
  GraphQLObjectType,
  GraphQLString,
  GraphQLInt,
  GraphQLNonNull,
  GraphQLList,
} from 'graphql';

import NumbersInRange from './types/numbers-in-range';
import { numbersInRangeObject } from '../utils';

import Task from './types/task';

const QueryType = new GraphQLObjectType({
  name: 'Query',
  fields: {
    currentTime: {
      type: GraphQLString,
      resolve: () => {
        const isoString = new Date().toISOString();
        return isoString.slice(11, 19);
      },
    },
    numbersInRange: {
      type: NumbersInRange,
      args: {
        begin: { type: new GraphQLNonNull(GraphQLInt) },
        end: { type: new GraphQLNonNull(GraphQLInt) },
      },
      resolve: function (source, { begin, end }) {
        return numbersInRangeObject(begin, end);
      },
    },
    taskMainList: {
      type: new GraphQLList(new GraphQLNonNull(Task)),
      resolve: async (source, args, { pgApi }) => {
```

```
        return pgApi.taskMainList();
      },
    },
  },
});

export default QueryType;
```

NOTE_ 현재 코드: **git checkout 7.3** 명령을 실행해서 로컬 리포지터리를 현재 책의 진도에 맞추어 업데이트할 수 있다.

TIP_ 코드 수정(리팩터링)은 별도의 Git 커밋으로 진행했다. 이렇게 하면 리포지터리 변경 내용을 쉽게 파악할 수 있고 리포지터리도 간결해진다.

이번에는 하향식으로 변경해보도록 한다(지금까지 상향식으로 작업했다). 먼저 taskInfo 루트 쿼리(**api/src/schema/queries.js** 파일에 위치)를 정의한다. 참고로 여기서 처음으로 id라는 필드 인수를 정의할 것이다. **taskInfo** 필드 정의 내에 **id** 인수의 타입을 정의해야 하며 GraphQLID 타입을 사용하도록 한다.

예제 7-20 수정: api/src/schema/queries.js

```
import {
  GraphQLID,
  GraphQLObjectType,
  GraphQLString,
  GraphQLInt,
  GraphQLNonNull,
  GraphQLList,
} from 'graphql';
// ·-·-·

const QueryType = new GraphQLObjectType({
  name: 'Query',
  fields: {
```

```
   // .-.-.
   taskInfo: {
     type: Task,
     args: {
       id: { type: new GraphQLNonNull(GraphQLID) },   ←── 필드 인수의 이름과 타입을 정의한다.
     },
                                                       ┌── 필드 인수의 값을 전달하면 각 리졸브 함수의
     resolve: async (source, args, { loaders }) => {  ─┘   두 번째 인수인 args(라는 한 개의 객체)가 받는다.
       return loaders.tasks.load(args.id);   ←── 리졸브 함수의 args 객체에서
     },                                               전달된 id 인수를 읽는다.
   },
 },
});
```

loaders.tasks 함수는 아직 존재하지 않는다. 필자는 이런 방식으로 변경할 내용을 먼저 계획해두고 이에 맞추어 나중에 코드를 작성한다. 새로운 객체나 함수가 작성되기 전에 미리 생각해볼 수 있어서 도움이 되며, 설계 관점에서도 더 나은 접근법이라 생각한다. 신규 로더 함수는 api/src/server.js에 작성하도록 한다.

예제 7-21 수정: api/src/server.js

```
const loaders = {
// .-.-.
  tasks: new DataLoader((taskIds) => pgApi.tasksInfo(taskIds)),
};
```

하향식 방식의 다음 작업은 pgApi.tasksInfo 함수를 정의하는 것이다. sqls.tasksFromIds를 api/src/db/sqls.js에 준비해두었다.

예제 7-22 sqls.tasksFromIds문

```
// $1: taskIds
// $2: userId (can be null)
tasksFromIds: `
  SELECT …
  FROM azdev.tasks
```

```
    WHERE id = ANY ($1)
    AND (is_private = FALSE OR user_id = $2)
  `,
```

여기에는 처음 나오는 중요한 기능이 포함돼 있다. 바로 두 개의 인수를 사용하는 것이다. 하나는 태스크 ID이고 다른 하나는 **userId**이다. 쿼리는 검색한 태스크가 공개된 태스크인지 특정 **userId**(사용자)에게만 속한 비공개 태스크인지 구분해야 한다. 이를 구분하지 않으면, **taskInfo**(SQL문은 동일)를 사용해서 비공개 태스크만 찾게 된다.

SQL문은 **userID**값 없이 사용할 수 있으며(처음에는 이렇게 해야한다), 이 경우 공개 태스크 레코드만 추출된다.

다음은 이 SQL문을 실행하기 위한 **pgApi** 데이터로더 호환 함수이다.

예제 **7-23** 수정: api/src/db/pg-api.js

```
const pgApiWrapper = async () => {
  // ·-·-·
  return {
    // ·-·-·
    tasksInfo: async (taskIds) => {
      const pgResp = await pgQuery(sqls.tasksFromIds, {
        $1: taskIds,
        $2: null, // TODO: 로그인한 userId 전달하기     });
      return taskIds.map((taskId) =>
        pgResp.rows.find((row) => taskId == row.id)     ◁─── 약한(loose) 등호 연산자(==)를
      );                                                      사용하고 있는 것에 유의하자.
    },
  };
};


export default pgApiWrapper;
```

TIP_ 비교하기 전에 정수를 문자열로 변경하는 것도 대안이 될 수 있다.

모두 완료했다. [예제 7-16]의 **taskInfoTest** 쿼리를 사용해서 테스트해보자.

TIP_ $1/$2 변수는 순서대로 정의해야 한다. **pgQuery** 래퍼는 값을 배열 내의 순서에 따라 전달하도록 설계돼있다.

NOTE_ 현재 코드: git checkout 7.4 명령을 실행하면 로컬 리포티지토리 현재 진도에 맞추어 업데이트할 수 있다.

7.3 그래프QL 타입의 순환 의존성

Approach 타입이 task 필드를 가지도록 정의했으므로 검색 결과가 접근법이라도 부모인 태스크 정보를 출력할 수 있다. 태스크와 접근법 관계를 구현하려면 taskInfo 루트 필드에서 만든 pgApi 함수와 로더를 재사용하면 된다.

하지만 이 관계는 approachList 필드용으로 만든 Task -> Approach 관계와는 반대 관계이다. 즉, Task->Approach->Task->Approach 식의 순환 의존성circular dependency이 발생하게 된다.

이것을 실제로 확인하기 위해서 새로운 관계를 만들어보도록 하겠다. Approach 타입만 수정하면 된다. Approach 타입은 Task 타입을 사용해야 하고 Task 타입은 이미 Approach 타입을 사용하고 있으므로 **Approach** 타입에 순환 의존성 문제가 발생한다. 다음 변경 내용을 보자.

예제 7-24 수정: api/src/schema/types/approach.js

```
// ·-·-·
import Task from './task';

const Approach = new GraphQLObjectType({
  name: 'Approach',
  fields: {
    // ·-·-·
    task: {                                    이 부분이 문제다. Task가 (Tasks를 사용하고
      type: new GraphQLNonNull(Task),  ◁─────  있는) Approach를 사용한다.
      resolve: (source, args, { loaders }) =>
        loaders.tasks.load(source.taskId)
    },
  },
});

export default Approach;
```

서버 로그가 문제를 제기할 것이다.

```
ReferenceError: Task is not defined
```

다행히 간단한 해결책이 있다. `fields` 속성 아래에 있는 타입을 바로 사용하는 것이 아니라, 속성을 함수로 만들어서 필드 객체를 반환하도록 하는 것이다. 그래프QL.js에선 이 기능을 기본으로 제공하며, 이런 상황에 유용하게 사용할 수 있다.

예제 7-25 수정: api/src/schema/types/approach.js

```
const Approach = new GraphQLObjectType({
  name: 'Approach',
  fields: () => ({      ◁──┘ 새로운 함수 구문을 사용한다.
    // ·-·-·
    task: {
```

```
    type: new GraphQLNonNull(Task),
    resolve: (source, args, { pgApi }) =>
      pgApi.tasks.load(source.taskId),
  },
}),
});
```

fields의 속성을 함수로 변경하면 의존성을 지연할 수 있으며 동적으로 의존성을 사용할 수 있게 된다. 이런 함수는 Node.js가 모든 모듈을 불러온 후에 실행되며, 썽크thunk라고 불린다. 썽크는 함수의 또 다른 이름으로, 결과가 필요할 때까지 계산을 지연할 때 사용하는 함수를 일컫는다.

이제 ReferenceError가 발생하지 않는다. 확인하기 위해서 approachList 필드 아래에 있는 task 필드를 테스트해보자.

필드 설정 속성을 위해서 객체 형태가 아닌 함수 서명signature을 사용하는 편이 좋다. 변경한 후에 이미 완료한 쿼리를 다시 테스트해보자.

> **NOTE_** 현재 코드: git checkout 7.5 명령을 실행하면 로컬 리포지터리를 현재 진도에 맞추어 업데이트할 수 있다.

7.3.1 다중 중첩 필드 공격

양방향 관계를 구현할 때는 1장에서 언급한 다중 중첩 필드 공격deeply nested field attack에 주의해야 한다. 예를 들어 신규 Approach -> Task 관계가 [그림 7-1]과 같은 쿼리에 노출되는 시발점이 될 수 있다.

```
 1 ▾ {
 2 ▾   taskMainList {
 3 ▾     approachList {
 4 ▾       task {
 5 ▾         approachList {
 6 ▾           task {
 7 ▾             approachList {
 8 ▾               task {
 9 ▾                 approachList {
10 ▾                   task {
11 ▾                     approachList {
12 ▾                       task {
13 ▾                         approachList {
14 ▾                           task {
15 ▾                             approachList {
16 ▾                               task {
17 ▾                                 approachList {
18 ▾                                   task {
19 ▾                                     approachList {
20 ▾                                       task {
21 ▾                                         approachList {
22 ▾                                           task {
23 ▾                                             approachList {
24 ▾                                               task {
25 ▾                                                 approachList {
26 ▾                                                   task {
27 ▾                                                     approachList {
28 ▾                                                       task {
29 ▾                                                         approachList {
30 ▾                                                           task {
31                                                              approachList {
32                                                                id
33                                                              }
34                                                            }
35                                                          }
36                                                        }
37                                                      }
38                                                    }
39                                                  }
40                                                }
41                                              }
42                                            }
43                                          }
44                                        }
45                                      }
46                                    }
47                                  }
48                                }
49                              }
50                            }
51                          }
52                        }
53                      }
54                    }
55                  }
56                }
57              }
58            }
59          }
60        }
61      }
62    }
63 }
64
```

그림 7-1 쿼리의 다중 중첩 필드

이런 쿼리로부터 API 서버를 보호하는 방법은 여러 가지가 있다. 그중에서 일정 횟수 이상으로 중첩된 쿼리는 차단하는 방법이 가장 간단하다. 각 리졸버 함수의 4번째 인수인 path 속성이 바로 이런 용도로 사용된다. 이 방식은 특정 필드를 선택적으로 확인하는 것으로, 리졸버 단위가 아니라 작업 단위로 검증하는 것이 낫다.

스키마가 이런 다중 중첩 공격을 불가능하게 설계하는 방법도 있다. 예를 들어 '검색-결과-접근법-객체'^{search-result-approach-object}용으로 다른 타입을 만들고, task 필드가 메인 Approach 타입이 아닌 이 타입을 사용하게 하는 것이다. 마찬가지로 approachList 필드를 UI에선 사용하지 않는 taskMainList 필드가 아닌 taskInfo 루트 필드 아래에서만 사용할 수도 있다. AZdev의 깃허브(az.dev/contribute)를 통해 다중 중첩 공격을 방지하기 위한 구체적인 타입을 확인할 수 있다. 또한, 다음 장에서도 루트 me 필드를 다루면서 구체적인 예를 보도록 한다.

> **TIP_** 다중 중첩 필드 공격은 의도적으로 복잡한 작업을 통해 API 서버를 공격하는 많은 방법 중 하나이다. 이런 공격으로부터 서버를 보호하려면 각 작업의 실행 시간, 사용 데이터 등을 분석해서 특정 기준 이상인 경우 작업을 중단시키면 된다. 이를 위한 전용 라이브러리도 있으니 도움이 된다. 이외에도 모든 쿼리에 타임아웃을 설정해서 시간이 오래 걸리면 작업을 취소하는 방법도 있다. 또는, 특정 작업의 자원 소비 요소를 계산해서 타임아웃을 설정하고, 전체 자원 소비량이 지정한 값을 초과하면 작업을 정지시킬 수도 있다.

7.4 데이터로더와 사용자 지정 ID 캐시 사용하기

데이터로더 배치 로딩 함수는 종종 ID 목록과 연계되지만, 데이터베이스의 실제 ID값을 사용하지 않아도 된다. 자신만의 ID 연계를 데이터로더에 사용해서 여러분이 설계한 매핑을 확인할 수도 있다. 이것은 특히 데이터로더의 캐시 기능을 사용할 때 유용하다. 예를 들면 SQL문을 만들고 각 SQL마다 고유한 레이블^{label}을 할당할 수 있으며, 이 레이블을 데이터로더의 ID로 사용하는 것이다.

지금까지 우리가 설계한 그래프QL 스키마의 많은 예들이 이 방식을 통해 개선될 수 있으며, 그중 대표적인 것이 taskMainList 필드이다.

7.4.1 taskMainList 필드

다음 그래프QL이 몇 개의 SQL문을 생성하는지 테스트해보도록 하자. 테스트하기 전에 추측해보는 것도 좋다.

```
{
  a1: taskMainList {
    id
  }
  a2: taskMainList {
    id
  }
  a3: taskMainList {
    id
  }
  a4: taskMainList {
    id
  }
}
```

taskMainList에 데이터로더를 사용하지 않았으므로 그래프QL 쿼리가 동일한 SELECT문을 4
번 실행한다.

다음은 PostgreSQL 로그의 일부이다.

```
LOG: statement: SELECT ... FROM azdev.tasks WHERE ....;
LOG: statement: SELECT ... FROM azdev.tasks WHERE ....;
LOG: statement: SELECT ... FROM azdev.tasks WHERE ....;
LOG: statement: SELECT ... FROM azdev.tasks WHERE ....;
```

데이터로더를 사용해서 첫 번째 응답을 캐시해두고 동일한 요청에 대해선 데이터베이스로 가
지 않고 캐시한 값을 사용하게 만들 수 있다. 문제는 데이터로더가 특정 키에 해당하는 값을 추
출한다는 것이다. 여기서 값은 태스크 레코드에 해당하며 키는 가지고 있지 않다. 데이터로더
를 사용하려면 SELECT문에 사용자 지정 키를 할당해야 하며, 키는 고유한 레이블을 의미한다.
여기서는 latest라는 레이블을 사용하도록 한다.

이번에도 하향식으로 코드를 수정하도록 하겠다. 최신 태스크를 리졸브하기 위한 타입은 루
트 Query 타입이다. pgApi.taskMainList() 대신 특정 타입을 지정해서 태스크를 추출하는
tasksByTypes 로드를 사용하며, latest라는 타입을 지정해서 추출하도록 하겠다.

```
const QueryType = new GraphQLObjectType({
  name: 'Query',
  fields: () => ({
    // .-.-.
    taskMainList: {
      type: new GraphQLList(new GraphQLNonNull(Task)),
      resolve: async (source, args, { loaders }) => {
        return loaders.tasksByTypes.load('latest');
      },
    },
  }),
});
```

여기서도 하향식으로 작업하고 있음을 염두하자. 다음은 **tasksByTypes** 로더를 만들어보겠다. 리스너 함수에 추가하면 된다(**api/src/server.js**).

예제 7-28 수정: api/src/server.js

```
const loaders = {
  // .-.-.
  tasksByTypes: new DataLoader((types) =>
    pgApi.tasksByTypes(types),
  ),
};
graphqlHTTP({
  schema,
  context: { loaders },
  graphiql: true,
  // .-.-.
})(req, res);
```

pgApi 객체를 컨텍스트 객체에서 제거한 것을 알 수 있다. 더 이상 데이터베이스에서 직접 쿼리를 실행할 필요가 없기 때문이다. 모든 데이터베이스 통신은 로더 객체를 통해서 이루어진다.

pgApi에 사용한 **tasksByTypes** 속성은 아직 존재하지 않는다. 필자가 사용할 예정인 배치 로딩 함수로 이제부터 작성하도록 한다.

신규 `pgApi.tasksByTypes` 배치 로딩 함수는 조금 특수한 경우로, `latest` 타입만 지원한다. 하지만 모든 타입의 배열을 받아서 연동된 결과를 배열로 반환하게 만들 필요가 있다.

예제 7-29 수정: api/src/db/pg-api.js

```js
const pgApiWrapper = async () => {
  // ·-·--
  return {
    tasksByTypes: async (types) => {     // ←─┐ taskMainList 함수를 이 함수로 교체한다.
      const results = types.map(async (type) => {
        if (type === 'latest') {
          const pgResp = await pgQuery(sqls.tasksLatest);
          return pgResp.rows;
        }
        throw Error('Unsupported type');
      });
      return Promise.all(results);
    },
    // ·-·--
  };
```

SQL 쿼리는 `.map` 호출에 의해 실행되며 이는 콜백 함수가 대기 중인 프로미스를 반환하게 한다. 즉, `results` 객체가 대기 중인 프로미스의 배열이 되므로 `Promise.all` 호출을 결과와 함께 반환하는 것이다. 어떤 타입을 추가하든지(또는 추가하지 않든지), `map`을 사용한 추출 방식을 최적화할 수 있다. 단, 지금은 목록의 일괄 처리를 단순히 흉내만 내고 있으므로 현재 방식으로도 충분한다.

모두 완료했다. `taskMainList` 루트 필드를 추출하기 위해서 많은 별칭을 사용하더라도 데이터로더는 한 번만 데이터베이스에 필요한 데이터를 묻는다. 실제 그런지 확인해보자.

데이터로더가 준비됐으니 다른 필드를 추가할 수 있으며, 필요하면 새 로더를 정의해서 사용해도 된다.

현재 코드

`git checkout 7.6` 명령을 실행하면 로컬 리포지터리를 책의 진도에 맞추어 업데이트할 수 있다.

7.4.2 search 필드

search 필드는 인수를 받으며(검색어), 일치하는 태스크와 접근법 모델의 레코드 목록을 반환한다. 이때 사용하는 인터페이스 타입이 SearchResultItem이다.

예제 7-30 search 필드

```
type Query {
  # ...
  search(term: String!): [SearchResultItem!]
}
```

여기서 검색어는 고유한 키로 데이터로더 배치 로딩 함수에 사용할 수 있다. 검색 기능은 그래프QL 인터페이스(interface) 타입이라는 처음 등장하는 개념을 사용한다. 다음은 이와 관련된 스키마의 일부이다.

```
interface SearchResultItem {
  id: ID!
  content: String!
}

type Task implements SearchResultItem {
  # ...
}
type Approach implements SearchResultItem {
  # ...
}
```

신규 인터페이스 타입은 검색 결과의 각 레코드가 어떤 타입인지를 알아야 한다. 즉, API 사용자에게 검색 결과가 태스크 객체인지 접근법 객체인지를 알려줘야 하는 것이다. 이를 위해선 resolveType 설정 속성을 사용하면 된다. 이것은 함수로 SearchResultItem 타입을 구현한 객체를 인수로 받으며 해당 객체의 그래프QL 타입을 반환한다. 검색 결과 객체에 type 속성을 추가해서 'task' 또는 'approach'라는 문자열값을 가지게 해보자. 그리고 이 결과 객체를

resolveType 함수에서 사용하면 된다.

다음은 이 계획에 근거해서 SearchResultItem을 구현한 예이다. api/src/schema/types/
search-result-items.js 파일에 추가하자.

예제 7-31 신규 파일: api/src/schema/types/search-result-item.js

```
import {
  GraphQLID,
  GraphQLInterfaceType,
  GraphQLNonNull,
  GraphQLString,
} from "graphql";

import Task from "./task";
import Approach from "./approach";

const SearchResultItem = new GraphQLInterfaceType({
  name: "SearchResultItem",
  fields: () => ({
    id: { type: new GraphQLNonNull(GraphQLID) },
    content: { type: new GraphQLNonNull(GraphQLString) },
  }),
  resolveType(obj) {
    if (obj.type === "task") {
      return Task;
    }
    if (obj.type === "approach") {
      return Approach;
    }
  },
});

export default SearchResultItem;
```

이 타입을 사용해서 루트 검색search 필드를 정의하면 된다. 이 필드는 **term**이라는 문자열 인수
를 받는다. 검색 필드를 리졸브하기 위해서 (검색어를 키로 갖는) **searchResults**라는 로더가

있다고 가정하겠다.

다음은 검색 필드를 구현 예이다.

예제 7-32 수정: api/src/schema/queries.js

```
// ·-·-·
import SearchResultItem from './types/search-result-item';

const QueryType = new GraphQLObjectType({
  name: 'Query',
  fields: () => ({
    // ·-·-·
    search: {
      type: new GraphQLNonNull(
        new GraphQLList(new GraphQLNonNull(SearchResultItem)),
      ),
      args: {
        term: { type: new GraphQLNonNull(GraphQLString) },      ⟵── 필드 인수의 이름과 타입을
      },                                                              정의한다.
      resolve: async (source, args, { loaders }) => {
        return loaders.searchResults.load(args.term);      ⟵── 사용자가 지정한 검색어를 args
      },                                                          객체의 term 필드 인수를 통해 읽어
    },                                                            온다.
  }),
});
```

Task와 **Approach** 타입이 이 인터페이스 타입을 구현하려면 GraphQLObjectType 설정 객체의 interfaces 속성을 사용하면 된다. 이 속성의 값은 객체 타입이 구현한 모든 인터페이스 타입의 배열이다.

예제 7-33 수정: api/src/schema/types/task.js

```
// ·-·-·
import SearchResultItem from './search-result-item';

const Task = new GraphQLObjectType({
```

```
  name: 'Task',
  interfaces: () => [SearchResultItem],
  fields: () => ({
    // ·-·--·
  }),
});
```

예제 7-34 수정: api/src/schema/types/approach.js

```
// ·-·--·
import SearchResultItem from './search-result-item';

const Approach = new GraphQLObjectType({
  name: 'Approach',
  interfaces: () => [SearchResultItem],
  fields: () => ({
    // ·-·--·
  }),
});
```

필드 속성이기 때문에 인터페이스 배열을 썽크로 래핑한 것에 유의하자.

다음 하향식 작업은 searchResults라는 데이터로더 인스턴스를 정의하는 것이다. 여기서 잠시 여러분에게 한 가지 질문을 하겠다. 검색 쿼리를 위해서 캐시나 배치 로더가 정말 필요하다고 생각하는가?

사실 그렇게 필요하지 않다. API 사용자가 하나의 쿼리로 여러 검색을 한 번에 하지는 않을 것이다. API 서버에 의도적으로 부하를 걸지 않는 이상, 동일한 검색어를 여러 번 검색할 이유가 없다. 하지만 taskMainList에서 본 것처럼 데이터로더를 사용하면 (악의가 있든 없든) 나쁜 쿼리로부터 서버를 보호할 수 있다. 어떤 UI 애플리케이션에 그래프QL 요청 하나로 검색 쿼리를 100번 실행하는 버그가 있다고 해보자. API 서버가 전체 텍스트를 읽어 들이는 SQL문을 100번 실행하기를 원하진 않을 것이다.

데이터로더를 사용하는 또 다른 이유는 일관성이다. 현재 데이터로더는 추상abstract 계층에 있으며 모든 데이터베이스 통신은 이 계층을 통과해야 한다. 여기에 데이터베이스와 직접 통신하는 처리를 혼용한다면 문제의 온상이 될 수 있다.

searchResults 배치 로딩 함수는 검색어 목록을 받아서 각 검색어 별로 전체 텍스트 검색 full-text-search를 실시한다.

pgApi 모듈이 SQL 처리를 위해 searchResults 메서드를 사용한다고 해보자. 다음은 필자가 생각한 로더 정의이다.

예제 7-35 수정: api/src/server.js

```
async function main() {
  // ·-·-·

  server.use('/', (req, res) => {
    const loaders = {
      // ·-·-·
      searchResults: new DataLoader((searchTerms) =>
        pgApi.searchResults(searchTerms),
      ),
    };
    // ·-·-·
  });

  // ·-·-·
};
```

이 퍼즐의 마지막 조각은 pgApi.searchResults 메서드와 이 메서드가 실행해야 할 전체 텍스트 검색 로직이다. 다행히 PostgreSQL은 전체 텍스트 검색 기능을 내장하고 있다. 다음은 단일 SQL문을 통해서 azdev.tasks와 azdev.approaches 테이블에서 검색 결과를 추출하는 예이다. sqls.searchResults를 확인해보자.

예제 7-36 전체 텍스트 검색용 sql.searchResults

```
// $1: searchTerm
// $2: userId (can be null)
```

```
searchResults: `
  WITH viewable_tasks AS (
    SELECT *
    FROM azdev.tasks n
    WHERE (is_private = FALSE OR user_id = $2)
  )
  SELECT id, "taskId", content, tags, "approachCount", "voteCount",
         "userId", "createdAt", type,
         ts_rank(to_tsvector(content), websearch_to_tsquery($1)) AS rank
  FROM (
    SELECT id, id AS "taskId", content, tags,
           approach_count AS "approachCount", null AS "voteCount",
           user_id AS "userId", created_at AS "createdAt", 'task' AS type
    FROM viewable_tasks
    UNION ALL
    SELECT a.id, t.id AS "taskId", a.content, null AS tags,
           null AS "approachCount", a.vote_count AS "voteCount",
           a.user_id AS "userId", a.created_at AS "createdAt",
           'approach' AS type
    FROM azdev.approaches a JOIN viewable_tasks t ON (t.id = a.task_id)
  ) search_view
  WHERE to_tsvector(content) @@ websearch_to_tsquery($1)
  ORDER BY rank DESC, type DESC
  `,
```

이 SQL문은 PostgreSQL의 몇 가지 재미있는 기능을 이용하고 있다. 예를 들어 인라인 뷰(viewable_tasks)는 열람 가능한 태스크 레코드(공개 또는 userId가 소유하고 있는)만 작업할 수 있게 해준다. userId값이 null이면 SQL문은 공개 태스크 레코드만 처리한다.

또한, 이 SQL은 **UNION ALL**이라는 연산자를 사용해서 여러 테이블에서 추출한 결과를 하나의 결과로 합친다. 그리고 이 합친 데이터를 대상으로 전체 텍스트 검색을 하는데 이때 to_tsvector, websearch_to_tsquery, ts_rank라는 PostgreSQL 함수를 사용한다. 검색 최적화에 사용되는 함수는 이외에도 다양하지만, 이 책의 범위를 넘어서므로 다루지 않는다. PostgreSQL 전체 텍스트 검색 기능에 대해선 **az.dev/pg-fts**를 참고하자.

다음은 **pgApi** 모듈에 이 SQL을 적용한 예이다.

```
const pgApiWrapper = async () => {
  // ·-·-·.

  return {
    // ·-·-·.
    searchResults: async (searchTerms) => {
      const results = searchTerms.map(async (searchTerm) => {
        const pgResp = await pgQuery(sqls.searchResults, {
          $1: searchTerm,
          $2: null, // TODO: 로그인한 userId 전달하기
        });
        return pgResp.rows;
      });
      return Promise.all(results);
    },
  };
};
```

참고로 이 함수는 앞서 **tasksByTypes**에서 데이터로더의 호환성을 위해 사용했던 '프로미스맵promise-map'을 사용한다. 또한 $2값으로 현재는 null을 전달하고 있다. API 사용자의 로그인 기능을 적용한 후에는 현재 userId값을 어떻게 전달할지 고민해야 한다. 이것은 다음 장에서 다루도록 한다.

이제 테스트할 수 있는 상태가 됐다. 다음은 새로 만든 **search** 필드를 그래프QL에서 쿼리하는 예이다.

예제 **7-38** search 필드를 테스트하기 위한 쿼리

```
{
  search(term: "git OR sum") {
    content
    ... on Task {
      approachCount
    }
    ... on Approach {
```

```
      task {
        id
        content
      }
    }
  }
}
```

이 검색 쿼리를 실행하면 두 개의 태스크 레코드와 한 개의 접근법 레코드를 반환한다(그림 7-2).

```
1 ▼ {
2 ▼   search(term: "git OR sum") {
3       content
4       ... on Task {
5         approachCount
6       }
7 ▼     ... on Approach {
8         task {
9           id
10          content
11        }
12      }
13    }
14 }
```

```
{
  "data": {
    "search": [
      {
        "content": "git diff | git apply --reverse",
        "task": {
          "id": "2",
          "content": "Get rid of only the unstaged changes
        }
      },
      {
        "content": "Get rid of only the unstaged changes si
        "approachCount": 1
      },
      {
        "content": "Calculate the sum of numbers in a JavaS
        "approachCount": 1
      }
    ]
  }
}
```

그림 7-2 그래피컬에서 search 쿼리 실행하기

PostgreSQL의 텍스트 검색 기능이 뛰어난 것을 알 수 있다. 이 예에선 OR을 사용하고 있으며 검색 결과는 관련성에 따라 순위가 정해진다. 다른 검색어도 시도해보고 우리가 구현한 다른 기능들도 확인해보자.

> **TIP_** 인터페이스 타입이 많은 타입을 사용해서 구현돼 있다면, resolveType 속성을 관리하는 것이 어려워질 수도 있다. 자신이 만든 인터페이스를 구현한 타입을 추가할 때마다 resolveType 속성을 편집하는 것은 좋지 않다. 그래프QL.js는 구현한 객체의 타입을 결정하기 위한 또 다른 기능을 제공한다. 인터페이스를 구현한 모든 객체 타입에 isTypeOf라는 함수를 정의하면, 그래프QL.js가 isTypeOf가 true를 반환한 첫 번째 객체 타입을 선택한다. 즉, isTypeOf를 인터페이스를 구현한 모든 객체에 정의하면 resolveType 속성을 사용할 필요가 없다.

다음은 접근법 레코드 아래에 `detailList` 필드를 구현해야 한다. 꽤 복잡한 기능이며 데이터로더를 사용해야 하므로 지금까지 미뤘었지만, 이제 준비가 됐다고 생각한다.

7.5 데이터로더와 몽고DB 사용하기

접근법 레코드의 상세 정보를 동적으로 몽고DB에 저장하기로 했으므로, 몽고DB에서 데이터를 추출할 데이터로더 인스턴스를 만들겠다. 처음으로 몽고DB에서 데이터를 읽어오므로 몽고DB용 API 모듈을 만들어 메인 서버에서 인스턴스화하고, 이를 이용해서 데이터로더를 정의하도록 한다.

이번에도 하향식 접근법으로 진행하도록 하겠다. PostgreSQL의 객체 이름을 지어서 그 모듈을 저장한 것처럼 mongoApi 모듈을 만들어서 `detailList`라는 배치 로딩 함수를 가지고 있다고 가정하겠다. `detailList`는 주어진 접근법 ID 목록에 해당하는 상세 정보 객체 목록을 불러온다.

다음은 이것을 `api/src/server.js`에 반영한 예이다(나머지 부분은 기존 코드와 같다).

예제 7-39 수정: api/src/server.js

```
// ·-·--·
import mongoApiWrapper from './db/mongo-api';

async function main() {
  const pgApi = await pgApiWrapper();
  const mongoApi = await mongoApiWrapper();

  // ·-·--·
  server.use('/', (req, res) => {
    const loaders = {
      // ·-·--·
```

```
        detailLists: new DataLoader((approachIds) =>
          mongoApi.detailLists(approachIds)
        ),
      };
      // ·-·-·-·
    });
    // ·-·-·-·
  };
```

새로운 **mongoApi** 모듈이 몽고DB와 관련된 모든 처리를 관리한다. 다음은 이 모듈을 구현한 것으로 **api/src/db/mongo-api.js** 라는 파일에 작성했다(**api/src/db/pg-api.js**의 기존 코드에 추가한 것이다).

예제 7-40 신규 파일: api/src/db/mongo-api

```
import mongoClient from './mongo-client';

const mongoApiWrapper = async () => {
  const { mdb } = await mongoClient();

  const mdbFindDocumentsByField = ({
    collectionName,
    fieldName,
    fieldValues,
  }) =>
    mdb
      .collection(collectionName)
      .find({ [fieldName]: { $in: fieldValues } })
      .toArray();
  return {
    detailLists: async (approachIds) => {
    // TODO: mdbFindDocumentsByField를 사용해 배치 로딩 구현하기
    },
  };
};

export default mongoApiWrapper;
```

mdbFindDocumentsByField라는 자체 함수에 현재 mongo-client 드라이버 로직을 두어서 몽고DB 컬렉션의 문서 목록을 얻고 있다(pgQuery에서 한 것과 같다). 결과적으로는 이런 방식의 함수가 늘어날 것이고, 애플리케이션과 별도로 추상화해서 관리 및 테스트하는 것이 좋다. 사실 이런 함수들을 클라이언트 파일로 옮기는 것을 고려 중이지만, 여기서는 설명을 단순화하기 위해 현재 위치에 그냥 두도록 하겠다.

> **TIP_** mdbFindDocumentsByField의 추상화는 pgQuery에서 한 것보다 좀더 상세한 구조를 가지고 있는데(즉, 추상화의 정도가 약하다). mongo 드라이버 API가 자바스크립트 객체를 사용하고 있기 때문이다(pg 드라이버에선 SQL 텍스트문을 사용하고 있다). 추상화의 정도는 사실 취향의 문제이며 여기서 보여주고자 한 것은 mongo 드라이버와 관련된 모든 로직을 애플리케이션에서 분리시키는 것이다(데이터로더 코드의 호환성을 유지하는 것이 한 예이다). 독자에 따라선 완전하지 못한 추상화라고 논쟁할 수 있겠지만, 개인적으로는 이 방식을 많이 사용한 경험이 있으며 사실 프로젝트 규모가 커질수록 유용하다.

데이터로더 인스턴스를 위해서 mongoApi.detailLists 함수를 배치 로딩 함수로 사용하고 있다. 따라서 approachIds 입력 배열의 크기와 순서를 유지해야 한다. 여기서 무엇이 필요한지 하나씩 차근차근 보도록 하자.

먼저 approachIds 값이 PostgreSQL에서 온다는 것을 기억하자. 즉, 문서의 pgId 필드를 사용해서 몽고DB의 approachDetails 컬렉션에서 얻는 응답을 필터링해야 한다. 이를 통해 각 접근법과 연관된 상세 접근법 정보를 얻을 수 있다. 몽고DB에 일치하는 것이 없다면 해당 접근법은 상세 정보를 가지고 있지 않다는 의미이다.

pgApi.userInfo에서 했던 것과 마찬가지로, .map과 .find를 사용하면 된다. 다음은 mongoApi.detailLists의 기본 구조이다.

예제 7-41 수정: api/src/db/mongo-api

```
import mongoClient from './mongo-client';
  // ·-·--

  return {
    detailLists: async (approachIds) => {
      const mongoDocuments = await mdbFindDocumentsByField({
        collectionName: 'approachDetails',
```

```
      fieldName: 'pgId',
      fieldValues: approachIds,
    });

    return approachIds.map((approachId) => {
      const approachDoc = mongoDocuments.find(
        (doc) => approachId === doc.pgId
      );

      if (!approachDoc) {
        return [];
      }

      const { explanations, notes, warnings } = approachDoc;  ◁──┐ 분해된 변수들이 각각
                                                                │ 배열값을 지니며, 정의
                                                                └ 되지 않을 수도 있다.

      // ·-··-·  ◁──┐ 몽고DB의 원 데이터를 그래프QL 스키마 설계에 맞게 재구성해야 한다.
    });
  },
};
};
```

ID와 문서^{document} 맵이 완성되면 몽고DB의 개별 `approachDetails` 문서가 객체가 된다. 그리고 이 객체는 ENUM 타입인 `ApproachDetail`에 정의한 세 가지 분류를 속성으로 가진다.

예제 7-42 ApproachDetail ENUM 타입

```
enum ApproachDetailCategory {
  NOTE
  EXPLANATION
  WARNING
}
```

이 속성들은 텍스트 형식의 배열값을 가진다. `ApproachDetail` 타입이 분류 필드(`category`)와 내용물 필드(`content`)를 가지도록 설계한 것을 잊지 말자.

```
type ApproachDetail {
  category: ApproachDetailCategory!
  content: String!
}
```

즉, 객체를 받기 위해서 약간의 로직이 필요하다.

```
{
  explanations: [explanationsValue1, ·-·-·],
  notes: [notesValue1, ·-·-·],
  warnings: [warningsValue1, ·-·-·],
}
```

그리고 이 객체를 다음과 같이 변환한다.

```
[
  {
    content: explanationsValue1,
    category: "EXPLANATION"
  },
  {
    content: notesValue1,
    category: "NOTE"
  },
  {
    content: warningsValue1,
    category: "WARNING"
  },
  ·-·-·
]
```

뿐만 아니라 내용물 분류는 approachDetails 문서에서 필수가 아니다. 하나의 분류는 10개의 값을 가질 수도 있지만 어떤 분류는 존재하지 않을 수도 있다(예제 7-41에서 본 것처럼 정의되지 않을 수도 있다).

다음은 이 모든 사항을 고려해서 수정한 결과다.

예제 7-44 수정: api/src/db/mongo-api.js

```
const mongoApiWrapper = async () => {
// ·-·-·

  return {
    detailLists: async (approachIds) => {
      // ·-·-·
      return approachIds.map((approachId) => {
        // ·-·-·

        const approachDetails = [];
        if (explanations) {
          approachDetails.push(
            ...explanations.map((explanationText) => ({
              content: explanationText,
              category: 'EXPLANATION',
            }))
          );
        }
        if (notes) {
          approachDetails.push(
            ...notes.map((noteText) => ({
              content: noteText,
              category: 'NOTE',
            }))
          );
        }
        if (warnings) {
          approachDetails.push(
            ...warnings.map((warningText) => ({
```

```
                content: warningText,
                category: 'WARNING',
              }))
          );
        }
        return approachDetails;
      });
    },
  };
};
```

객체의 빈 배열(approachDetails)부터 시작하고 있다. approachDetails 문서의 각 배열
값 속성을 위해서, 배열값이 존재하면 {content: '…', category: '…'} 구조로 변환한 후
approachDetails 배열에 넣는다.

다음은 그래프QL 스키마에 있는 두 개의 신규 타입을 정의해야 한다. ApproachDetail과
ApproachDetailCategory이다. ApproachDetailCategory부터 시작해보자. 이 타입은 세
개의 고정값으로 이루어진 ENUM이다. ENUM 타입을 정의하려면 그래프QL.js API가 제공하는
GraphQLEnumType 생성자를 사용하면 된다. 이 생성자는 ENUM값을 나타내는 설정 객체를 받
는다. [예제 7-45]는 ApproachDetailCategory를 정의하는 코드로 새로운 파일인 api/src/
schema/types/approach-detail-category.js을 만들어서 작성하면 된다.

예제 7-45 신규 파일: api/src/schema/types/approach-detail-category.js

```
import { GraphQLEnumType } from 'graphql';

const ApproachDetailCategory = new GraphQLEnumType({
  name: 'ApproachDetailCategory',
  values: {
    NOTE: {},          ◀──────┐  이 객체들은 값에 대한 설명이나 폐기된 값을 지정할 때 사용된다. 데이터베이스의 값이
    EXPLANATION: {},   │        숫자 등 잘못된 값으로 저장돼 있으면, 각 값의 설정 객체를 통해서 문자열─숫자 맵핑을
                       └──────  할 수 있다.
```

```
    WARNING: {},
  },
});


export default ApproachDetailCategory;
```

이제 ApproachDetailCategory 타입을 사용하는 ApproachDetail 타입을 구현할 수 있다. ApproachDetail 타입은 GraphQLObjectType의 인스턴스이다. api/src/schema/types/approach-detail.js라는 새 파일을 만들어서 다음 코드를 작성하자.

예제 7-46 신규 파일: api/src/schema/types/approach-detail.js

```
import {
  GraphQLObjectType,
  GraphQLString,
  GraphQLNonNull,
} from 'graphql';

import ApproachDetailCategory from './approach-detail-category';

const ApproachDetail = new GraphQLObjectType({
  name: 'ApproachDetail',
  fields: () => ({
    content: {
      type: new GraphQLNonNull(GraphQLString),
    },
    category: {
      type: new GraphQLNonNull(ApproachDetailCategory),
    },
  }),
});


export default ApproachDetail;
```

마지막으로 Approach 타입의 detailList 필드를 정의해야 하며, 데이터로더 인스턴스를 사용하면 된다. 방법은 앞에서 한 것과 같다(작업이 점점 수월해지고 있길 바란다).

```
import {
  // ·-·-·
  GraphQLList,
} from 'graphql';
// ·-·-·
import ApproachDetail from './approach-detail';

const Approach = new GraphQLObjectType({
  name: 'Approach',
  fields: () => ({
    // ·-·-·
    detailList: {
      type: new GraphQLNonNull(
      new GraphQLList(new GraphQLNonNull(ApproachDetail))
      ),
      resolve: (source, args, { loaders }) =>
        loaders.detailLists.load(source.id),
    },
  },
});
```

다음 쿼리를 사용해서 신규 기능을 테스트할 수 있다(그림 7-3 참고).

예제 **7-48** detailList 필드를 테스트하기 위한 쿼리

```
{
  taskMainList {
    content
    approachList {
      content
      detailList {
        content
        category
      }
    }
  }
```

```
}
```

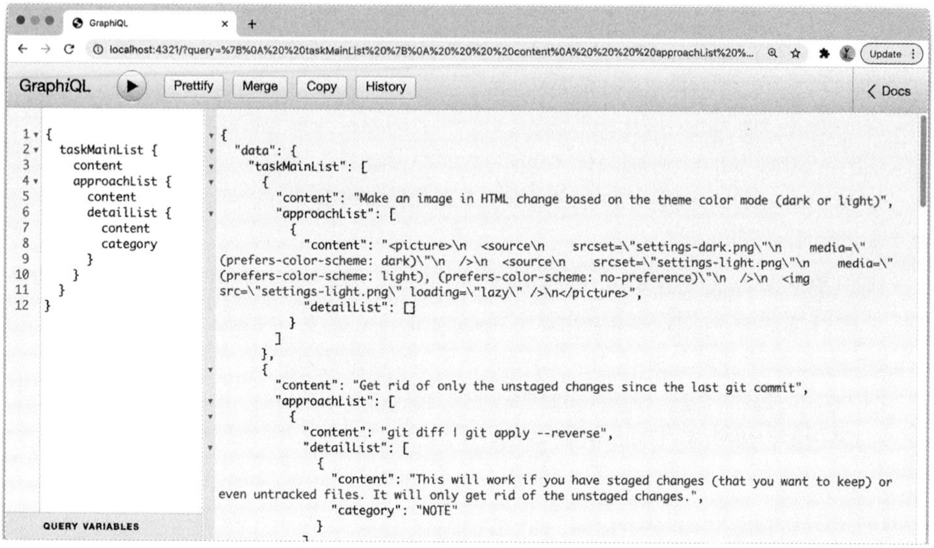

그림 7-3 taskMainList 쿼리의 결과

공개 태스크 레코드 5개가 가진 모든 접근법을 PostgreSQL에서 추출하고, 각 접근법이 가지고 있는 모든 상세 정보를 몽고DB에서 추출한다. 이를 위해 몽고DB에 몇 번이나 접속할까?

딱 한 번이다!

몽고DB와 관련된 모든 작업을 하나의 일괄 처리 작업으로 만들어 준 데이터로더 인스턴스에 감사하자.

> **NOTE_** 현재 코드: `git checkout 7.7` 명령을 실행하면 로컬 리포지터리를 책의 진도에 맞추어 업데이트할 수 있다.

이제 남은 루트 쿼리 필드는 **me** 필드뿐이지만, 제대로 테스트하기 위해선 인증 토큰을 검증해야 한다. 먼저 스키마를 위해 앞에서 설계한 변경 작업을 구현할 필요가 있다. 우선, 유효한 **authToken**값을 얻기 위한 변경 작업을 생성하고 **me** 필드와 (**authToken**으로 식별한) 현재 사용자의 ID를 전달하기 위한 코드를 작성해야 한다.

정리

- 데이터 추출 작업을 최적화하기 위해서 캐시와 일괄 처리 개념을 적용할 수 있다. SQL 응답을 ID 또는 API 상에 직접 정의한 고유한 값을 사용해서 캐시하면 된다. 또는, 필요한 레코드의 모든 고유 ID를 알 때까지 데이터베이스에 요청하는 것을 지연하는 방법도 있다. ID를 모두 수집한 후에는 단일 요청을 데이터베이스에 던져서 ID와 연계된 모든 레코드를 한 번에 받아오는 것이다.

- 데이터로더는 기본 자바스크립트 라이브러리로 다양한 데이터 소스로부터 쉽고 일관된 방법으로 데이터를 추출할 수 있게 해주며, 캐시와 일괄 처리 작업을 단순화한다. 이를 통해 개발자는 애플리케이션 개발에 집중할 수 있고, 데이터베이스나 다른 데이터 소스에 대한 요청을 최소화하려고 고민할 필요 없이 안전하게 추출 요건을 충족시킬 수 있다.

- 데이터로더 인스턴스는 단일 요청을 범위로 한다. ID 기반 SQL문에 사용할 수 있으며, 리스트 추출, 전체 문장 검색 요청 등 더 복잡한 기능에도 사용할 수 있다.

- 데이터로더를 사용하기로 했다면, 모든 데이터베이스 통신이 데이터로더를 지나가게 하는 것이 좋다. 그래프QL 리졸버가 데이터 리졸브 작업을 데이터로더 인스턴스에 위임할 수 있기 때문이다. 이를 통해 코드를 더 간결하게 만들 수 있으며, 유지관리도 쉬워진다.

CHAPTER 8

변경 작업의 구현

이 장의 주요 내용

◆ 그래프QL 변경 필드 구현하기

◆ 변경과 쿼리 작업을 위한 사용자 인증하기

◆ 사용자 친화적인 오류 메시지 만들기

◆ 변경을 최적화하기 위한 데이터베이스 기능 사용하기

7장에서 AZDev 그래프QL API를 위한 대부분의 쿼리 트리를 구현했다. 이제 앞에서 계획한 변경^{mutation} 작업을 구현할 차례이다. 먼저 AZdev 사용자가 계정을 생성할 때나, 인증을 요구하는 다른 변경(또는 쿼리) 작업을 할 때 필요한 userCreate 변경 작업을 만들도록 한다.

처음 만드는 변경 작업이므로 이후 모든 변경 작업에 사용될 기본 틀을 만들 필요가 있다. 기본적으로 모든 스키마가 변경 작업이 가능하도록 만들자.

> **NOTE_** 현재 코드: git checkout 8.0 명령을 실행하면 로컬 리포지터리를 책의 진도에 맞추어 업데이트할 수 있다. 혹시 오류가 난다면, 로컬에서 한 변경 내역을 모두 임시 저장할 필요가 있다. git add . && git stash 명령을 사용하면 된다. stash 명령 실행 후에는 npm install 명령을 실행해서 의존 패키지를 다시 설치해주는 것이 좋다.

8.1 변경 컨텍스트 객체

모든 데이터베이스 읽기(READ) 처리는 데이터로더 인스턴스를 거치도록 만들었으며, 각 리졸버에 전달한 loaders 객체를 전역 그래프QL 컨텍스트로 사용했다. 이제 쓰기(WRITE) 처리에 대해 생각해볼 시간이다. 모든 변경 작업은 INSERT, UPDATE, DELETE의 SQL문이나 몽고DB 작업(또는 둘을 합친 작업)을 사용한다. 이런 쓰기 처리는 데이터로더를 거칠 필요가 없다. 변경 작업의 읽기 부분만 데이터로더를 거치게 할 수는 있지만 그다지 유용한 방법은 아니다.

> **TIP_** 변경 작업은 여러 필드를 사용할 수 있으며 결과적으로 데이터베이스 읽기/쓰기 처리를 여러 번 실행해야 한다. 하지만 병렬로 실행되는 쿼리 필드와 달리 변경 필드는 순차적으로 하나씩 실행해야 한다. 만약 API 사용자가 두 개의 변경 필드를 보낸다면, 첫 번째 것이 끝난 후에만 두 번째 것이 시작될 수 있다. 이는 충돌 상태race condition를 방지하기 위한 장치이지만 데이터로더 같은 태스크를 복잡하게 만들기도 한다.

변경 작업용으로 mutators라는 전역 컨텍스트 객체를 만들어보도록 하겠다. 이 객체는 (PostgreSQL와 몽고DB를 포함한) 모든 데이터베이스의 변경 작업을 담당한다. 데이터베이스 API 객체의 mutators 속성 아래에 모든 변경 작업을 그룹화해보자. mutators 속성을 pgApi와 mongoApi에 추가하자.

예제 8-1 수정: api/src/db/pg-api.js

```
const pgApiWrapper = async () => {
  // ·-·-·

  return {
    // ·-·-·

    mutators: {

    },
  };
};
```

예제 8-2 수정: `api/src/db/mongo-api.js`

```js
const mongoApiWrapper = async () => {
  // ·-·-·

  return {
    // ·-·-·

    mutators: {

    },
  };
};
```

앞으로 추가할 변경 작업은 모든 이 **mutators** 속성의 서브 속성이 된다.

> **TIP_** 데이터로더가 사용하는 모든 **pgApi** 함수도 **loaders** 속성 아래에 그룹화할 수 있지만, 여기서는 단순화하기 위해서 적용하지 않는다. 이상적인 것은, 모든 로더와 변경 함수가 별도의 파일로 구성되며 각각이 자신의 데이터베이스 구문을 호스팅하는 것이다. 이 리팩터링 작업은 숙제로 남기도록 한다.

다음은 **api/src/server.js**에 (PostgreSQL와 몽고DB를 포함한) 모든 데이터베이스 변경 작업을 호스팅하는 신규 객체를 만들고, 이 액체를 전역 컨텍스트를 일부로 만들어야 한다.

예제 8-3 수정: `api/src/server.js`

```js
async function main() {
  // ·-·-·

  server.use('/', (req, res) => {
    // ·-·-·
    const mutators = {
      ...pgApi.mutators,
      ...mongoApi.mutators,
    };

    graphqlHTTP({
```

```
        schema,
        context: { loaders, mutators },
        graphiql: true,
      })(req, res);
    });
    // .-.-.
  };
```

이제 모든 변경 리졸버가 모든 데이터베이스의 변경 작업에 접근할 수 있다.

> **TIP_** 쿼리 필드의 리졸버도 **mutators** 객체에 접근할 수 있지만, 절대 사용해서는 안 된다. 쿼리 필드는 순수하게 쿼리용으로만 사용해야지 그렇지 않으면 여러 부작용을 초래할 수 있다.

8.2 변경 타입

API 사용자용으로 모든 루트 쿼리 필드를 지니고 있는 QueryType을 정의한 것처럼 모든 변경 필드를 지니고 있는 MutationType을 정의할 필요가 있다. QueryType을 참고로 해서 api/src/schema/index.js에 이것을 정의하도록 한다.

예제 8-4 수정: api/src/schema/index.js

```
import QueryType from './queries';
import MutationType from './mutations';

export const schema = new GraphQLSchema({
  query: QueryType,
  mutation: MutationType,
});
```

mutations.js 파일은 api/src/schema 아래에 놓이며 일반적인 GraphQLObejctType 객체를 사용한다.

예제 8-5 신규 파일: api/src/schema/mutations.js

```javascript
import { GraphQLObjectType } from 'graphql';
const MutationType = new GraphQLObjectType({
  name: 'Mutation',
  fields: () => ({
    // ·-·-·
  }),
});

export default MutationType;
```

8.3 사용자 변경 작업

변경 작업을 위한 뼈대를 갖췄으니 계정을 생성하기 작업(userCreate)과 다른 변경 작업을 허가해주는 인증 토큰 취득용 작업(userLogin)을 만들어보도록 하겠다.

각 변경 작업에는 메인 변경 필드 외에도 두 개의 타입을 정의해야 한다는 것을 기억하자. 바로 입력 타입과 페이로드(payload) 타입이다. userCreate 작업에는 UserError 타입을 정의해서 틀린 입력값을 전달한 경우(예: 짧은 패스워드) 사용자가 이해하기 쉬운 오류 메시지를 전달하도록 한다.

8.3.1 userCreate 변경 작업

다음은 userCreate 변경 작업을 만들 때 참조해야 할 SDL이다.

예제 8-6 userCreate과 의존 관계를 정의한 SDL

```
input UserInput {
  username: String!
  password: String!
  firstName: String
```

```
    lastName: String
  }
  type UserError {
    message: String!
  }
  type UserPayload {
    errors: [UserError!]!
    user: User
    authToken: String!
  }
  type Mutation {
    userCreate(input: UserInput!): UserPayload!
    #추가 변경 작업
  }
```

기본 UserError 타입은 단순한 GraphQLObjectType 인스턴스이다. api/src/schema/
type/user-error.js에 생성해두자.

예제 8-7 신규 파일: api/src/schema/types/user-error.js

```
import {
  GraphQLObjectType,
  GraphQLString,
  GraphQLNonNull,
} from 'graphql';

const UserError = new GraphQLObjectType({
  name: 'UserError',
  fields: () => ({
    message: {
      type: new GraphQLNonNull(GraphQLString),
    },
  }),
});

export default UserError;
```

이제 UserError 타입을 사용하는 UserPayload 타입을 정의할 수 있다. UserPayload 타입은 userCreate과 userLogin에 사용된다. api/src/schema/type/payload-user.js에 작성하도록 하자.

예제 8-8 신규 파일: api/src/schema/types/payload-user.js

```javascript
import {
  GraphQLObjectType,
  GraphQLString,
  GraphQLNonNull,
  GraphQLList,
} from 'graphql';

import User from './user';
import UserError from './user-error';

const UserPayload = new GraphQLObjectType({
  name: 'UserPayload',
  fields: () => ({
    errors: {
      type: new GraphQLNonNull(
        new GraphQLList(new GraphQLNonNull(UserError))
      ),
    },
    user: { type: User },
    authToken: { type: GraphQLString },
  }),
});

export default UserPayload;
```

다음은 변경 작업 필드와 UserInput 타입을 작성한다. 이 변경 작업을 사용하려면 사용자명, 주소, 패스워드를 입력해야 하며, 성과 이름은 생략할 수 있다. 보통 데이터베이스의 필수 필드는 사용자가 입력하도록 하는 것이 일반적이며 여기서는 username과 password가 이에 해당한다. User 레코드를 이 정보 없이 생성할 수 없기 때문이다.

UserInput 타입을 생성하기 위해 GraphQLInputObjectType 객체를 사용해야 한다. 이것은 GraphQLObject 타입과 유사한 그래프QL.js의 생성자 객체이다.

예제 8-9 신규 파일: api/src/schema/types/input-user.js

```
import {
  GraphQLInputObjectType,
  GraphQLString,
  GraphQLNonNull,
} from 'graphql';

const UserInput = new GraphQLInputObjectType({
  name: 'UserInput',
  fields: () => ({
    username: { type: new GraphQLNonNull(GraphQLString) },
    password: { type: new GraphQLNonNull(GraphQLString) },
    firstName: { type: GraphQLString },
    lastName: { type: GraphQLString },
  }),
});

export default UserInput;
```

이제 앞서 만든 UserPayload와 UserInput 타입을 api/src/schema/mutations.js로 불러와서 userCreate 필드 객체를 정의할 수 있다. userCreate 필드도 쿼리 필드처럼 type, args, resolve 속성을 지닌다.

예제 8-10 수정: api/src/schema/mutations.js

```
import { GraphQLObjectType, GraphQLNonNull } from 'graphql';
```

```
import UserPayload from './types/payload-user';
import UserInput from './types/input-user';

const MutationType = new GraphQLObjectType({
  name: 'Mutation',
  fields: () => ({
    userCreate: {
      type: new GraphQLNonNull(UserPayload),
      args: {
        input: { type: new GraphQLNonNull(UserInput) },
      },
      resolve: async (source, { input }, { mutators }) => {
        return mutators.userCreate({ input });   ◁┐ mutators.userCreate 메서드는
      },                                          │  아직 존재하지 않는다.
    },
  }),
});

export default MutationType;
```

마지막으로 resolve 함수에서 봤던 mutators.userCreate을 만들도록 하겠다. 이 메서드는 UserInput 타입의 객체인 input 속성을 받는다.

> **TIP_** mutators 함수 이름을 이 함수를 사용하는 필드명과 일치시켰다. 기능별로 메서드를 그룹화하기 위한 필자만의 방식으로 다른 곳에서도 이 규칙을 적용하고 있다. 하지만 코드 규모가 클 때는 메서드에 접미어를 붙이는 것이 찾거나 변경할 때 도움이 된다. 예를 들면 userCreateLoader나 userCreateMutator 같이 이름을 정하는 것이다.

그래프QL의 변경 작업은 항상 쓰기 처리가 먼저 발생한 후 읽기 처리가 이루어진다는 것을 명심하자. 즉, 변경 작업의 type은 작업이 끝나고 난 후에 읽을 수 있다. 여기서는 데이터베이스에 새롭게 생성된 사용자 정보 UserPayload 레코드가 이에 해당한다. 이 정보는 데이터베이스가 자동으로 입력한 정보(순차 ID와 타임스탬프timestamp 정보)를 포함하고 있으므로 데이터베이스에서 읽어야 한다. 즉, INSERT문과 SELECT문을 연이어 사용해야 하는 것이다.

여기서 PostgreSQL의 장점이 발휘된다. PostgreSQL에선 동일 INSERT문 내에서 새롭게 생

성된 레코드를 요청할 수 있기 때문이다. 다음 예를 보자.

예제 8-11 PostgreSQL의 RETURNING 작성 예시

```
INSERT INTO azdev.users (username, password)
  VALUES ('janedoe', 'ChangeMe')
RETURNING id, username, created_at
```

RETURNING 부분에 눈이 간 독자도 있을 것이다. INSERT문은 단순히 테이블에 레코드를 추가만 하지 않고 새롭게 생성된 레코드에서 SELECT한 컬럼을 반환해주기도 한다. 필자가 개인적으로 좋아하는 PostgreSQL 기능 중 하나다.[20] 이 마법 같은 기능을 사용하려면 단순히 입력값을 읽어 INSERT문으로 전달만 하면 된다. 그리고 패스워드를 해시hash화하고 컬럼에 별칭을 추가하는 등 몇 가지 사소한 작업만 해주면 된다. 또한, UserError를 페이로드에 사용하는 방법을 보여주기 위한 예도 추가하도록 한다. 글자 수가 적은 (정확히는 6글자보다 적은) 패스워드를 사용한 경우 오류 메시지를 보여주는 것이다.

다음이 필자가 만든 mutators.userCreate 함수이다.

예제 8-12 신규 mutators 메서드: api/src/db/pg-api.js

```
// ·-·-·.
import { randomString } from '../utils';

const pgApiWrapper = async () => {
// ·-·-·.

  return {
    // ·-·-·.

    mutators: {
      // ·-·-·.

      userCreate: async ({ input }) => {
```

----

20 옮긴이_ PostgreSQL을 사용해봤지만 이런 좋은 기능이 있는지 몰랐다. 알아두면 좋을 듯 하다.

```javascript
      const payload = { errors: [] };
      if (input.password.length < 6) {
        payload.errors.push({
          message: 'Use a stronger password',
        });
      }
      if (payload.errors.length === 0) {
        const authToken = randomString();
        const pgResp = await pgQuery(sqls.userInsert, {
          $1: input.username.toLowerCase(),
          $2: input.password,
          $3: input.firstName,
          $4: input.lastName,
          $5: authToken,
        });

        if (pgResp.rows[0]) {
          payload.user = pgResp.rows[0];
          payload.authToken = authToken;
        }
      }
      return payload;
    },
  },
};
};
```

> randomString 함수는 랜덤 문자열을 반환한다. api/src/utils.js에 이미 만들어 둔 함수이다.

> userInsert SQL문은 azdev.users 테이블에 레코드를 추가한다. api/src/db/sqls.js에 작성해두었다.

auth_token은 임시 패스워드처럼 사용된다는 것을 기억하자. 해시화한 이유도 이 때문이지만 사용자는 랜덤으로 생성된 일반 텍스트를 사용한다.

쿼리 필드의 resolve 함수처럼 변경 작업의 resolve 함수도 프로미스를 반환할 수 있으며, 그래프QL.js는 우리를 대신해서 대기^{awaiting}해준다. 또한, 짧은 패스워드^{short password} 오류는 발생과 동시에 INSERT문 실행을 완전히 막아주지만(그렇지 않으면 의미가 없다), 가끔 INSERT문이 실행되는 도중 사용자 오류가 발견될 수도 있다. 예를 들어 등록하려는 사용자명(username)이 이미 데이터베이스에 존재하는지 확인하기 위해서 INSERT문을 실행하기 전에 SELECT문을 사용하는 대신, 데이터베이스에 해당 컬럼의 유효성 검증을 위임해 INSERT문이 실패한다는 것을 알리도록 하는 것이다. 이것은 숙제로 남기도록 하겠다. 또한, `firstName`과 `lastName` 입력값의 유효성 검사도 해보자. 예를 들면, 이름에 숫자를 허용하지 않는 것이다. 이름을 {first-Name: "James", lastName: "007"}의 형태로 은단된다.

`userCreate`을 테스트하려면 다음 쿼리를 그래피컬에서 사용하면 된다.

예제 8-13 userCreate을 테스트하기 위한 변경 요청

```
mutation userCreate {
  userCreate(
    input: {
      username: "janedoe",
      password: "123",        ⟵ 짧은 패스워드를 먼저 사용해서 UserError가 반응하는지
      firstName: "Jane",           확인한 후 맞는 패스워드를 사용한다.
      lastName: "Doe"
  }) {
    errors {
      message
    }
    user {
      id
      name
    }
    authToken
  }
}
```

[그림 8-1]은 짧은 패스워드를 사용할 때 보게 될 응답이다.

> **TIP_** auth_token값은 어느 정도 시간이 지나면 자동으로 만료돼야 한다. 한 가지 방법은 **azdev.users**에 컬럼을 하나 추가해서 각 토큰의 유효 기간을 관리하는 것이다.

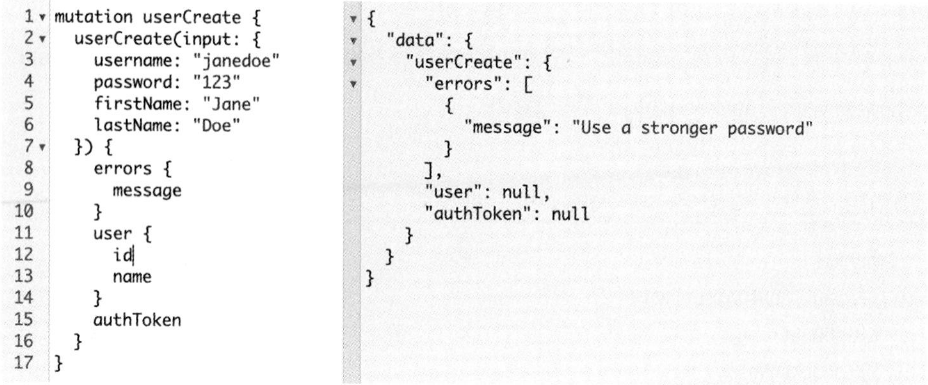

```
 1 ▾ mutation userCreate {                            ▾ {
 2 ▾   userCreate(input: {                            ▾   "data": {
 3       username: "janedoe"                          ▾     "userCreate": {
 4       password: "123"                              ▾       "errors": [
 5       firstName: "Jane"                                      {
 6       lastName: "Doe"                                          "message": "Use a stronger password"
 7 ▾   }) {                                                     }
 8       errors {                                             ],
 9         message                                            "user": null,
10       }                                                    "authToken": null
11       user {                                             }
12         id                                             }
13         name                                         }
14       }
15       authToken
16     }
17   }
```

그림 8-1 사용자 오류 데이터 응답

> NOTE_ 현재 코드: `git checkout 8.1` 명령을 실행하면 로컬 리포지터리를 책의 진도에 맞추어 업데이트할 수 있다.

8.3.2 userLogin 변경 작업

재방문하는 사용자가 신규 auth_token을 얻을 수 있도록 userLogin을 만들어야 한다. 다음은 이와 관련된 SDL 텍스트이다.

예제 8-14 userLogin과 의존 관계 정의 SDL

```
input AuthInput {
  username: String!
  password: String!
}

type Mutation {
  userLogin(input: AuthInput!): UserPayload!
  # ·-·-·.
}
```

UserPayload 타입은 이미 만들었으니 재사용하면 되지만 AuthInput 타입이 없어 새로 만들어야 한다. 이 타입은 UserInput 타입과 비슷해 만들기에 간단하다. 다음 코드를 `api/src/schema/types/input-auth.js`에 작성하자.

예제 8-15 신규 파일: api/src/schema/types/input-auth.js

```
import {
  GraphQLInputObjectType,
  GraphQLString,
  GraphQLNonNull,
} from 'graphql';

const AuthInput = new GraphQLInputObjectType({
  name: 'AuthInput',
  fields: () => ({
    username: { type: new GraphQLNonNull(GraphQLString) },
    password: { type: new GraphQLNonNull(GraphQLString) },
  }),
});

export default AuthInput;
```

userLogin 필드는 MutationType(api/src/schema/mutations.js)에 정의해야 한다. 이것도 userCreate 필드와 비슷하지만 mutators 함수를 사용한다는 차이가 있다.

예제 8-16 수정: api/src/schema/mutations.js

```
// ·-·-·

import AuthInput from './types/input-auth';

const MutationType = new GraphQLObjectType({
  name: 'Mutation',
  fields: () => ({
    // ·-·-·
    userLogin: {
```

```
      type: new GraphQLNonNull(UserPayload),
      args: {
        input: { type: new GraphQLNonNull(AuthInput) },
      },
      resolve: async (source, { input }, { mutators }) => {
       return mutators.userLogin({ input });
      },
    },
  }),
});

export default MutationType;
```

이 변경 작업은 하나의 UPDATE문만 사용해서 할 수도 있지만, 필자는 두 개를 사용한다. 하나는 입력한 사용자명과 패스워드 유효성 검사를 위해서고(sqls.userFromCredentials), 다른 하나는 auth_token 필드를 업데이트하기 위해서다(sqls.userUpdateAuthToken). api/src/db/sqls.js에 있는 이 SQL문들을 참고하도록 하자.

> **TIP_** SQL문과 PostgreSQL의 crypt 함수는 pgcrypto라는 확장 기능을 사용하고 있다(az.dev/pg-crypto).

mutators 함수의 입력값 검증에선 사용자명과 패스워드가 빈 값이 되지 않도록 유의해야 한다. 다음은 이를 구현한 예이다.

예제 8-17 수정: api/src/db/pg-api.js

```
const pgApiWrapper = async () => {
  // ·-·-·
  return {
    // ·-·-·
    mutators: {
      // ·-·-·
      userLogin: async ({ input }) => {
        const payload = { errors: [] };
        if (!input.username || !input.password) {
```

```
        payload.errors.push({
          message: 'Invalid username or password',
        });
      }
      if (payload.errors.length === 0) {
        const pgResp = await pgQuery(sqls.userFromCredentials, {
          $1: input.username.toLowerCase(),
          $2: input.password,
        });
        const user = pgResp.rows[0];
        if (user) {
          const authToken = randomString();
          await pgQuery(sqls.userUpdateAuthToken, {
            $1: user.id,
            $2: authToken,
          });
          payload.user = user;
          payload.authToken = authToken;
        } else {
          payload.errors.push({
            message: 'Invalid username or password'
          });
        }
      }
      return payload;
    },
  },
};
};
```

---

input.username과 input.password값을 검증하는 것부터 시작하고 있으며 값이 비어 있는 경우 사용자 오류를 페이로드로 전달한다. 이 필드들은 (null을 허용하지 않는) 필수 객체로 정의돼 있지만, 빈 값이 오더라도 그래프QL 검증을 통과한다.

사용자명과 패스워드가 유효한 경우, 새롭게 생성된 authToken을 해시화해서 users 테이블에 저장하고 일반 텍스트 버전의 authToken을 페이로드의 일부로 반환한다.

userLogin을 테스트하려면 다음 요청을 그래피컬에서 실행하면 된다.

예제 8-18 userLogin을 테스트하기 위한 요청

```
mutation userLogin {
  userLogin(input: {
    username: "test",      계정 정보(test, 123456)는 샘플 데이터상에선 맞는 정보이다.
    password: "123456"
  }) {
    errors {
      message
    }
    user {
      id
      name
    }
    authToken
  }
}
```

[그림 8-2]와 [그림 8-3]에 있는 것처럼 맞는 패스워드와 틀린 패스워드를 사용해서 테스트하고 제대로 동작하는지 확인하자.

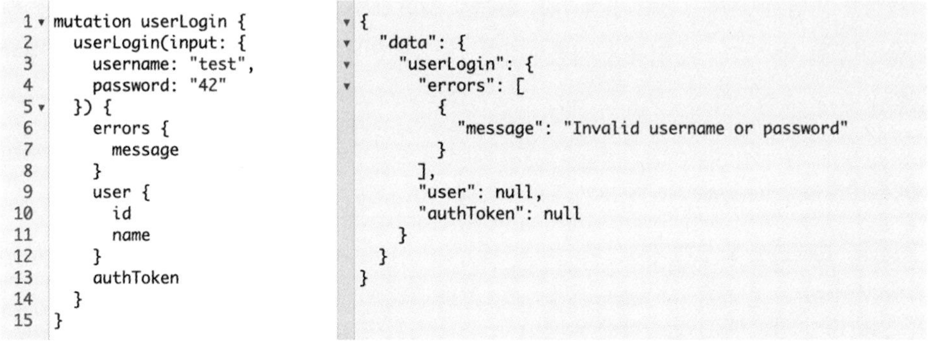

```
1  mutation userLogin {
2    userLogin(input: {
3      username: "test",
4      password: "42"
5    }) {
6      errors {
7        message
8      }
9      user {
10       id
11       name
12     }
13     authToken
14   }
15 }
```

```
{
  "data": {
    "userLogin": {
      "errors": [
        {
          "message": "Invalid username or password"
        }
      ],
      "user": null,
      "authToken": null
    }
  }
}
```

그림 8-2 틀린 패스워드를 사용한 userLogin 테스트

```
 1 ▾ mutation userLogin {              ▾ {
 2     userLogin(input: {              ▾   "data": {
 3       username: "test",             ▾     "userLogin": {
 4       password: "123456"                    "errors": [],
 5 ▾   }) {                                     "user": {
 6       errors {                                 "id": "1",
 7         message                                "name": ""
 8       }                                      },
 9       user {                                 "authToken": "078a4a415c12a88af7bd35f6ec8be
10         id                               }
11         name                         }
12       }                            }
13   |   authToken
14     }
15 }
```

그림 8-3 맞는 패스워드를 사용한 userLogin 테스트

TIP_ 반환된 authToken은 다음 절에서 필요하니 잘 저장해두도록 하자.

NOTE_ 현재 코드: git checkout 8.2 명령을 실행하면 로컬 리포지터리를 책의 진도에 맞추어 업데이트 할 수 있다.

8.4 API 사용자 인증하기

API를 사용해서 유효한 authToken값을 취득할 수 있게 됐다. 이제 이 토큰을 어떻게 요청 헤더에 포함시켜서 사용자 인증 세션을 필요로 하는 그래프QL 작업에 사용할지 생각해야 한다.

그래피컬 편집기에서는 (변수 편집기와 비슷한) express-graphql라는 패키지를 통해서 헤더를 편집할 수 있다. 이 기능을 사용하려면 다음과 같이 api/src/server.js를 변경해야 한다.

예제 8-19 수정: api/src/server.js

```
async function main() {
  // ·-·-·
  server.use('/', (req, res) => {
```

```
  // ·-·-·
  graphqlHTTP({
    schema,
    context: { loaders, mutators },
    graphiql: { headerEditorEnabled: true },
    // ·-·-·
  })(req, res);
});

// ·-·-·
}
```

그래피컬 편집기가 REQUEST HEADERS 편집기를 보여줄 것이다(그림 8-4).

그림 8-4 그래피컬의 REQUEST HEADERS 섹션

Authorization 요청 헤더를 사용해서 authToken값을 그래피컬의 모든 요청에 포함시킬 수 있다. 이 요청 헤더의 구문은 다음과 같다.

예제 8-20 Authorization 헤더용 구문 예시

```
Authorization: <type> <credentials>
```
⤹ 인증용 메인 타입(type)에는 Basic, Bearer, Digest, HOBA, Mutual, Client, Form-Based가 있으며, 계정(Credentials)은 타입에 의존한다.

authToken이라는 단일 문자열을 사용하고 있으므로 Bearer 타입(토큰 기반 시스템)을 사용하면 된다.

pgApi 함수에서 현재 userID값을 null로 설정한 것을 기억하는가? 하나는 taskInfo 루트 쿼리 필드용이었고 다른 하나는 search 루트 쿼리 필드용이었다. 이것을 먼저 구현하도록 하겠다.

userLogin 작업은 '아이디: test, 패스워드: 123456'라는 계정 정보를 사용해서 유효한 authToken값을 얻는다. 그리고 다음과 같은 그래프QL 쿼리를 보내면 해당 사용자의 비공개 태스크 레코드를 보여준다.

예제 8-21 비공개 태스크 레코드 검색하기

```
{
  search(term: "babel") {
    content
  }
}
```

authToken값을 포함시키려면 다음을 요청 헤더 편집기에 작성하면 된다.

```
{
  "Authorization": "Bearer AUTH_TOKEN_VALUE_HERE"  ←┐ 이것을 userLogin을 통해 얻은 유효한
}                                                    └ authToken값으로 변경하면 된다.
```

이 쿼리는 아무런 데이터를 반환하지 않지만 유효한 authToken값을 서버로 보내고 있으므로 제대로 동작하도록 수정해야 한다.

authToken값을 사용해서 사용자 정보를 찾을 수 있도록 SQL문을 준비해두었다(sqls.userFromAuthToken). api/src/db/pg-api.js에 pgApi.userFromAuthToken 함수를 만들어서 이 SQL문을 사용하도록 한다.

예제 8-22 수정: api/src/db/pg-api.js

```javascript
const pgApiWrapper = async () => {
  // ·-·-·

  return {
    userFromAuthToken: async (authToken) => {
      if (!authToken) {
        return null;
      }
      const pgResp = await pgQuery(sqls.userFromAuthToken, {
        $1: authToken,
      });
      return pgResp.rows[0];
    },

    // ·-·-·
  };
};
```

pgApi.userFromAuthToken 함수는 특수한 함수이다. 데이터로더는 물론 그래프QL 리졸브에서도 사용되지 않는다. 이 함수는 그래프QL과 통신하기 전에 사용된다.

그래프QL 리졸브에서 인증을 진행하면 안 된다. 그래프QL 서비스 계층의 앞이나 뒤에 있는 별도의 계층에서 하는 것이 좋다. 여기서는 익스프레스의 요청 핸들링 계층에서 하도록 한다 (loaders 객체를 만든 곳이다). 또한, 사용자의 ID를 받기 위해 설계된 sqls.searchResults 문에 currentUser값을 포함시키므로 검색 로직에 해당 값을 적용할 수 있다.

api/src/server.js에서 loaders 객체 앞에 다음을 추가하자.

예제 8-23 수정: api/src/server.js

```javascript
async function main() {
  // ·-·-·
  server.use('/', async (req, res) => {        ◄──────
    const authToken =
      req && req.headers && req.headers.authorization
```

async라는 새로운 키워드를 사용하고 있다. userFromAuthToken 비동기 함수에 await 키워드를 사용하고 있기 때문이다. (익스프레스가 전달한) 인증 헤더가 있으면 pgApi.userFromAuthToken 함수를 통해서 authToken을 검증한다.

```
        ? req.headers.authorization.slice(7) // "Bearer "
        : null;
    const currentUser = await pgApi.userFromAuthToken(authToken);
    if (authToken && !currentUser) {
      return res.status(401).send({
        errors: [{ message: 'Invalid access token' }],
      });
    }
    // ·-·-·-
  });
  // ·-·-·-
}
```

틀린 authToken을 사용하면(해당 계정이 없는 경우) '401 오류'를 반환하도록 만들었다. 아무
런 경고 없이 인증에 실패하고 사용자가 로그인을 안했다고 취급하는 것보다 오류를 반환하는
편이 낫다. 만일 사용자가 만료된 토큰처럼 잘못된 authToken을 이용하면 알려서 다시 로그인
하게 유도해야 한다.

그래프QL 자체 루트 오류(메시지 속성을 가진 오류 객체의 배열)와 형식을 일치시키고 있는
데에도 주목하자. 그래프QL 요청의 일부로 로직이 실행되지만 그래프QL의 오류 형식을 따라
야 하기 때문이다.

신규 currentUser 변수를 사용할 수 있는 userId를 pgApi 메서드에 적용해보도록 하겠다.
pgApi.tasksInfo와 pgApi.searchResults가 이 값을 필요로 한다. 인수를 객체로 변경해
서 currentUser값을 사용할 수 있게 해보자.

예제 8-24: 수정: api/src/server.js

```
async function main() {
  // ·-·-·-
  server.use('/', async (req, res) => {
    // ·-·-·-

    const loaders = {
      users: new DataLoader((userIds) => pgApi.usersInfo(userIds)),
      approachLists: new DataLoader((taskIds) =>
```

```
          pgApi.approachLists(taskIds),
        ),
        tasks: new DataLoader((taskIds) =>
          pgApi.tasksInfo({ taskIds, currentUser }),
        ),
        tasksByTypes: new DataLoader((types) =>
          pgApi.tasksByTypes(types),
        ),
        searchResults: new DataLoader((searchTerms) =>
          pgApi.searchResults({ searchTerms, currentUser }),
        ),
        detailLists: new DataLoader((approachIds) =>
          mongoApi.detailLists(approachIds),
        ),
        // ·-·-·
      };
    // ·-·-·
  }
```

다음은 **pgApi** 함수를 변경해서 새롭게 적용한 인수와 currentUser값을 처리할 수 있게 해
보자.

예제 8-25 수정: api/src/db/pg-api.js

```
const pgApiWrapper = async () => {
  // ·-·-·

  return {
    // ·-·-·
    tasksInfo: async ({ taskIds, currentUser }) => {
      const pgResp = await pgQuery(sqls.tasksFromIds, {
        $1: taskIds,
        $2: currentUser ? currentUser.id : null,
      });
      return taskIds.map((taskId) =>
        pgResp.rows.find((row) => taskId == row.id),
      );
```

```
    },
    searchResults: async ({ searchTerms, currentUser }) => {
      const results = searchTerms.map(async (searchTerm) => {
        const pgResp = await pgQuery(sqls.searchResults, {
          $1: searchTerm,
          $2: currentUser ? currentUser.id : null,
        });
        return pgResp.rows;
      });
      return Promise.all(results);
    },
    // ·-·-·
  };
};
```

모두 끝났다. 'babel' 검색 쿼리를 사용해서 테스트해보면 제대로 실행되는 것을 확인할 수 있을 것이다. 틀린 authToken을 사용해서도 테스트해보자(그림 8-5와 8-6).

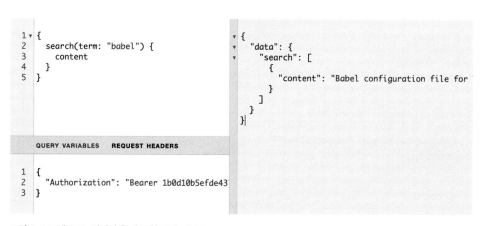

그림 8-5 그래프QL 쿼리와 함께 요청 헤더 보내기

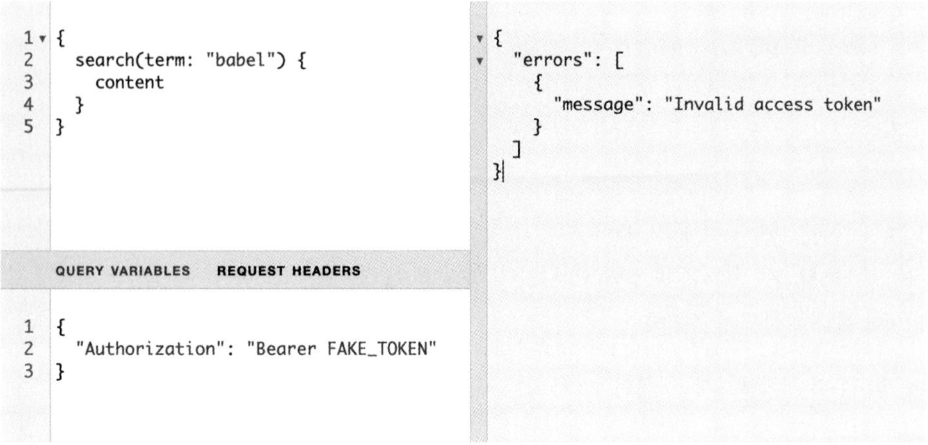

```
1 ▾ {                                ▾ {
2     search(term: "babel") {        ▾   "errors": [
3       content                            {
4     }                                      "message": "Invalid access token"
5   }                                      }
                                         ]
                                       }
```

```
                QUERY VARIABLES    REQUEST HEADERS

1 ▾ {
2     "Authorization": "Bearer FAKE_TOKEN"
3   }
```

그림 8-6 틀린 Authorization 요청 헤더를 사용한 테스트

taskInfo 루트 쿼리 필드는 테스트 사용자의 유효한 authToken을 사용하면 비공개로 설정해 두었던 Task #5에 대해서도 정상적으로 작동한다.

> **NOTE_** 현재 코드: git checkout 8.3 명령을 실행하면 로컬 리포지터리를 책의 진도에 맞추어 업데이트할 수 있다.

8.4.1 me 루트 쿼리 필드

이제 me 루트 쿼리 필드를 구현해보자. 다음은 이 필드와 관련된 SDL의 일부이다.

예제 8-26 me 필드의 SDL 텍스트

```
type Query {
  // ·-·-·.
  me: User
}

type User {
  id: ID!
  createdAt: String!
```

```
    username: String!
    name: String
    taskList: [Task!]!
}
```

앞에서 taskList 필드 없이 User 타입을 구현했지만, 이제 me 필드를 구현해야하므로 User 타입에 taskList 필드를 추가해야한다. 이때 taskList는 me 필드 범위 내에서만 사용할 수 있어야 한다는 사실에 주의하자.

me 필드부터 시작해보자. 다음은 me 필드를 구현했을 때 이를 테스트할 수 있는 쿼리이다.

예제 8-27 me 루트 필드를 테스트할 수 있는 쿼리 예

```
{
  me {
    id
    username
  }
}
```

이 신규 필드를 지원하려면 그 정의를 QueryType(api/src/schema/queries.js)에 추가해야 한다. 이미 익스프레스 리스너 함수에서 currentUser 레코드(authToken값 전용)를 얻고 있으므로, 그래프QL 컨텍스트 객체에 currentUser를 추가하면 me 필드의 resolve 함수에서 바로 반환할 수 있다.

예제 8-28 수정: api/src/server.js

```
async function main() {
  // ·-·-·
  server.use('/', async (req, res) => {
    // ·-·-·
    graphqlHTTP({
      schema,
      context: { loaders, mutators, currentUser },
      graphiql: { headerEditorEnabled: true },
```

```
      // ·-·-·
    })(req, res);
  });
  // ·-·-·
}
```

예제 8-29 수정: api/src/schema/queries.js

```
// ·-·-·
import User from './types/user';

const QueryType = new GraphQLObjectType({
  name: 'Query',
  fields: () => ({
    // ·-·-·
    me: {
      type: User,
      resolve: async (source, args, { currentUser }) => {
        return currentUser;
      },
    },
  }),
});
```

그래프QL의 리졸버 내에서 SQL문을 실행하지 않는 특수한 필드이다. 데이터로더를 사용하지 않는 이유도 이 때문이다.

[예제 8-27]의 쿼리를 테스트해보자(요청 헤더에 유효한 **authToken**을 사용해야 한다). [그림 8-7]을 보자.

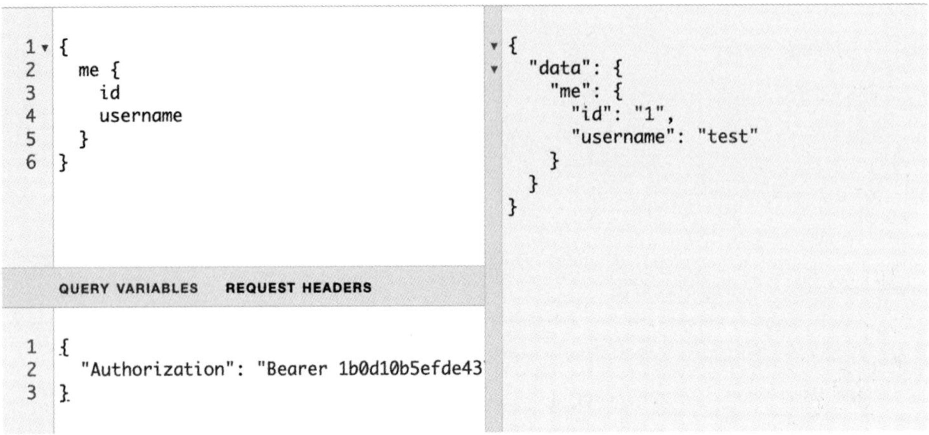

```
1 ▾ {              ▾ {
2     me {         ▾   "data": {
3       id         ▾     "me": {
4       username           "id": "1",
5     }                    "username": "test"
6   }                    }
                       }
                     }
```

```
QUERY VARIABLES    REQUEST HEADERS
```

```
1   {
2     "Authorization": "Bearer 1b0d10b5efde43'
3   }
```

그림 8-7 me 필드 테스트

루트 me 필드를 통해서 사용자가 모든 태스크 레코드를 볼 수 있는 권한을 주도록 설계했다. 따라서 User 타입에 taskList 필드를 구현해야 한다.

이를 위해선 taskList 필드를 me 루트 필드 범위 내에서 사용하는 것과 모든 사용자 레코드 (모든 범위)에 사용하는 것으로 구분해야 한다. 이를 동적으로 구분하는 방법이 몇 가지 있으며 그중 하나가 taskList 필드의 경로를 알려주는 info 인수(4번째 인수)를 사용하는 것이다. 이 방법도 괜찮지만 여기서는 더 간단한 방법을 사용하겠다.

두 개의 User 타입을 만드는 것이다. me 필드용으로 만든 것은 그대로 두고 새로운 타입을 만들어 taskList 필드를 받게 하는 것이다. User 타입 필드가 중복되지 않게 구현하려면 fields 설정을 함수로 만들어서 taskList 필드가 있는 것과 없는 것을 구분해서 fields 객체를 반환하면 된다.

이를 구현하면 다음과 같다.

예제 8-30 신규 코드: api/src/schema/types/user.js

```
import {
  // .-.-.
  GraphQLList,
} from 'graphql';
```

```
import Task from './task';

const fieldsWrapper = ({ meScope }) => {
  const userFields = {
    id: { type: new GraphQLNonNull(GraphQLID) },
    username: { type: GraphQLString },
    name: {
      type: new GraphQLNonNull(GraphQLString),
      resolve: ({ firstName, lastName }) =>
        [firstName, lastName].filter(Boolean).join(' '),
    },
  };

  if (meScope) {
    userFields.taskList = {
      type: new GraphQLNonNull(
        new GraphQLList(new GraphQLNonNull(Task))
      ),
      resolve: (source, args, { loaders, currentUser }) => {
        return loaders.tasksForUsers.load(currentUser.id);
      },
    };
  }

  return userFields;
};

const User = new GraphQLObjectType({
  name: 'User',
  fields: () => fieldsWrapper({ meScope: false }),
});

export const Me = new GraphQLObjectType({
  name: 'Me',
  fields: () => fieldsWrapper({ meScope: true }),
});

export default User;
```

loaders.tasksForUsers
함수는 아직 존재하지 않는다.

이렇게 하면 모듈이 두 개의 엑스포트를 가진다. 기본 User 타입은 어디서나 사용할 수 있는 것이고 Me는 me 필드 범위에서 사용할 수 있다.

다음은 새롭게 만든 me 타입을 사용하는 방법이다.

예제 8-31 수정: api/src/schema/queries.js

```
// ··-··
import { Me } from './types/user';  ◁──┤ User를 호출하던 코드를 변경한다.

const QueryType = new GraphQLObjectType({
  name: 'Query',
  fields: () => ({
    // ··-··
    me: {
    type: Me,
    resolve: async (source, args, { currentUser }) => {
      return currentUser;
    },
   },
  }),
});
```

다음은 loaders.tasksForUsers 함수를 정의하고 이를 배치 로딩하는 pgApi 함수를 만들도록 한다.

예제 8-32 수정: api/src/server.js

```
const loaders = {
  // ··-··

  tasksForUsers: new DataLoader((userIds) =>
    pgApi.tasksForUsers(userIds),
  ),
};
```

`pgApi.tasksForUsers`는 다른 배치 로딩 함수와 비슷하다. `sqls.tasksForUsers`문을 사용하며 입력값인 ID 배열을 리스트 배열로 맵핑한다. 이 함수는 현재 ID 값만 사용하지만, 모든 데이터베이스 추출 로직은 같은 리졸버 내에 작성하는 것이 좋은 습관이다.

예제 **8-33** 수정: `api/src/db/pg-api.js`

```
const pgApiWrapper = async () => {
  // ·-·-·.

  return {
    // ·-·-·.
    tasksForUsers: async (userIds) => {
      const pgResp = await pgQuery(sqls.tasksForUsers, {
        $1: userIds,
      });
      return userIds.map((userId) =>
        pgResp.rows.filter((row) => userId === row.userId),
      );
    },
    // ·-·-·.
  };
};
```

이제 `taskList` 필드를 `me` 필드 범위에서 사용할 수 있는지 테스트할 수 있다(요청 헤더에 유효한 `authToken`을 포함시키는 것을 잊지 말자). [그림 8-8]에서 결과를 확인하자.

예제 **8-34** me 아래에 있는 `taskList`를 테스트하는 쿼리

```
{
  me {
    id
    username
    taskList {
      content
    }
  }
}
```

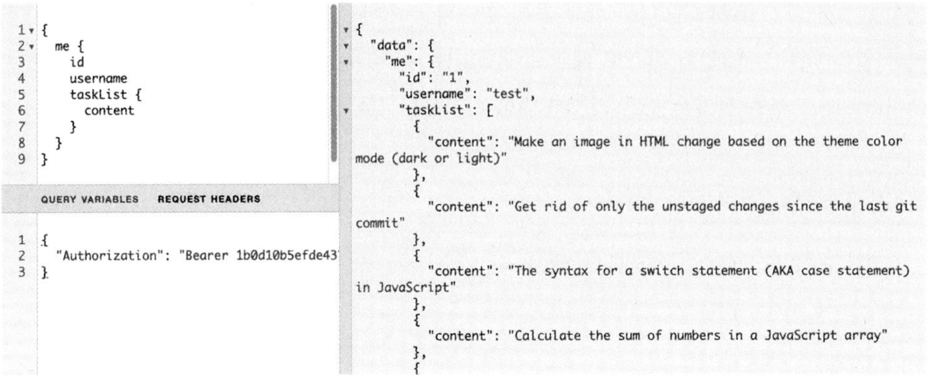

그림 8-8 me 필드 아래에 있는 taskList 필드

다음 쿼리를 사용하면 author 필드의 **taskList** 필드를 사용할 수 없는 것을 확인할 수 있다. [그림 8–9]를 보자.

예제 8-35 author 아래에 있는 taskList 필드를 테스트하는 쿼리

```
{
  taskMainList {
    content
    author {
      username
      taskList {  ⟵──| taskList 필드를 author 필드 범위에서 사용할 수 없다.
        content
      }
    }
  }
}
```

> **NOTE_** 현재 코드: git checkout 8.4 명령을 실행하면 로컬 리포지터리를 책의 진도에 맞추어 업데이트 할 수 있다.

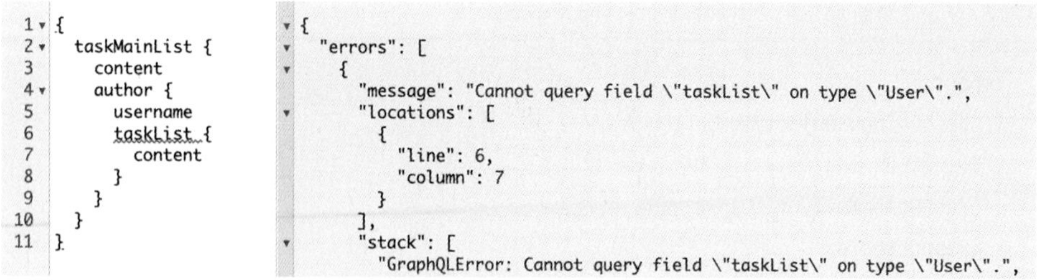

```
 1 ▾ {                              ▾ {
 2 ▾   taskMainList {                ▾   "errors": [
 3       content                     ▾     {
 4 ▾     author {                            "message": "Cannot query field \"taskList\" on type \"User\".",
 5         username                  ▾       "locations": [
 6         taskList {                        {
 7           content                           "line": 6,
 8         }                                   "column": 7
 9       }                                   }
10     }                             ],
11 }                                     "stack": [
                                            "GraphQLError: Cannot query field \"taskList\" on type \"User\".",
```

그림 8-9 taskList 필드를 author 필드 범위에서 사용할 수 없다.

8.5 태스크 모델용 변경 작업

taskCreate 필드를 작성해보자. 다음은 SDL 텍스트의 일부이다.

예제 8-36 Task 변경 작업과 의존 관계를 정의한 SDL 텍스트

```
input TaskInput {
  content: String!
  tags: [String!]!
  isPrivate: Boolean!
}

type TaskPayload {
  errors: [UserError!]!
  task: Task
}

type Mutation {
  taskCreate(input: TaskInput!): TaskPayload!
  # ·-·-·
}
```

api/src/schema/types에 TaskInput 타입을 호스팅하기 위한 새 타입을 만들도록 하겠다. 다음이 필자가 생각해낸 방법이다.

예제 8-37 신규 파일: api/src/schema/types/input-tasks.js

```javascript
import {
  GraphQLInputObjectType,
  GraphQLString,
  GraphQLNonNull,
  GraphQLBoolean,
  GraphQLList,
} from 'graphql';

const TaskInput = new GraphQLInputObjectType({
  name: 'TaskInput',
  fields: () => ({
    content: { type: new GraphQLNonNull(GraphQLString) },
    tags: {
      type: new GraphQLNonNull(
        new GraphQLList(new GraphQLNonNull(GraphQLString))
      ),
    },
    isPrivate: { type: new GraphQLNonNull(GraphQLBoolean) },
  }),
});

export default TaskInput;
```

TaskPayload 타입은 표준 GraphQLObject 타입으로 Task 타입과 UserError 타입을 사용한다(두 타입 모두 이미 정의한 것이다).

예제 8-38 신규 파일: api/src/schema/types/payload-task.js

```javascript
import {
  GraphQLObjectType,
  GraphQLNonNull,
  GraphQLList,
} from 'graphql';

import Task from './task';
```

```
import UserError from './user-error';

const TaskPayload = new GraphQLObjectType({
  name: 'TaskPayload',
  fields: () => ({
    errors: {
      type: new GraphQLNonNull(
        new GraphQLList(new GraphQLNonNull(UserError))
      ),
    },
    task: { type: Task },
  }),
});

export default TaskPayload;
```

이제 이 두 가지 신규 타입을 불러와서 **taskCreate** 필드를 만들 수 있다.

예제 8-39 수정: api/src/schema/mutations.js

```
// ·-·-·
import TaskPayload from './types/payload-task';
import TaskInput from './types/input-task';

const MutationType = new GraphQLObjectType({
  name: 'Mutation',
  fields: () => ({
    // ·-·-·
    taskCreate: {
      type: TaskPayload,
      args: {
        input: { type: new GraphQLNonNull(TaskInput) },
      },
      resolve: async (
        source,
        { input },
        { mutators, currentUser },
```

```
      ) => {
        return mutators.taskCreate({ input, currentUser });    ⊢ mutators.taskCreate
      },                                                          메서드는 아직 존재하지 않는다.
    },
  }),
});
```

mutators.taskCreate 메서드를 위해서 먼저 입력값을 검증해야 한다. 예를 들면 content
필드가 적어도 15글자로 구성됐는지 확인하는 것이다. 이것은 mutators.userCreate에서
password 필드에 적용한 것과 비슷하다.

입력값 검증이 성공하면 신규 태스크 레코드를 추가하고 변경 작업의 페이로드로 해당 레코
드를 반환하면 된다. 이를 위한 SQL문은 이미 준비해두었다. sqls.taskInsert를 사용하면
된다.

예제 8-40 수정: api/src/db/pg-api.js

```
const pgApiWrapper = async () => {
  // ·-·-·.

  return {
    // ·-·-·.
    mutators: {
      // ·-·-·.
      taskCreate: async ({ input, currentUser }) => {
        const payload = { errors: [] };
        if (input.content.length < 15) {
          payload.errors.push({
            message: 'Text is too short',
          });
        }
        if (payload.errors.length === 0) {
          const pgResp = await pgQuery(sqls.taskInsert, {
            $1: currentUser.id,
            $2: input.content,              태그는 csv 형태(쉼표로 값을 연결)로 데이터베이스에 저장되
            $3: input.tags.join(','),    ⊲  지만, API 사용자는 문자열 배열로 보낸다는 것을 기억하자.
                                            이 때문에 join 호출이 필요한 것이다.
```

```
              $4: input.isPrivate,
          });

          if (pgResp.rows[0]) {
            payload.task = pgResp.rows[0];
          }
        }
        return payload;
      },
    },
  };
};
```

다음은 **taskCreate** 작업을 테스트할 수 있게 해주는 그래피컬 요청이다.

예제 8-41 taskCreate 테스트용 요청

```
mutation taskCreate {
  taskCreate(
    input: {
      content: "Use INSERT/SELECT together in PostgreSQL",
      tags: ["sql", "postgresql"],
      isPrivate: false
    }
  ) {
    errors {
      message
    }
    task {
      id
      content
      tags
      author {
        id
      }
      createdAt
    }
```

```
    }
  }
```

유효한 authToken을 요청 헤드에 추가한 상태에서 테스트해보자(authToken을 지정하지 않은 상태도 테스트해보자).

> **NOTE_** 현재 코드: `git checkout 8.5` 명령을 실행하면 로컬 리포지터리를 책의 진도에 맞추어 업데이트할 수 있다.

> **NOTE_** 도전 과제: 태스크 레코드를 소유한 경우 해당 레코드를 업데이트할 수 있는 기능을 API에 추가해보자.

8.6 접근법 모델용 변경 작업

다음은 하나의 접근법을 태스크에 추가하고(approachCreate) 기존 접근법에 투표할 수 있는 (approachVote) 변경 작업을 만들어보자.

8.6.1 approachCreate 변경 작업

다음은 approachCreate를 만들기 위해서 참고해야 할 SDL의 일부이다.

예제 8-42 approachCreate와 의존 관계 정의를 위한 SDL

```
input ApproachDetailInput {
  content: String!
  category: ApproachDetailCategory!
}

input ApproachInput {
  content: String!
```

```
    detailList: [ApproachDetailInput!]!
}

type ApproachPayload {
  errors: [UserError!]!
  approach: Approach
}

type Mutation {
  approachCreate(
    taskId: ID!,
    input: ApproachInput!
  ): ApproachPayload!

  # ·-·-·
}
```

이번에는 api/src/schema/mutations.js에 있는 변경 필드부터 시작하도록 하겠다. SQL문을 실행하는 mutators.approachCreate 함수를 만든다.

접근법 레코드는 추가 상세 정보를 가질 수 있으므로, 변경 작업은 레코드는 PostgreSQL에 추가하고 문서는 몽고DB에 추가해야 한다. 가장 쉬운 방법은 의존성 주입^{dependency injection}을 사용해서 mutators.approachCreate 함수가 두 데이터베이스에 순차적으로 데이터를 추가하게 만드는 것이다. 이를 위해선 컨텍스트 수준의 mutators 객체를 메인 변경 함수의 인수로 전달하면 된다.

예제 8-43 수정: api/src/schema/mutations.js

```
import {
  // ·-·-·
  GraphQLID,
} from 'graphql';

// ·-·-·
import ApproachPayload from './types/payload-approach';   ◁─┐ 이 타입들은 아직 구현하지 않았다.
import ApproachInput from './types/input-approach';
```

```
const MutationType = new GraphQLObjectType({
  name: 'Mutation',
  fields: () => ({
    // ·-·-·
    approachCreate: {
      type: ApproachPayload,
      args: {
        taskId: { type: new GraphQLNonNull(GraphQLID) },
        input: { type: new GraphQLNonNull(ApproachInput) },
      },
      resolve: async (
        source,
        { taskId, input },
        { mutators, currentUser },
      ) => {
        return mutators.approachCreate({  ←── 메인 변경 작업(아직 구현하지 않았다)
          taskId,
          input,
          currentUser,
          mutators,  ←── mutators(변경 작업) 객체가 여기서 전달되는 것에 주목하자.
        });
      },
    },
  }),
});
```

이렇게 하면 `mutators.approachCreate` 함수가 PostgreSQL에 데이터를 추가한 후 다른 변경 함수를 호출해서 몽고DB에 데이터를 추가할 수 있다. 또는 `resolve` 함수 내에서 두 개의 함수를 사용해서 데이터베이스 작업을 두 번 할 수도 있지만, 하나의 변경 함수가 접근법 추가 작업을 모두 담당하는 것이 더 간결하다.

> TIP_ mutators를 인수로 전달하는 대신 mutators가 approachCreate의 호출자라는 것을 활용해서 approachCreate를 (화살표를 사용하지 않는) 일반 함수로 만들 수도 있다. 그러면 this 키워드를 사용해서 mutators에 접근할 수 있기 때문이다. 하지만 개인적으로는 인수를 사용하는 것이 가독성이 좋다고 생각한다.

다음은 이 변경 작업을 사용해서 페이로드와 입력 타입을 만들어보자. ApproachPayload는 GraphQLObjectType의 단순 인스턴스이다.

예제 8-44 신규 파일: api/src/schema/types/payload-approach.js

```javascript
import {
  GraphQLList,
  GraphQLNonNull,
  GraphQLObjectType,
} from 'graphql';

import Approach from './approach';
import UserError from './user-error';

const ApproachPayload = new GraphQLObjectType({
  name: 'ApproachPayload',
  fields: () => ({
    errors: {
      type: new GraphQLNonNull(
        new GraphQLList(new GraphQLNonNull(UserError))
      ),
    },
    approach: { type: Approach },
  }),
});

export default ApproachPayload;
```

ApproachDetailInput과 ApproachInput 타입은 모두 GraphQLInputObjectType의 인스턴스이다.

예제 8-45 신규 파일: api/src/schema/types/input-approach-detail.js

```javascript
import {
  GraphQLInputObjectType,
  GraphQLString,
```

```
    GraphQLNonNull,
  } from 'graphql';

  import ApproachDetailCategory from './approach-detail-category';

  const ApproachDetailInput = new GraphQLInputObjectType({
    name: 'ApproachDetailInput',
    fields: () => ({
      content: { type: new GraphQLNonNull(GraphQLString) },
      category: {
        type: new GraphQLNonNull(ApproachDetailCategory),
      },
    }),
  });

  export default ApproachDetailInput;
```

예제 8-46: 신규 파일: api/src/schema/types/input-approach.js

```
  import {
    GraphQLInputObjectType,
    GraphQLString,
    GraphQLNonNull,
    GraphQLList,
  } from 'graphql';

  import ApproachDetailInput from './input-approach-detail';

  const ApproachInput = new GraphQLInputObjectType({
    name: 'ApproachInput',
    fields: () => ({
      content: { type: new GraphQLNonNull(GraphQLString) },
      detailList: {
        type: new GraphQLNonNull(
          new GraphQLList(new GraphQLNonNull(ApproachDetailInput))
        ),
      },
```

```
      }),
    });

    export default ApproachInput;
```

mutators.approachCreate를 구현하기 위해서 sqls.approachInsert문을 사용해서 메인 접근법 레코드를 PostgreSQL에 추가할 수 있다. 추가 작업이 성공하면 신규로 추가된 접근법 레코드의 ID를 몽고DB의 mutators 메서드에 전달하면 된다. 또한, approach_count 컬럼을 azdev.tasks 테이블에 추가해야 하며 이를 위한 SQL문을 sqls.approachCountIncrement 에 준비해두었다.

예제 8-47 수정: api/src/db/pg-api.js

```
const pgApiWrapper = async () => {
  // ·-·-·

  return {
    // ·-·-·
    mutators: {
      // ·-·-·
      approachCreate: async ({
        taskId,
        input,
        currentUser,
        mutators,
      }) => {
        const payload = { errors: [] };
          if (payload.errors.length === 0) {
            const pgResp = await pgQuery(sqls.approachInsert, {
            $1: currentUser.id,
            $2: input.content,
            $3: taskId,
          });
          if (pgResp.rows[0]) {
            payload.approach = pgResp.rows[0];
            await pgQuery(sqls.approachCountIncrement, {
```

```
          $1: taskId,
        });
        await mutators.approachDetailCreate(
          payload.approach.id,
          input.detailList,
        );
      }
    }
    return payload;
  },
  },
 };
};
```

approaches 필드의 detailList 필드를 만들 때 (몽고DB에 저장돼 있는) 객체 리스트를 (detailList용으로 정의된) 배열로 변환해야 했다. 여기서는 approachDetailCreate 메서 드를 위해서 반대로 변환해야 한다. ApproachDetailInput 타입용으로 설계한 다음 형식을 변환해야 한다.

```
[
  {
    content: explanationsValue1,
    category: "EXPLANATION"
  },
  {
    content: notesValue1,
    category: "NOTE"
  },
  {
    content: warningsValue1,
    category: "WARNING"
  },
  .-.-.
]
```

다음은 approachDetails 몽고DB 컬렉션이 요구하는 형식이다(이 형식으로 변환해야 한다).

```
{
  explanations: [explanationsValue1, ·-·-·],
  notes: [notesValue1, ·-·-·],
  warnings: [warningsValue1, ·-·-·],
}
```

간단한 반복(루프)을 사용하면 쉽게 구현할 수 있다. 다음이 몽고DB 레코드를 추가하기 위한 변환 로직이다.

예제 8-48 수정: api/src/db/mongo-api.js

```javascript
const mongoApiWrapper = async () => {
  // ·-·-·

  return {
    // ·-·-·

    mutators: {
      approachDetailCreate: async (approachId, detailsInput) => {
        const details = {};
        detailsInput.forEach(({ content, category }) => {
          details[category] = details[category] || [];
          details[category].push(content);
        });
        return mdb.collection('approachDetails').insertOne({
          pgId: approachId,
          ...details,
        });
      },
    },
  };
};
```

이 방법이 맞는 방법이긴 하지만 제대로 동작하지 않는다. 코드상에 문제가 있다. 찾을 수 있겠는가?

[예제 8-48]의 forEach 반복문은 새 객체용으로 카테고리 VALUES를 키로 사용하도록 최적화돼 있다. 하지만 데이터베이스에는 값이 소문자의 복수(즉, note가 아닌 notes)형태로 저장되어 있고 사용자에게 노출된 값은 대문자의 단수(즉, NOTE) 형태를 하고 있다. 코드에서 이 변환을 하는 것보다 그래프QL의 ENUM 타입을 사용하는 것이 좋다. 아이템값을 데이터베이스에 저장된 형태로 일치시켜주며, API 사용자에게 다른 값을 제공할 수 있다. 다음 코드가 그 방식을 따라 구현됐다.

예제 8-49 수정: api/src/schema/types/approach-detail-category.js

```
const ApproachDetailCategory = new GraphQLEnumType({
  name: 'ApproachDetailCategory',
  values: {
    NOTE: { value: 'notes' },
    EXPLANATION: { value: 'explanations' },
    WARNING: { value: 'warnings' },
  },
});
```

이 방식으로 하면 API 사용자는 대문자 데이터를 보지만 그래프QL이 데이터베이스와 작업할 때는 소문자로 변환한다. 다음은 앞에서 한 첫 변환 작업을 이 ENUM 타입을 사용하도록 변경해 주어야 한다.

예제 8-50 수정: api/src/db/mongo-api.js

```
const mongoApiWrapper = async () => {
  // ·····

  return {
    detailLists: async (approachIds) => {
      // ·····
      return approachIds.map((approachId) => {
        // ·····
```

```
      if (explanations) {
        approachDetails.push(
        ...explanations.map((explanationText) => ({
        content: explanationText,
        category: 'explanations',
        }))
      );
      }
      if (notes) {
      approachDetails.push(
        ...notes.map((noteText) => ({
        content: noteText,
        category: 'notes',
        }))
      );
      }
      if (warnings) {
      approachDetails.push(
        ...warnings.map((warningText) => ({
        content: warningText,
        category: 'warnings',
        }))
      );
      }
      return approachDetails;
    });
    },
  // ·-·-·
  };
};
```

이것으로 완성이다! 다음 요청을 사용해 approachCreate를 테스트해보자.

예제 8-51 approachCreate용 요청

```
mutation approachCreate {
  approachCreate(
```

```
      taskId: 42 # taskCreate에서 이 값을 얻는다
      input: {
        content: "INSERT INTO tableName ·-·-·] ) ] SELECT-STATEMENT",
        detailList: [
          {
            content: "You can still use a RETURNING clause after that",
            category: NOTE,
          },
          {
            content: "The INSERT statement only works if the SELECT statement does",
            category: EXPLANATION,
          }
        ],
      }
  ) {
    errors {
      message
    }
    approach {
      id
      content
      voteCount
      author {
        username
      }
      detailList {
        content
        category
      }
    }
  }
}
```

8.6.2 approachVote 변경 작업

AZdev API 사용자에게 접근법에 투표하는 기능을 제공하기로 했었다. 모든 접근법에 찬성(up), 반대(down)로 투표할 수 있게 하는 것이다.

다음은 approachVote 변경 작업을 위해 참고해야 할 SDL 텍스트이다.

예제 8-52 approachVote와 의존 관계 정의를 위한 SDL

```
input ApproachVoteInput {
  """찬성이면 true, 반대면 false"""
  up: Boolean!
}
```

```
type Mutation {
  approachVote(
    approachId: ID!
    input: ApproachVoteInput!
  ): ApproachPayload!

  # ·-·--·
}
```

여기까지 왔는데 여러분들이 변경 작업을 구현하려 시도하고 있지 않다면 필자는 정말 실망할
것이다. 몰라서 하지 않았다고 변명하지 못하도록 sqls.approachVote문을 준비해두었으니
사용하길 바란다.

예제 8-53 api/src/db/sqls.js의 approachVote SQL문

```
// $1: approachId
// $2: voteIncrement
approachVote: `
  UPDATE azdev.approaches
  SET vote_count = vote_count + $2
  WHERE id = $1
  RETURNING id, content, ·-·--·;
`,
```

sqls.approachVote 문은 다음 순서로 입력값을 받는다.

1 투표한 접근법의 ID

2 voteIncrement값. 투표 종류에 따라 1또는 −1을 받음(찬성1, 반대 −1)

다음은 여러분이 구현한 것을 테스트할 수 있는 그래피컬 요청이다.

예제 8-54 approachVote 테스트용 요청

```
mutation approachVote {
  approachVote(
    approachId: 42, # approachCreate에서 이 값을 얻는다
```

```
      input: {up: false}
  ) {
    errors {
      message
    }
    approach {
      content
      voteCount
    }
  }
}
```

다음은 approachVote 작업을 위해 필자가 변경한 부분이다.

예제 8-55 신규 파일: api/src/schema/types/input-approach-vote.js

```
import {
  GraphQLInputObjectType,
  GraphQLBoolean,
  GraphQLNonNull,
} from 'graphql';

const ApproachVoteInputType = new GraphQLInputObjectType({
  name: 'ApproachVoteInput',
  description: 'true for up-vote and false for down-vote',
  fields: () => ({
    up: { type: new GraphQLNonNull(GraphQLBoolean) },
  }),
});

export default ApproachVoteInputType;
```

예제 8-56 수정: api/src/schema/mutations.js

```
// ·-·-·
import ApproachVoteInput from './types/input-approach-vote';
```

```
const MutationType = new GraphQLObjectType({
  name: 'Mutation',
  fields: () => ({
    // ·-·-·.
    approachVote: {
      type: ApproachPayload,
      args: {
        approachId: { type: new GraphQLNonNull(GraphQLID) },
        input: { type: new GraphQLNonNull(ApproachVoteInput) },
      },
      resolve: async (
        source,
        { approachId, input },
        { mutators },
      ) => {
        return mutators.approachVote({ approachId, input });
      },
    },
  }),
});
```

예제 8-57 수정: api/src/db/pg-api.js (신규 mutators 함수)

```
const pgApiWrapper = async () => {
  // ·-·-·.

  return {
    // ·-·-·.
    mutators: {
      // ·-·-·.
      approachVote: async ({ approachId, input }) => {
        const payload = { errors: [] };
        const pgResp = await pgQuery(sqls.approachVote, {
          $1: approachId,
          $2: input.up ? 1 : -1,
        });
```

```
        if (pgResp.rows[0]) {
          payload.approach = pgResp.rows[0];
        }

      return payload;
      },
    },
  };
};
```

[예제 8-54]의 요청을 사용해서 테스트해보자('싫어요' 투표를 한다).

> **NOTE_** 이 변경 작업을 위해 사용자 세션이 유효한지 확인하지 않았다. 즉, 로그인하지 않은 사용자도 투표할 수 있다는 의미이다. 요청 헤더 없이 테스트할 수 있는 변경 작업의 한 예로 남겨두도록 하겠다.

> **NOTE_** 현재 코드: git checkout 8.7 명령을 실행하면 로컬 리포지터리를 책의 진도에 맞추어 업데이트할 수 있다.

8.7 userDelete 변경 작업

AZdev API에서 마지막으로 남은 작업은 사용자 계정을 삭제하는 기능이다. 다음은 이에 해당하는 SDL의 일부이다.

예제 8-58 계정 삭제를 위한 SDL 텍스트

```
type UserDeletePayload {
  errors: [UserError!]!
  deletedUserId: ID
}

type Mutation {
  userDelete: UserDeletePayload!
```

```
  # .-.-.
}
```

직접 구현해보자. 이를 위해 `sqls.userDelete`문을 준비해두었다. `UserDeletePayload`는
`GraphQLObjectType`의 단순한 인스턴스이다.

예제 8-59 신규 파일: api/src/schema/types/payload-user-delete.js

```
import {
  GraphQLList,
  GraphQLNonNull,
  GraphQLObjectType,
  GraphQLID,
} from 'graphql';

import UserError from './user-error';

const UserDeletePayload = new GraphQLObjectType({
  name: 'UserDeletePayload',
  fields: () => ({
    errors: {
      type: new GraphQLNonNull(
        new GraphQLList(new GraphQLNonNull(UserError))
      ),
    },
    deletedUserId: { type: GraphQLID },
  }),
});
export default UserDeletePayload;
```

다음은 `mutators` 함수를 만들어야 한다. 함수는 `currentUser` 객체를 인수로 받으며 `sqls.`
`userDelete`문을 실행한 후 `deletedUserID`값을 페이로드에 포함해 반환해야 한다.

예제 8-60 수정: api/src/db/pg-api.js

```javascript
const pgApiWrapper = async () => {
  // ·-·-·.
  return {
    // ·-·-·.

    mutators: {
      // ·-·-·.

      userDelete: async ({ currentUser }) => {
        const payload = { errors: [] };
        try {
          await pgQuery(sqls.userDelete, {
            $1: currentUser.id,
          });
          payload.deletedUserId = currentUser.id;
        } catch (err) {
          payload.errors.push({
            message: 'We were not able to delete this account',
          });
        }
        return payload;
      },
    },
  };
};
```

마지막으로 이 mutators 함수를 신규 변경 필드의 resolve 함수 내에서 사용하면 된다.

예제 8-61 수정: api/src/schema/mutations.js

```javascript
// ·-·-·.
import UserDeletePayload from './types/payload-user-delete';

const MutationType = new GraphQLObjectType({
  name: 'Mutation',
```

```
    fields: () => ({
      // ......

      userDelete: {
        type: UserDeletePayload,
        resolve: async (source, args, { mutators, currentUser }) => {
          return mutators.userDelete({ currentUser });
        },
      },
    }),
  });
```

이것으로 완성이다. 테스트하려면 [예제 8–13]의 userCreate 예를 사용해서 신규 계정을 생성해야 한다. 이때 요청 헤더에 해당 계정의 authToken 사용하는 것을 잊지 말자. 다음 변경 요청을 전송해보자.

예제 8-62 userDelete 테스트용 변경 요청

```
mutation userDelete {
  userDelete {
    errors {
      message
    }
    deletedUserId
  }
}
```

이 작업은 사용자가 태스크나 접근법을 가지고 있지 않을 때만 할 수 있다. 이들 관계에 적용된 외래키 제약에 의해서 삭제 작업이 허용되지 않기 때문이다. 여러분들이 참고할 수 있도록, **try/catch**을 사용해서 데이터베이스 오류를 캐치하고 이를 기본 사용자 오류 메시지로 표시하고 있다. 이 기능도 테스트해보자.

> **TIP_** 사용자(User)가 다른 테이블에 데이터를 가지고 있더라도 해당 사용자의 레코드를 삭제하고 싶다면, PostgreSQL이 지원하는 **ON DELETE**를 사용할 수 있다. 삭제해야 할 레코드와 연결된 모든 레코드를 자동적으로 삭제(또는 업데이트)해준다. 여러 개의 **DELETE SQL**문을 사용하는 것보다 훨씬 나은 방법이다.

이것으로 그래프QL 스키마가 실행 가능한 형태의 API가 됐다. 이제 이 API를 사용해서 동작하는 UI를 만들 수 있는데 이 내용은 3부에서 다루도록 하겠다.

구독 작업

그래프QL.js는 구독 작업도 지원하지만 아직 개선 단계에 있다. 또한, 구독을 사용하려면 웹소켓을 지원하는 전송 서버가 필요하다. 지금까지 우리가 사용해 온 익스프레스 서버 구성은 이를 지원하지 않는다. 그래피컬 또한 아직 테스트 용도의 구독을 지원하지 않는다(정확히는 그래피컬을 통해서 테스트를 할 수 있긴 하지만 설정이 복잡하다).

좋은 소식은 복잡한 설정 없이 구독을 생성 및 테스트하고 사용할 수 있게 해주는 툴이 존재한다는 것이다. 그중 가장 유명한 것이 아폴로 서버/클라이언트이며, 구독을 간단하게 추상화해서 구현할 수 있게 해주는 **graphql-yoga** 패키지도 있다.

복잡한 과정을 거치는 것이 교육 목적으로는 좋을 수도 있지만, 실용적인 솔루션은 구독용으로 잘 정비된 툴을 사용하는 것이다. 이 책의 마지막 장에서 아폴로 생태계에 대해서 다루며 이를 이용해 구독 작업을 구현해본다.

---

21 옮긴이_이 번역서의 코드는 2021년 6월 시점의 리포지터리에 있는 코드를 반영한 상태로 실제 원서에 있는 코드보다 개선된 상태이다.

정리

- 변경 작업을 호스팅하려면 그래프QL 스키마에서 반드시 루트 변경 타입을 정의해야 한다.

- 변경 작업용으로 데이터베이스 처리를 만들 때는 하나의 객체로 그룹화해서 전역 컨텍스트의 일부로 노출시키는 것이 좋다.

- 변경 작업의 응답에는 사용자 친화적인 오류 메시지를 포함하는 것이 좋다.

- PostgreSQL의 RETURNING절은 WRITE 다음에 READ가 바로 오는 작업을 하나의 SQL문으로 처리할 수 있다. INSERT/SELECT 조합은 특정 READ 작업에 종속된 WRITE 작업을 하나의 SQL문으로 구현할 수 있다.

- 해시화한 토큰값은 사용자 권한에 따라 다른 처리를 해야 하는 쿼리 및 변경 작업에 임시 패스워드로 사용할 수 있다.

- 어떤 변경 작업은 다른 변경 작업에 종속되기도 하며, 이때 사용할 수 있는 것이 의존성 주입이다.

그래프QL API 사용법

2부에서는 데이터 API를 구축하고 다양한 쿼리 및 변경 작업을 지원하기 위한 그래프QL의 여러 가지 타입을 구현했다. 3부에서는 이 작업들을 어떤 식으로 프런트엔드 애플리케이션에 적용할 수 있는지 살펴본다. 이를 위해서 전용 그래프QL 클라이언트 라이브러리를 사용한다.

9장에서는 그래프QL API를 Ajax 요청과 함께 사용하는 방법을 살펴본다. UI 컴포넌트와 데이터 요건에 대해 배우고 그래프QL 요청에 토큰을 사용해서 인증 및 권한 관리를 구현한다. 또한, UI컴포넌트와 연계할 때 그래프QL 조각이 얼마나 유용한지도 보게 된다.

10장은 길긴 하지만, 가장 대중적인 그래프QL 클라이언트 라이브러리인 아폴로 클라이언트를 경험해 보는 재미있는 장이 될 것이다. 이 라이브러리를 일반 자바스크립트와 리액트에서 사용하는 방법을 배운다. 또한, 링크나 캐시, 후크 함수, 로컬 앱 상태 등의 핵심 개념을 다루며 그래프QL 구독을 구현하고 사용하는 방법도 배운다.

Part III

그래프QL API 사용법

CHAPTER 9

라이브러리를 쓰지 않는 그래프QL API 사용법

이 장의 주요 내용

◆ UI 컴포넌트를 분석해서 그래프QL 데이터 요건 정하기

◆ 그래프QL 작업을 위해 Ajax POST 요청하기

◆ 요청 헤더의 토큰을 사용해서 API 사용자 식별하기

◆ 조각(fragment)을 사용해서 모든 UI 컴포넌트가 데이터 요건에 맞추어 응답하게 하기

◆ 그래프QL 기능을 사용해서 UI 코드를 단순화, 일반화하기

앞 장에서 AZdev 그래프QL API 서비스 구현을 끝냈다. 이제 이 API를 프런트엔드 웹 애플리케이션에 적용하는 방법을 배울 차례이다.

그래프QL을 웹 애플리케이션에 적용할 때는 단순한 Ajax 라이브러리(axios나 fetch)를 직접 사용하거나 모든 기능을 갖추고 있는 그래프QL 클라이언트(릴레이Relay 또는 아폴로)를 사용하는 방법이 있다. 다음 장에서 그래프QL 클라이언트 사용법을 배우고 이 장에서는 클라이언트 라이브러리 없이 AZdev 그래프QL API를 사용하는 방법을 배우도록 한다. 하지만 실제 프로젝트에 가깝게 예제를 만들기 위해서 UI 라이브러리를 사용해 브라우저상에서 발생하는 처리를 관리하는 법도 살펴보겠다.

> **TIP_ az.dev/gia-updates**를 통해서 API가 업데이트됐는지 확인하도록 하자. 이 장에서 필요할 수도 있다.

9.1 웹 UI 라이브러리 사용하기

지금까지 (리액트나 앵귤러같은) UI 라이브러리 없이 그래프QL 사용법을 확인했다. 이 방식으로 그래프QL을 사용하면 DOM API에 대해 배울 수 있지만 실용적이진 못하다. 프런트엔드 애플리케이션을 개발할 때는 여러 이유 때문에 모두 UI 라이브러리를 사용한다. UI 라이브러리는 DOM API 처리를 단순화해주며, 이를 위한 선언적 방법을 제공한다. 이는 특히 웹 UI를 자주 업데이트해야 할 때 유용하다.

요즘 가장 유명한 UI 라이브러리는 뷰와 리액트로 이 책에서는 리액트를 사용한다. 그래프QL 생태계와 설계 이념이 그래프QL에 가깝기 때문이다. 그래프QL과 리액트는 모두 페이스북이 개발했다는 사실 외에도, 리액트는 UI를 선언적으로 기술하며 그래프QL은 데이터 요건을 선언적으로 기술할 수 있는 언어를 제공한다. 또한, 리액트는 컴포넌트를 통해 결합성을 제공하며, 그래프QL은 조각을 통해 결합성을 제공한다. 이런 유사성으로 인해 리액트와 그래프QL은 좋은 궁합을 보여준다.

게다가 그래프QL의 가장 인기 있는 클라이언트도 리액트를 사용해 설계했다. 물론 다른 UI 라이브러리를 사용한 클라이언트를 선택할 수도 있지만, 기본으로 탑재된 리액트용 기능을 따라잡기 힘들다. 그리고 리액트 네이티브를 사용하면 iOS나 안드로이드 모바일 앱에서도 그래프QL을 사용할 수 있다.

리액트에 대한 지식이 전혀 없더라도 괜찮다. 리액트 관련 코드는 모두 제공하며, 가능한 한 단순하게 구현하려고 노력했다. 여러분은 그래프QL을 어떻게 프런트엔드 앱에 적용할 수 있는지에 집중하면 된다. 그래프QL API를 라이브러리 없이 구현할 때처럼, 그래프QL 관련된 작업을 연결(후크hook)하는 방법만 알아내면 된다.

이 장을 진행하기 전에 리액트에 대해 살펴보고 싶다면, 리액트에 대해 아무것도 모르는 독자를 대상으로 하는 기초 내용을 jsComplete.com/learn-react에 정리해두었으니 참고하자.

> **NOTE_** 단순히 필자가 다른 라이브러리(대부분 사용해보았다)보다 리액트를 좋아하는 이유도 있다. 필자가 리액트를 좋아하는 이유를 알고 싶다면, jsComplete.com/why-react에 작성한 'Why React(왜 리액트인가)'를 읽어보면 된다.

9.2 웹 서버 실행하기

2부에 있는 코드를 작성했다면, 포트 4321(기본 설정)에서 실행되는 노드 웹 서버가 있고 그래 프QL API 서비스가 실행되고 있을 것이다.

지금까지 깃 리포지터리(**az.dev/gia-repo**)의 **api** 디렉터리에 있는 파일을 수정했다. 여기서 부터는 **web** 디렉터리에 있는 파일을 수정할 것이다(그림 9-1).

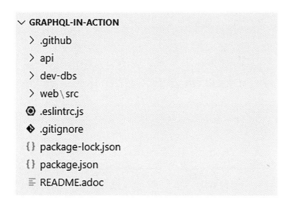

그림 9-1 api와 web 디렉터리

> **NOTE_** PostgreSQL와 몽고DB가 모두 실행된 상태이고 AZdev 스키마와 API 서버도 동작하고 있어 야 한다. 2부를 건너뛰었다면, **README** 파일에 있는 지시를 따라 설정하도록 하자.

> **NOTE_** 현재 코드: `git checkout 9.0` 명령을 실행하면 로컬 리포지터리를 책의 진도에 맞추어 업데이트 할 수 있다. 로컬에서 변경한 내용을 임시 저장하고 싶다면 `git add . && git stash` 명령을 사용하면 된 다. 또한, `npm install` 명령을 사용해서 의존 패키지 설치하는 것을 잊지 말자.

데이터베이스와 API 서버가 실행되고 있는 상태에서 다음 명령을 실행해 웹 서버를 실행한다.

예제 9-1 명령어: 웹 서버 프로세스 실행하기

```
$ npm run web-server
```

이 명령은 코드를 빌드해 `localhost:1234`를 입력하면 웹 서버에 접근할 수 있게 한다. 모든 과정이 순조롭게 진행됐다면, 해당 URL을 통해 개발 웹 서버의 메인 페이지를 볼 수 있을 것이다. [그림 9-2]와 같다.

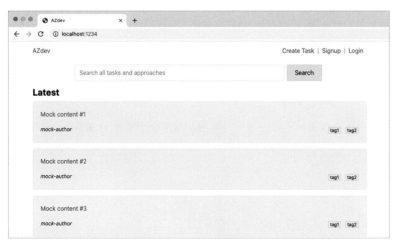

그림 9-2 모의 데이터로 구성된 프로젝트 메인 페이지

web 디렉터리 내부를 보고 디렉터리 구조에 익숙해지도록 하자(그림 9-3). 기본 리액트 프로젝트 구조로 단순한 싱글 페이지 앱으로 구성돼 있다. 리덕스^{Redux}나 리액트 라우터^{React Router} 등의 헬퍼 라이브러리는 사용하고 있지 않다. 모든 리액트 컴포넌트는 web/src/components에 저장돼 있으며, 최상위 계층 컴포넌트는 Root로 web/src/components/Root.js에 정의돼 있다. 이 예제에서는 스스로를 보여줄 수 있는 컴포넌트는 web/src/components/index.js에서 모두 엑스포트하고 있다. 이 컴포넌트들을 앱 상의 가상 페이지라고 생각하면 된다.

> **WARNING_** 이 장의 시작 코드는 많은 ESLint 오류를 보여준다. 템플릿에 사용하지 않는 많은 변수들이 있으며 ESLint가 이를 지적하도록 설정돼 있기 때문이다. 이 변수들을 뒤에서 필요할 때 사용하는 것으로, 이 장을 마칠 때쯤이면 ESLint 오류가 모두 해결될 것이다.

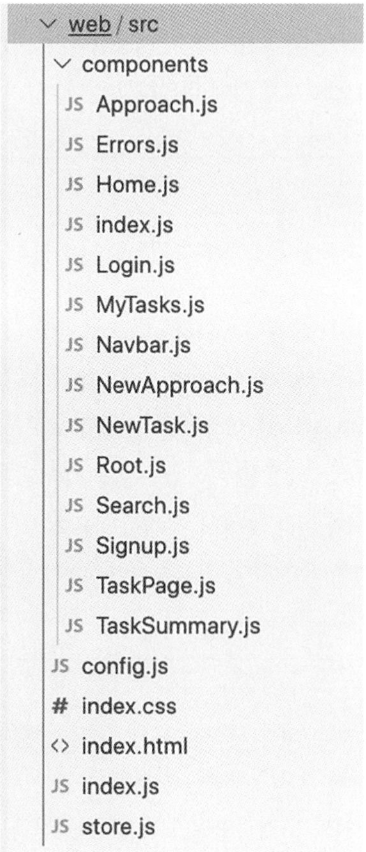

그림 9-3 web/src 디렉터리

리액트 컴포넌트는 기본 자바스크립트 함수로 props이라는 인수를 선택적으로 받는다. 커스텀 로직(API로부터 데이터를 추출하는 등)을 가질 수 있으며, 항상 가상 DOM 노드를 반환한다. 리액트는 이 가상 노드를 적절한 곳에 배치하며 필요한 경우 효율적으로 업데이트도 한다. 컴포넌트의 선언적 상태가 항상 브라우저에 반영된다고 생각하면 된다. 여러분이 할 것은 단순히 (필자가 이미 작성해둔) 자바스크립트 함수를 실행해서 DOM을 업데이트하는 것이다.

이 책의 UI 상태는 단순한 전역 컨텍스트 객체를 통해 관리한다. 리액트에서는 컨텍스트 객체가 앱의 전역 객체로 정의되며, 트리상에 있는 모든 컴포넌트가 이 객체를 읽고 수정할 수 있다. 컨텍스트 객체는 web/src/store.js에 정의된다. 전역 컨텍스트에서 관리하는 주요 두 가지 정보는 현재 컴포넌트의 정보(어떤 컴포넌트를 표시하고 어떤 props을 전달하는지)와 로그인한 현재 사용자 정보이다. 몇 가지 함수가 컨텍스트 객체에 정의돼 있으며 이를 필요한 컴포넌트에서 불러오기에서 사용하면 된다. 예를 들면, useLocalAppState 함수는 앱 상태state으로부터 값을 읽을 때 사용하며, setLocalAppState 함수는 앱 상태를 갱신할 때 사용한다. 이 함수들은 앱 전체에서 접근 및 변경할 수 있어야 하므로 컨텍스트 객체 상에 정의하고 있다.

모듈 번들러

이 책의 모든 자바스크립트 코드는 파슬Parcel을 이용해 번들로 만들었다. 파슬은 간단한 모듈 번들러module bundler로 리액트의 JSX 같은 특수한 구문이나 최신 자바스크립트 기능은 물론 심지어 타입스크립트TypeScript도 컴파일할 수 있다. 여기서는 파슬의 기본 설정 중 하나인 빠른 모듈 리로딩hot module reloading을 사용한다. 이 기능은 코드를 변경하거나 저장할 때 자동으로 브라우저 세션을 업데이트해준다. web/src/components/Home.js의 mockTasks를 변경해서 브라우저상의 UI가 자동으로 업데이트되는 것을 확인해보자.

이외에도 웹팩Webpack이나 롤업Rollup 등의 유명한 모듈 번들러가 있다. 웹팩이 더 많이 사용되긴 하지만, 파슬이 더 단순하며 훌륭한 기본 설정을 가지고 있어서 선택했다. 참고로 공식 오픈 소스 리포지터리(az.dev/contribute)에선 웹팩을 사용하고 있다.

---

web/src/components 아래에 있는 거의 모든 컴포넌트와 web/src/store.js에 있는 컨텍스트 객체를 수정해야 한다. 이 장에서는 새로운 파일은 만들지 않으며, 모든 컴포넌트는 데이터 읽기/쓰기 처리 외에는 이미 준비된 상태이다. 또한, 컴포넌트의 결과(JSX 노드)도 변경할 필요가 없다. 모든 HTML 작업이 끝난 상태이지만 비어 있거나 모의mock 데이터를 사용해서 렌더

링된다. 코드에서 이런 데이터 변수가 정의된 곳을 찾아서 수정할 필요가 있으며, 이런 부분은 'GIA NOTES'라는 주석을 달아두었다(그림 9-4 참고).

스타일링 코드도 수정할 필요가 없으며, 리액트가 관리하는 HTML에 CSS 클래스를 추가하지 않아도 된다. CSS는 이미 모두 설정돼 있는 상태이지만(web/src/index.css), 최적화된 상태는 아니다. 보기 좋게 만들기 위해서 몇 가지 일반 스타일만 수정했다. 스타일은 CSS 프레임워크인 테일윈드TailWind를 기반으로 하고 있지만 단순화하기 위해서 추출해서 프로젝트에 바로 사용하고 있다.

> TIP_ 현재 코드나 앞으로 작성할 코드 관련해서 질문이 있다면 책의 리포지터리에 있는 깃허브 이슈로 자유롭게 등록하면 된다. 또는 jsComplete.com/help에 있는 도움말 채널을 통해 질문해도 좋다.

```
3   import { useStore } from '../store';
4   import Search from './Search';
5   import TaskSummary from './TaskSummary';
6
7   /** GIA NOTES
8    * Define GraphQL operations here...
9    */
10
11 > const mockTasks = [ …
30   ];
31
32   export default function Home() {
33     const { request } = useStore();
34     const [taskList, setTaskList] = useState(null);
35
36     useEffect(() => {
37       /** GIA NOTES
38        *
39        *  1) Invoke the query to get list of latest Tasks
40        *     (You can't use `await` here but `promise.then
41        *
42        *  2) Change the setTaskList call below to use the
43        *
44        */
45
46       setTaskList(mockTasks); // TODO: Replace mockTasks w
47     }, [request]);
48
```

그림 9-4 코드 상의 GIA NOTES 주석

9.3 Ajax 요청 만들기

웹 애플리케이션에서 그래프QL 요청을 만들려면, Ajax HTTP를 호출해야 한다. 앞에서는 HTTP POST 요청을 통해 그래프QL 서비스를 사용할 수 있게 만들었다.

지금까지는 이 POST 요청들을 그래피컬 편집기를 통해 전송했었다. 그래피컬 편집기는 문서를 실행할 때 백그라운드에서 Ajax 호출을 실행한다.

최신 브라우저들은 Ajax 요청을 만들어주는 기본 API를 가지고 있다. HTTP Ajax 요청을 실행할 수 있도록 브라우저가 fetch 메서드를 기본으로 제공하는 것이다. (fetch를 바로 사용할 수 없는) 옛날 브라우저를 지원해야 한다면, 기본 API를 래핑하거나 보충하기 위한 라이브러리를 사용하면 된다. 대표적으로 크로스 페치cross-fetch라는 라이브러리가 있으며, Node.js에서 데이터를 추출할 수 있게 해준다. 웹 애플리케이션의 서버측 렌더링이 필요할 때 사용하며, 우리 프로젝트에서도 사용한다(이미 프로젝트 의존 라이브러리로 정의돼 있다).

그러면 그래프QL 요청을 테스트해보자. 5장에서 만든 currentTime 필드를 기억하는가? 앱이 로딩될 때 임시로 console.log를 사용해 이 필드를 표시하도록 하자.

Home 컴포넌트(web/src/Home.js)를 임시로 다음과 같이 수정하도록 한다.

예제 9-2 임시 수정: web/src/components/Home.js

```
export default function Home() {
  // ·-·-·

  useEffect(() => {
    request('{ currentTime }').then(({ data }) => {
      console.log(`Server time is: ${data.currentTime}`);
    });

    // ·-·-·
  }, [request]);

  return (
    // ·-·-·
  );
}
```

이 코드는 이미 정의된 request 함수가 그래프QL 요청 텍스트(쿼리 또는 변경)을 받으며 그래프QL 응답 객체(data 및 errors 속성을 가진)를 반환한다고 가정하고 있다.

> **TIP_** useEffect 함수는 후크 함수라고 불리는 것으로 호스트 컴포넌트가 렌더링될 때마다 호출된다. 따라서 브라우저가 Home 컴포넌트의 결과를 렌더링(표시)할 때마다 console.log 줄이 브라우저의 콘솔 화면에 표시된다. 리액트가 어떻게 작업을 후크하는지 자세히 알고 싶다면, jsComplete.com/react-hooks를 참고하자.

request 함수는 web/store.js에 뼈대만 정의해둔 상태이다. 이 함수는 Ajax POST 요청을 그래프QL 서비스 엔드포인트로 전송하며 응답 객체를 반환한다. 첫 번째 인수로 request-Text를 받으며 두 번째 인수에는 아무 변수를 사용할 수 있다. 다음은 기본적인 request 함수를 작성한 것이다.

예제 9-3 수정: web/src/store.js

```
export const useStoreObject = () => {
  // ·-·-·

  const request = async (requestText, { variables } = {}) => {
    const gsResp = await fetch(config.GRAPHQL_SERVER_URL, {
      method: 'post',
      headers: { 'Content-Type': 'application/json' },
      body: JSON.stringify({ query: requestText, variables }),
    }).then((response) => response.json());
    return gsResp;
  };

  // ·-·-·
};
```

그래프QL API 서비스의 기본 포트를 사용하고 있다면, 따로 수정할 것은 없다. 다른 포트를 사용하고 있다면, web/src/config.js 파일에 자신의 GRAPHQL_SERVER_URL을 설정해야 한다.

[예제 9-3]에선 그래프QL 서비스의 엔드포인트로 Ajax POST 요청을 전송한다. [예제 9-2]의 Home 컴포넌트에서 {currentTime}으로 전달한 requestText 인수는 query 변수로 전송된다. 이 변수는 5장에서 정의한 서버 HTTP 핸들러(graphqlHTTP)의 그래프QL 요청을 나타낸다.

> **TIP_** 이 request 함수는 너무나 단순하고 행복하게 정상적인 응답만 기대하도록 구현됐다. 좀 더 실용적으로 구현하려면 오류 처리를 포함시켜야 한다. 다음 장에서 이 함수를 교체하므로, 여기서는 단순한 형태를 유지하도록 하겠다.

이제 브라우저의 콘솔 화면[22]에서 서버 시간을 보여주는 로그 메시지를 확인할 수 있을 것이다 (그림 9-5).

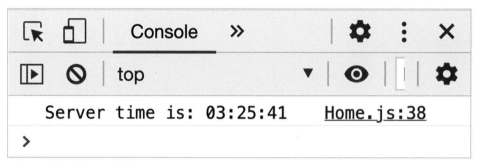

그림 9-5 서버 시간 로그 메시지

모든 그래프QL 요청은 이 단순한 요청처럼 사용할 수 있다. Ajax 요청 콜을 만들고 쿼리나 변경 작업 텍스트를 제공하고(이때 해당 작업에 필요한 변수를 포함시킨다) 리졸브된 응답 데이터를 가지고 원하는 작업을 하면 된다.

클라이언트 없이 바로 그래프QL을 사용할 수 있는 특별한 트릭은 존재하지 않는다. 단순히 Ajax 호출을 한 후 응답 데이터를 처리하면 된다. 하지만 그래프QL 클라이언트 코드의 가독성이나 유지관리를 고려한다면 특수한 트릭이 필요하다. 이에 대해선 다음 장에서 다루도록 하겠다.

---

22 옮긴이_ 크롬이나 엣지(Edge) 또는 IE 브라우저 사용자라면 Ctrl+Shift+I (아이) 키를 눌러 개발자 도구 화면을 볼 수 있다. 여기서 콘솔Console 탭을 클릭하면 콘솔 화면을 볼 수 있다.

모두 잘 실행되는 것을 확인했으니 useEffect에서 Home 컴포넌트에 임시로 작성해두었던 request 코드를 제거하자. 대신 useEffect에 (최신 태스크 레코드 리스트를 추출하는) 공식적인 데이터 요청을 만들어보자.

9.4 그래프QL 쿼리 요청 만들기

Home 컴포넌트는 이미 UI상의 모의 태스크 레코드 출력과 연동된다. 다음은 그래프QL 쿼리를 발행해서 그래프QL 서비스를 통해 실제 태스크 레코드를 얻고 응답 데이터를 사용해서 모의 객체를 교체해야 한다.

이 페이지용으로 설계한 그래프QL 루트 필드는 taskMainList이다. web/src/components/ Home.js 코드를 보면 taskMainList 쿼리에 어떤 서브 필드가 포함돼야 하는지 확인할 수 있다. 이 뷰에 필요한 데이터 구조는 mockTasks 객체와 같다.

예제 9-4 mockTasks 객체

```
{
  id: 1,
  content: 'Mock content #1',
  author: { username: 'mock-author' },
  tags: ['tag1', 'tag2'],
}
```

이 객체 구조를 따르며 Home 컴포넌트가 요구하는 그래프QL 쿼리는 다음과 같다.

예제 9-5 mockTasks 객체 구조와 일치하는 쿼리

```
query taskMainList {
  taskMainList {
    id
    content
    author {
      username
```

```
    }
    tags
  }
}
```

이 taskMainList 쿼리는 그래프QL 변수를 사용하지 않는다. 텍스트를 바로 request 함수에 사용하면 되기 때문이다. 하지만 그래프QL 작업 텍스트를 연계된 UI 컴포넌트 바로 옆에 작성하는 편이 좋다.

예제 9-6 수정: web/src/components/Home.js

```
const TASK_MAIN_LIST = `
  query taskMainList {
    taskMainList {
      id
      content
      author {
        username
      }
      tags
    }
  }
`;
// mockTasks 객체 삭제
export default function Home() {
  const { request } = useStore();
  const [taskList, setTaskList] = useState(null);

  useEffect(() => {
    request(TASK_MAIN_LIST).then(({ data }) => {
      setTaskList(data.taskMainList);
    });
  }, [request]);

  // ·-·-·.
}
```

먼저 쿼리 작업 텍스트를 정의했다(반환하는 내용과 일치시키기 위해 TASK_MAIN_LIST라는 이름을 사용했다). 이름을 짓는데 모두 대문자를 사용하는 건 일반적이긴 하지만 필수는 아니다.

다음은 이 텍스트를 그래프QL 서비스로 보낸다. 응답이 성공적으로 반환되면 **data** 객체가 만들어지며, 쿼리 내의 모든 루트 필드용 속성을 포함하고 있다. 이 쿼리(**taskMainList**)는 단일 루트 필드만 가지고 있다. 응답(.then 프로미스 메서드)을 받으면 리액트가 (노트 주석을 단 메서드를 통해서) 이를 인식하고, 새 데이터로 DOM 트리를 자동 갱신한다.

여러분의 브라우저에서 다음 그림과 같이 태스크 생성자와 태그 정보가 표기된 태스크 목록을 볼 수 있을 것이다.

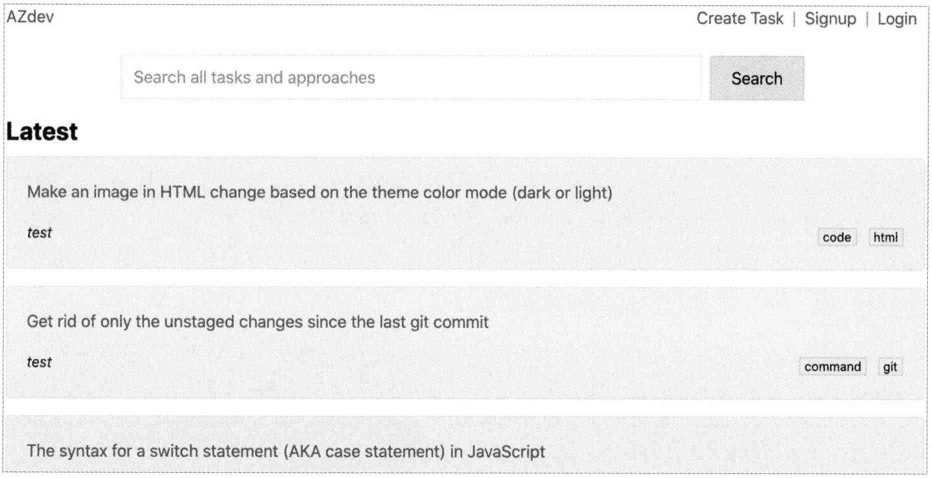

그림 9-6 최근 태스크 레코드 목록이 표시된 home 페이지

NOTE_ 현재 코드: `git checkout 9.1` 명령을 실행하면 로컬 리포지터리를 책의 진도에 맞추어 업데이트할 수 있다.

9.4.1 UI 컴포넌트에 그래프QL 조작 사용하기

Home 컴포넌트의 mockTasks 객체는 해당 컴포넌트가 필요로 하는 그래프QL 필드를 쉽게 파악할 수 있게 해준다. 하지만 이런 객체가 없거나 UI 컴포넌트가 없다면 어떻게 될까? UI 컴포넌트부터 만들어야 할까? 아니면 그래프QL 쿼리 텍스트부터 만들어야 할까?

이런 질문들에 대한 답을 정리해주는 개념에 대해선 앞 장에서 간단히 다뤘다. 여기서는 이에 대해 깊이 있게 생각해보도록 하겠다. 앞의 질문들은 모든 UI 컴포넌트(뷰)가 어떻게 데이터 요건을 지정하며 이 요건을 선언하며 어떤 책임을 지는지 생각해보게 한다. 여러 개의 UI 컴포넌트로 구성된 뷰 트리의 데이터 요건을 이해하려면, 개별 데이터 요건을 하나로 묶어서 생각해야 한다.

예를 들어, taskMainList 작업의 데이터는 실제로는 두 개의 UI 컴포넌트(Home과 TaskSummary)에서 사용한다. 뷰 트리는 이 두 컴포넌트만 가지며, 각 컴포넌트는 개별 데이터 요건을 갖는다. Home 컴포넌트는 태스크 객체의 id를 필요로 하지만, content, author.username, tags에 대한 언급은 없다. 이 필드들은 TaskSummary 컴포넌트가 사용하는 데이터 요건에 해당한다.

web/src/components/TaskSummary.js에 있는 TaskSummary 컴포넌트를 보자. 특히 다음 코드에서 굵은 글씨로 표시한 부분에 주목하자.

예제 9-7 TaskSummary 컴포넌트의 task.* 변수

```
export default function TaskSummary({ task, link = false }) {
  const { AppLink } = useStore();

  return (
    <div className="box box-primary">
      {link ? (
        <AppLink to="TaskPage" taskId={task.id}>
          {task.content}
        </AppLink>
      ) : (
        task.content
      )}
      <div className="box-footer">
```

```
        <div className="text-secondary">{task.author.username}</div>
        <div className="tags">
          {task.tags.map((tag) => (
            <span key={tag} className="box-label">
              {tag}
            </span>
          ))}
        </div>
      </div>
    </div>
  );
}
```

[예제 9-6]의 TASK_MAIN_LIST 쿼리에 포함되었던 그래프QL 필드가 각각 컴포넌트에서 사용된 변수(굵게 표시)에 직접적으로 맵핑되고 있는 모습이 보이는가? 모의 객체를 사용할 필요가 없다. 컴포넌트의 코드를 사용해서 직접 그래프QL 데이터 요건을 가져올 수 있다. 전체 task-MainList 쿼리 텍스트를 사용하지 말고, 모든 컴포넌트가 공식적으로 데이터 요건을 선언하도록 만들어보자. 대부분은 하나의 UI 컴포넌트가 자식이나 부모, 형제 컴포넌트를 신경 쓰지 않아도 된다.

이때 등장하는 것이 그래프QL 조각이다. TaskSummary 컴포넌트에서 그래프QL 조각을 정의하면 컴포넌트가 요구하는 데이터 요건을 정확하게 선언할 수 있다. 즉, Home 컴포넌트가 조각을 사용해 (자식 컴포넌트까지 포함한) 컴포넌트 렌더링에 필요한 메인 그래프QL 쿼리를 구성할 수 있다.

예를 들면, TaskSummary컴포넌트에 다음과 같은 그래프QL 조각을 정의할 수 있다.

예제 9-8 수정: web/src/components/TaskSummary.js

```
// ·-·-·
export const TASK_SUMMARY_FRAGMENT = `
  fragment TaskSummary on Task {
    content
    author {
      username
```

```
      }
    tags
  }
`;

export default function TaskSummary({ task, link = false }) {
  // ·-·--·
}
```

이 조각은 단순히 TaskSummary 컴포넌트 인스턴스를 표시할 때 필요한 데이터를 나타낸다.

이 새로운 상수constant를 엑스포트해서 다른 컴포넌트가 사용할 수 있게 하고 있으며, Home 컴포넌트가 이 상수를 필요로 한다.

예제 9-9 수정: web/src/components/Home.js

```
// ·-·--·
import TaskSummary, { TASK_SUMMARY_FRAGMENT } from './TaskSummary';
c
const TASK_MAIN_LIST = `
  query taskMainList {
    taskMainList {
      id
      ...TaskSummary
    }
  }
  ${TASK_SUMMARY_FRAGMENT}
`;
// ·-·--·
```

모든 컴포넌트는 큰 데이터 요건에서 자신의 부분을 책임진다. 이렇게 변경하면 Home 컴포넌트는 기본적으로 자식 컴포넌트(TaskSummary)에게 접근해 어떤 필드를 추출해줄지 묻는다. 또한, TaskSummary 컴포넌트가 API로부터 더 많은(또는 더 적은) 필드를 요청하도록 변경됐다고 해도, Home 컴포넌트를 수정하지 않아도 된다.

이런 개념을 종종 공존 조각^{colocating fragment} 또는 공존 필드^{colocating field}라고 부른다. 보통 공존 조각의 필드는 공존 컴포넌트의 **props**와 일치한다. (예제처럼) 그래프QL이 직접 사용하든지, (다음 장에서 볼) 그래프QL 클라이언트를 사용하든지 이렇게 일치시키는 것이 좋은 방법이다.

어떤 UI 컴포넌트가 조각을 가져야 하는지 판단하려면 최상위에 렌더링되지 않는(루트 컴포넌트가 직접 렌더링하지 않는) 컴포넌트를 보면 된다. 예를 들어 **TaskSummary** 컴포넌트는 자신의 페이지에 렌더링할 수 없으며 항상 다른 페이지(**Home**, **Search** 등)에 의해 렌더링된다. 이는 그래프QL 조각을 스스로 실행할 수 없는 것과 같다.

이 예에서는 어떤 컴포넌트들이 스스로 렌더링되지 않을까? 이런 컴포넌트들은 **props**에 의존하며 자신만의 데이터 조각을 가진다.

> **TIP_** 자식 컴포넌트는 여러 개의 조각을 정의할 수 있으며, 자신의 자식 컴포넌트가 가진 서브 조각을 사용해서 조각을 구성할 수도 있다.

> **NOTE_** 현재 코드: `git checkout 9.2` 명령을 실행하면 로컬 리포지터리를 책의 진도에 맞추어 업데이트 할 수 있다.

9.4.2 변수를 요청에 포함하기

홈페이지는 최근 태스크 레코드 목록을 보여주며, 목록에 있는 태스크를 클릭하면 상세 페이지를 볼 수 있다. 페이지 이동은 이미 구현했지만 데이터 요건을 아직 구현하지 않았다. 태스크 레코드 페이지로 이동하면 모의 데이터가 표시된다.

상세 페이지는 `taskMainList` 요청을 통해 추출한 태스크 레코드의 일부 데이터를 사용해서 표시할 수 있다. 이 과정을 자동으로 처리해주는 그래프QL 클라이언트도 있다. 서버에서 추출한 데이터를 캐시에 저장했다가 그 일부를 사용하는 방식이다. 하지만 프로그램을 단순화하기 위해서 페이지에 필요한 전체 요청을 발행하겠다. 이 페이지의 컴포넌트는 **TaskPage**이다 (`web/src/components/TaskPage.js`).

이 새로운 뷰 트리에 필요한 그래프QL 필드를 정하기 위해서 TaskPage 컴포넌트와 그 자식 컴포넌트를 살펴봐야 한다. 이 페이지는 두 개의 자식 컴포넌트를 가진다. TaskSummary와 Approach이다.

TaskSummary용 조각은 이미 구현했으니 그냥 사용하면 된다. 자식 컴포넌트의 데이터 요건은 부모 컴포넌트의 렌더링에 의존하지 않는다. TaskPage 컴포넌트의 데이터 요건을 위해서 Approach 컴포넌트의 요건을 먼저 만들어야 한다. 이는 (상세 레코드를 포함하고 있는) 단일 접근법 레코드를 렌더링할 때 사용한다.

web/src/components/Approach.js를 보고 그래프QL 조각과 일치하는 모든 변수를 찾아 보자.

예제 9-10 Approach 컴포넌트의 approach.voteCount 변수

```
export default function Approach({ approach, isHighlighted }) {
  // ·-·-·

  const [voteCount, setVoteCount] = useState(approach.voteCount);
  // ·-·-·

  return (
    <div className={`box highlighted-${isHighlighted}`}>
      <div className="approach">
        <div className="vote">
          {renderVoteButton('UP')}
          {voteCount}
          {renderVoteButton('DOWN')}
        </div>
        <div className="main">
          <pre className="code">{approach.content}</pre>
          <div className="author">{approach.author.username}</div>
        </div>
      </div>
      <Errors errors={uiErrors} />
      {approach.detailList.map((detail, index) => (
        <div key={index} className="approach-detail">
          <div className="header">{detail.category}</div>
```

```
        <div>{detail.content}</div>
      </div>
    ))}
  </div>
  );
}
```

다음은 Approach 컴포넌트용 조각이다.

예제 9-11 수정: web/src/components/Approach.js

```
// ·-·--.
export const APPROACH_FRAGMENT = `
  fragment ApproachFragment on Approach {
    content
    voteCount
    author {
      username
    }
    detailList {
      content
      category
    }
  }
`;
// ·-·--.
```

두 개의 자식 컴포넌트가 조각을 사용할 수 있게 됐으니, **TaskPage** 컴포넌트용 전체 데이터 요건을 작성할 수 있다. **TaskInfo** 루트 쿼리 필드를 사용할 수 있으며 그 일부인 approachList 필드를 포함시킬 수 있다. 이 쿼리는 자식 컴포넌트에서 선언한 두 개의 조각을 불러와서 사용한다.

```
// ·-·-·.
import Approach, { APPROACH_FRAGMENT } from './Approach';
import TaskSummary, { TASK_SUMMARY_FRAGMENT } from './TaskSummary';

const TASK_INFO = `
  query taskInfo($taskId: ID!) {
    taskInfo(id: $taskId) {
      id
      ...TaskSummary
      approachList {
        id
        ...ApproachFragment
      }
    }
  }
  ${TASK_SUMMARY_FRAGMENT}
  ${APPROACH_FRAGMENT}
`;
// ·-·-·.
```

이 쿼리는 그래프QL 변수인 ($taskId)를 사용한다. 컴포넌트 코드(굵은 부분)에서 데이터 요청을 하며 이때 taskId 변수를 request 함수에 두 번째 인수로 전달한다.

예제 9-13 수정: web/src/components/TaskPage.js

```
// mockTaskInfo 객체 삭제
export default function TaskPage({ taskId }) {
  // ·-·-·.

  useEffect(() => {
    if (!taskInfo) {
      request(TASK_INFO, { variables: { taskId } }).then(
        ({ data }) => {
          setTaskInfo(data.taskInfo);
        },
```

```
        );
      }
    }, [taskId, taskInfo, request]);
    // ......
  }
```

완성이다. 태스크 페이지로 이동하면 이제 태스크 레코드의 모든 데이터와 접근법 레코드 목록이 표시된다. 또한, 각 접근법의 상세 목록도 추출되며(하나의 그래프QL 요청으로) UI 상에 제대로 표시된다(그림 9-7).

지금까지 읽기 전용인 쿼리 작업을 만들었다. 다음은 변경 요청을 어떻게 실행할지 보도록 한다. 잠깐 스포일러를 하자면 변경 작업은 쿼리 작업과 많이 유사하다.

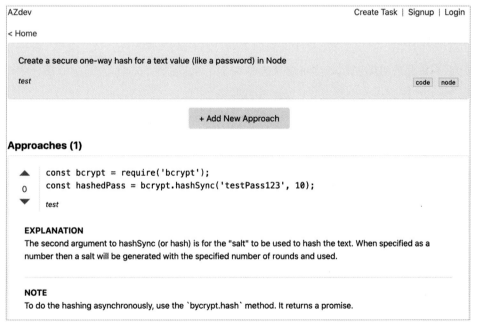

그림 9-7 전체 태스크 레코드를 보여주는 페이지

NOTE_ 현재 코드: git checkout 9.3 명령을 실행하면 로컬 리포지터리를 책의 진도에 맞추어 업데이트할 수 있다.

9.5 그래프QL 변경 요청 만들기

그래프QL 변경 작업은 보통 HTML 폼의 onSubmit 이벤트의 일부로 실행되며, 변경 작업의 입력은 HTML 폼 요소(텍스트 입력, 선택값, 체크박스 등)를 통해 얻는다.

이 프로젝트에선 5개의 기본 폼을 사용한다. 로그인, 계정 신규 등록, 태스크 작성, 접근법 추가, 그리고 태스크 및 접근법 검색이다. 각 폼은 하나의 변경 작업을 실행한다. 때에 따라선 폼 요소가 아닌, 단순한 onClick 이벤트에 의해 변경 작업이 호출되는 경우도 있다. 접근법 투표(vote-on-Approach) 기능이 그 예이다.

어떤 변경 작업은 로그인 없이 공개적으로 실행되기도 한다. 예를 들면 신규 계정 생성이나 기존 사용자가 로그인할 때다. 접근법 투표도 공개 변경 작업으로 유지하도록 한다. 반면, 어떤 변경 작업은 로그인을 요구하기도 한다. 태스크 및 접근법 레코드 생성은 로그인한 사용자만 할 수 있다.

어떤 변경 작업은 공개 호출할 수 있지만 로그인한 상태에서 호출할 때는 다른 방식으로 동작한다. 예를 들면 검색은 로그인한 사용자가 볼 수 있는 비공개 태스크 레코드를 검색 대상에 포함한다. 반면 사용자 인증을 거치지 않은 경우에는 공개 레코드만 검색된다.

먼저 userLogin과 userCreate 작업부터 시작해보자. 이들은 인증 헤더 없이 호출할 수 있으며, 유효한 authToken을 반환해서 다른 변경 작업에 사용할 수 있게 한다.

9.5.1 로그인 및 신규 등록 폼

로그인(Login) 및 신규 등록(Signup) 폼은 오른쪽 상단에 있는 링크를 통해 접근할 수 있다. 이 페이지들에 사용되는 컴포넌트는 다음과 같다.

- Login 컴포넌트는 web/src/components/Login.js에 있다.
- Signup 컴포넌트는 web/src/component/Signup.js에 있다.

이 컴포넌트들은 간단한 HTML 폼을 제출submit 버튼과 함께 표시한다. 우리는 onSubmit 이벤트 핸들러를 구현해야 한다. 이 핸들러는 양쪽 폼 모두 비슷하다. 폼 요소로부터 입력 객체를 읽어서 변경 요청을 제출하고 앱의 전역 상태에 사용자 레코드를 저장한다. 이를 통해 다른 페이지로 이동하거나 다른 변경 작업을 호출할 수 있다.

다음은 계정명(username)과 패스워드(password)를 사용해서 로그인할 때 실행할 변경 작업이다. 이것을 Login 컴포넌트에 작성하자.

예제 9-14 수정: web/src/components/Login.js

```
// ·-·-·-
const USER_LOGIN = `
  mutation userLogin($input: AuthInput!) {
    userLogin(input: $input) {
      errors {
        message
      }
      user {
        id
        username
      }
      authToken
    }
  }
`;
// ·-·-·-
```

다음은 신규 계정 등록 시에 사용하는 변경 작업이다. Signup 컴포넌트에 작성하자.

예제 9-15 수정: web/src/components/Signup.js

```
// ·-·-·-
const USER_CREATE = `
  mutation userCreate($input: UserInput!) {
    userCreate(input: $input) {
      errors {
        message
      }
      user {
        id
        username
      }
```

```
        authToken
      }
    }
  `;
  // ·-·-·.
```

이전까지는 이런 변경 작업은 그래피컬에서 직접 확인하고 테스트했지만, 여기서는 컴포넌트 내의 제출 핸들러에서 호출한다. Login 컴포넌트에선 폼 요소로부터 필요한 입력값을 얻은 후 USER_LOGIN 작업을 사용해서 요청 함수를 호출한다. 필자가 구현한 방법은 다음과 같다.

예제 9-16 수정: web/src/components/Login.js

```
// ·-·-·.
export default function Login() {
  // ·-·-·.
  const handleLogin = async (event) => {
    event.preventDefault();
    const input = event.target.elements;
    const { data } = await request(USER_LOGIN, {
      variables: {
        input: {
          username: input.username.value,    ⟵ 입력 데이터는 DOM API 호출을 통해 읽는다.
          password: input.password.value,         이 폼의 상태는 리액트가 관리하지 않는다.
        },
      },
    });
    const { errors, user, authToken } = data.userLogin;
    if (errors.length > 0) {  ⟵  변경 실행 후 사용자 오류가 존재하는지 확인하며, 이 오류들을 UI를
      return setUIErrors(errors);        통해 표시하도록 설정한다. 틀린 계정 정보를 사용해서 폼을 테스트하면
    }                                    "Invalid username or password(틀린 사용자명 또는 패스워드)"라는
    user.authToken = authToken;          오류 메시지를 표시한다.
    window.localStorage.setItem('azdev:user', JSON.stringify(user));
    setLocalAppState({ user, component: { name: 'Home' } });
  };
  // ·-·-·.
}
```

로그인 폼에 틀린 계정 정보를 입력하면 "Invalid username or password"라는 메시지를 볼 수 있다(그림 9-8).

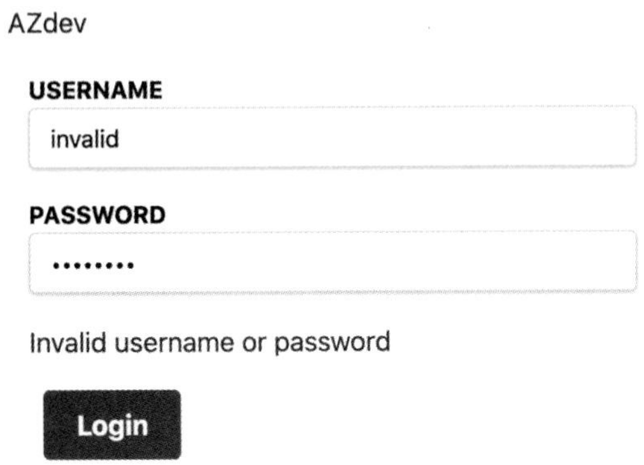

AZdev

USERNAME

> invalid

PASSWORD

> ....

Invalid username or password

Login

그림 9-8 로그인 변경 작업의 UserError 예

맞는 계정 정보를 사용해 로그인 폼을 테스트해보고 싶다면 샘플 데이터 스크립트에 있는 테스트 계정(id: test, password: 123456)을 사용하면 된다. 홈페이지가 표시되면서 상단 내비게이션바에 Logout이라고 표시되는 것을 확인할 수 있다(그림 9-9).

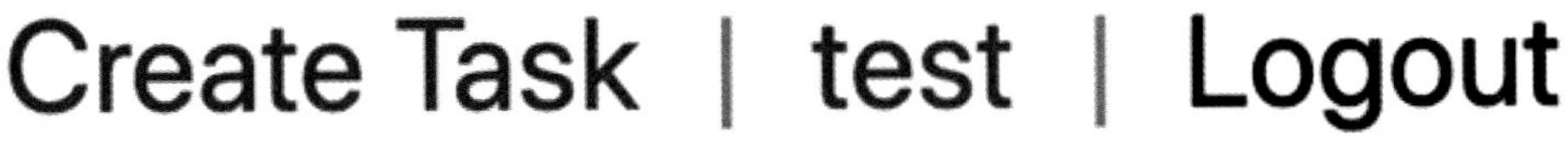

Create Task | test | Logout

그림 9-9 로그인한 사용자의 내비게이션바 상태

userCreate 작업을 실행하려면 이름(firstName), 성(lastName), 사용자 ID(username), 패스워드(password)의 값을 읽어야 한다. 폼에는 confirmPassword라는 필드도 있지만, 변경 작업의 그래프QL API는 이 필드를 지원하지 않는다. 이것은 유효성 검사의 예로 그래프QL 변경 작업이 실행되기 전에 해야 한다.

> **NOTE_** 도전 과제: Signup 컴포넌트의 userCreate 작업을 직접 구현해보도록 하자. Login 컴포넌트에서 작성한 코드와 매우 유사하다.

다음은 필자가 구현한 변경 호출이다.

예제 9-17 수정: web/src/components/Signup.js

```
// ·-·-·
export default function Signup() {
  // ·-·-·
  const handleSignup = async (event) => {
    event.preventDefault();
    const input = event.target.elements;
    if (input.password.value !== input.confirmPassword.value) {
      return setUIErrors([{ message: 'Password mismatch' }]);
    }
    const { data } =
      await request(USER_CREATE, {
        variables: {
          input: {
            firstName: input.firstName.value,
            lastName: input.lastName.value,
            username: input.username.value,
            password: input.password.value,
          },
        },
      });
```

```
    const { errors, user, authToken } = data.userCreate;
    if (errors.length > 0) {
      return setUIErrors(errors);
    }
    user.authToken = authToken;
    window.localStorage.setItem('azdev:user', JSON.stringify(user));
    setLocalAppState({ user, component: { name: 'Home' } });
  };
  // .-.--.
}
```

이제 계정 등록 폼을 테스트할 수 있다. 신규 계정을 등록한 후 로그인까지 할 수 있다.

9.5.2 기본 서버 오류 처리하기

로그인과 계정 등록이 잘 동작하고 있지만, 예외적인 경우도 테스트해야 한다. 예를 들면 다음과 같은 경우가 있다. azdev.users 테이블에 이미 존재하는 ID로 신규 계정을 생성하려고 하면, UI가 오류를 표시하는 것이 아니라 콘솔에 500 서버 내부 오류Internal Server Error를 출력한다 (그림 9–10). 왜 이런 현상이 발생하며 어떻게 수정해야 할까?

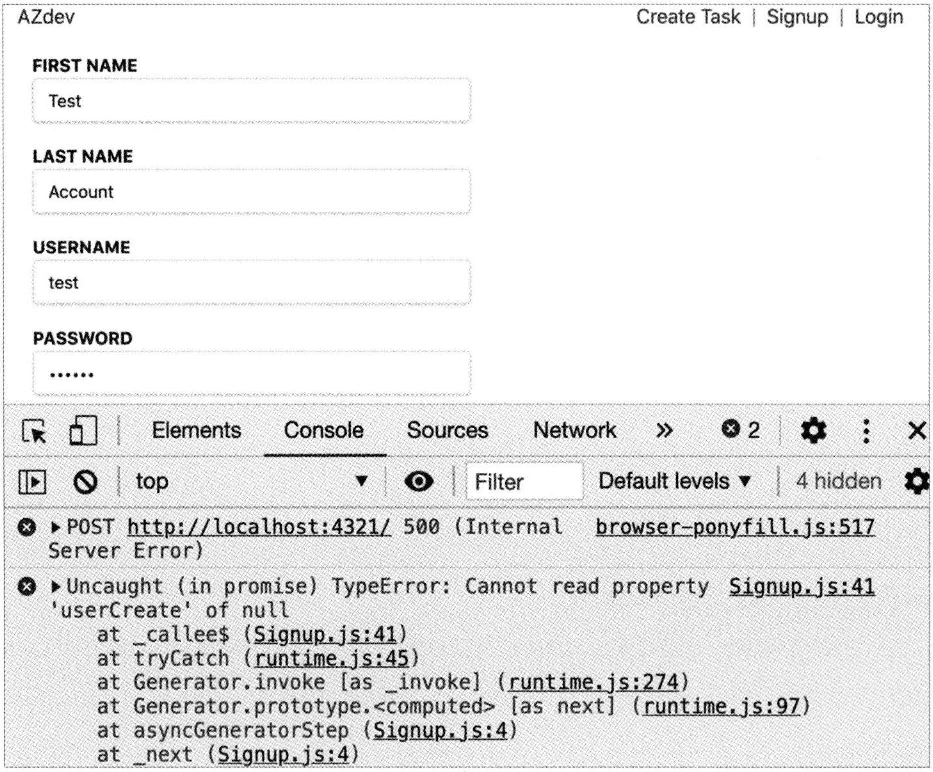

그림 9-10 서버 응답상의 처리되지 않은 오류

이런 현상은 데이터베이스의 username 컬럼에 설정되어있는 고유성 제약^{unique constraint}이 작업을 가로막아 pg 드라이버에서 기본 오류를 던져 발생한다. 이 오류는 [그림 9-11]처럼 서버 로그를 통해서도 확인할 수 있다(앞에서 추가한 customFormatErrorFn 함수 덕이다). 네트워크 요청에 대한 서버 응답을 확인하고 싶다면, 브라우저 개발자 도구를 열어 네트워크^{Network} 탭에 접근하면 볼 수 있다(그림 9-12).

```
GraphQL Error {
  message: 'duplicate key value violates unique constraint "users_username_key"',
  locations: [ { line: 3, column: 5 } ],
  stack: [
    'error: duplicate key value violates unique constraint "users_username_key"',
    '    at Parser.parseErrorMessage (/Users/samer/graphql-in-action/node_modules/pg-protocol/dist/parser.js:278:15)',
    '    at Parser.handlePacket (/Users/samer/graphql-in-action/node_modules/pg-protocol/dist/parser.js:126:29)',
    '    at Parser.parse (/Users/samer/graphql-in-action/node_modules/pg-protocol/dist/parser.js:39:38)',
    '    at Socket.<anonymous> (/Users/samer/graphql-in-action/node_modules/pg-protocol/dist/index.js:8:42)',
    '    at Socket.emit (events.js:315:20)',
    '    at Socket.EventEmitter.emit (domain.js:483:12)',
    '    at addChunk (_stream_readable.js:295:12)',
    '    at readableAddChunk (_stream_readable.js:271:9)',
    '    at Socket.Readable.push (_stream_readable.js:212:10)',
    '    at TCP.onStreamRead (internal/stream_base_commons.js:186:23)'
  ],
  path: [ 'userCreate' ]
}
POST / 500 48.078 ms - 1004
█
```

그림 9-11 서버 로그

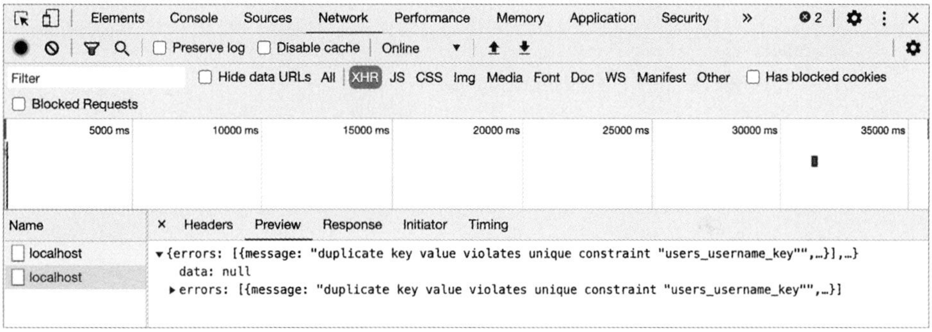

그림 9-12 브라우저의 네트워크 탭을 통해 응답 확인하기

사용자 입장에선 좋은 경험이 아니다. 사용자가 기대한 일을 못했을 때는 UI에 그와 관련된 적절한 오류를 표시해야 한다.

앞의 서버 응답은 루트 errors 배열을 가지고 있으며 Signup 컴포넌트에 작성한 코드는 이를 읽지 않는다. 단, 데이터 부분에 있는 또 다른 사용자 오류 배열은 모든 변경 작업을 위해 설계한 것으로 읽을 수 있다. 하지만 현재 발생하고 있는 오류는 사용자 오류가 아니고 루트 오류로 반환되고 있어서 읽지 못한다.

이를 수정하려면 API의 mutators 메서드가 오류를 사용자 오류로 반환하게 하면 된다(사용자 오류는 이미 구현돼 있기 때문이다). 하지만 이 오류는 발생할 수 있는 많은 루트 오류 중 하나에 불과하므로, 폼이 모든 경우의 오류를 표시하게 해보자.

코드에 이미 errors 변수가 있으므로 이를 루트 오류인 rootErrors로 변경하자. 루트 오류가 있는지 확인해서 있으면 UI를 업데이트 해주기만 하면 된다.

예제 9-18 수정: web/src/components/Signup.js

```
// ·-·-·.
export default function Signup() {
  // ·-·-·.

  const handleSignup = async (event) => {
    // ·-·-·.
    const { data, errors: rootErrors } =
      await request(USER_CREATE, {
        variables: {
          input: {
            firstName: input.firstName.value,
            lastName: input.lastName.value,
            username: input.username.value,
            password: input.password.value,
          },
        },
      });
    if (rootErrors) {
      return setUIErrors(rootErrors);
    }
    const { errors, user, authToken } = data.userCreate;
    if (errors.length > 0) {
      return setUIErrors(errors);
    }
    // ·-·-·.
  };
```

NOTE_ **Login** 컴포넌트도 동일하게 수정하자.

모든 준비가 끝났다. 앞의 테스트 계정을 다시 등록하려고 하면 UI상에 오류가 표시되는 것을 볼 수 있다(그림 9-13). 이 오류는 운영 서버에서 시스템(DB) 정보가 노출되지 않도록 일반적인 메시지로 변경해야 한다(그림 9-14).

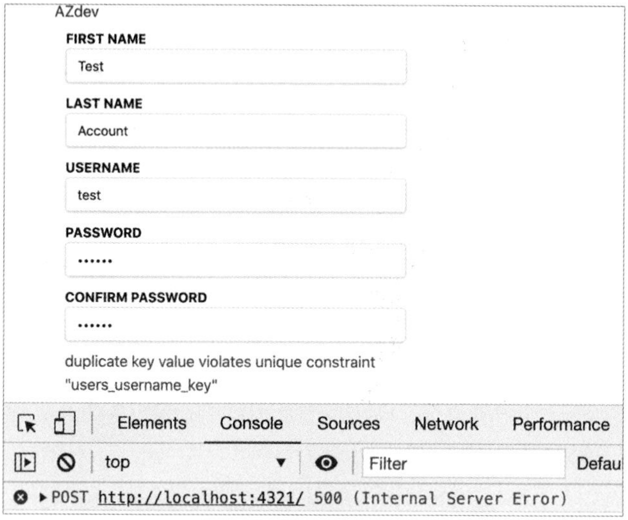

그림 9-13 UI에 시스템 루트 오류를 표시한다.

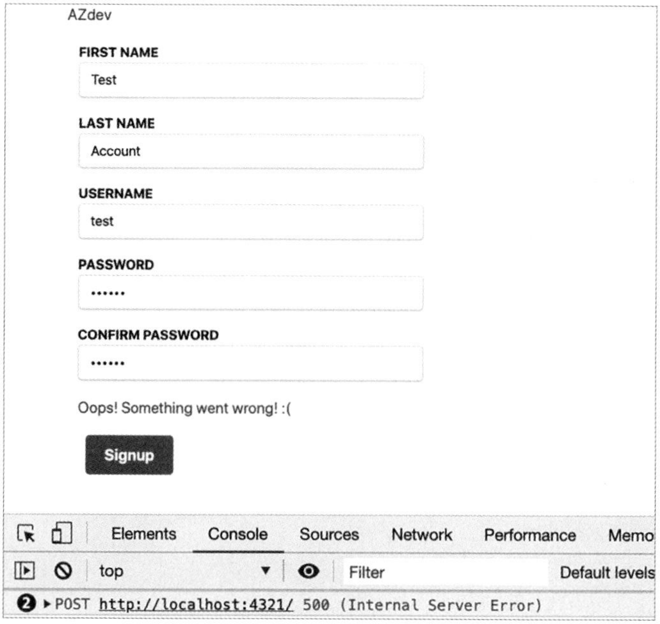

그림 9-14 UI에 일반적인 오류 메시지를 보여준다.

더 나은 사용자 경험을 제공하기 위해서 오류를 전역적으로 정의하지 않고(예: request 함수 내에 정의) 해당 컴포넌트의 로컬로 정의하고 있다. 서버 루트 오류는 그래프QL 요청을 보낼 때마다 처리해야 하며, 다음 장에서 그래프QL 클라이언트를 사용해 간단하게 구현하는 방법을 배우도록 한다.

이제 예상하지 못한 루트 오류를 처리할 수 있게 됐지만, 이미 등록된 ID를 다시 등록하려고 하면 사용자가 이해할 수 있는 오류 메시지를 표시하도록 개선하는 것이 낫다. 이 작업의 변경자 함수를 보도록 하자. api/src/db/pg-api.js에 있는 userCreate 함수이다. 이 메서드에는 pgQuery 프로미스가 실패하면 오류를 처리할 수 있는 코드가 없다.

이 메서드를 수정해서 오류를 던지지 못하게 해보자. SELECT SQL문을 먼저 실행해서 검증하는 방법이 있으며, INSERT SQL문에 try/catch문을 사용해서 발생하는 오류를 캐치하는 방법이 있다. users_username_key 제약에 의해 오류가 발생했다면 이를 캐치해서 일반 사용자 오류를 반환하게 구현할 수 있다. 예를 들면 다음과 같은 형태다.

예제 9-19 변경자에서 데이터베이스 오류 처리하기

```
userCreate: async ({ input }) => {
  // ·--·.

  if (payload.errors.length === 0) {
    const authToken = randomString();
    try {
      const pgResp = await pgQuery(sqls.userInsert, {
        $1: input.username.toLowerCase(),
        $2: input.password,
        $3: input.firstName,
        $4: input.lastName,
        $5: authToken,
      });
      if (pgResp.rows[0]) {
        payload.user = pgResp.rows[0];
        payload.authToken = authToken;
      }
    } catch (err) {
      console.error(err);
```

```
    // err 객체를 확인해서
    // - 페이로드로 사용자 지정 오류 메시지를 보내거나,
    // - err 객체를 다시 던진다
  }
  return payload;
},
```

이 부분은 여러분에게 맡기도록 하겠다. 다른 변경 작업에서 발생할 수 있는 데이터베이스 오류에 대해서도 생각해보길 바란다.

> **NOTE_** 현재 코드: `git checkout 9.4` 명령을 실행하면 로컬 리포지터리를 책의 진도에 맞추어 업데이트할 수 있다.

9.5.3 그래프QL 요청 인증하기

로그인 및 계정 등록 폼의 핸들러에서 반환된 authToken값을 현재 user의 상태 객체에 저장했다(예제 9-17과 9-18). 이 값을 다른 변경 요청(과 쿼리 요청)에 포함시켜야 한다.

단순히 authToken값(존재한다면)을 그래프QL 요청의 일부로 API 서비스로 보내서 API 서비스가 그것을 사용할지 결정하게 하면 된다. 이를 위해서 request 함수를 수정해서 요청 내부에 AuthorizationBearer 토큰을 포함시켜야 한다. fetch 함수에선 세 번째 인수의 일부인 headers 속성을 사용한다.

예제 9-20 수정: web/src/store.js

```
const request = async (requestText, { variables } = {}) => {
  const headers = state.user
    ? { Authorization: 'Bearer ' + state.user.authToken }
    : {};
  const gsResp = await fetch(config.GRAPHQL_SERVER_URL, {
    method: 'post',
    headers: { ...headers, 'Content-Type': 'application/json' },
    body: JSON.stringify({ query: requestText, variables }),
```

```
    }).then((response) => response.json());

    return gsResp;
  };
```

이제 로그인한 경우에는 모든 그래프QL 요청에 현재 authToken값이 포함되며 이 값을 가지고 변경 작업을 호출할 수 있다. 개발자 도구의 네트워크 탭에서 아무 XHR 요청이나 선택해서 헤더 값을 보면 authToken이 포함된 것을 볼 수 있다(그림 9-15).

```
▼ Request Headers        view source
    accept: */*
    Accept-Encoding: gzip, deflate, br
    Accept-Language: en-US,en;q=0.9
    authorization: Bearer 4ca6ab66661a460e627b0f551b5d331d6f404dcb341
    Connection: keep-alive
    Content-Length: 267
    content-type: application/json
    Host: localhost:4321
```

그림 9-15 API의 모든 네트워크 요청에 authToken을 함께 전송한다.

9.5.4 태스크 폼 만들기

사용자가 로그인한 후 모든 그래프QL 작업의 헤더에 authToken값을 함께 보낼 수 있게 됐다. 이제 새로운 태스크 레코드를 만들 수 있게 해보자. 오른쪽 상단의 Create Task 라는 링크를 클릭하면 해당 폼으로 이동한다(그림 9-16).

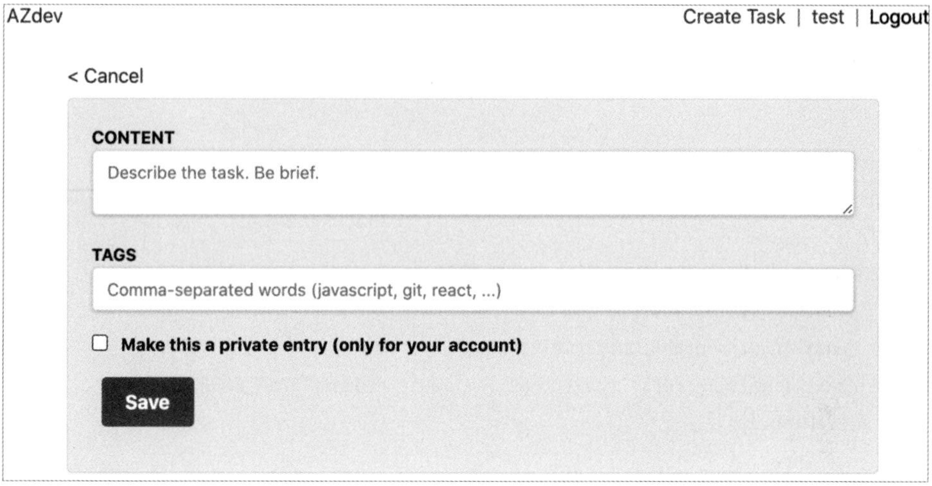

그림 9-16 태스크 생성(Create Task) 폼

이 HTML 폼을 렌더링하는 컴포넌트는 `web/src/components/NewTask.js`에 있으며 세 개의 요소를 가진다. 컨텐츠 박스, 태그 텍스트박스, 공개/비공개 체크박스이다. 이 입력 요소들은 TaskInput 타입 구조와 일치하며 `taskCreate` 변경 필드에 사용할 수 있다. `tags` 입력값은 단일 문자열이 아닌 문자열 배열로 보내야 한다. 입력 텍스트값에 `.split(',')`을 호출하면 배열로 만들 수 있다.

태스크 객체가 성공적으로 생성되면, 주석 처리한 `setLocalAppState` 호출을 사용해서 새롭게 생성된 Task 객체의 페이지로 이동할 수 있게 한다. 다음이 이를 반영해 구현한 컴포넌트이다.

예제 9-21 수정: `web/src/components/NewTask.js`

```
// ·-·-·
const TASK_CREATE = `
  mutation taskCreate($input: TaskInput!) {
    taskCreate(input: $input) {
      errors {
        message
      }
      task {
        id
```

```
      }
    }
  }
`;

export default function NewTask() {
  // ·-·--·
  const handleNewTaskSubmit = async (event) => {
    event.preventDefault();
    const input = event.target.elements;
    const { data, errors: rootErrors } = await request(TASK_CREATE, {
      variables: {
        input: {
          content: input.content.value,
          tags: input.tags.value.split(','),
          isPrivate: input.private.checked,
        },
      },
    });
    if (rootErrors) {
      return setUIErrors(rootErrors);
    }
    const { errors, task } = data.taskCreate;
    if (errors.length > 0) {
      return setUIErrors(errors);
    }
    setLocalAppState({
      component: { name: 'TaskPage', props: { taskId: task.id } },
    });
  };
  // ·-·--·
}
```

로그인한 경우 자신만의 태스크 레코드를 만들 수 있게 된다.

다음 내용을 진행하기 전에 이 변경 작업용 UI를 최적화하는 방법에 대해 간단히 언급하고자
한다. 지금은 그래프QL 변경 요청을 전송해서 하나의 태스크 객체를 만든다. 그리고 난 뒤 태

스크 페이지로 이동 후 그래프QL 쿼리 요청을 추가 전송해서 신규 태스크 객체의 데이터를 읽는다. 브라우저의 개발자 도구의 네트워크 탭에서 이를 확인할 수 있다.

하지만 두 번째 요청(태스크 페이지에 표시하기 위한 데이터 추출용)은 건너뛸 수 있다. 같은 데이터를 변경 요청을 통해 읽을 수 있기 때문이다. 이를 위해선 taskCreate가 TaskPage 뷰를 표시할 때 필요한 모든 데이터를 요청하게 만들면 된다.

즉, (최상위 계층 컴포넌트라도) TaskPage 컴포넌트는 전체 데이터 요건을 조각으로 선언해야 한다. TaskPage 컴포넌트에선 TASK_INFO 쿼리가 조각을 사용하고 이 조각을 다른 곳에서 사용할 수 있도록 엑스포트하도록 수정하면 된다. 이 조각의 이름을 FullTaskData라고 하자.

예제 9-22 수정: web/src/components/TaskPage.js

```
// ......
export const FULL_TASK_FRAGMENT = `
  fragment FullTaskData on Task {
    id
    ...TaskSummary
    approachList {
      id
      ...ApproachFragment
    }
  }
  ${TASK_SUMMARY_FRAGMENT}
  ${APPROACH_FRAGMENT}
`;

const TASK_INFO = `
  query taskInfo($taskId: ID!) {
    taskInfo(id: $taskId) {
      ...FullTaskData
    }
  }
  ${FULL_TASK_FRAGMENT}
`;
// ......
```

다음은 taskCreate 작업을 변경해서 TaskPage가 필요로 하는 모든 데이터를 요청하게 한다.

예제 9-23 수정: web/src/components/NewTask.js

```
// ··-··-.
import { FULL_TASK_FRAGMENT } from './TaskPage';

const TASK_CREATE = `
  mutation taskCreate($input: TaskInput!) {
    taskCreate(input: $input) {
      errors {
      message
      }
      task {
        id
        ...FullTaskData
      }
    }
  }
  ${FULL_TASK_FRAGMENT}
`;
// ··-··-.
```

TaskPage 컴포넌트의 UI를 반복해서 추출하지 않도록 최적화하려면, 컴포넌트가 (단순히 ID 대신) 선택적으로 데이터 객체를 받을 수 있게 만들어야 한다. 그리고 이 객체를 TASK_INFO 쿼리 전에 확인해 객체가 없는 경우에만 요청하는 것이다. 이것은 리액트에서 적용해야 할 내용으로 건너뛰도록 하겠다. (설령 UI가 처음에 해당 데이터를 버리고 다시 추출해야 한다고 하더라도) 항상 UI가 객체 생성에 필요한 모든 데이터를 추출하게 하는 편이 좋다. 참고로 그래프QL 클라이언트를 사용하면, 요청 최적화나 캐시 등은 클라이언트에서 관리하게 된다.

> **NOTE_** 현재 코드: git checkout 9.5 명령을 실행하면 로컬 리포지터리를 책의 진도에 맞추어 업데이트 할 수 있다.

9.5.5 접근법 폼 만들기

다음은 접근법 레코드를 기존 태스크 레코드에 추가하기 위한 변경 작업을 구현하도록 한다. 이 기능의 UI 폼에 접근하려면 먼저 로그인해야 한다. Task 페이지 화면에서 신규 접근법 추가(Add New Approach) 버튼을 클릭하면 접근법 생성(Create Approach) 폼을 볼 수 있다 (그림 9-17).

이 폼에서 까다로운 부분은 상세 정보 분류(Detail category) 선택자이다. 접근법 상세 정보는 노트(Note)나 설명(Explanation), 경고(Warning) 등으로 분류할 수 있다. 하지만 이 값들을 HTML 폼에 고정값으로 설정하지 않았다(그림 9-17에서 HTML `select` 요소가 비어 있는 것을 알 수 있다).

그래프QL 서비스가 이후에 새로운 분류를 추가한다면(또는 삭제한다면) 어떻게 될까? HTML 폼을 미래에 발생할 변경에 유연하게 대처할 수 있게 만들 수 있을까?

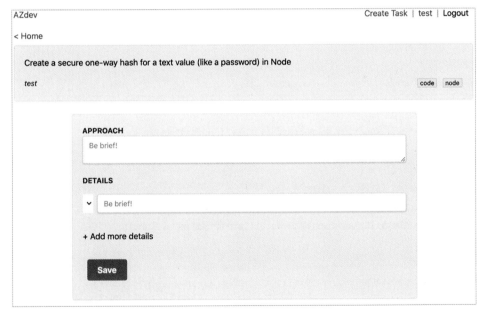

그림 9-17 접근법 생성 폼

이때 사용하는 것이 바로 그래프QL의 내향성introspective 쿼리이다. `__type` 내향성 필드를 사용해서 `ApproachDetailCategory` 타입이 어떤 값을 지원하는지 그래프QL 서비스에 물을 수 있다.

예제 **9-24** 수정: web/src/components/NewApproach.js

```
// ·-·-·
const DETAIL_CATEGORIES = `
  query getDetailCategories {
    detailCategories: __type(name: "ApproachDetailCategory") {
      enumValues {
        name
      }
    }
  }
`;
// ·-·-·
```

이제 이 응답을 사용해서 HTML 폼을 구성하면 되고, 같은 역할을 하는 리액트 UI 코드는 이미 구현돼 있다. 이 내향성 쿼리를 어느 시점에 요청해야 할까? 예를 들면 이 폼이 렌더링될 때마다 요청할 수 있으며 필자가 준비된 코드도 이 방식을 따르고 있다.

예제 **9-25** 수정: web/src/components/NewApproach.js

```
// ·-·-·
export default function NewApproach({ taskId, onSuccess }) {
  // ·-·-·
  useEffect(() => {
    if (detailCategories.length === 0) {
      request(DETAIL_CATEGORIES).then(({ data }) => {
        setDetailCategories(data.detailCategories.enumValues);
      });
    }
  }, [detailCategories, request]);
  // ·-·-·
}
```

이제 서버가 제공하는 값이 HTML 폼에 표시된다(그림 9-18).

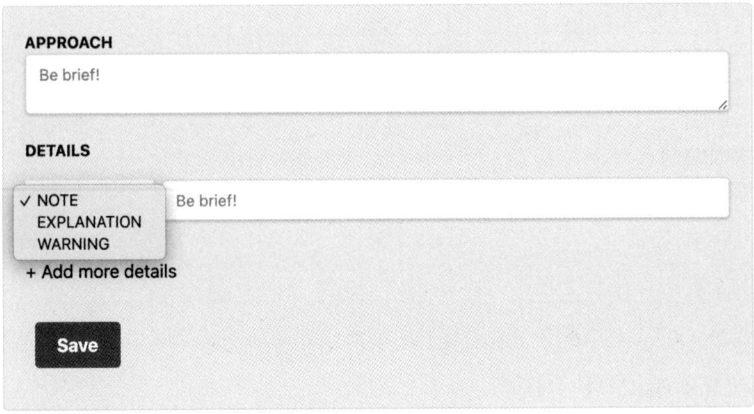

그림 9-18 상세 정보 분류를 API 응답에서 가져온다.

> **TIP_** 이런 종류의 요청은 캐시해서 HTML 폼을 표시할 때마다 호출되는 것을 방지해야 한다. 상세 분류 항목은 자주 바뀌는 것이 아니므로 필자라면 이 요청 자체를 서버에 캐시할 것이다.

이제 HTML 폼이 준비됐다. `approachCreate` 작업을 어떻게 사용할지 생각해보자. 이 변경 작업은 `taskId` 변수를 받아서 `ApproachInput` 객체를 생성한다. 반환된 데이터는 신규 접근법 레코드의 상세 정보가 포함되도록 요청할 수 있다. 이 변경 작업의 결과에 포함돼야 할 필드는 UI가 접근법 레코드를 표시할 때 필요한 것이다. `Approach` 컴포넌트에서 이 필드들을 위한 조각을 이미 만들었으므로 여기서 재사용하면 된다.

예제 9-26 수정: web/src/components/NewApproach.js

```
// ·-·-·
import { APPROACH_FRAGMENT } from './Approach';
// ·-·-·
const APPROACH_CREATE = `
  mutation approachCreate($taskId: ID!, $input: ApproachInput!) {
    approachCreate(taskId: $taskId, input: $input) {
      errors {
        message
      }
      approach {
        id
```

```
        ...ApproachFragment
      }
    }
  }
  ${APPROACH_FRAGMENT}
`;
// ·-·-·
```

이 변경 작업의 입력값은 약간 특수하다. `detailList` 부분이 객체 배열을 가지고 있기 때문이다(각 객체가 하나의 상세 레코드를 나타낸다).

변경 작업이 성공하면 onSuccess 메서드를 호출해서 변경 작업이 반환한 데이터를 신규 접근법 레코드에 전달할 수 있다. onSuccess 함수의 로직은 모두 리액트 코드로, 기본적으로 신규 접근법 레코드의 UI를 업데이트하기 위한 것이다(배경색 강조 포함). 다음이 이를 구현한 것이다.

예제 9-27: 수정: web/src/components/NewApproach.js

```
// ·-·-·
export default function NewApproach({ taskId, onSuccess }) {
  // ·-·-·
  const handleNewApproachSubmit = async (event) => {
    event.preventDefault();
    setUIErrors([]);
    const input = event.target.elements;
    const detailList = detailRows.map((detailId) => ({
      category: input[`detail-category-${detailId}`].value,
      content: input[`detail-content-${detailId}`].value,
    }));
    const { data, errors: rootErrors } = await request(
      APPROACH_CREATE,
      {
        variables: {
          taskId,
          input: {
            content: input.content.value,
```

```
        detailList,
      },
    },
  },
);
if (rootErrors) {
  return setUIErrors(rootErrors);
}
const { errors, approach } = data.approachCreate;
if (errors.length > 0) {
  return setUIErrors(errors);
}
onSuccess(approach);
};
// ·--·--.
}
```

태스크에 신규 접근법을 추가해보자. 신규 접근법의 배경색이 약간 강조돼서 제일 위에 표시될 것이다(그림 9-19).

그림 9-19 새롭게 생성된 접근법 레코드용 UI

9.5.6 접근법 투표하기

각 접근법의 투표 수는 두 개의 화살표 사이에 표시된다. 사용자는 이 화살표를 클릭해서 찬성, 반대 투표를 할 수 있다. API 서비스 스키마는 이를 위해 approachId 필드와 up(찬성) 불린 속성을 가진 입력 객체를 받는 approachVote 작업을 제공한다.

이와 관련된 코드는 web/src/components/Approach.js의 Approach 컴포넌트에 있다. handleVote는 이 작업과 연결된 함수로 (값이 UP 또는 DOWN인) direction 인수를 받는다.

approachVote 작업은 (voteCount가 포함된) 업데이트된 접근법 레코드를 반환해야 하며, 이를 이용해서 컴포넌트가 새로운 투표 수를 보여줄 수 있다.

지금까지 컴포넌트용으로 그래프QL 작업을 정의하는 비슷한 예를 많이 보았다. 이 작업을 호출하는 방법이나 오류 처리 방법, 성공한 응답을 사용해 UI를 업데이트하는 방법 등 모두 유사하니 답을 보기 전에 직접 구현해보도록 하자.

다음은 필자가 작성해본 컴포넌트이다.

예제 9-28 수정: web/src/components/Approach.js

```
// ·-·-·
const APPROACH_VOTE = `
  mutation approachVote($approachId: ID!, $up: Boolean!) {
    approachVote(approachId: $approachId, input: { up: $up }) {
      errors {
        message
      }
      updatedApproach: approach {
        id
        voteCount
      }
```

```
      }
    }
  `;
  export default function Approach({ approach, isHighlighted }) {
  // ·-·-·

    const handleVote = (direction) => async (event) => {
      event.preventDefault();
      const { data, errors: rootErrors } = await request(
        APPROACH_VOTE,
        {
        variables: {
          approachId: approach.id,
          up: direction === 'UP',
        },
      },
    );
    if (rootErrors) {
      return setUIErrors(rootErrors);
    }
    const { errors, updatedApproach } = data.approachVote;
    if (errors.length > 0) {
      return setUIErrors(errors);
    }
    setVoteCount(updatedApproach.voteCount);
  };

    // ·-·-·
  }
```

이제 투표 기능을 테스트할 수 있다. 단, 투표 횟수에 제한이 없는 것에 유의하자. 모든 접근법에 대해서 원하는 만큼 투표할 수 있지만 실제 시스템에서는 제한을 두어야 한다. 이것은 API와 UI 코드를 모두 수정해야 하는 것으로 전체 과정을 경험할 수 있는 재미있는 도전 과제가될 것이다.

이 장에서 다룬 예들은 그래프QL 변경 요청을 어떻게 호출하는지 볼 수 있는 좋은 예이다.

이외에도 여러분들이 직접 여러 가지 시도를 해보면 재미있을 것이다. 여기서 마무리 지으면 좋겠지만, 아직 두 개의 쿼리 요청이 남았다. 사용자의 태스크 목록 기능과 검색 기능이다.

> **NOTE_** 현재 코드: git checkout 9.7 명령을 실행하면 로컬 리포지터리를 책의 진도에 맞추어 업데이트 할 수 있다.

9.6 특정 사용자에게 속한 쿼리 요청 만들기

로그인한 사용자는 오른쪽 상단에 있는 자신의 ID 링크를 클릭하면 자신이 만든 모든 태스크 레코드 목록(비공개 레코드 포함)을 볼 수 있다. 이 페이지는 홈페이지와 비슷하지만 그래프 QL 쿼리가 요구하는 정보와 다르다. 이 쿼리는 me 루트 필드를 사용해야 하며 그 아래에 있는 taskList 필드를 요청해야 한다. 또한, 홈페이지에서 한 것처럼 TaskSummary 조각을 재사용할 수 있다.

이것도 여러분이 직접 작성해보자. 수정해야 할 컴포넌트는 web/src/components/MyTask. js의 MyTasks이다. 다음은 필자가 작성한 예이다.

예제 9-29 수정: web/src/components/MyTasks.js

```
// ·-·-·.
import TaskSummary, { TASK_SUMMARY_FRAGMENT } from './TaskSummary';

const MY_TASK_LIST = `
  query myTaskList {
    me {
      taskList {
        id
        ...TaskSummary
      }
    }
  }
  ${TASK_SUMMARY_FRAGMENT}
```

```
  `;
export default function MyTasks() {
  // ·-·-·

  useEffect(() => {
    request(MY_TASK_LIST).then(({ data }) => {
      setMyTaskList(data.me.taskList);
    });
  }, [request]);
  // ·-·-·
}
```

이 쿼리를 위해 특별히 추가해야 할 정보는 없다. 이미 모든 그래프QL 요청에서 현재 사용자의 **authToken**을 전송하고 있기 때문이다. 서버는 이 값을 사용해서 요청을 인증하고 데이터를 반환한다. **test**(아이디)와 **123456**(패스워드)를 사용해서 로그인한 후 상단 메뉴에 있는 자신의 ID 링크(여기선 **test**)를 클릭하면 해당 사용자에게 속한 태스크 목록을 볼 수 있다(그림 9-20).

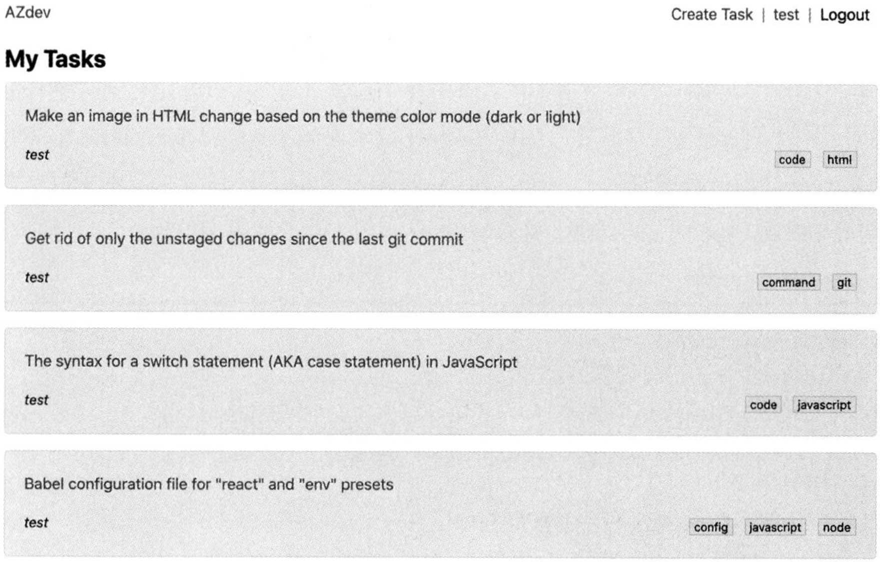

AZdev   Create Task | test | **Logout**

My Tasks

| Make an image in HTML change based on the theme color mode (dark or light) |
| test   code   html |

| Get rid of only the unstaged changes since the last git commit |
| test   command   git |

| The syntax for a switch statement (AKA case statement) in JavaScript |
| test   code   javascript |

| Babel configuration file for "react" and "env" presets |
| test   config   javascript   node |

그림 9-20 로그인한 사용자가 가지고 있는 태스크 목록

9.6.1 검색 폼

검색 기능은 AZDev 애플리케이션에 있어 가장 중요한 기능이라 볼 수 있다. 모든 태스크 레코드의 진입점이 되므로 자주 사용하게 될 기능이다.

또한, 사용자 세션이 있든 없든 동작해야 하므로 특수한 기능이기도 하다. 사용자 세션이 없을 때는 API가 모든 비공개 태스크 레코드를 제외시키며, 세션이 있을 때(authToken이 있을 때)는 인증된 사용자에게 속한 비공개 태스크 레코드를 포함한다. 이 기능을 마지막에 구현하는 이유도 이 때문으로 UI를 통해 세션이 있는 경우, 없는 경우 모두를 테스트할 수 있다.

여기서 사용할 수 있는 루트 그래프QL 필드는 search이며, 별칭으로 searchResults를 사용하도록 한다. term 문자열을 유일한 인수로 받으며 검색용 입력 텍스트박스에서 이 값을 받는다. 하지만 UI는 사용자가 검색Search 버튼을 클릭했을 때만 컴포넌트의 상태가 변경되고 검색어도 로컬 앱 상태에서 읽을 수 있도록 설계돼 있다. 이 부분은 이미 코드상에 적용돼 있다.

검색 쿼리가 가진 또 다른 특이점은 두 개의 API 객체 타입을 표현하는 방법이다. 검색 결과는 태스크와 접근법 레코드를 포함하고 있으며, UI는 이 두 가지 타입을 다르게 표시하도록 구현돼 있다(.type 속성에 따라 달라짐). web/src/components/Search.js에 있는 JSX를 보고 검색 쿼리가 필요로 하는 필드가 무엇인지 찾아보자(사용된 변수를 보면 된다).

```
<h2>Search Results</h2>
<div className="y-spaced">
  {searchResults.length === 0 && (
    <div className="box box-primary">No results</div>
  )}
  {searchResults.map((item, index) => (
    <div key={index} className="box box-primary">
      <AppLink
        to="TaskPage"
```

```
        taskId={
          item.type === 'Approach' ? item.task.id : item.id
        }
      >
        <span className="search-label">{item.type}</span>{' '}
        {item.content.substr(0, 250)}
      </AppLink>
      <div className="search-sub-line">
        {item.type === 'Task'
          ? `Approaches: ${item.approachCount}`
          : `Task: ${item.task.content.substr(0, 250)}`}
      </div>
    </div>
  ))}
</div>
```

각 검색 아이템에서 굵은 글씨로 표시한 부분이 필요한 필드를 알려준다. 태스크인 경우 type, id, content, approachCount가 필요하며, 접근법이라면 task.content, task.id가 필요하다. search 루트 필드를 태스크와 접근법 모델에서 인터페이스로 구현했으며, __typename 내향성 필드가 Task 또는 Approach값을 가진다. UI가 type이라는 명칭을 사용하고 있으므로 __typename에 type이라는 별칭을 부여하고 있다.

content 필드는 양쪽 타입에서 공통적으로 사용되므로 search 필드로부터 직접 읽을 수 있다. 하지만 approachCount와 task 필드는 인라인 조각을 사용해서 조건적으로 포함시켜야 한다. 이를 정리한 쿼리가 다음이다.

예제 9-30 수정: web/src/components/Search.js

```
// ·-·-·
const SEARCH_RESULTS = `
  query searchResults($searchTerm: String!) {
    searchResults: search(term: $searchTerm) {
      type: __typename
      id
      content
```

```
      ... on Task {
        approachCount
      }
      ... on Approach {
        task {
          id
          content
        }
      }
    }
  }
`;
// ·-·--·
```

다음은 searchResults 쿼리를 호출하는 방법이다.

예제 9-31 수정: web/src/components/Search.js

```
// ·-·--·
export default function Search({ searchTerm = null }) {
  // ·-·--·

  useEffect(() => {
    if (searchTerm) {
      request(SEARCH_RESULTS, { variables: { searchTerm } }).then(
        ({ data }) => {
          setSearchResults(data.searchResults);
        },
      );
    }
  }, [searchTerm, request]);

  // ·-·--·
}
```

이제 검색 폼을 테스트할 수 있다. 태스크와 접근법 모두 검색되는지, 그리고 공개, 비공개 모두 검색되는지 확인하자. 비공개 태스크를 생성했다면 로그인했을 때만 해당 태스크가 검색 결과에 포함돼야 한다. 샘플 데이터에는 이미 'test' 사용자가 소유한 비공개 데이터가 포함돼 있다. 로그인한 상태(test 계정 사용)와 하지 않은 상태에서 각각 'babel'을 검색해보자(그림 9-21과 9-22).

AZdev   Create Task | Signup | Login

| babel | **Search** |

Search Results

No results

< Home

그림 9-21 게스트 상태에서 비공개 태스크 검색

AZdev   Create Task | test | **Logout**

| babel | **Search** |

Search Results

Task | Babel configuration file for "react" and "env" presets
Approaches: 1

< Home

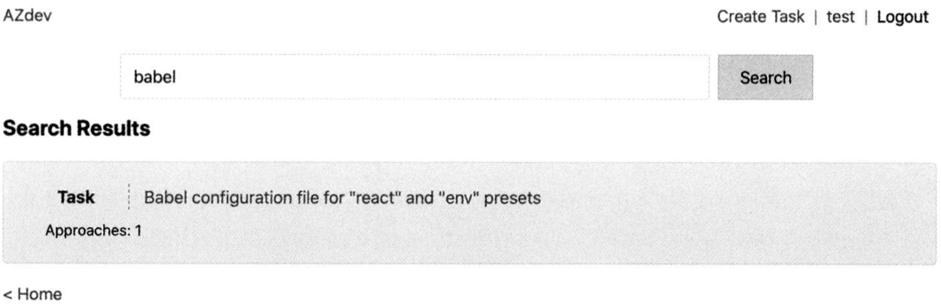

그림 9-22 태스크 소유자가 로그인한 상태에서 비공개 태스크 검색

NOTE_ 현재 코드: `git checkout 9.9` 명령을 실행하면 로컬 리포지터리를 책의 진도에 맞추어 업데이트할 수 있다.

9.7 남은 과제

이 장에선 많은 복잡한 기능들을 건너뛰었다. 단순한 애플리케이션이라면 복잡한 기능을 고려하지 않아도 되지만, 대부분의 애플리케이션에 이런 기능이 필요하다. 예를 들어 API 서비스가 너무 늦게 응답한다거나, 서비스 자체가 다운될 수도 있다. 또는 오류가 발생하고 데이터가 일부만 반환되는 경우도 있다.

이런 경우에는 UI가 사용자 친화적인 방법으로 동작해야 한다. 요청을 다시 시도하거나 전역 오류 메시지를 표시하거나 해당 요청이 보통보다 오래 걸린다는 경고를 표시해야 한다.

복잡성은 기능에만 존재하지 않는다. 브라우저도 많은 제약을 가지고 있어서, 추가 메모리 확보 실패같은 문제가 발생할 수도 있다. 또는 네트워크나 CPU의 제약으로 문제가 발생할 수도 있다. 이렇게 느리고 제한된 장비에서 이 애플리케이션이 더 효율적으로 실행되게 만들려면 많은 것을 고려해야 한다. 데이터로더를 사용해서 SQL 작업을 캐시하거나 일괄 처리한 것처럼, 특수한 그래프QL 클라이언트 라이브러리를 사용해서 캐시나 일괄 처리를 할 수 있다.

아폴로나 릴레이 같은 클라이언트 라이브러리를 사용해야 할지 결정할 때 고려해야 할 사항들이 있다. 클라이언트 라이브러리는 다음에 나열한 것들을 단순하게 만들어준다.

- **성능**: 응답을 캐시하거나 다수의 네트워크 요청을 하나의 일괄 처리로 만들어준다. 또한, 페이지 매김을 사용해서 많은 레코드 목록을 나누어 표시하면 앱 메모리가 넘치는 것을 막을 수 있다.
- **효율성**: 뷰가 요구하는 필요한 신규 데이터만 서버에 요청하며, 신규 데이터를 이전 데이터와 병합해준다. 또는 현재 보이는 창에서 사용되는 데이터만 서버에 요청하고, 나머지 데이터는 사용자가 스크롤할 때 요청한다.
- **실패 처리**: 요청에 실패한 경우 사용할 수 있는 표준 오류 처리나 표준 재요청 방식을 제공한다.
- **반응성**: 서버의 확답을 받기 전에 받았다는 가정으로 예상한 데이터 변경을 보여준다. 서버가 데이터 확보에 실패한 경우 이 변경을 원상태로 복귀시킬 수도 있다.
- **캐시 관리**: 무엇을, 어디에 캐시할지나, 언제 캐시된 데이터를 만료시킬지 관리할 수 있다.

이런 이유 때문에 바로 그래프QL 클라이언트 라이브러리가 존재한다. 다음 장에서는 최근 가장 대중적으로 사용되는 클라이언트인 아폴로를 사용해보겠다.

정리

- 그래프QL 작업을 프런트엔드 웹 애플리케이션에서 사용하려면 Ajax 호출을 사용해야 한다. 이 호출은 UI 상태를 변경시킨다. UI 상태를 읽거나 변경하는 곳에서 호출해야 한다.

- 컴포넌트는 작업과 조각을 정의할 수 있다. 작업은 쿼리나 변경, 구독이 될 수 있으며 쿼리 작업은 보통 컴포넌트를 표시할 때 사용된다. 변경 작업은 DOM 이벤트 핸들러 (onSubmit 또는 onClick 등의)에서 사용되며, 구독 작업은 자주 변경되는 뷰를 자동으로 업데이트할 때 사용된다.

- 조각을 사용하면 컴포넌트가 자신의 데이터 요건을 직접 책임질 수 있다. 부모 컴포넌트는 조각을 사용해서 자식 컴포넌트가 요구하는 데이터를 포함시킬 수 있다.

- 변경 작업은 보통 입력 요소의 값을 읽는다. 따라서 UI 폼의 구조는 변경 작업의 입력 타입과 일치해야 한다.

- 그래프QL 내향성 쿼리는 동적으로 값이 변경되는 UI에 사용되며, 이후 값이 변경되어도 UI 수정 없이 유연하게 값을 반영할 수 있다.

CHAPTER 10

아폴로 클라이언트를 통한 그래프QL API 사용법

> **이 장의 주요 내용**
>
> ◆ 아폴로 클라이언트를 일반 자바스크립트와 리액트에서 사용하기
>
> ◆ 아폴로의 링크와 캐시 기능 이해하기
>
> ◆ 쿼리와 변경 작업을 위한 아폴로의 후크 함수 이해하기
>
> ◆ 아폴로를 사용한 로컬 앱 상태 관리하기
>
> ◆ 웹소켓 상에서 그래프QL 구독 구현 및 사용하기

깃허브에서 그래프QL 코드가 이목을 끌기 시작하고 얼마 지나지 않아서 다른 종류의 그래프QL 라이브러리가 관심을 받기 시작했다. 바로 클라이언트 라이브러리이다.

그래프QL 클라이언트 라이브러리는 프런트엔드 애플리케이션과 백엔드의 그래프QL 서비스의 커뮤니케이션을 관리하기 위해 설계됐다. 클라이언트 라이브러리는 그래프 서비스의 데이터 요청 작업을 일반화하고, 변경 작업을 지시하거나 프런트엔드 뷰에서 사용할 수 있는 데이터 응답을 반환한다.

그래프QL 서비스가 데이터베이스와의 모든 커뮤니케이션을 담당하는 중개인이라면, 그래프QL 클라이언트는 그래프QL 서비스와 모든 커뮤니케이션을 담당하는 중개인으로 생각할 수 있다. 많은 그래프QL 클라이언트 라이브러리가 효율적인 서버 작업을 위해 서버 컴포넌트를 제공하며, 프런트엔드의 일반적인 요건인 실시간 데이터 및 리스트를 사용한 캐시나 페이지 매김을 지원한다.

어떤 그래프QL 클라이언트는 리액트용으로만 설계된 것도 있다. 가장 유명한 것이 (페이스북의 그래프QL 사용법을 반영해 제작한) 페이스북의 프로젝트 릴레이[Relay](relay.dev)이다. 릴

레이는 처음 등장한 그래프QL용 클라이언트 프레임워크로, 페이스북에서 그래프QL 언어가 진화할 수 있도록 일조했다.

다른 그래프QL 클라이언트들은 주로 리액트에 초점을 두고 다중 뷰 라이브러리용으로 제작됐다. 가장 유명한 것이 아폴로(apollographql.com)다. 메테어 개발 그룹Meteor Development Group이 관리하고 있는 그래프QL 전용 툴 중 하나이다. 아마존이 개발한 AWS 앰플리파이Amplify(aws.amazon.com/amplify)도 있다. 프런트엔드 개발의 전체 프로세스를 커버하는 개발 플랫폼이다.

이들은 그래프QL 클라이언트를 포함하고 있는 대중적인 자바스크립트 프로젝트의 일부로, 자바스크립트 외에도 다른 언어로 된 많은 클라이언트들이 존재한다. 다양한 종류의 그래프QL 클라이언트는 az.dev/graphql-clients에서 목록을 볼 수 있다.

그래프QL 클라이언트들은 비슷한 기능을 다양한 수준의 복잡도와 자유도를 기반으로 제공한다. 그래프QL API와 함께 그래프QL 클라이언트를 어떻게 사용하는지 보기 위해서 아폴로를 사용하겠다. 다중 뷰 라이브러리를 지원하는 가장 인기 있는 클라이언트이기 때문이다.

> **TIP_** 릴레이에 관심이 있다면 jscomplete.com/relay를 참고하자.

> **NOTE_** 현재 코드: git checkout 10.0 명령을 실행하면 로컬 리포지터리를 책의 진도에 맞추어 업데이트할 수 있다. 로컬에서 변경한 내용을 임시 저장하고 싶다면 git add . && git stash 명령을 사용하면 된다. 또한, npm install 명령을 사용해서 의존 패키지 설치하는 것을 잊지 말자.

10.1 자바스크립트에서 아폴로 클라이언트 사용하기

아폴로 클라이언트는 리액트나 뷰, 앵귤러 등과 함께 사용할 수 있으며, 일반 자바스크립트에서도 사용할 수 있다. 여기서는 먼저 아폴로 사용 예를 보고 이를 실제로 AZDev 리액트 프로젝트에 적용해보도록 한다.

아폴로 클라이언트를 사용하기 위한 첫 번째 과정은 프로젝트 의존 라이브러리에 추가하는 것이다. 아폴로는 npm 패키지 @apollo/client를 사용해서 설치할 수 있다.

예제 10-1 명령어: 아폴로 클라이언트 패키지 설치

```
$ npm install @apollo/client
```

> **TIP_** 이 장의 모든 코드 예제는 아폴로 클라이언트 버전3(집필 시점의 최신 버전)에서 실행되도록 설계됐다. 이 책을 읽을 때쯤이면 새로운 버전이 나올 수 있으며 API도 달라질 가능성이 있다. az.dev/gia-updates에 접속해 이 장의 API가 변경됐는지 확인하도록 하자.[23]

10.1.1 쿼리 요청 만들기

아폴로 클라이언트의 (리액트에 의존하지 않는) query 메서드를 사용해 간단하게 그래프QL 쿼리 요청을 만들어보겠다.

> **NOTE_** [예제 10–2]부터 [예제 10–5]까지는 테스트를 위한 임시 예제이다. [예제 10–6]에서 다시 원상태로 되돌린다.

web/src/index.js의 모든 내용을 지우고 다음 코드로 대체한다.

예제 10-2 아폴로 클라이언트 초기화해서 사용하기(web/src/index.js)

```
import {
  ApolloClient,
  HttpLink,
  InMemoryCache,
  gql,
} from '@apollo/client';

import * as config from './config';
const cache = new InMemoryCache();
const httpLink = new HttpLink({ uri: config.GRAPHQL_SERVER_URL });
const client = new ApolloClient({ cache, link: httpLink });
```

---

23 옮긴이_ 번역서 출간 시점인 2021년 12월에는 아직 변경 사항이 없다

```
async function main() {
  const { data, errors } = await client.query({
    query: gql`
      query {
        numbersInRange(begin: 1, end: 100) {
          sum
        }
      }
    `,
  });

  console.log({ data, errors });
}

main();
```

아폴로 클라이언트를 일반 자바스크립트에 사용한 가장 간단한 예이지만, 다양한 개념을 적용하고 있다. 하나씩 보도록 하자.

- 아폴로 같은 클라이언트 라이브러리는 애플리케이션에 있는 Ajax 라이브러리를 대체한다. 아폴로가 모든 요청을 내부적으로 처리하므로 Ajax 요청을 위해서 fetch를 사용하지 않아도 된다. 이것이 그래프QL 클라이언트의 핵심 기능이다. 모든 Ajax 요청을 여러분을 대신해서 해주며, HTTP 요청과 응답의 복잡한 처리를 단순화해준다.

- ApolloClient 객체는 생성자로 그래프QL 서비스별로 클라이언트 객체를 초기화하기 위해 사용한다. 애플리케이션이 다수의 그래프QL 서비스와 클라이언트 인스턴스를 사용할 수도 있다. 이 예에선 하나의 httpLink 객체가 있고, 지금까지 초기화에 사용한 config.GRAPHQL_SERVER_URL을 그대로 활용한다.

- 아폴로는 link 속성에 추가로 cache 속성을 설정해야 한다. cache 속성은 아폴로가 저장을 위해 사용할 캐시 객체를 지정하는데 사용한다. 기본 캐시는 InMemoryCache 객체의 인스턴스로 브라우저의 메모리를 캐시용으로 사용하도록 만든다. 이런 캐시의 유연성은 아폴로 인스턴스가 다른 종류의 캐시도 사용할 수 있게 한다. 예를 들어 캐시된 데이터가 세션 간에 유지돼야 한다면, window.localStorage상에서 관리되는 캐시 객체를 사용하면 된다.

- 클라이언트 객체를 초기화하고 그래프QL 서비스 링크와 캐시 속성을 설정한 후에는 API 메서드를 사용할 수 있다. [예제 10-2]의 코드는 query 메서드를 사용해서 그래프QL 쿼리 작업을 전송하고 서버 응답을 추출한다. query 메서드는 쿼리 속성을 객체로 받으며, 이 속성은 전송해야 할 그래프QL 작업 텍스트를 나타낸다.

- 아폴로의 query 메서드에 문자열을 사용하지 않고 gql 태그 함수를 사용하고 있다. gql은 템플릿 문자열 태

그(예제 10-2)로 사용하거나, 문자열을 인수로 받는 일반 함수 호출로 사용할 수 있다. gql 함수는 그래프QL 문자열을 추상 구문 트리^{abstract syntax tree}(AST)로 변환한다. 쉽게 말하면 문자열을 구조화된 객체로 변환하는 것이다. 문자열은 여러 제약이 있지만, 구조화된 객체는 그래프QL 작업을 효율적으로 제어할 수 있기 해주며, 쉽게 고급 기능을 제공하게 해준다.

코드 상에 아무 문제가 없다면 브라우저의 콘솔 창에 console.log 메시지가 출력되는 것을 확인할 수 있다. 예에서는 1부터 100까지의 숫자를 합한 결과가 표시된다(그림 10-1).

```
▶  ⊘  │ top              ▼ │ ⊙ │ Filter                    Default levels ▼
  ▼ {data: {…}, errors: undefined} ⓘ
    ▼ data:
      ▶ numbersInRange: {__typename: "NumbersInRange", sum: 5050}
      ▶ __proto__: Object
      errors: undefined
    ▶ __proto__: Object
  >
```

그림 10-1 쿼리 요청 결과

[예제 10-2]를 처음 보면, 간단한 Ajax 호출로도 처리할 수 있는 작은 요청에 너무 많은 코드를 작성했다고 생각할 수도 있다. 하지만 쿼리를 반복 실행하면 이 방식이 훨씬 효율적임을 알 수 있다.

예제 10-3 아폴로를 사용해서 쿼리 반복하기

```
async function main() {
  const resp1 = await client.query({
    query: gql`
      {
        numbersInRange(begin: 1, end: 100) {
          sum
        }
      }
    `,
  });
  console.log(resp1.data);

  const resp2 = await client.query({
```

```
  query: gql`
    {
      numbersInRange(begin: 1, end: 100) {
        sum
      }
    }
    `,
  });
  console.log(resp2.data);
}
```

브라우저의 네트워크 탭에서 XHR 요청(**XMLHttpRequest**)만 필터링하자. (그림 10-2)

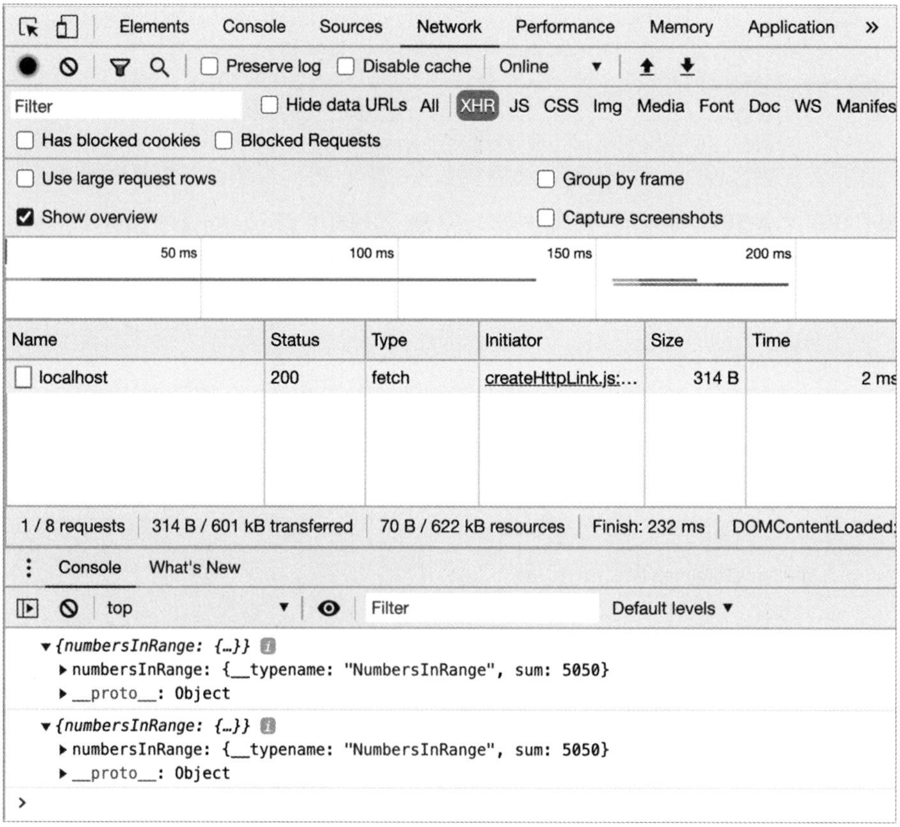

그림 10-2 반복된 쿼리 요청의 결과

쿼리 작업을 반복해서 실행하고, 세션이 갱신될 때 네트워크 탭을 보자. [예제 10-3]에서는 같은 내용의 쿼리를 두 번 호출하지만 아폴로는 Ajax 요청을 단 한 번만 발생시키고 있다. 첫 번째 요청의 응답이 자동으로 메모리에 캐시됐기 때문이다. 아폴로는 이미 데이터를 가지고 있으므로 굳이 서버에 같은 데이터를 요청하지 않아도 된다는 사실을 알고 있는 것이다.

단순한 예시이긴 하지만 아폴로가 캐시를 활용해 무거운 작업을 줄여준다는 사실을 확인할 수 있다. 모든 데이터 응답을 단순한 데이터 구조로 캐시하기 때문에 객체를 개별로 캐시할 수 있으며 이후 발생하는 네트워크 요청에도 대응할 수 있다(심지어 다른 쿼리에도 대응한다). web/src/index.js를 다음과 같이 수정해보자.

예제 10-4 부분 쿼리 반복하기

```javascript
async function main() {
  const resp1 = await client.query({
    query: gql`
      {
        taskMainList {
          id
          content
          tags
          createdAt
        }
      }
    `,
  });
  console.log(resp1.data);

  const resp2 = await client.query({
    query: gql`
      {
        taskMainList {
          content
        }
      }
    `,
  });
  console.log(resp2.data);
}
```

이 코드는 두 개의 다른 쿼리를 서버로 보낸다. 하지만 두 번째 쿼리가 첫 번째 쿼리의 일부와 같으므로, 아폴로가 두 번째 쿼리를 보내지 않는다(그림 10-3).

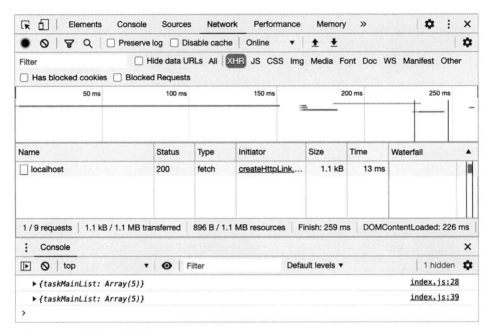

그림 10-3 부분 쿼리 코드의 결과

이 기능도 훌륭하지만 놀라긴 이르다. 놀라는 건 아폴로의 다른 기능(다른 캐시 및 추가 기능)을 볼 때까지 미뤄두자. 다음은 변경 작업을 사용한 예를 보도록 하겠다.

10.1.2 변경 요청 만들기

아폴로로 변경 요청을 만들려면 `.query` 대신 `.mutate` 메서드를 사용해서 `mutation` 속성을 가진 객체를 설정하면 된다. 작업이 변수를 사용한다면, `variables` 속성을 값과 함께 지정할 수 있다.

다음은 Approach #2에 투표하기 위한 변경 작업 예이다. (Task #2에 속한) Approach #2의 `voteCount` 필드를 추출하기 위한 쿼리도 포함했으며, 변경 작업 앞과 뒤에 배치해서 작업이 잘 됐는지 확인하고 있다.

```
async function main() {
  const resp1 = await client.query({
    query: gql`
      query taskInfo {
        taskInfo(id: "2") {
          approachList {
            id
            voteCount
          }
        }
      }
    `,
  });
  console.log(resp1.data);

  const resp2 = await client.mutate({
    mutation: gql`
      mutation approachVote($approachId: ID!) {
        approachVote(approachId: $approachId, input: { up: true }) {
          approach {
            id
            voteCount
          }
        }
      }
    `,
    variables: { approachId: '2' },
  });
  console.log(resp2.data);

  const resp3 = await client.query({
    query: gql`
      query taskInfo {
        taskInfo(id: "2") {
          approachList {
            id
```

```
              voteCount
            }
          }
        }
      `,
    });
    console.log(resp3.data);
  }
```

첫 번째 요청은 Approach #2의 투표 수가 0임을 보여주며, 두 번째 요청은 투표 수를 1만큼 증가시키고, 마지막 요청은 Approach #2의 투표 수가 1인 것을 검증한다.

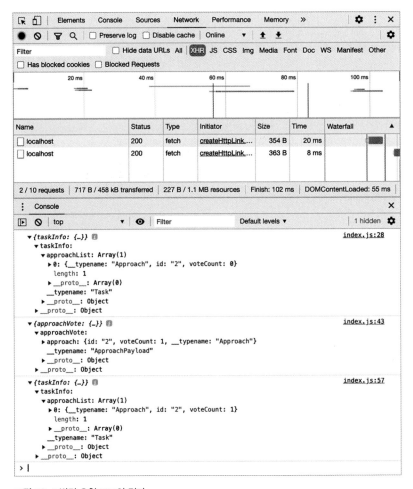

그림 10-4 변경 요청 코드의 결과

우리가 지정하지 않았지만, 아폴로가 세 개의 요청 모두에 내향성 필드인 __typename을 포함시켰다(그림 10-4). 어떻게 그리고 왜 한 것일까?

이것이 gql로 모든 작업을 감싸는 또 다른 이유이다. 요청이 객체로 표현되므로 아폴로가 이 객체를 들여다볼 수 있으며, 쉽게 수정할 수도 있다. 여기서는 __typename 필드를 추가했다.

아폴로가 이런 행동을 한 이유를 알아보기 위해 네트워크 탭을 자세히 보도록 하자(그림 10-4). 아폴로가 두 개의 네트워크 요청만 전송한 것을 알 수 있다. 세 번째 쿼리 작업은 새로운 내용을 포함하고 있지 않아 전송하지 않았다. 변경 작업은 이미 아폴로에게 새로운 voteCount가 1이라는 사실을 알렸으므로 해당 숫자를 캐시했다. 아폴로가 __typename을 요청했으므로 id와 함께 사용해서 고유한 객체를 식별할 수 있다. 변경 작업은 이런 방법으로 Approach #2를 식별했다. 아폴로가 접근법의 고유한 ID(Approach:2)를 사용해서 해당 객체의 id와 vote-Count를 우리가 이미 알고 있다는 것을 파악한 것이다.

놀라운 기능이다. 이 강력한 기능을 구현하기 위해 우리가 한 것은 아무것도 없다. 단지 단순한 쿼리와 변경 요청을 만든 것이 전부로, 나머지는 아폴로가 지능적으로 캐시 작업을 해준 것이다.

이 장의 나머지는 리액트에서 아폴로를 사용하는 방법과 리액트 애플리케이션용 고급 기능을 소개한다. 지금까지 한 수동 Ajax 요청 대신에 아폴로의 query와 mutate 메서드를 사용한다. 그리고 이 변경 작업을 아폴로의 리액트 전용 메서드를 사용해서 호출하는 방법을 보도록 한다.

이제 테스트용으로 web/src/index.js에 한 모든 변경 내용을 다시 원상태로 되돌려도 좋다. 다음과 같이 원래 코드로 수정하자.

예제 10-6 web/src/index.js 코드

```
import 'regenerator-runtime/runtime';
import React from 'react';
import ReactDOM from 'react-dom';

import { useStoreObject, Provider } from './store';
import Root from './components/Root';
```

```
export default function App() {
  const store = useStoreObject();
  return (
    <Provider value={store}>
      <Root />
    </Provider>
  );
}


ReactDOM.render(<App />, document.getElementById('root'));
```

> **NOTE_** 현재 코드: git checkout 10.1 명령을 실행하면 로컬 리포지터리를 책의 진도에 맞추어 업데이트할 수 있다.

10.2 리액트에서 아폴로 클라이언트 사용하기

아폴로 클라이언트를 리액트에서 사용하려면 [예제 10-2]에서 한 것처럼 초기화 작업이 필요하다. 적합한 곳은 web/src/store.js로 로컬 앱 상태를 관리하고 있는 코드이다.

예제 10-7 수정: web/src/store.js

```
import React, { useState } from 'react';
import fetch from 'cross-fetch';

import * as config from './config';
import {
  ApolloClient,
  HttpLink,
  InMemoryCache,
} from '@apollo/client';

const httpLink = new HttpLink({ uri: config.GRAPHQL_SERVER_URL });
```

```
const cache = new InMemoryCache();
const client = new ApolloClient({ link: httpLink, cache });
// ·-·-·
```

10.2.1 쿼리와 변경 작업 직접 사용하기

이제 저장소store의 컨텍스트 객체에서 엑스포트한 (추출 기반) request 메서드 대신에, 새로운 메서드 두 개를 만들어야 한다. 하나는 쿼리용이고 다른 하나는 변경 작업용이다. 앱의 수정을 최소화하기 위해서 이전 request 함수와 동일한 구조를 사용하도록 한다. 단순히 기존 메서드를 아폴로 메서드로 래핑하는 것이다.

예제 10-8 수정: web/src/store.js

```
// ·-·-·
export const useStoreObject = () => {
  // ·-·-·

  const query = async (query, { variables } = {}) => {
    const resp = await client.query({ query, variables });
    return resp;
  };

  const mutate = async (mutation, { variables } = {}) => {
    const resp = await client.mutate({ mutation, variables });
    return resp;
  };

  return {
    useLocalAppState,
    setLocalAppState,
    AppLink,
    query,
    mutate,
  };
};
```

TIP_ request 메서드는 더 이상 사용하지 않으므로 삭제해도 좋다.

새로운 메서드들을 useStoreObject 함수 내에 두고 있다. (저장소에 의해 관리되는) user 상태 객체의 일부인 authToken 헤더를 아직 포함시켜야 하기 때문이다. 이 장의 후반부에선 아폴로가 어떻게 전체 로컬 앱 상태 저장소를 대체하는지 볼 것이다.

이전 request 함수를 호출하고 있는 모든 컴포넌트에 대해 다음과 같은 작업을 해줘야 한다.

1 import { gql } from '@apollo/client' 추가하기

2 쿼리 또는 변경 작업 텍스트를 gql로 감싸기

3 request 대신에 useStore로부터 query 또는 mutate 분해하기

4 쿼리 작업이면 request 메서드를 query로 대체하고, 변경 작업이면 mutate으로 대체하기

예를 들어 web/src/components/Home.js의 경우 다음과 같이 수정하면 된다.

예제 10-9 수정: web/src/components/Home.js

```
// .-.-.
import { gql } from '@apollo/client';

const TASK_MAIN_LIST = gql`
  query taskList {
    taskList {
      id
      ...TaskSummary
    }
  }

  ${TASK_SUMMARY_FRAGMENT}
`;
export default function Home() {
  const { query } = useStore();
  const [ taskList, setTaskList ] = useState(null);
    useEffect(() => {
      query(TASK_MAIN_LIST).then(({ data }) => {
      setTaskList(data.taskList);
```

```
    });
  }, [query]);

  if (!taskList) {
    return <div className="loading">Loading...</div>;
  }

  // .....
}
```

다음은 변경 작업을 호출하기 위해 request를 mutate으로 교체한 예이다. web/src/compo-nents/Login.js을 변경했다.

예제 **10-10** 수정: web/src/components/Login.js

```
// .....
import { gql } from '@apollo/client';

const USER_LOGIN = gql`
  mutation userLogin($input: AuthInput!) {
    userLogin(input: $input) {
      errors {
        message
        field
      }
      user {
        id
        name
      }
      authToken
    } }
`;
export default function Login() {
  const { mutate, setLocalAppState } = useStore();
  const [ uiErrors, setUIErrors ] = useState();
  const handleLogin = async (event) => {
    event.preventDefault();
```

```
    const input = event.target.elements;
    const { data, errors: rootErrors } = await mutate(USER_LOGIN, {
      variables: {
        input: {
          username: input.username.value,
          password: input.password.value,
        },
      },
    });
    // ·-·-·
  };
  // ·-·-·
}
```

가장 단순하게 구현해보았다. 홈페이지와 로그인 폼을 테스트해보자. 그래프QL 작업이 기존 추출 기반의 **request** 메서드가 아닌 아폴로를 사용해서 이루어진다.

> **NOTE_** request 메서드를 제거했다면 관련 오류가 발생할 수 있다.

다른 모든 컴포넌트에서도 **request**를 **query** 또는 **mutate**로 변경해보자. IDE의 검색 기능을 사용해서 컴포넌트에 속한 모든 **request**를 검색한 후 변경해주면 된다. 어떤 작업은 신규 **query/mutate** 작업이 현재 사용자의 **authToken**을 가지고 있지 않으므로 제대로 실행되지 않을 수도 있다(다음 절에서 수정한다).

참고로 깃 브랜치 10.2에는 이미 언급한 내용들이 반영돼 있어서, 모든 그래프QL 작업이 **query/mutate** 메서드를 사용하도록 수정되어있다.

> **NOTE_** 현재 코드: **git checkout 10.2** 명령을 실행하면 로컬 리포지터리를 책의 진도에 맞추어 업데이트할 수 있다.

컴포넌트는 가능한 최소한의 수정만 하려고 했다. 작업 텍스트를 **gql**로 감쌌고 메서드를 신규 메서드로 대체했다. 이것이 추상화가 잘된 코드의 예이다.

지금까지 우리는 리액트 애플리케이션에 간단한 아폴로 기능만 적용했지만, 이미 그 이상의 효과를 보고 있다. 홈페이지 데이터는 첫 번째 호출 이후부터는 캐시화된다. 태스크 페이지로 이동했다가 다시 홈페이지로 돌아오면 아폴로가 추가 taskList 요청을 전송하지 않음을 알 수 있다.

10.2.2 인증 헤더 포함하기

아폴로의 캐시가 훌륭한 기능이긴 하지만, 아폴로 때문에 해결해야 할 과제가 생겼다. 지금 검색 폼을 테스트해보자. authToken을 모든 요청에 포함시키고 있지 않아서 검색 작업이 비공개 태스크를 찾지 못한다. test/123456으로 로그인한 후 'babel'을 검색해보자. 해당 test 계정은 Babel에 관한 레코드를 가지고 있지만 search 필드가 이를 반환하지 않는다. 이 문제를 해결하려면 현재 authToken값을 그래프QL 요청 헤더에 포함시켜야 한다.

하지만 지금 현재는 아폴로를 통해 Ajax 요청을 만들고 있어서 헤더 정보를 직접적으로 제어할 수 없다. 해당 요청이 아폴로의 메서드와 처리 과정을 통과하게 만들어야 하며 이때 사용하는 것이 @apollo/link-context 패키지이다. 이 패키지는 그래프QL 작업의 컨텍스트를 아폴로가 생성한 것으로 변경해준다. 단순히 새로운 link 객체를 하나 만들고 이를 아폴로의 링크 체인의 일부로 만들면 된다.

> TIP_ 아폴로는 링크 체인에 사용할 수 있는 몇 가지 다른 종류의 link 객체를 제공한다. 예를 들어 @apollo/link-schema는 제공된 스키마 객체에 바로 그래프QL 작업을 실행할 수 있게 해준다(서버 측 렌더링에서 일반적으로 사용되는 방식이다). 뒤에서 사용할 @apollo/link-ws는 아폴로에서 웹 소켓 WebSocket을 사용할 수 있게 해준다. 그리고 @apollo/link-rest는 REST API에서 얻은 데이터를 아폴로의 캐시와 병합시켜준다. 전체 아폴로 링크 목록은 az.dev/apollo-links에서 볼 수 있다.

현재 사용자의 authToken값을 링크 체인의 컨텍스트의 일부로 만들려면 다음과 같이 신규 패키지를 먼저 설치해야 한다.

예제 10-11 명령어: 아폴로의 link-context 패키지 설치하기

```
$ npm install @apollo/link-context
```

다음은 web/src/store.js를 변경해서 아폴로용 신규 링크를 링크 체인에 포함시킨다.

```
// ·-·--.
import { setContext } from '@apollo/link-context';
// ·-·--.

export const useStoreObject = () => {
  // ·-·--.

  const AppLink = ({ children, to, ...props }) => {
    // ·-·--.
  };

  const authLink = setContext((_, { headers }) => {
    return {
      headers: {
      ...headers,
      authorization: state.user
        ? `Bearer ${state.user.authToken}`
        : '',
      },
    };
  });

  client.setLink(authLink.concat(httpLink));
  // ·-·--.
};
```

authLink를 useStoreObject에 둔 것에 주목하자. 이를 통해 자바스크립트 클로저closure가 리액트 컨텍스트 객체에 저장된 state.user 객체에 접근할 수 있다. 이제 test 계정으로 로그인한 상태에서 'babel'을 검색하면 해당 레코드가 검색될 것이다.

> **TIP_** 'babel'이 검색되지 않는다면, 이전 캐시를 삭제하기 위해서 웹 서버를 재실행해보자.

하지만 문제가 있다. 다음 과정을 브라우저를 새로고침하지 않고 따라해보자.

1 test/123456을 사용해서 로그인하기

2 'babel' 검색하기(제대로 검색된다)

3 로그아웃하기

4 다시 'babel' 검색하기(검색되지 않아야 된다)

두 번째 공개 검색이 비공개 바벨 태스크를 반환하는 것을 알 수 있다(그림 10-5). 이유가 무엇일까?

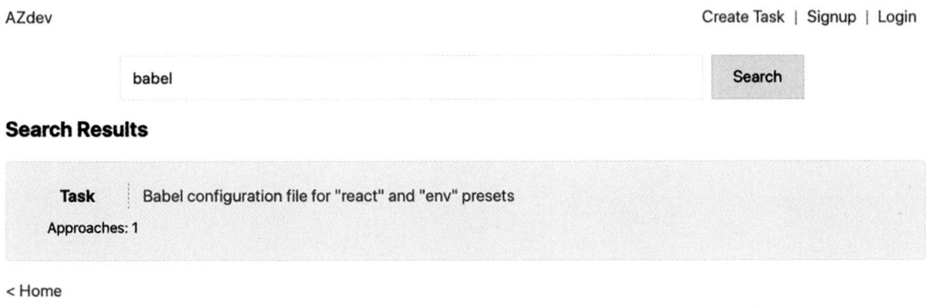

AZdev   Create Task | Signup | Login

| babel | | Search |

Search Results

| Task | Babel configuration file for "react" and "env" presets |
| Approaches: 1 |

< Home

그림 10-5 사용자 세션 캐시 문제

이 문제는 아폴로의 캐시 때문에 발생한다. 레코드 소유자가 로그인한 경우 검색어 'babel'이 캐시에 저장되며, 로그아웃한 후에도 이 캐시가 남아있는 것이다. 이는 캐시를 사용하면 발생하는 일반적인 문제로 애플리케이션에서 수동으로 캐시를 초기화해줘야 한다.

> **TIP_** 아폴로의 개발자 확장(az.dev/ac-devtools) 기능을 설치할 수 있다. 브라우저의 개발자 도구에 아폴로 탭을 추가해주며, 이 탭을 통해 아폴로 관련 문제를 조사하거나 디버깅할 수 있다. 또한, 아폴로의 캐시 저장소를 시각화하거나 활성 쿼리 및 변수를 보여주며, (web/src/store.js에서 설정한) 아폴로 클라이언트 객체가 사용하는 동일한 네트워크 인터페이스를 통해서 그래프QL 변경 작업을 테스트할 수도 있다.

아폴로는 캐시 관련된 다양한 메서드를 제공한다. 캐시를 부분적 또는 전체적으로 초기화할 수 있으며 특정 작업 뒤에 바로 하거나(예: USER_LOGIN 작업 바로 후), 애플리케이션 상태가 변경될 때 전역적으로 초기화할 수도 있다. 여기서는 후자를 해보도록 하겠다. 로그인하거나 로그아웃할 때에 전체 캐시 저장소를 초기화하는 것이다. 이것은 (로컬 앱 상태를 업데이트할 때 사용하는) setLocalAppState 컨텍스트 메서드 내에 구현하면 된다.

```
const setLocalAppState = (newState) => {
  if (newState.component) {
    newState.component.props = newState.component.props ?? {};
  }
  setState((currentState) => {
    return { ...currentState, ...newState };
  });
  // 로그인 또는 로그아웃할 때 캐시를 초기화한다
  if (newState.user || newState.user === null) {
    client.resetStore();
  }
};
```

이제 로그인/로그아웃 상태에 따라 다른 결과를 보여준다.

> **TIP_** 전체 저장소를 초기화할 필요는 없이 일부만 초기화할 수도 있다. 예를 들어 `cache.writeQuery` 메서드를 사용해서 단일 쿼리의 캐시된 데이터만 지울 수도 있다. 이 장의 후반부에서 사용법을 보도록 한다.

> **NOTE_** 현재 코드: `git checkout 10.3` 명령을 실행하면 로컬 리포지터리를 책의 진도에 맞추어 업데이트할 수 있다.

10.2.3 아폴로 후크 함수 사용하기

모든 그래프QL 요청을 아폴로를 통해 할 수 있게 됐지만, 사실 바람직한 방법은 아니다. 아폴로가 제공하는 강력한 기능을 제대로 활용하지 못하고 있다. 아폴로는 뷰 컴포넌트의 로직을 단순화해주는 후크 함수를 제공한다. 그 중 `useQuery`와 `useMutation`를 많이 사용하며 리액트와 아폴로 조합을 사용할 때 주로 사용한다. 사실 이 후크 함수를 사용하면 지금까지 만든 `query/mutate` 메서드는 더 이상 필요가 없어진다.

컴포넌트에서 후크를 함수를 사용하면 컴포넌트 트리를 제공자provider 컴포넌트로 래핑해야 한다. 제공자 컴포넌트의 개념은 단순한다. 제공자 컴포넌트에 객체를 제공하면, 컴포넌트 트리에 있는 모든 자식 트리가 이 객체를 사용할 수 있다.

web/src/index.js 코드를 보면 Provider 컴포넌트가 어떻게 전역 저장소를 자식 컴포넌트에서도 사용할 수 있게 해주는지 알 수 있다. 컴포넌트는 보통 저장소 객체를 직접 사용하지 않고 저장소에 접근할 수 있는 메서드를 사용한다(리액트를 컨텍스트를 거친다). 이에 해당하는 메소드가 현재 저장소에 있는 useLocalAppState, setLocalAppState 그리고 AppLink이다.

아폴로의 제공자 컴포넌트도 비슷한 방식으로 동작한다. 즉, 새로운 앱 상태 저장소가 되는 client 인스턴스를 제공된 컨텍스트의 값으로 만들면, 자식 컴포넌트는 후크 함수(useQuery 등)를 사용해서 아폴로의 상태(캐시)에 접근하거나 상태를 수정하는 것이다.

리액트는 다중 제공자 래퍼(다른 컨텍스트를 제공)를 지원한다. 아폴로 후크를 사용한 수정을 최소화하기 위해서, 아폴로 제공자 컴포넌트로 컴포넌트 트리를 래핑하도록 한다. 먼저 query 와 mutate 메서드를 저장소^{store}에서 삭제하고 대신 client 인스턴스 객체를 노출시키자.

예제 10-4 수정: web/src/store.js

```
// ·-·--
export const useStoreObject = () => {
  // ·-·--

  const authLink = setContext((_, { headers }) => {
    // ·-·--
  });

  client.setLink(authLink.concat(httpLink));

  // query/mutate 메서드 삭제
  return {
    useLocalAppState,
    setLocalAppState,
    AppLink,
    client,
  };
};
```

아폴로가 ApolloProvider 컴포넌트를 엑스포트해서 client 인스턴스를 모든 자식 컴포넌트에서 사용할 수 있게 해준다. 다음은 ApolloProvider를 사용하기 위해 web/src/index.js를 수정한 것이다.

예제 10-15 수정: web/src/index.js

```
// .-.--.
import { ApolloProvider } from '@apollo/client';

import { useStoreObject, Provider as StoreProvider } from './store';
import Root from './components/Root';

export default function App() {
  const store = useStoreObject();
  return (
    <ApolloProvider client={store.client}>
      <StoreProvider value={store}>
      <Root />
      </StoreProvider>
    </ApolloProvider>
  );
}

ReactDOM.render(<App />, document.getElementById('root'));
```

더 이상 일반적인 제공자 컴포넌트가 아니기에 Provider 컴포넌트에 StoreProvider라는 이름을 부여했다. 항상 구체적인 이름을 사용하는 것이 좋다.

client 인스턴스 객체를 모든 컴포넌트에서 사용할 수 있으므로, 이제 아폴로 후크를 컴포넌트 트리의 어디서든 사용할 수 있다. 다음은 userQuery 후크 함수를 사용할 수 있게 컴포넌트를 변경한 것이다.

예제 10-16 수정: web/src/components/Home.js

```
import React from 'react';
import { gql, useQuery } from '@apollo/client';

import Search from './Search';
import TaskSummary, { TASK_SUMMARY_FRAGMENT } from './TaskSummary';
// .-.-.

export default function Home() {
  const { loading, data } = useQuery(TASK_MAIN_LIST);   ◄── 쿼리 작업을 호출하고 그래프QL
                                                            응답 객체와 로딩 상태를 반환한다.
                              쿼리가 대기 중일 때 UI가 불러오는 중이라고 표시한다.
  if (loading) {   ◄── 쿼리 작업이 끝나면 컴포넌트를 렌더링하며 아폴로가 로딩(loading)을 false로 설정한다.
    return <div className="loading">Loading...</div>;
  }

  return (
    <div>
      <Search />
      <div>
      <h1>Latest</h1>
      {data.taskMainList.map((task) => (
        <TaskSummary key={task.id} task={task} link={true} />
      ))}
      </div>
    </div>
  );
}
```

정말 간단하고 강력한 기능이다. git diff를 사용해서 이전 버전의 Home.js와 무엇이 바뀌었는지 확인해보자(그림 10-6).

```
+++ b/web/src/components/Home.js
@@ -1,7 +1,6 @@
-import React, { useState, useEffect } from 'react';
-import { gql } from '@apollo/client';
+import React from 'react';
+import { gql, useQuery } from '@apollo/client';

-import { useStore } from '../store';
 import Search from './Search';
 import TaskSummary, { TASK_SUMMARY_FRAGMENT } from './TaskSummary';

@@ -17,16 +16,9 @@ const TASK_MAIN_LIST = gql`
 `;

 export default function Home() {
-  const { query } = useStore();
-  const [ taskList, setTaskList ] = useState(null);
+  const { loading, data } = useQuery(TASK_MAIN_LIST);

-  useEffect(() => {
-    query(TASK_MAIN_LIST).then(({ data }) => {
-      setTaskList(data.taskMainList);
-    });
-  }, [query]);
-
-  if (!taskList) {
+  if (loading) {
     return <div className="loading">Loading...</div>;
   }

@@ -35,7 +27,7 @@ export default function Home() {
       <Search />
       <div>
         <h1>Latest</h1>
-        {taskList.map((task) => (
+        {data.taskMainList.map((task) => (
           <TaskSummary key={task.id} task={task} link={true} />
         ))}
```

그림 10-6 src/components/Home.js의 git dff 결과

userQuery 후크 함수를 사용하므로 수동으로 데이터 추출과 요청 상태를 관리하던 useS-tate, useEffect를 대체할 수 있게 됐다. 이 작업은 이제 아폴로가 자동으로 해준다. load-ing 변수는 불린값을 받으며 네트워크 데이터 요청이 대기하고 있을 때 true를 반환한다. 또한, userQuery는 error 변수를 반환하며 그래프QL 루트 오류나 네트워크 오류 정보를 제공한다. 여러분의 UI는 항상 이 loading과 error 상태를 가지고 있는 것이다. 예를 들면 if문을 추가해서 error 변수가 값을 가지고 있으면 오류 메시지를 표시하게 만들 수 있다.

```
export default function Home() {
  const { error, loading, data } = useQuery(TASK_MAIN_LIST);

  if (error) {
    return <div className="error">{error.message}</div>
  }

  if (loading) {
    return <div className="loading">Loading...</div>;
  }

  // ·-·-·-.
}
```

useQuery가 오류값을 반환하면,
해당 값은 객체로 오류 메시지(message)
속성을 포함하고 있다.

> **TIP_** UI상에서 오류 처리를 할 때는 가능한 한 UI와 데이터가 연동되는 곳 가까이에서 하는 것이 좋다. 예를 들면 [예제 10-17]에 추가한 오류 처리 if문은 검색창을 포함한 전체 홈페이지에 적용된다.[24] 하지만 검색창 은 TASK_MAIN_LIST 쿼리에서 발생하는 오류와는 아무런 상관이 없다. 연습삼아 이 부분을 직접 수정해 보자.

Home 컴포넌트의 수정 내용은 단순명료하다. 변경된 코드가 컴포넌트가 하던 일반 태스크이기 때문이다. 곧, 아폴로로 할 수 있는 일반적이지 않은 태스크를 보게 될 것이다. 그중 하나가 바로 useMutation 후크를 사용한 변경 작업이다.

useMutation 후크 함수는 useQuery와 비슷하지만 작업을 바로 전송하지 않는다. 두 개 아이템으로 구성된 튜플tuple을 반환하며, 첫 번째 아이템은 변경 작업을 전송하는 함수이며 두 번째 아이템은 변경 후의 작업 결과(앞의 함수가 호출된 후의 결과)이다.

다음은 반환된 튜플에서 이 두 아이템을 사용하는 예이다.

---

24 옮긴이_ error에 값이 있으면 오류 메시지만 표시하고 홈페이지의 나머지 요소는 표시하지 않는다. 따라서 오류가 있는 경우 홈페이지 전체에 영향을 준다

```
const [ loginUser, { error, loading, data } ] = useMutation(USER_LOGIN);
```

loginUser 함수는 네트워크 요청을 만들며 그래프QL 응답 객체를 반환한다. 예를 들어 log-inUser를 호출하고 그 결과인 그래프QL 응답 객체로부터 data/error 속성을 읽으려면 다음과 같이 하면 된다.

예제 **10-19** 변경 작업 호출하기

```
const { data, errors } = await loginUser({
  variables: ······
});
```

다음은 web/src/components/Login.js를 수정해서 변경 작업을 useMutation 후크 함수를 사용해 전송하고 있다.

예제 **10-20** 수정: web/src/components/Login.js

```
import React, { useState } from 'react';
import { gql, useMutation } from '@apollo/client';
// ······

export default function Login() {
  const { setLocalAppState } = useStore();
  const [ uiErrors, setUIErrors ] = useState();

  const [ loginUser, { error, loading } ] = useMutation(USER_LOGIN);  ← 변경 작업을
                                                                          정의하지만
                                                                          호출하진 않는다.
  if (error) {
    return <div className="error">{error.message}</div>;
  }
  const handleLogin = async (event) => {
    event.preventDefault();                                            변경 작업을 호출하고
    const input = event.target.elements;                               그래프QL 응답 객체를
                                                                        반환한다.
    const { data, errors: rootErrors } = await loginUser({  ←
```

```
      variables: {
      input: {
        username: input.username.value,
        password: input.password.value,
      },
      },
    });
    if (rootErrors) {
      return setUIErrors(rootErrors);
    }
    const { errors, user, authToken } = data.userLogin;
    if (errors.length > 0) {
      return setUIErrors(errors);
    }
    // ·-·--·
  };
  // ·-·--·
}
```

Login 컴포넌트가 변경 작업이 성공한 후의 UI 상태를 가지고 있지 않으므로 수정을 최소화 했다.

로딩 상태 표시하기

요청이 대기 중이라는 것을 알리기 위해서 UI를 변경해야 한다. 쿼리 작업에선 간단하다. 데이터가 표시되기 전까지는 로딩(불러오기 중)을 표시하면 된다. 변경 작업에선 적어도 제출Submit 버튼을 비활성화해서 변경 요청이 중복해서 발생하지 않게 해야 한다. 필자는 보통 버튼의 레이블에 로딩 표시를 한다.

리액트에선 **loading** 변수를 사용해서 다음과 같이 버튼을 비활성화하고 레이블을 변경할 수 있다.

```
<button
  type="submit"
  disabled={loading}
```

```
  >
    Save {loading && <i className="spinner">...</i>}
  </button>
```

이 프로젝트의 모든 버튼을 변경해서 로딩 상태를 표시하도록 할 것이다. 이 변경 내용은 깃허브 리포지터리의 최종 버전에서 확인할 수 있다.

이제 여러분이 userQuery와 useMutation에 익숙해져야 할 시간이다. TaskPage 컴포넌트를 변경해보자. 이 컴포넌트는 세 개의 useState 호출과 한 개의 useEffect 호출을 가지고 있다. useQuery 메서드를 적용하면 useEffect와 세 개의 useState 호출 중 하나를 제거할 수 있다. 직접 시도해보자. 다음은 필자가 수정한 내용이다.

예제 10-21 수정: web/src/components/TaskPage.js

```
import React, { useState } from 'react';
import { gql, useQuery } from '@apollo/client';
// ·-·--·
export default function TaskPage({ taskId }) {
  const { AppLink } = useStore();
  // const [ taskInfo, setTaskInfo ] = useState(null);
  const [ showAddApproach, setShowAddApproach ] = useState(false);
  const [ highlightedApproachId, setHighlightedApproachId ] = useState();
  const { error, loading, data } = useQuery(TASK_INFO, {
    variables: { taskId },
  });

  if (error) {
    return <div className="error">{error.message}</div>;
  }

  if (loading) {
    return <div className="loading">Loading...</div>;
  }
```

```
    const { taskInfo } = data;

    const handleAddNewApproach = (newApproach) => {
      // setTaskInfo((pTask) => ({
      // ...pTask,
      // approachList: [newApproach, ...pTask.approachList],
      // }));
      setHighlightedApproachId(newApproach.id);
      setShowAddApproach(false);
    };
    return (
    // ·--··
    );
  }
```

나머지 useState 객체(showAddApproach와 highlightedApproachId)는 이 컴포넌트의 로컬 상태를 관리한다. 아폴로는 보통 이런 로컬 컴포넌트 상태에는 사용되지 않지만, 곧 아폴로를 사용해 useStore 호출을 제거하는 법을 확인할 것이다.

NOTE_ 신규 접근법 레코드를 Task 객체 아래에 있는 접근법 목록에 추가하는 부분은 주석 처리했다. 태스크 객체가 아폴로 캐시에 의해 관리되고 있으므로 접근법 레코드를 여기에 추가하기 위한 방법을 찾아야 한다. 이에 대해선 10.2.5절에서 다룬다.

NOTE_ 현재 코드: git checkout 10.4 명령을 실행하면 로컬 리포지터리를 책의 진도에 맞추어 업데이트할 수 있다.

TIP_ 유명한 프로젝트 중 하나인 react-query(az.dev/react-query)도 useQuery/useMutation 메서드를 제공하며, 동일하게 리액트에서 데이터를 비동기적으로 추출하고 변경하는 로직을 제공한다. 이 프로젝트는 프로미스 기반 데이터 요청에 사용할 수 있으며 REST API 등과 함께 사용할 수도 있다.

10.2.4 자동 캐시 사용하기

Approach 컴포넌트를 수정해서 mutate 메서드를 useMutation으로 교체해보자. 이 컴포넌트는 접근법 객체의 voteCount를 변경하기 위해 하나의 mutation 함수를 가지고 있다. 이번 수정 작업에는 작지만 깜짝 놀랄 기능이 포함돼 있다. 필자가 이 기능에 대해 설명하기 전에 먼저 수정해보도록 하자.

다음은 필자가 수정한 내용이다. 깜짝 놀랄 기능이 무엇인지 찾아보자.

예제 10-22 수정: web/src/components/Approach.js

```
import React, { useState } from 'react';
import { gql, useMutation } from '@apollo/client';

import Errors from './Errors';
// ·-·--·
export default function Approach({ approach, isHighlighted }) {
  const [ uiErrors, setUIErrors ] = useState([]);
  const [ submitVote, { error, loading } ] = useMutation(APPROACH_VOTE);

  if (error) {
    return <div className="error">{error.message}</div>;
  }

  const handleVote = (direction) => async (event) => {
    event.preventDefault();
    const { data, errors: rootErrors } = await submitVote({
      variables: {
        approachId: approach.id,
        up: direction === 'UP',
      },
    });
    if (rootErrors) {
      return setUIErrors(rootErrors);
    }
    // setVoteCount 호출 제거
  };
```

```
const renderVoteButton = (direction) => (
  <button
    className="border-none"
    onClick={handleVote(direction)}
    disabled={loading}
  >
    {/* ⋯⋯ */}
  </button>
);
return (
  <div className={`box highlighted-${isHighlighted}`}>
    <div className="approach">
    <div className="vote">
    {renderVoteButton('UP')}
    {approach.voteCount}
    {renderVoteButton('DOWN')}
    </div>
    {/* ⋯⋯ */}
  </div>
);
}
```

요즘 필자는 항상 오류 및 로딩 상태를 빼먹지 않고 처리한다. 아폴로가 너무 쉽게 처리할 수 있게 만들었기 때문이다. 예전에는 새로운 useState 호출을 추가해야해 이 처리를 잘 하지 않았다. 오류와 로딩 처리 외에도 데이터 상태도 쉽게 관리할 수 있으며, 각 상태를 처리하는 코드가 유사해서 재사용이 가능하다.

투표 UI는 이제 아폴로의 후크 함수를 사용해 제대로 실행될 것이다. 테스트해보자.

깜짝 놀랄 기능을 찾았는가? UI에 투표 결과를 반영하기 위해 존재했던 voteCount의 로컬 상태를 제거했다. 하지만 투표 수는 새로 작성한 코드상에서도 계속 표시되고 있다. 로컬 상태가 없는데 어떻게 동작하는 것일까? 답은 바로 캐싱이다(또 등장했다)!

로컬 상태 voteCount 대신에 UI가 approach.voteCount를 직접 사용하도록 만들었다. id와 voteCount 필드는 변경 작업 데이터에 포함돼 있으며(아폴로가 __typename 필드도 자동으로 추가한다는 사실을 잊지 말자), 이 데이터를 받으면 아폴로가 고유한 식별자인 approach:id

를 사용해서 일치하는 접근법 객체를 업데이트한다. 컴포넌트 코드에 있는 변경 작업 데이터를 사용하지 않았지만 아폴로가 스스로 이 데이터를 사용한 것이다.

> **TIP_** 변경 작업 결과에서 이 **id**나 **voteCount** 필드를 (또는 둘 다) 제거해서 캐시 업데이트를 확인할 수 있다. 필드를 제거하면 UI의 투표 수가 업데이트되지 않는다.

자동으로 업데이트되는 캐시도 훌륭하지만 변경 작업 후에 수동으로 캐시를 업데이트해야 하는 경우도 종종 있다. 다음은 이 예를 보도록 한다.

10.2.5 수동으로 캐시 업데이트하기

변경 작업이 여러 객체를 수정하거나 생성 및 삭제할 때는 아폴로 캐시가 자동으로 업데이트되지 않는다. 변경 작업이 단일 객체를 업데이트할 때만 캐시가 업데이트되는 것이다.

이 애플리케이션에는 (NewApproach 컴포넌트 내에 있는) 신규 접근법 객체를 생성하는 변경 작업이 있다. 객체를 생성하는 작업이므로 아폴로가 캐시를 자동으로 업데이트하지 않는다. TaskPage 컴포넌트(예제 10-22)에서 주석 처리한 코드는 수동으로 신규 접근법 객체를 로컬 상태 요소에 추가한다.

태스크 객체 아래에 있는 모든 접근법 객체는 이제 아폴로의 캐시가 관리한다(로컬 상태 요소에 신규 접근법 객체를 추가하지 않는다). 따라서 신규 접근법 객체를 메모리상에 추가하기 위해 아폴로 캐시를 업데이트해야 한다.

캐시 업데이트는 NewApproach 또는 TaskPage 컴포넌트에서 할 수 있다. useMutation 후크 함수는 update 함수(두 번째 객체 인수의 속성으로)를 받으며, 변경 작업이 성공적으로 끝난 후에 호출한다. update 함수는 캐시 객체와 변경 작업의 결과 객체를 받는다. 다음은 update 함수를 APPROACH_CREATE 작업과 함께 사용하는 방법을 보여준다.

예제 10-23 변경 작업 후에 update 콜백 사용하기

```
// ·-·--
export default function NewApproach({ taskId, onSuccess }) {
  // ·-·--
```

```
const [ createApproach, { error, loading } ] = useMutation(
  APPROACH_CREATE,
  {
    update(cache, { data: { approachCreate } }) {
      if (approachCreate.approach) {
        // 태스크용 캐시 수정 (ID: taskId)
        // 그리고 신규 approachCreate.approach 레코드 추가
      },
    },
  );

useEffect(() => {
  // ·-·-·
}, [detailCategories, query]);
// ·-·-·
}
```

아폴로의 캐시 객체는 데이터를 리졸브한 쿼리 작업을 사용해 해당 데이터를 관리한다. read-Query, writeQuery, modify 등을 메서드를 제공해서 캐시된 데이터를 관리할 수 있다. 이 예에선 cache.modify 메서드가 필요하며 다음은 이 메서드의 기본 사용법을 보여준다.

예제 10-24 cache.modify 메서드

```cache.modify({ id: cache.identify(object), fields: { fieldName(fieldValue) { return newFieldValue }, }, });```	object는 수정해야 할 캐시 데이터다. 현재 실습에선 Task 컴포넌트의 taskInfo 객체를 사용한다. cache.identify 메서드는 해당 객체의 아폴로 전역 ID를 반환한다(예: Task:2).
	함수 목록으로 수정이 필요한 각 필드의 함수를 지정한다. 각 필드 함수는 현재 필드 값을 인수로 받으며 해당 필드의 신규 값을 반환한다. 현재 실습에선 approachList 필드가 이에 해당한다.

cache.modify 함수는 TaskPage의 taskInfo 객체를 사용하므로 handleAddNewApproach 함수를 재설계해서 신규 접근법 레코드 대신에 콜백[callback] 함수를 받게 해보자. 그리고 이 콜백 함수를 호출해서 taskInfo 객체를 전달하면 된다. 또한, 동일한 콜백 함수를 통해 새

롭게 생성된 접근법 ID값을 반환하게 한다. 이를 통해 접근법을 강조[highlight]해서 표시할 수 있다.

예제 10-25 수정: web/src/components/TaskPage.js

```
export default function TaskPage({ taskId }) {
  const { AppLink } = useStore();
  const [ showAddApproach, setShowAddApproach ] = useState(false);
  const [
    highlightedApproachId,
    setHighlightedApproachId,
  ] = useState();

  // ·-·--·
  const { taskInfo } = data;

  const handleAddNewApproach = (addNewApproach) => {          이미 정의된 taskInfo 객체를
    const newApproachId = addNewApproach(taskInfo); ◁───┐     사용해서 캐시를 업데이트하는
    setHighlightedApproachId(newApproachId);              콜백 메서드
    setShowAddApproach(false);
  };

  // ·-·--·
}
```

handleAddNewApproach 함수는 NewApproach 컴포넌트에 onSuccess로 전달된다. 고차 함수이므로 또 다른 함수(onSuccess)를 인수로 받을 수 있다. 다음은 onSuccess 함수를 호출하는 방법을 보여준다.

예제 10-26 신규 onSuccess 함수 호출 방법

```
onSuccess((taskInfo) => {
  // taskInfo로 무언가 하기
  // 신규 접근법 ID 반환하기
});
```

NewApproach 컴포넌트는 두 개의 그래프QL 작업을 가진다. 상세 분류를 불러오는 쿼리(앞의 쿼리 예와 유사)와 접근법 객체를 생성하는 변경 작업이다(캐시를 업데이트해야 하는 곳이다). 다음은 필자가 수정한 NewApproach 컴포넌트로 두 개의 작업을 발행하며, (useMutation에 있는) 업데이트 함수 옵션을 사용해서 캐시와 새롭게 생성된 접근법 레코드의 계정을 수정한다.

예제 10-27 수정: web/src/components/NewApproach.js

```javascript
import React, { useState } from 'react';
import { gql, useQuery, useMutation } from '@apollo/client';
// .-.-.
export default function NewApproach({ taskId, onSuccess }) {
  const { useLocalAppState } = useStore();
  const [ detailRows, setDetailRows ] = useState([0]);
  const [ uiErrors, setUIErrors ] = useState([]);
  const user = useLocalAppState('user');

  const { error: dcError, loading: dcLoading, data } = useQuery(
    DETAIL_CATEGORIES,
  );

  const [ createApproach, { error, loading } ] = useMutation(
    APPROACH_CREATE,
    {
      update(cache, { data: { approachCreate } }) {
      if (approachCreate.approach) {
        onSuccess((taskInfo) => {
        cache.modify({
          id: cache.identify(taskInfo),   ◁──  캐시를 업데이트 해야 할 taskInfo 객체의
          fields: {                             아폴로 ID를 얻는다.
            approachList(currentList) {
              return [approachCreate.approach, ...currentList];  ◁──  approachList 필드를
            },                                                         수정하고 신규 접근법
          },                                                           객체를 추가한다.
        });
        return approachCreate.approach.id;
        });
```

```
        }
      },
    },
  );

  if (dcLoading) {
    return <div className="loading">Loading...</div>;
  }
  if (dcError || error) {
    return <div className="error">{(dcError || error).message}</div>;
  }
  const detailCategories = data.detailCategories.enumValues;

// ·-·-·.

  const handleNewApproachSubmit = async (event) => {
    // ·-·-·.
    const { data, errors: rootErrors } = await createApproach({
      variables: {
        // ·-·-·.
      },
    });
    if (rootErrors) {
      return setUIErrors(rootErrors);
    }
    const { errors } = data.approachCreate;
    if (errors.length > 0) {
      return setUIErrors(errors);
    }
    // 여기서 데이터 처리는 하지 않는다. 모두 update 함수에서 이루어진다.
  };
  // ·-·-·.
}
```

다른 캐시 함수

readQuery와 **writeQuery** 함수는 특정 쿼리(와 변수 값)에 연계된 캐시 데이터를 관리할 때 사용한다. 예를 들면 **TASK_INFO** 쿼리와 관련 변수 (예: **taskId**)를 이 함수들에 전달할 수 있다. 해당 쿼리의 현재 캐시된 데이터를 읽거나 수정할 수도 있다. 또한, 이 함수들은 **client** 인스턴스 객체에도 사용할 수 있다(**web/src/store.js**에 정의돼 있다).

이외에도 **readFragment**와 **writeFragment** 함수를 제공해서 캐시와 비슷한 방법으로 조각을 관리할 수 있게 해준다. 업데이트 해야 할 캐시 객체의 종류에 따라선 조각을 사용하는 편이 쉬울 수도 있다.

10.2.6 조건에 따라 작업 실행하기

Search 컴포넌트를 수정해서 아폴로 후크를 사용하게 해보자. 여기서 새로운 도전 과제가 등장한다. 컴포넌트의 **searchTerm** 속성(prop)이 값을 가지고 있을 때만 쿼리를 전송해야 한다. 이렇게 조건에 따라 쿼리를 전송하려면 useQuery를 어떻게 수정해야 할까?

단순히 query 함수를 userQuery 후크로 변경한 후 **useEffect** 후크를 제거하는 방법이라면 다음과 같이 하면 된다.

예제 10-28 수정: web/src/components/Search.js

```
import React from 'react';
import { gql, useQuery } from '@apollo/client';
// ·-·--.

export default function Search({ searchTerm = null }) {
  const { setLocalAppState, AppLink } = useStore();
  const { error, loading, data } = useQuery(SEARCH_RESULTS, {
    variables: { searchTerm },
  });

  if (error) {
    return <div className="error">{error.message}</div>;
  }

  const handleSearchSubmit = async (event) => {
    // ·-·--.
  };

  return (
    <div>
      {/* ·-·--. */}
      {data && data.searchResults && (
        <div>
          <h2>Search Results</h2>
          <div className="y-spaced">
            {data.searchResults.length === 0 && (
              <div className="box box-primary">No results</div>
            )}
            {data.searchResults.map((item, index) => (
```

```
                <div key={index} className="box box-primary">
                    {/* •─•─• */}
                </div>
            ))}
        </div>
        <AppLink to="Home">{'<'} Home</AppLink>
    </div>
    )}
  </div>
  );
}
```

하지만 이 컴포넌트가 렌더링될 때마다 null값인 searchTerm을 쿼리 요청과 함께 전송한다 (그림 10-7). 이 컴포넌트는 홈페이지의 일부로 검색 폼을 표시하기 위한 것으로 이 방식으론 성공하지 못한다. 안타깝게도 userQuery 호출을 if문 안에 사용할 수도 없다. 후크를 사용할 때 지켜야 할 리액트의 규칙이다(az.dev/rules-of-hooks).

이 문제를 해결하기 위한 몇 가지 방법이 있으며 이를 하나씩 보도록 하겠다.

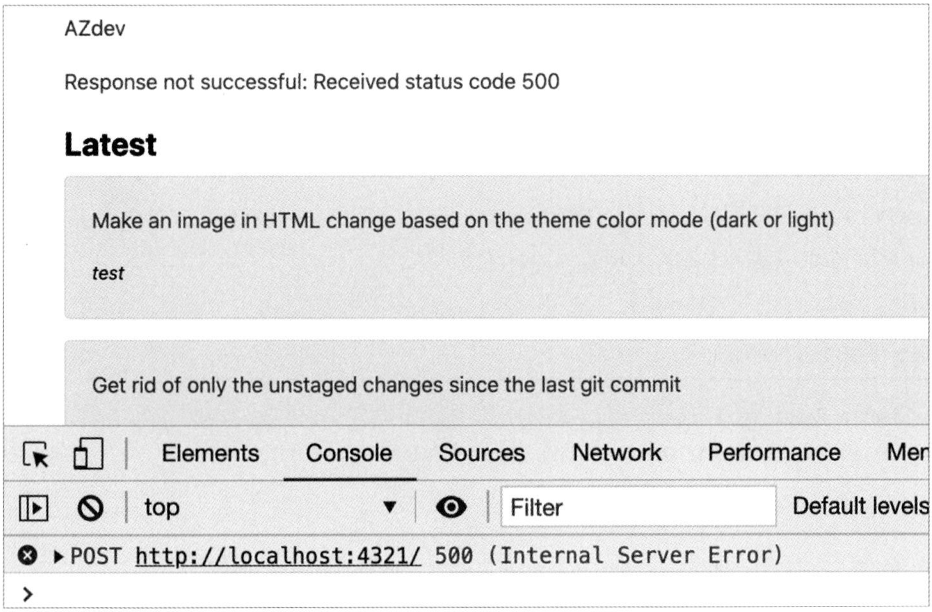

그림 10-7 null searchTerm 문제

skip 옵션 사용하기

아폴로의 userQuery 메서드는 skip이란 불린 옵션을 지원한다. skip이 true이면 아폴로가 쿼리 작업을 전송하지 않으므로 우리에게 필요한 기능이다.

예제 10-29 useQuery 작업 건너뛰기

```
import React from 'react';
import { gql, useQuery } from '@apollo/client';
// ·-·-·.

export default function Search({ searchTerm = null }) {
  const { setLocalAppState, AppLink } = useStore();
  const { error, loading, data } = useQuery(SEARCH_RESULTS, {
    variables: { searchTerm },
    skip: !searchTerm,  ⟵┤ searchTerm이 있을 때만 쿼리를 실행한다.
  });

  // ·-·-·.
}
```

지연 쿼리 사용하기

아폴로는 useLazyQuery라는 메서드를 제공한다. 이 메서드는 쿼리를 바로 실행하지 않고 useMutation처럼 원하는 때에 실행할 수 있게 해준다. 즉, useEffect 후크 함수를 유지하고 이 안에 지연lazy 쿼리 함수를 실행하는 것이다.

예제 10-30 지원 쿼리 사용하기

```
import React from 'react';
import { gql, useLazyQuery } from '@apollo/client';
// ·-·-·.

export default function Search({ searchTerm = null }) {
  const { setLocalAppState, AppLink } = useStore();
  const [
```

```
    performSearch,
      { error, loading, data },
  ] = useLazyQuery(SEARCH_RESULTS, { variables: { searchTerm } });


  useEffect(() => {
    if (searchTerm) {
      performSearch();
    }
  }, [searchTerm, performSearch]);

  if (error) {
    return <div className="error">{error.message}</div>;
  }

  // ·-·-·.
}
```

유연하고 사용하기 쉬워서 이 방식을 첫 번째 방식보다 약간 더 선호하는 편이다. 하지만 두 방법(원래 코드도 포함) 모두 사실 이상적인 방법은 아니다. 아폴로가 가진 강력한 기능을 여러분에게 보여주기 위해서 이렇게 구성한 것뿐이다. 만약 여러분이 지연 쿼리나 **skip** 옵션을 사용해야 할 상황이 생긴다면, 먼저 스스로에게 질문을 해야 한다. 단일 책임 원칙single-responsibility principle이나 다른 클린 코드 원칙clean code principle을 사용해 컴포넌트를 재구성하면 문제를 해결할 수 있는가?

단일 책임 원칙 사용하기

Search 컴포넌트가 가진 문제는 두 가지 책임을 지고 있다는 것이다. 즉, 검색 폼과 검색 결과를 함께 표시한다. 이것은 단일 책임 원칙에 위배되는 것으로 하나의 컴포넌트는 하나의 작업(책임)만 해야 한다. 단순히 검색 결과 부분을 조건에 따라 렌더링 되는 새 컴포넌트로 옮기면, 빈 검색어 문제가 해결된다.

```
function SearchResults({ searchTerm }) {
  const { AppLink } = useStore();
  const { error, loading, data } = useQuery(SEARCH_RESULTS, {
    variables: { searchTerm },
  });

  if (error) {
    return <div className="error">{error.message}</div>;
  }

  if (loading) {
    return <div className="loading">Loading...</div>;
  }

  return (
    <div>
      {data && data.searchResults && (
        {/* ·-·-· */} )}
    </div>
  );
}
export default function Search({ searchTerm = null }) {
  const { setLocalAppState } = useStore();

  const handleSearchSubmit = async (event) => {
    event.preventDefault();
    const term = event.target.search.value;
    setLocalAppState({
      component: { name: 'Search', props: { searchTerm: term } },
    });
  };

  return (
    <div>
      <div className="main-container">
        <form method="post" onSubmit={handleSearchSubmit}>
```

```
      {/* ·-·-· */}
    </form>
    </div>
    {searchTerm && <SearchResults searchTerm={searchTerm} />}
  </div>
 );
}
```

searchResults 컴포넌트는 searchTerm(검색어)가 있을 때만 표시되므로 useQuery 함수를 사용해서 데이터를 추출할 수 있다. 이 방법을 사용하기 위해서 쿼리 요청 여부를 정하는 조건 대신에 컴포넌트를 표시할지 정하는 조건을 만들었다.

> **TIP_** 이 예제에선 분리를 단순화했지만, 가능하다면 세 개의 컴포넌트로 분리했을 것이다. 검색 폼용과 검색 결과용, 그리고 검색 페이지용(다른 두 컴포넌트를 표시하는 페이지)이다.

연습용으로 나머지 컴포넌트도 모두 아폴로 후크 함수를 사용하게 변경해서 테스트해보자. Signup, MyTasks, NewTask 컴포넌트가 대상이다. 변경 후에는 리포지터리의 깃 브랜치 10.6 버전(필요한 변경을 이미 모두 마친 버전)과 자신이 작성한 것을 비교해보자.

> **NOTE_** 현재 코드: git checkout 10.6 명령을 실행하면 로컬 리포지터리를 책의 진도에 맞추어 업데이트할 수 있다.

> **NOTE_** 도전 과제: 중복된 ID를 사용해서 계정 등록 폼을 다시 테스트해보자. 아폴로의 기본 오류 정책에선 그래프QL 루트 오류를 네트워크 오류로 처리한다(부분 데이터는 무시한다). 다른 처리는 없이 단순히 오류만 던진다. 이것은 작업 옵션 객체(후크 함수의 두 번째 인수)의 **errorPolicy** 문자열값을 지정하므로 변경할 수 있다. **errorPolicy**를 **"all"**로 지정하면 그래프QL 루트 오류 배열을 UI가 처리할 수 있는 형태로 유지해준다. 이 오류는 **error.graphQLErrors**를 통해 접근할 수 있다.
> 또한, 기본 **error** 객체를 제거한 후 이 객체의 처리 로직을 **Errors** 컴포넌트로 옮겨야 한다.

10.3 로컬 앱 상태 관리하기

아폴로 클라이언트 기능 중 필자가 가장 좋아하는 것 중 하나는 애플리케이션의 로컬 앱 상태 관리 기능이다. 여기서 로컬^{local}은 단일 컴포넌트의 로컬을 의미하는 것이 아니다. 원격^{remote} 데이터와 연계되지 않는 상태 데이터를 의미한다.

우리는 이미 아폴로를 사용해서 앱 상태를 관리해봤다. 이 절에서 구현할 로컬 앱 상태는 앞의 앱 상태와 달리 서버의 원격 쿼리와 연계되지 않는다. 대신 로컬 쿼리와 연계된다(곧 예를 볼 것이다).

AZDev 애플리케이션에선 두 개의 로컬 앱 상태 요소가 사용된다. 현재 사용자(user) 객체와 컴포넌트(component) 객체이다. `web/src/store.js`의 전체 컨텍스트 객체는 이 두 요소를 관리하기 위해 있는 것이다. 아폴로가 이 컨텍스트 객체 제거에 어떤 방식으로 도움을 주는지 보도록 하겠다.

> **TIP_** 이 앱의 현재 로컬 앱 상태 관리는 useState(web/src/store.js)에 의해 관리되고 있지만, 새로운 상태는 리액트 외부에서 관리될 것이다. 상태가 외부에서 관리되면 이를 사용하는 리액트 컴포넌트는 해당 상태를 구독해야 한다(즉, 외부 상태가 변경되면 알림을 받는다). useQuery 메서드도 구독 형태이다. 아폴로 캐시 저장소가 쿼리의 새로운 데이터를 받으면 리액트 컴포넌트 함수가 렌더링되기 때문이다.

아폴로의 로컬 앱 상태 관리는 `writeQuery` 메서드를 사용해서 로컬 앱의 상태값을 캐시에 저장한다. 하지만 `writeQuery`는 쿼리를 필요로 하며 로컬 앱 상태는 그런 쿼리를 가지고 있지 않다. 아폴로에선 이를 위해 가짜 쿼리를 만든다.

즉, 서버 스키마와 상관없이 아무 그래프QL 쿼리를 준비해서 아폴로에게 해당 쿼리를 클라이언트에서만 사용하고 싶다고 알려주면 된다. 전체 쿼리를 대상으로 해도 되고 기존 쿼리의 일부를 대상으로 해도 된다. `@client` 지시문을 쿼리의 필드에 적용해서 해당 쿼리가 서버에서 추출하는 것이 아닌 클라이언트에서만 사용되는 쿼리라는 것을 아폴로에게 알릴 수 있다.

이를 user와 component 로컬 상태 요소에 적용해보자. 다음은 필자가 준비한 쿼리로 `web/src/store.js` 파일에 적용하면 된다.

```
import {
  ApolloClient,
  HttpLink,
  InMemoryCache,
  gql,
} from '@apollo/client';
// .-.-.
export const LOCAL_APP_STATE = gql`
  query localAppState {
    component @client {        @client 지시문이 존재한다. 이는 해당 쿼리가 클라이언트 전용으로
      name                     서버에 전송되지 않는다는 것을 아폴로에게 알린다.
      props
    }
    user @client {             이 쿼리의 모든 필드가 @client 지시문을 가지고 있으므로
      username                 아폴로가 전체 쿼리를 서버로 전송하지 않는다.
      authToken                즉, 이 쿼리를 사용할 때마다 캐시에서 데이터를 직접 읽는 것이다.
    }
  }
`;
```

로컬 앱 상태 쿼리에서 앱이 사용하는 구조를 그대로 사용하고 있는 것에 주목하자. 이를 통해 앱 변경을 최소화할 수 있다.

> **TIP_** 개인적으로는 로컬 쿼리와 일반 원격 쿼리를 분리시키는 것을 좋아하지만, 둘을 섞는다고 해도 아폴로가 알아서 쿼리를 분리해주서 처리해준다. 즉, 로컬 부분은 로컬에서 관리하고 원격 부분은 서버로 전송해준다.

이제 아폴로를 사용해서 쿼리를 읽고 변경할 수 있게 됐다. 예를 들어 `store`의 `state.user`을 사용했지만, 이젠 캐시에서 바로 읽을 수 있다.

예제 **10-33** 상태 객체를 대체하는 readQuery

```
const { user } = cache.readQuery({ query: LOCAL_APP_STATE });
```

user/component 객체를 업데이트할 때는 store의 setState을 호출하는 대신에 다음과 같이 할 수 있다.

예제 10-34 setState 호출을 대체하는 writeQuery

```
cache.writeQuery({
  query: LOCAL_APP_STATE,
  data: { ...currentState, ...newState },
})
```

로컬 앱 상태는 client 인스턴스 객체에 의해 모두 관리되므로 이 객체 자체가 애플리케이션의 새 저장소store가 된다. useStoreObject 함수(또는 useStore 후크)를 사용할 필요가 없다. 모든 함수의 최상위 엑스포트(export)로 정의해서 컴포넌트에서 바로 불러올 수 있으며, 이는 authLink 함수를 포함한다. authLink는 useStoreObject 안에 두어서 현재 사용자의 auth-Token에 접근할 수 있었다.

조금 더 재미있게 만들기 위해서, 모든 리액트 컴포넌트의 코드는 지금 상태 그대로 두고 리액트의 컨텍스트 기반 로컬 앱 상태 관리를 아폴로의 로컬 앱 상태 관리로 변경하도록 하겠다. 이를 위해선 시작 지점의 파일(web/src/index.js)과 저장소 파일(web/src/store.js)만 수정하면 된다.

Provider 컴포넌트부터 작업해보자. StoreProvider 컨텍스트는 더 이상 필요 없으므로 제거한다. 그리고 web/src/store.js의 클라이언트 초기화 코드를 프로젝트 시작 파일로 옮기고 로컬 앱 상태 관리만 남겨두도록 한다. 이렇게 하면 로컬 앱 상태 메서드를 추출해서 다른 프로젝트에서도 사용할 수 있으며 다른 클라이언트 인스턴스와도 조합할 수 있다(동일 범위의 클라이언트 인스턴스에게만 의존하지 않아도 된다).

다음은 web/src/index.js를 코드를 변경하기 위한 첫 작업이다.

예제 10-35 신규 코드: web/src/Index.js

```
import 'regenerator-runtime/runtime';
import React from 'react';
import ReactDOM from 'react-dom';
```

```
import {
  ApolloProvider,
  ApolloClient,
  HttpLink,
  InMemoryCache,
} from '@apollo/client';
import { setContext } from '@apollo/client/link/context';

import * as config from './config';
import Root from './components/Root';
import { LOCAL_APP_STATE } from './store';

const httpLink = new HttpLink({ uri: config.GRAPHQL_SERVER_URL });
const cache = new InMemoryCache();
const client = new ApolloClient({ link: httpLink, cache });

export default function App() {
  return (
    <ApolloProvider client={client}>
      <Root />
    </ApolloProvider>
  );
}


ReactDOM.render(<App />, document.getElementById('root'));
```

이 부분은 web/src/store.js에서 가져온 것이다.

더 이상 중첩된 제공자를 사용 하지 않는다.

여기서 새롭게 한 것은 아무것도 없다. 약간의 코드를 옮겼고 StoreProvider와 useStore 호출을 제거했다. 흥미로운 것은 authLink 함수(헤더에 로그인한 사용자의 authToken을 포함시키는)를 어떻게 정의하느냐이다.

authLink 함수는 state.user 객체에 직접 접근했지만 이제 아폴로의 캐시로부터 데이터를 읽는다.

```
// ·-·-··
const authLink = setContext((_, { headers }) => { ◁─────────
  const { user } = client.readQuery({ query: LOCAL_APP_STATE });
  return {
    headers: {
      ...headers,
      authorization: user ? `Bearer ${user.authToken}` : '',
    },
  };
});

const client = new ApolloClient({
  link: authLink.concat(httpLink),
  cache,
});
// ·-·-··
```

authLink를 web/src/ store.js에서 그대로 가져왔다.

authLink 함수가 다른 함수 범위에 종속되지 않으므로 더 이상 setLink 메서드를 사용할 필요가 없다. 즉, 아폴로 클라이언트 객체를 바로 링크 체인과 함께 정의할 수 있다. 이 파일에 마지막으로 로컬 앱 상태를 초기화하는 코드를 추가해줘야 한다. 이전까지 사용했던 useStore-Object 대신 이제는 writeQuery 호출을 사용한다.

```
// ·-·-··
import { LOCAL_APP_STATE } from './store'; ◁── [예제 10-32]에서 정의한 신규 클라이언트 전용 쿼리
// ·-·-··

const client = new ApolloClient({
  link: authLink.concat(httpLink),
  cache,
});
const initialLocalAppState = { ◁── web/src/store.js에서 그대로 가져온 initialLocalAppState
  component: { name: 'Home', props: {} },
```

```
    user: JSON.parse(window.localStorage.getItem('azdev:user')),
  };
  client.writeQuery({  ◁── 로컬 앱 상태를 업데이트하는 새로운 방법
    query: LOCAL_APP_STATE,
    data: initialLocalAppState,
  });


  export default function App() {
    // ·-·-·
  }
```

이제 남은 것은 web/src/store.js에서 로컬 앱 상태와 관련된 세 개 함수를 변경해주는 것이다. 바로 useLocalAppState, setLocalAppState, AppLink 컴포넌트이다. 이 함수들을 useStore 함수에 두면 다른 리액트 컴포넌트를 수정하지 않아도 된다.

그러면 하나씩 변경해보자. 먼저 useLocalAppState이며 변경 내용은 다음과 같다.

예제 10-38 수정: web/src/store.js

```
  // ·-·-·
  import { useQuery, gql } from '@apollo/client';
  // ·-·-·
  export const useStore = () => {
    // ·-·-·

    const useLocalAppState = (...stateMapper) => {
      const { data } = useQuery(LOCAL_APP_STATE);  ◁── 이 부분이 이 함수의 핵심 변경 내용이다.
      if (stateMapper.length === 1) {
        return data[stateMapper[0]];
      }
      return stateMapper.map((element) => data[element]);
    };

    // ·-·-·
  };
```

여기서 변경할 사항은 useQuery 후크 함수를 사용해서 LOCAL_APP_STATE 데이터를 읽는 것이 전부로 이 쿼리의 데이터가 로컬 앱 상태가 된다.

setLocalAppState 메서드는 약간 복잡하다. 캐시에서 읽고/쓰기 해야 하며, 사용자가 로그인/로그아웃할 때마다 캐시를 초기화해야 한다. 이때 신규 로컬 앱 상태를 읽어서는 안 된다(이 상태가 이제 캐시에 저장된다).

다음은 이를 구현한 예이다.

예제 10-39 수정: web/src/store.js

```
// ·-·-·.
import { useApolloClient, useQuery, gql } from '@apollo/client';
// ·-·-·.
export const useStore = () => {
  // useState 줄을 삭제
  const client = useApolloClient();
  // ·-·-·.

  const setLocalAppState = (newState) => {
    if (newState.component) {
      newState.component.props = newState.component.props ?? {};
    }
    const currentState = client.readQuery({      ◁── readQuery를 사용해 로컬 앱 상태를
      query: LOCAL_APP_STATE,                         캐시에서 바로 읽는다.
    });
    const updateState = () => {
      client.writeQuery({      ◁──| writeQuery를 사용해서 캐시의 로컬 앱 상태를 바로 업데이트한다.
      query: LOCAL_APP_STATE,
      data: { ...currentState, ...newState },
      });
    };
    if (newState.user || newState.user === null) {
      client.onResetStore(updateState);      ◁─
      client.resetStore();                        resetStore는 모든 로컬 앱 상태 데이터를 삭제할 수 있다.
    } else {                                      쿼리가 실행되면 로컬 앱 상태를 변경해야 한다.
      updateState();                              onResetStore는 저장소가 초기화된 후에 호출되는
                                                  콜백 함수를 정의할 수 있게 해준다.
```

```
    }
  };

  const AppLink = ({ children, to, ...props }) => {
    // ·-··· ⇐─┤ AppLink 구현은 동일하다.
  };
  return {
    useLocalAppState,
    setLocalAppState,
    AppLink,
  };
};
// 리액트 컨텍스트 코드 삭제
```

이것으로 완성이다. 모든 UI가 이전과 동일하게 표시되지만 모든 로컬 앱 상태 관리가 이제 아폴로를 통해 이루어진다. 이전에 했던 상태 관리보다 간단하다는 것을 알 수 있다. 이제 컨텍스트 객체나 이 객체를 사용하는 사용자 지정 후크를 관리하지 않아도 된다.

> **TIP_** 데이터를 한 번만 읽어야 할 때는 readQuery 메서드를 사용했다(즉, 구독하지 않았다). 하지만 리액트 컴포넌트에선 useQuery 후크 함수를 사용해서 로컬 앱 상태를 읽어야 한다. useQuery에선 로컬 앱 상태가 바뀌면 컴포넌트가 다시 렌더링되며, useLocalAppState 함수가 userQuery를 사용하게 한 것도 이 때문이다. 결과적으로 useLocalAppState 함수를 사용하는 컴포넌트도 로컬 앱 상태가 바뀌면 다시 렌더링된다.

이 간단한 예를 통해서 아폴로의 강력한 로컬 상태 관리를 경험할 수 있었을 것이다. 여기서 다룬 것은 빙산의 일각에 불과하며 훨씬 많은 기능이 있다. 규모가 큰 로컬 상태 트리에선 로컬 상태 요소용으로 리졸버를 만들 수 있다. 또한, 로컬 변경 작업을 정의해서 useMutation 메서드과 함께 사용할 수 있으며 직접 만든 리졸버를 통해 데이터 타입 검증도 할 수 있다(인수와 입력값 타입을 여러분이 정의하기 때문이다). jscomplete.com/apollo에서 아폴로의 다양한 예제를 볼 수 있으니 참고하자.

> **NOTE_** 현재 코드: git checkout 10.7 명령을 실행하면 로컬 리포지터리를 책의 진도에 맞추어 업데이트할 수 있다.

10.4 그래프QL 구독 구현 및 사용

가장 중요한 것을 가장 마지막까지 아껴두었다. 드디어 그래프QL의 구독 정의 방법과 사용법을 살펴볼 시간이다.

구독은 UI가 자동으로 업데이트되야 할 때 매우 유용한 기능이다. 예를 들어 홈페이지에서 태스크 목록을 보고 있는 동안 새로운 태스크 레코드가 등록되면 알림을 주는 것이다. 트위터에서 자신의 타임라인에 새로운 트윗이 뜨면 알려주는 것과 같다.

10.4.1 폴링과 재추출

이런 기능을 구현하기 위해선 두 가지 방법이 있다.

- 앱이 서버에게 태스크 목록을 지속적으로 요청한다.
- 앱이 서버에게 신규 태스크에 관심이 있다는 것을 알리고 신규로 생성되면 알림을 달라고 요청한다.

두 번째 방법이 그래프QL의 구독 방식이다. 첫 번째 방법은 지속적 폴링continuous polling이라고 하는 방식으로 이것만으로도 충분한 경우도 있다. 예를 들어 자동 업데이트하는 객체가 적거나 실시간으로 업데이트하지 않아도 된다면 고려해볼만 하다.

아폴로에선 지속적 폴링을 쉽게 구현할 수 있다. useQuery의 두 번째 인수에 데이터를 반복적으로 추출하도록 옵션을 지정하면 된다. 홈페이지의 태스크 레코드 목록을 5초마다 업데이트하고 싶다면 다음과 같이 간단한 변경만 해주면 된다.

예제 10-40 pollInterval 사용하기

```
export default function Home() {
  const { error, loading, data } = useQuery(TASK_MAIN_LIST, {
    pollInterval: 5000,
  });

  // ·-·--·
}
```

이게 전부이다. 이제 목록이 5초마다 자동으로 업데이트된다.

> **TIP_** 두 개의 브라우저 창을 열어서 테스트할 수 있다. 한 창에서 태스크 레코드를 생성하고 다른 창에서 홈
> 페이지가 바뀌는 것을 확인하는 것이다.

어떤 경우에는 폴링 루프에서 자동으로 재추출하는 것이 아니라 수동으로 할 수도 있다. 아폴로가 수동으로 쿼리를 다시 추출하려면(예를 들어 새로고침 버튼을 클릭한 경우), refetch 함수를 사용하면 된다(모든 useQuery 결과에 사용할 수 있다). 다음은 재추출 예이다.

예제 10-41 쿼리를 수동으로 재추출하기

```
export default function Home() {
  const { error, loading, refetch, data } = useQuery(TASK_MAIN_LIST);
  // ·-·-·
  return (
    <div>
      <Search />
      <div>
        <h1>Latest</h1>
        <button onClick={() => refetch()}>Refresh</button>
        {/* ·-·-·- */}
      </div>
    </div>
  );
}
```

이 코드는 새로고침 버튼을 클릭한 경우 동일한 쿼리를 다시 추출한다.

이런 방법은 최근 태스크 레코드의 전체 목록을 비효율적으로 추출한다. 그래프QL 구독은 API 서버로부터 새로운 데이터를 얻을 수 있는 훨씬 효율적인 방법을 제공한다. 폴링 및 재추출용 코드를 다시 원상태로 복원한 후 구독 작업을 사용해서 태스크 목록을 자동으로 업데이트해보자.

10.4.2 구독 구현하기

4장에서 두 개의 구독 작업을 만들기로 했었다. 첫 번째는 taskMainListChanged 구독으로
사용자에게 신규 태스크 레코드가 추가됐다는 것을 알리며, 두 번째는 voteChanged 구독으로
태스크 페이지의 투표 수를 자동으로 업데이트한다. 이들을 구현하기 전에 먼저 API 서버가 웹
소켓을 지원하도록 변경해야 한다.

그래프QL 구독은 일반적으로 웹소켓 전송 프로토콜을 통해 이루어진다. 웹소켓은 단일 TCP
연결상에서 완전 이중$^{full-duplex}$ 전송 채널을 제공한다. 서버가 소켓을 열면 브라우저가 이 소켓
에 접속해서 연결을 만들고 서버는 이 연결을 사용해서 새로운 데이터를 필요할 때마다 브라우
저로 전송하는 것이다.

익스프레스 기반의 그래프QL 서버(지금까지 사용한)는 웹소켓을 지원하지 않는다. 즉, 구독
작업마다 신규 서버를 다른 포트를 사용해 열어야 하는 것이다. 그래프QL 구독용으로 웹소켓
전송 계층을 지원하는 다양한 서버가 존재하는데 그중에서 가장 대표적인 선택지가 아폴로 서
버$^{Apollo\ Server}$이다(az.dev/apollo-server).

> **TIP_** 아폴로 서버는 다양한 기능을 제공하며 익스프레스 기반의 서버를 완벽하게 대체할 수 있다. 먼저 웹
> 소켓을 사용법을 보고, 구독 관련 예제를 마칠 때쯤에 익스프레스 기반 서버를 아폴로 서버로 교체하도록 하
> 겠다.

가장 먼저, apollo-server 패키지를 설치하는 것부터 시작하도록 한다.

예제 10-42 명령어: 아폴로 서버 패키지 설치

```
$ npm install apollo-server
```

다음은 **api/src/server.js**를 수정해서 아폴로 서버가 인스턴스가 우리가 만든 스키마를 인식하도록 만든다.

예제 10-42 수정: api/src/server.js

```
import { ApolloServer } from 'apollo-server';
// ·-·-·

async function main() {
  // ·-·-·
  server.listen(config.port, () => {
    console.log(`API server is running on port ${config.port}`);
  });

  const serverWS = new ApolloServer({ schema });

  serverWS.listen({ port: 4000 }).then(({ subscriptionsUrl }) => {
    console.log(`Subscriptions URL: ${subscriptionsUrl}`);
  });
};

main();
```

웹소켓 서버가 포트 4000에서 실행된다.

> **NOTE_** 익스프레스 기반 서버는 그대로 포트 4321에서 실행되게 유지한다. 아직까지는 API 서비스용 메인 웹서버이다.

구독 작업은 발행/구독^Publish/Subscribe(Pub/Sub) 패턴을 사용하며, 서비스와 데이터 이벤트를 분

리시킨다. 예를 들어 신규 태스크 레코드가 생성되면, 이벤트가 발생되도록 코딩하거나, 접근법 레코드의 투표 수가 바뀌면 또 다른 이벤트를 발행하도록 코딩하는 것이다.

아폴로 서버는 내장된 PubSub를 사용해서 이 패턴을 구현할 수 있게 해준다. Pub/Sub 작업은 여러 곳에서 발생하므로 api/src/pubsub.js라는 신규 파일을 작성해서 API 서버 코드가 어디에서건 이 PubSub 인스턴스를 사용할 수 있게 한다.

예제 10-44 신규 파일: api/src/pubsub.js

```
import { PubSub } from 'apollo-server';
const pubsub = new PubSub();
export { pubsub };
```

이제 구독과 연계된 변경 작업에서 이벤트를 발행하도록 한다. pubsub.publish 호출을 사용하면 된다. 발행된 이벤트의 일부로 데이터를 포함시킬 수 있으며, 이 데이터는 구독 리졸버가 신규 변경 데이터를 인식할 수 있게 해준다.

현재 필요한 이벤트는 두 가지로, taskMainListChanged 구독이 사용할 taskCreate 변경 필드용과, voteChanged 구독이 사용할 approachVote 변경 필드용이다. 이 이벤트들을 발행하는 건 [예제 10-45]의 api/src/schema/mutation.js 수정 부분이다.

예제 10-45 수정: api/src/schema/mutations.js

```
import { pubsub } from '../pubsub';
// ·-·-·

const MutationType = new GraphQLObjectType({
  name: 'Mutation',
  fields: () => ({
    // ·-·-·
    taskCreate: {
      type: TaskPayload,
      args: {
        input: { type: new GraphQLNonNull(TaskInput) },
      },
      resolve: async (
```

```
        source,
        { input },
        { mutators, currentUser },
      ) => {
        const { errors, task } = await mutators.taskCreate({
          input,
          currentUser,
        });
        if (errors.length === 0 && !task.isPrivate) {
          pubsub.publish(`TASK_MAIN_LIST_CHANGED`, {      ◄─── 이것은 일반적인 이벤트이지만 태스크
          newTask: task,                                        객체가 비공개일 때만 발행된다.
          });
        }
        return { errors, task };
      },
    },
    // ·-·--·
    approachVote: {
      // ·-·--·
      resolve: async (
        source,
        { approachId, input },
        { mutators },
      ) => {
        const { errors, approach } = await mutators.approachVote({
          approachId,
          input,
        });
        if (errors.length === 0) {
          pubsub.publish(`VOTE_CHANGED_${approach.taskId}`, {      ◄─── 동적 이벤트 레이블.
          updatedApproach: approach,                                    예. 특정 변수에 의존하는
          });                                                           구독 작업에 사용할 수
        }                                                              있다. voteChanged
        return { errors, approach };                                   작업은 taskId 변수에
      },                                                               의존한다. taskMain-
    },                                                                 ListChanged처럼
  }),                                                                  일반 구독 작업이 아니다.
});
```

이벤트 페이로드. 어떤 데이터든 여기에 둘 수 있다. ▷ newTask: task,

이벤트 페이로드. 어떤 데이터든 여기에 둘 수 있다. ▷ updatedApproach: approach,

이벤트 레이블에는 원하는 아무 이름이나 부여할 수 있다. 개인적으로는 연계된 구독 작업 이름을 따르는 편이다.

> **TIP_** 이벤트 레이블은 문자열을 바로 사용하는 것이 아니라 변수에 저장한 후 해당 변수를 사용해야 한다. 이 방식으로 작성해야지 이후 디버깅하기가 쉽다. 예를 들어 틀린 변수명을 사용하면 코드 편집기가 오류를 통해 알려주지만, 틀린 문자열을 사용한 경우는 오류를 알려줄 수가 없다. AZDev의 공식 리포지터리(az. dev/contribute)를 통해 관련 코드를 볼 수 있다.

API 서버 코드 어디에서건 이 이벤트들을 구독할 수 있으며 웹소켓을 통해 페이로드를 전송할 수 있다. 이것이 바로 Subscription 타입의 필드가 하는 역할이다.

taskMainListChanged 구독을 먼저 보도록 하자.

예제 10-46: 신규 파일: api/src/schema/subscription.js

```
import { GraphQLNonNull, GraphQLObjectType } from 'graphql';

import { pubsub } from '../pubsub';
import Task from './types/task';

const SubscriptionType = new GraphQLObjectType({
  name: 'Subscription',
  fields: () => ({
    taskMainListChanged: {
      type: new GraphQLNonNull(Task),
      resolve: async (source) => {
        return source.newTask;    ←┤ 구독해야 할 이벤트
      },
      subscribe: async () => {
        return pubsub.asyncIterator(['TASK_MAIN_LIST_CHANGED']);  ←┐ 여기서 인수가 이벤트의
      },                                                              페이로드 데이터를 가진다.
    },
  }),
});

export default SubscriptionType;
```

신규 구독 필드를 스키마에서 사용하려면 GraphQLSchema 객체(api/src/schema/index.js)의 일부로 만들어야 한다.

예제 **10-47** 수정: api/src/schema/index.js

```
// ··-··

import SubscriptionType from './subscriptions';

export const schema = new GraphQLSchema({
  query: QueryType,
  mutation: MutationType,
  subscription: SubscriptionType,
});


console.log(printSchema(schema));
```

이제 taskMainListChanged 구독 필드를 테스트할 수 있지만, 웹소켓을 지원하는 클라이언트가 필요하다. 클라이언트가 구독 작업을 전송해서 연결을 만들고, 변경 작업을 전송해서 이벤트를 실행한다. 그리고 웹소켓을 통해 반환된 데이터를 확인하는 것이다.

아폴로 서버는 그래프QL 플레이그라운드^{playground} 편집기를 기본으로 제공한다(/graphql로 접속하며, 개발 환경에서만 제공). 그래프QL 플레이그라운드는 그래피컬 기반의 편집기로 웹소켓뿐만 아니라 다양한 기능을 제공한다.

taskMainListChanged 작업을 테스트하려면 그래프QL 플레이그라운드(localhost:4000/graphql)를 열어서 다음 작업을 실행하면 된다.

예제 **10-48** taskMainListChanged 구독

```
subscription {
  taskMainListChanged {
    id
    content
  }
}
```

초반에는 아무 데이터도 반환되지 않으므로, 구독 필드 리졸버 함수의 상태를 Listening이라고 표시한다. Pub/Sub 이벤트를 듣고^{listening}있다(기다리고 있다)는 의미이다(그림 10-8).

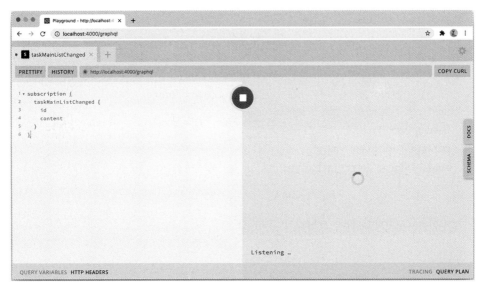

그림 10-8 구독이 반환할 새로운 데이터를 기다리고 있다.

> **TIP_** 그래프QL 플레이그라운드는 어두운 테마^{dark theme}의 UI를 기본으로 사용하고 있지만, 화면 캡처를 위해서 밝은 테마로 변경했다.

Pub/Sub 이벤트를 발행하려면, 다른 브라우저 창에서 AZDev 앱을 실행해서(localhost:1234) 로그인한 후 공개 태스크 레코드를 생성하면 된다. 그래프QL 플레이그라운드가 구독 작업의 응답에 바로 신규 태스크 객체를 보여줄 것이다(이후에도 리스닝 상태를 유지한다). 신규 공개 태스크 레코드를 만들 때마다 응답 데이터에 해당 레코드가 나타난다(그림 10-9).

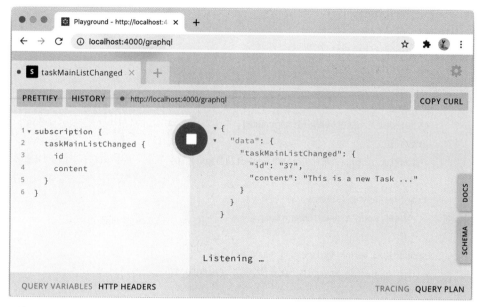

그림 10-9 구독이 반환한 신규 데이터가 실시간으로 표시된다.

voteChanged 구독 필드는 여러분이 직접 작성해보도록 하자. 이미 publish 이벤트를 추가했으니 api/src/schema/subscription.js만 변경하면 된다. 앞의 구독 필드와 유일한 차이는 taskId를 인수로 받아서 특정 태스크 객체용으로 발행된 이벤트만 구독한다는 것이다. 다음은 필자가 구현한 예이다.

예제 10-49 수정: api/src/schema/subscriptions.js

```
import {
  GraphQLNonNull,
  GraphQLObjectType,
  GraphQLID
} from 'graphql';

import { pubsub } from '../pubsub';
import Task from './types/task';
import Approach from './types/approach';

const SubscriptionType = new GraphQLObjectType({
```

```
    name: 'Subscription',
    fields: () => ({
      taskMainListChanged: {
        // ......
      },
      voteChanged: {
        type: new GraphQLNonNull(Approach),
        args: {
          taskId: { type: new GraphQLNonNull(GraphQLID) },  ◁── 이 구독은 taskId를 인수로 받는다.
        },
        resolve: async (source) => {
          return source.updatedApproach;  ◁── updatedApproach 객체를 이벤트의
        },                                     페이로드 데이터에서 읽는다.
        subscribe: async (source, { taskId }) => {
          return pubsub.asyncIterator([`VOTE_CHANGED_${taskId}`]);  ◁── taskId 인수와 연계된
        },                                                              VOTE_CHANGED
      },                                                                이벤트만 구독한다.
    }),
  });


  export default SubscriptionType;
```

그래프QL 플레이그라운드를 통해서 이 구독 작업이 잘 실행되는지 확인하자(태스크에 속한
접근법에 투표할 때 실행된다).

> **NOTE_** 현재 코드: git checkout 10.8 명령을 실행하면 로컬 리포지터리를 책의 진도에 맞추어 업데이
> 트할 수 있다.

10.4.3 아폴로 서버

웹소켓 기능은 아폴로 서버 패키지가 제공하는 많은 기능 중 하나에 불과하다. 아폴로 서버는
현재 사용하고 있는 서버쪽 패키지의 대부분을 대체할 수 있다. 그래프QL.js 자체를 대체할 수
도 있으며 (객체를 사용하지 않고) SDL 텍스트만 사용해서 그래프QL 스키마를 구현할 수도

있다. 또한, 앞에서 언급한 것처럼 익스프레스 기반 서버 구성 전체(익스프레스와 관련된 모든 것)를 대체할 수도 있다.

> TIP_ 객체가 아닌 문자열을 사용해서 그래프QL 서비스를 구현하는데 관심 있다면, 필자가 쓴 글(az.dev/schema-first)을 참고하도록 하자.

익스프레스를 아폴로로 교체하기 위해서 약간의 코드를 이동시켜야 한다. context 속성을 함수로 정의해서 req 객체를 함수의 인수로 사용할 수 있게 한다. 즉, 컨텍스트 함수 내에 req 객체에 의존하는 로더 및 변경 작업을 정의할 수 있다.

다음은 새로운 web/src/server.js 파일로 익스프레스(와 express-graphql) 관련 코드를 모두 제거했으며, ApolloServer를 수정해서 컨텍스트 객체를 사용할 수 있게 했다.

예제 10-50 신규 코드: web/src/server.js

```
import DataLoader from 'dataloader';
import { ApolloServer } from 'apollo-server';

import { schema } from './schema';
import pgApiWrapper from './db/pg-api';
import mongoApiWrapper from './db/mongo-api';

import * as config from './config';

async function main() {
  const pgApi = await pgApiWrapper();
  const mongoApi = await mongoApiWrapper();

  const server = new ApolloServer({
    schema,
    formatError: (err) => {
      const errorReport = {
        message: err.message,
        locations: err.locations,
        stack: err.stack ? err.stack.split('\n') : [],
        path: err.path,
```

```
      };
      console.error('GraphQL Error', errorReport);
      return config.isDev
        ? errorReport
        : { message: 'Oops! Something went wrong! :(' };
    },
    context: async ({ req }) => {
      const authToken =
        req && req.headers && req.headers.authorization
          ? req.headers.authorization.slice(7) // ""Bearer ""
          : null;
      const currentUser = await pgApi.userFromAuthToken(authToken);
      if (authToken && !currentUser) {
        throw Error('Invalid access token');
      }
      const loaders = {
        // ·-·-·  <──┤ 로더 구현은 동일하다.
      };
      const mutators = {
        ...pgApi.mutators,
        ...mongoApi.mutators,
      };

      return { loaders, mutators, currentUser };
    },
  });

  server
    .listen({ port: config.port })
    .then(({ url, subscriptionsUrl }) => {
      console.log(`Server URL: ${url}`);
      console.log(`Subscriptions URL: ${subscriptionsUrl}`);
    });
}

main();
```

이 코드가 훨씬 간결하다. 요청 데이터를 받아서 전달하는 처리와 해당 요청과 관련된 그래프 QL 스키마를 실행하는 모든 코드가 제거됐다. 이 기능들이 모두 아폴로 서버에서 관리되기 때문이다.

참고로 4000 포트를 제거하고 기본 설정 포트(4321)를 사용했다. 신규 URL은 다음과 같다.

서버 URL: http://localhost:4321/
구독 URL: ws://localhost:4321/graphql

> **NOTE_** 현재 코드: git checkout 10.9 명령을 실행하면 로컬 리포지터리를 책의 진도에 맞추어 업데이트할 수 있다.

10.4.4 UI에서 구독 사용하기

서버 측 모든 구독 작업이 준비됐다. 이제 리액트 애플리케이션과 아폴로 클라이언트에서 이 구독 작업을 사용하는 법을 보도록 하겠다.

아폴로 클라이언트는 WebSocketLink 객체를 통해 브라우저상에서 웹소켓 통신을 할 수 있다. 이 객체는 그래프QL 구독을 사용하도록 설계됐으며, 초기화하려면 그래프QL 구독 작업의 uri와 options 객체를 지정하면 된다.

예제 10-51 @apollo/link-ws 패키지 사용

```
import { WebSocketLink } from "@apollo/client/link/ws";

const wsLink = new WebSocketLink({
  uri: GRAPHQL_SUBSCRIPTIONS_URL,  ◁─┤ 구독용 URL
  options: { reconnect: true },  ◁─┤ 연결 오류시 재연결하는 옵션
});
```

GRAPHQL_SUBSCRIPTION_URL 설정값을 정의하자.

```
export const GRAPHQL_SERVER_URL =
  process.env.GRAPHQL_SERVER_URL || 'http://localhost:4321';
export const GRAPHQL_SUBSCRIPTIONS_URL =
  process.env.GRAPHQL_SUBSCRIPTIONS_URL || `ws://localhost:4321/graphql`;
```

WebSocketLink 인스턴스를 추가하므로 이제 아폴로 클라이언트가 사용하는 링크가 두 개가 됐다. 하나는 일반 HTTP 요청용(httpLink)이고 다른 하나는 웹소켓 요청용(wsLink)이다. 하지만 아폴로에선 두 개의 다른 클라이언트 객체를 사용하지 않고, split 함수를 사용해서 그래프QL 작업에 따라 다른 링크 객체를 사용할 수 있다.

```
// ·-·-·
import {
  ApolloProvider,
  ApolloClient,
  HttpLink,
  InMemoryCache,
  split,
} from '@apollo/client';
import { getMainDefinition } from '@apollo/client/utilities';
import { WebSocketLink } from "@apollo/client/link/ws";
// ·-·-·
const wsLink = new WebSocketLink({
  uri: config.GRAPHQL_SUBSCRIPTIONS_URL,
  options: { reconnect: true },
});
const splitLink = split(            split의 첫 번째 인수는 함수로 호출할 작업을 받는다.
  ({ query }) => {                  true 또는 false를 반환해야 한다.
    const definition = getMainDefinition(query);   getMainDefinition은 첫 번째 메인 작업
    return (                                       (쿼리, 변경, 또는 구독)의 AST를 반환한다.
      definition.kind === 'OperationDefinition' &&   메인 작업이 구독이면
      definition.operation === 'subscription'        이 조건이 true가 된다.
    );
```

```
  },                    ┃ split의 첫 번째 인수가 false를 반환하면, 세 번째 인수가 사용된다.
  wsLink,    ◀─────────┃ 이 링크는 현재 일반 HTTP 요청이 사용하는 것이다.
  authLink.concat(httpLink),
);
const client = new ApolloClient({
  link: splitLink,  ◀───┃ split의 첫 번째 인수는 함수이며 호출할 작업을 받는다.
  cache,                ┃ true 또는 false를 반환한다.
});
```

아폴로 클라이언트는 split 함수를 각 그래프QL 작업을 사용해 호출한다. 구독 작업의 경우 split 함수는 아폴로에게 wsLink를 사용하라고 하며, 구독이 아니면 httpLink를 사용하라고 한다. 이렇게 하면 하나의 클라이언트 인스턴스를 앱상의 모든 곳에서 사용할 수 있다.

이것으로 구독을 위한 아폴로 클라이언트의 모든 설정이 완료됐다. 리액트 컴포넌트가 구독하려면, useSubscription 후크 함수를 호출하면 된다. 다음은 접근법 객체의 투표 수를 실시간을 업데이트하는 코드이다.

예제 10-54 수정: web/src/components/TaskPage.js

```javascript
import { gql, useQuery, useSubscription, } from '@apollo/client';
const VOTE_CHANGED = gql`
  subscription voteChanged($taskId: ID!) {
    voteChanged(taskId: $taskId) {
      id
      voteCount
    }
  }
`;
// ·-·-·

export default function TaskPage({ taskId }) {
  // ·-·
  const { error, loading, data } = useQuery(TASK_INFO, {
    variables: { taskId },
  });
```

```
useSubscription(VOTE_CHANGED, {
  variables: { taskId },
});
// ·-·-·
}
```

완성이다! 두 개의 브라우저 창으로 동일한 태스크 페이지를 열어보자. 그리고 한 창에서 접근 법에 Up/Down을 클릭해서 투표하면 다른 창에서 실시간으로 업데이트되는 모습을 볼 수 있을 것이다. 아폴로는 구독 작업이 이 페이지의 접근법 레코드와 관련된 데이터를 업데이트 한다는 것을 아는 것이다. useQuery 결과가 자동으로 새로고침되며, TaskPage 컴포넌트를 새 투표 수와 함께 다시 렌더링한다.

taskMainListChanged 구독은 여러분이 직접 사용해보자. Home 컴포넌트(web/src/compo-nents/Home.js)를 수정하면 된다. 작업을 단순화하기 위해서, 새로운 태스크가 구독을 통해 추출되면 그것을 리스트의 최상단에 삽입하고 다른 색으로 강조해서 표시하자. 필자가 작성한 코드는 다음 (마지막) 깃 브랜치에서 볼 수 있다.

> **NOTE_** 현재 코드: git checkout 10.8 명령을 실행하면 로컬 리포지터리를 책의 진도에 맞추어 업데이 트할 수 있다.

정리

- 아폴로 같은 그래프QL 클라이언트는 프런트엔드와 그래프QL API 서비스 간 모든 커뮤니케이션을 관리한다. 또한, 데이터 요청을 생성하며 응답 데이터를 필요한 곳에 사용할 수 있다.
- 기본 자바스크립트는 물론이고, 리액트, 뷰, 앵귤러 같은 라이브러리와 함께 아폴로 클라이언트를 사용할 수 있다. 리액트에선 아폴로가 후크 함수를 제공해서 함수 컴포넌트의 코드를 아주 단순하게 만들 수 있다.
- 아폴로는 그래프QL의 그래프 구조에 사용할 수 있는 강력한 캐시 저장소를 제공한다. 이 캐시는 일반적인 처리에 자동으로 작용되며, 수동으로 읽고 수정할 수도 있다. 또한, 아폴로의 다른 기능과 함께 사용하면 로컬 앱 상태 관리 툴(리액트의 컨텍스트나 리덕스)를 대체할 수 있다.
- 아폴로 클라이언트는 유연한 툴로, 렌더링할 때나 요청이 있을 때, 또는 조건에 따라 쿼리를 호출할 수 있다. 다른 종류의 캐시 저장소를 사용할 수 있으며, 요청 헤더를 전역적으로 수정하거나 작업 단위로 수정할 수도 있

다. 특정 쿼리를 건너뛰고 필요하면 캐시하지 않도록 지시할 수도 있다. 또한, 여러 그래프QL 서비스와 커뮤니케이션 하게 만들 수 있으며, 동일한 저장소를 사용할 수도 있다. 심지어는 REST 기반 API와 커뮤니케이션 할 때도 사용할 수 있다.

- 그래프QL 구독은 실시간으로 데이터를 변경해야 할 때(시간에 따른 차이만 반영할 때) 유용하다. 구독 작업을 웹 애플리케이션에서 사용하려면 그래프QL 서버가 웹소켓과 Pub/Sub 메시지 패턴을 지원해야 하며, 아폴로 서버가 이 기능들을 지원한다. 프런트엔드에선 클라이언트가 작업 종류에 따라 커뮤니케이션 채널을 결정해야 하며, 구독용으로는 웹소켓 기반 링크를 사용해야 한다.

마치며

우리가 해냈다! 훌륭한 기능을 가지고 있는, 실제 실행되는 제품을 만들었다. 현재 상태로도 이미 사용할 수 있는 툴이다(물론, 완벽하진 않다). 그래프QL API 서비스가 얼마나 사용하기 편한지(클라이언트를 사용하든 하지 않든) 몸소 체험했으리라 생각한다.

AZdev 앱의 기능은 마무리하지만, 그래프QL을 사용해서 여러분이 만들 재미있고 훌륭한 툴은 이제부터 시작이다. 여러분은 이미 기술을 가지고 있으며 이제 그 기술을 실제로 사용할 시간이다. 단순히 지식으로 그치지 말고, 누군가에 보여주고 싶고 (깃허브상에서) 자랑할 정도의 그래프QL 애플리케이션이 될 때까지 연습하고 실패하고를 반복하자.

개인적으로도 여러분이 만든 그래프QL 앱을 보고 싶다. 트위터를 사용한다면 메시지에 해시태그 #GraphQLInAction을 사용해서 공유해주길 바란다. 이 책을 집필하는 것은 필자가 경험한 가장 힘든 프로젝트 중 하나였다. 그러니 꼭 이 책을 통해 여러분이 무엇을 만들 수 있게 됐는지 보고 싶다. 부디 필자의 노력이 헛되지 않았다는 것을 증명해주길 바란다.

jsComplete 슬랙 채널(jscomplete.com/help)을 통해서 여러분이 만든 것을 자랑해도 좋다. 수천 명의 개발자가 여러분의 결과물을 기다리며 사용해보고 싶어한다. 이들은 여러분의 결과물에 피드백은 물론 앱을 개선할 수 있도록 도움도 줄 것이다.

마지막으로 AZdev 애플리케이션을 여러분이 직접 개선할 수 있도록 도전 과제를 몇 가지 남기도록 하겠다. 이 과제들은 프런트엔드와 백엔드를 모두 수정해야 한다. 몇몇 과제의 답은 공식 AZdev 리포지터리(az.dev/contribute)에서 확인할 수 있다(하지만 커닝은 하지말자).

1 태스크와 접근법 UI에 createdAt 필드를 표시하자. 그리고 접근법 목록이 투표 수로 정렬되고 있지만 여기에 시간을 추가해서 시간 순(최근 것이 먼저 오도록)으로 정렬해보자.

2 검색 폼에 불린 플래그를 추가해서 검색 결과가 검색하고 있는 사용자에게 속한 태스크만 포함되게 해보자.

3 홈페이지의 최근 태스크 레코드 목록에 페이지 매김을 적용해보자. taskMainList 필드를 수정해서 마지막으로 본 태스크 레코드를 가리키는 포인터를 받고, 리졸버를 수정해서 포인터의 앞과 뒤에 있는 태스크 레코드 세트를 받게 한다. 이 포인터는 보통 페이지 매김 하기 전에 정렬하는 방향에 따라 after 또는 before라는 이름을 사용한다. taskMainList 필드가 first/last 인수를 받게 해서 원하는 크기로 응답을 제한하는 방법도 있다. 이런 릴레이 기반 커서 페이지 매김에 대해서 더 알고 싶다면 az.dev/gia-pagination을 참

고하자.

4 태스크 페이지를 보고 있는 사용자가 해당 태스크의 소유자인 경우, 비공개 또는 공개 전환으로 선택할 수 있는 기능을 추가하자.

5 검색 페이지에서 태스크와 그에 속한 접근법이 동일한 검색어로 검색된다면, 검색 결과에서 이를 묶어서(그룹화) 표시하자. 프런트엔드만 수정해도 되지만, 서버를 수정하는 것이 훨씬 효율적이다. 검색 결과 페이지는 페이지 매김을 적용할 수 있는 또 다른 페이지이다. 따라서 앞에서 본 페이지 매김 로직을 재사용할 수 있게 구현하는 것을 잊지 말자.

6 로그인한 사용자가 패스워드를 변경할 수 있는 기능을 제공해보자. 변경 시에는 현재 패스워드를 입력해야 한다.

7 한 명이 하나의 투표만 할 수 있게 제한한다. 즉, 하나의 접근법에 한 번만 투표할 수 있는 것이다. 이를 위해선 새로운 데이터베이스 테이블이 필요할 것이다.

8 taskCreate 작업 전용 긍정적 업데이트^{optimistic update} 기능을 구현해보자. 앱이 어떻게 동작하는지 보기 위해 느린 네트워크를 시뮬레이션한다. 어떤 사용자가 느린 네트워크상에서 태스크 레코드를 생성하더라도 UI가 바로 신규 레코드를 보여주게 하자(서버가 응답하기 전에 입력값을 사용하면 된다). 서버가 변경 작업에 실패한 경우 어떻게 UI를 변경할지 고민할 필요가 있다.

9 태스크 레코드 소유자가 해당 태스크를 편집 및 삭제할 수 있게 하자.

10 로그인한 사용자가 자신의 AZdev 계정을 삭제하는 기능을 구현해보자. 이를 위해 userDelete이라는 API 변경 필드를 만들고 이를 호출할 수 있는 UI도 만들어야 한다. 또한, 변경 작업이 성공한 경우 해당 사용자를 로그아웃 시켜야 한다.

이 책을 선택하고 끝까지 읽어줘서 고맙다는 말을 하고 싶다. 필자에게 얼마나 큰 의미인지 모를 것이다. 이 책을 통해 원하는 바를 이루었기를 바란다. 혹, 그렇지 못했다면 망설이지 말고 필자에게 연락을 주길 바란다. 트위터(@samerbuna, twitter.com/samerbuna)로 연락하거나 아마존에 리뷰를 남겨도 좋다(az.dev/gia-amazon).

INDEX

INDEX

INDEX

promise-map **282**

Publish/Subscribe(Pub/Sub) Pattern **463**

Q ~ R

query **68**

race condition **296**

referential integrity constraint **156**

relationship **136**

Relay Framework **81, 409**

remote procedure call (RPC) **35**

resolver function **34, 172**

resolver map **197**

REST API **42**

Robo3T **205**

Rollup **360**

root field **70**

S

schema **25, 154**

schema definition language (SDL) **36**

schema language **36**

shared field **112**

single-responsibility principle **449**

snake_case **157**

spread **102**

stateless **157**

structure **34**

structured query language (SQL) **27**

subscription **32, 68, 153**

subselection set **187**

synchronous resolver **198**

T ~ W

TailWind **361**

task **121**

tick **250**

trigger **343**

trivial resolver **38**

type condition **102**

type modifier **125**

union type **112**

unique constraint **382**

versioning **43**

web component **105**

Webpack **360**